영한대역

EU 인공지능법 규정집

EU Artificial Intelligence Act

국내 최초 제정이유 180개 전문 번역 수록

염규현

AI

法 文 社

여는 말

2010년 역자가 방송기자로 사회생활의 첫발을 내디뎠을 무렵, 우리는 거대한 기술적 변곡점을 맞이하고 있었다. 당시 스마트폰의 출현은 단순한 기기의 진화를 넘어 인류의 소통 방식을 근본적으로 변화시켰고, 소셜미디어는 콘텐츠 유통의 새로운 중심축으로 부상했다. 돌이켜보면, 우리는 모두 거대한 변화의 문턱에 서 있었다. 이른바 모바일 혁명을 타고 디지털 전환(Digital Transformation, DX)의 시대가 본격화되었던 것이다. 그러나 우리는 이 격변의 시기에 적절한 규범을 확립하지 못했다. 새로운 미디어 환경에 대한 규범을 제때 정립하지 못한 결과, 가짜뉴스의 확산, 플랫폼 기업의 영향력 집중, 개인정보 침해 등 새로운 문제들이 연이어 등장했고, 인류는 뒤늦게 관련 규제 마련에 나설 수밖에 없었다.

이제 우리는 더 큰 도전 앞에 서 있다. 2022년 말 ChatGPT의 등장으로 촉발된 생성형 AI(Generative AI)의 혁신은 디지털 전환을 넘어 AI 전환(AI Transformation, AX)이라는 새로운 시대를 열고 있다. 이 기술은 놀라운 속도로 발전하며 인간의 능력에 필적하는 수준에 도달했고, 기존 법체계로는 포섭하기 어려운 근본적 도전들을 제기하고 있다. AI가 창작한 결과물의 저작권 귀속, AI 학습용 데이터의 법적 지위, 수치화된 이미지 데이터의 초상권 문제 등은 그 대표적 예다. DX 시대가 남긴 교훈은 분명하다. 기술 혁신이 야기할 변화를 예측하고, 이에 대한 규범을 선제적으로 마련해야 한다는 것. '설명 불가능한 인공지능(Unexplainable AI)'이라는 표현이 암시하듯, 우리는 과학적 입증의 한계와 법적 규율의 필요성 사이에서 새로운 균형점을 찾아야 한다.

이러한 맥락에서 유럽연합(EU)의 인공지능법(AI Act) 제정은 매우 중요한 의미를 갖는다. EU 인공지능법은 세계 최초의 포괄적 AI 규제 체계로서, 스타트업부터 대기업, 글로벌 빅테크까지. 모든 규모의 AI 기업들을 아우르면서도 이른바 위험 기반 접근법(risk-based approach)을 차용해 위험도에 따른 차등적 규제를 도입하고 있다. AI를 개발하거나 활용하는 모든 규모의 기업들을 아우르는 동시에 각각의 상황에 맞는 규제 체계를 마련하고 있으며, 새로운 형태의 거버넌스와 행정 과징금 등의 규정을 통해 실효성 확보 수단까지 명확하게 규정하고 있다.

또한, 이 법안은 전략적 포석의 의미도 담고 있다. 현재 글로벌 AI 생태계는 OpenAI, Google, Anthropic 등 미국 기업들이 주도하고 있다. 미국이 이런 빅테크 기업들을 내세우며 기술 혁신과 시장 주도권에 방점을 찍고 있다면, EU는 윤리적 가치와 인권 보호에 무게를 둔다. 유럽연합의 이같은 움직임은 표면적으로는 혁신을 저해하지 않으면서도 책임 있는 AI 발전을 도모하려는 시도로 보이지만, 그 이면에는 미국 기업들이 주도하는 현행 AI 생태계에 대한 견제의 의미도 다분히 담겨 있다. EU의 이런 움직임은 인공지능법 제정을 통해 AI 기술 발전의 방향성에 유럽의 가치를 투영하려 하고 있는 동시에 AI 개발 경쟁을 둘러싼 국제 질서에서 유럽만의 독자적 입지를 구축하려는 시도로도 해석될 수 있는 것이다. 이처럼 EU 인공지능법은 AI 산업 분야의 후발 주자인 유럽연합의 복합적 의도가 녹아있는 중요한 참고 사례가 될 것이다.

물론 EU 인공지능법도 완벽한 해답을 제시하지는 못한다. 기술의 발전 속도를 고려할 때 어떤 규제 체계도 현실을 완벽하게 반영하기는 어렵기 때문이다. '설명 가능한 AI'를 지나치게 강조하는 것은 기술 혁신을 제약할 수 있다는 우려가 있고, AI 기업들의 법적 책임 범위나 학습 데이터의 취급 문제 등도 적정선이 어디까지인지에 대한 기준은 여전히 모호하다. 그럼에도 EU 인공지능법은 선구적 모델로서 AI 규제의 시금석이 될 것이며, 그 한계와 과제까지도 우리에게 중요한 시사점을 제공할 것이다.

이 법이 우리나라에 주는 함의는 각별하다. 세계 최고 수준의 IT 인프라와 역량을 보유하고 있으면서도 주요 원천 기술이나 서비스는 미국 등에 의존하고 있는 우리 AI 산업의 특수한 현실을 고려할 때, 또한, 많은 한국 기업들이 유럽연합(EU) 시장에 진출해 있거나 진출을 준비하고 있다는 점을 감안할 때, EU의 인공지능 규제 프레임워크에 대한 깊은 이해는 한국의 AI 정책과 법제 수립에 중요한 참고점이 될 뿐 아니라 산업 전략 수립의 필수 요소일 수밖에 없다. 기업 입장에서도 제품 전략이나 개발 로드맵 수립에 있어 규제 영역은 반드시 짚고 가야 할 영역이다. 역자는 이런 거시적, 미시적 영역에 두루 기여하겠다는 사명감을 가지고, 이번 번역에 임했다.

본 번역서는 EU 인공지능법의 전문(全文)과 부속서뿐 아니라 국내 최초로 제정 이유(Recital) 180개 조항까지 전수 완역하였다. 이런 작업을 통해 역자는 단순한 법조문 번역을 넘어, AI 시대의 새로운 규범 정립을 위한 토대를 제공하고

자 한다. 이를 위해 집필 과정에서 세 가지 원칙을 견지했다. 첫째, '범용 AI'나 '고위험 AI'와 같은 기술 용어들이 실제 현장에서 어떻게 구현되는지 정확히 이해하고 이를 번역에 반영하고자 했다. 둘째, 법률 용어는 가급적 우리나라 법체계에 부합하도록 선택하되, AI 분야의 산업적 특성과 맥락이 훼손되지 않도록 균형을 맞추고자 하였다. 셋째, 방대한 법조문을 가능한 한 명확하고 이해하기 쉬운 문장으로 말하듯이 옮기고자 했다. 그 외 번역에 대한 원칙과 유럽연합의 체계 등 이 법을 읽을 때 꼭 필요한 배경 지식에 대한 좀 더 자세한 설명은 별도의 '일러두기'란을 통해 정리해 두었다.

현직 AI 국책 R&D 과제 연구책임자이자 AI 규제와 국제법 연구자로서의 학문적 기반, MBC AI 전략자회사 운영과 솔루션 개발 참여, 그리고 미디어 분야에서의 역자의 실무 경력은 이러한 번역 원칙을 실현하는 데 든든한 토대가 되었다. 특히, 한국콘텐츠진흥원의 "AI 기반 실시간 콘텐츠 제작 및 글로벌 유통을 위한 실·가상 융합 방송 자동 영상 생성 기술개발" 사업 수행, 글로벌 플랫폼 기업의 국제법적 규제에 관한 연구와 생성형 AI의 규제 방안에 대한 역자의 선행 연구 경험은 AI 기업들의 개발 활동과 법적 책임을 다루는 본 법안의 해석에 유용한 통찰을 제공했다.

이 자리를 빌어, 한국콘텐츠진흥원과 MBC, MBC의 AI 전략자회사인 도스트11에 진심으로 감사를 전한다. 또, 국제 규제와 유럽연합법에 대한 역자의 이해의 폭을 넓혀 본 역서의 품질을 높일 수 있도록 지도해주신 연세대학교 로스쿨 박덕영 교수님께도 진심으로 감사의 마음을 전한다. 끝으로, 집필 과정에서 함께 응원해 준 양가 부모님과 가족들, 사랑하는 아내 은지와 하윤, 태선 두 보석 같은 아이들에게도 감사의 마음을 전한다.

다시 한번, 이 번역서가 AI 시대를 준비하는 법률가, 정책 입안자, 기업인, 개발자, 연구자들에게 실질적인 참고 자료가 되기를 기대한다. 나아가 우리나라의 AI 관련 법제 수립 과정과 관련 사회적 합의 과정에서 중요한 기초 자료로 활용되기를 희망한다.

2025년 4월, 서울 상암동에서
역자 염규현

번역 일러두기

EU 인공지능법(EU AI Act)은 세계 최초로 만들어진 포괄적인 인공지능 규제 법안이다. 이 법은 문언 그대로 풀어보면 (1) **유럽연합(EU) 역내에서** (2) **인공지능을 다루는 규칙을** (3) **규제 관점에서 다루고 있는 법문**이라고 할 수 있는데, 그 특수성을 크게 세 가지 측면에서 살펴볼 수 있다.

우선, 이 법이 유럽연합(EU)의 특수성이 반영된 법 체계라는 점이다. 유럽연합은, 유럽연합조약(Treaty on European Union, TEU)과 유럽연합기능조약(Treaty on the Functioning of the European Union, TFEU)이라는 두 가지 기본 조약에 근거하여 법을 만들고 적용하고 있으며, 이를 관리하고 집행하는 거버넌스 체계 역시, 유럽연합 법의 틀에 기초하고 있다. 따라서, 유럽연합 법체계에 대한 이해와 관련 용어에 대한 개념 정리가 필수적이며, 이에 대한 기초적인 내용은 본 일러두기에서 상세히 후술하였다.

두 번째 특징은, 인공지능법이라는 제정 목적상 인공지능(AI)과 관련된 용어나 지표들이 다수 포함돼 있다는 점이다. AI 및 IT 기술 분야의 배경 지식을 요하는 부분들이 있어 처음 접하는 이들에게는 생소할 수 있는데, 예를 들어, 부동 소수점 연산의 개념이라든지, API의 적용 등이 법문에 직접 반영된 경우가 대표적이라고 할 수 있다. 본서에서는 사용 빈도가 높고, 보편적으로 통용되는 기술 용어들을 최대한 정확하게 번역하고자 노력하였다.

끝으로, EU 인공지능법에서는 기존 유럽연합의 틀이나 IT 규제의 틀에서 해결되지 않는 분야에 대해 새롭게 개념이나 거버넌스를 창출하는 경우도 목격된다. 대표적으로 '배치 책임자(Deployer)'라는 AI 시스템 운영의 특수한 주체를 정의하고, AI 사무국(AI Office)이나 이사회(AI Board) 같은 거버넌스 기구를 설립하는 내용도 포함되어 있는데, 이 기준도 본 일러두기를 통해 설명하였다.

본서에서는 위와 같은 세 가지 특징을 충분히 반영하여 독자들이 법안의 내용을 정확하게 이해할 수 있도록 노력하였다. 기존에 확립된 공식 용어는 학계와 정부 기관에서 통용되는 표현을 채택하였으며, 새로운 개념에 대해서는 그 의미와 맥락을 살려 적절한 한국어 표현을 제안하고자 하였다. 이러한 번역 원칙과 더불어, 주요 용어에 대한 구체적인 배경 설명과 기준에 대해 아래 이어서 상세히 짚어보고자 한다.

1. 유럽연합(EU) 법 체계가 반영된 용어

【EU 법체계의 기본 구조】

앞서 언급했듯이, 유럽연합(EU)의 법 체계는 유럽연합조약(Treaty on European Union, TEU)과 유럽연합기능조약(Treaty on the Functioning of the European Union, TFEU)이라는 두 가지 기본 조약에 근거하고 있다. 특히 TFEU 제288조는 유럽연합의 EU의 법적 행위(legal acts)를 다음과 같이 정의하고 있다.

> ***TFEU Article 288 (ex Article 249 TEC)***
>
> *To exercise the Union's competences, the institutions shall adopt **regulations, directives, decisions, recommendations and opinions**. A regulation shall have general application. It shall be binding in its entirety and directly applicable in all Member States. A directive shall be binding, as to the result to be achieved, upon each Member State to which it is addressed, but shall leave to the national authorities the choice of form and methods. A decision shall be binding in its entirety. A decision which specifies those to whom it is addressed shall be binding only on them. Recommendations and opinions shall have no binding force.*

위 조문에 따르면, 유럽연합은 자신들의 권한을 행사하기 위하여, 규정(regulations), 지침(directives), 결정(decisions), 권고(recommendations) 및 의견(opinions)을 채택할 수 있다. 규정(Regulation)은 EU 역내 회원국들에게 일반적으로 적용되며, 모든 요소에 있어 구속력을 가지고 모든 회원국에 직접 적용될 수 있는 규범이다. 지침(Directive)은 달성해야 할 결과에 대해 회원국을 구속하긴 하지만, 형식과 방법의 선택은 국가 당국에 맡기도록 하여 각 회원국이 국내법으로 전환하는 방식과 수단을 선택할 수 있도록 하고 있다. 그리고, 결정(Decision)은 모든 요소에 있어 구속력을 가지지만 이는 특정 대상을 지정하는 경우, 해당 대상에게만 구속력을 가지도록 하고 있다. 문언 그대로 권고

(Recommendation)와 의견(Opinions)은 구속력을 가지지 않는다.

유럽연합 법 체계 내의 법적 행위	
규정(Regulation)	모든 회원국에 일반적으로 적용되며, 전체적으로 구속력을 가지며 직접 적용된다. 별도의 국내법으로 변환하지 않아도 회원국에서 즉시 효력을 발휘할 수 있다.
지침(Directive)	특정 목표를 달성하기 위해 회원국에 구속력을 가지지만, 각 회원국은 이를 국내법으로 전환하는 방식과 수단을 선택할 수 있다.
결정(Decisions)	특정 대상(개인, 기업, 국가 등)에 대해 구속력을 가지며, 해당 대상에게만 적용된다.
권고(Recommendation) 및 의견(Opinions)	법적 구속력은 없지만, 회원국과 기관에 대한 지침이나 권고로 작용한다.

이러한 법적 근거에 따라 본 번역에서는 유럽연합(EU)의 Regulation은 규정으로, Directive는 지침으로, 그리고 Recommedation은 권고로 번역하였다. Regulation의 경우 규칙으로 번역하는 견해도 제시되고 있으나, 국내법상 행정규칙과의 혼동을 우려해 일관되게 규정이라고 번역하였다.

EU 인공지능법은 기본적으로 EU법 체계 위에서 AI 규제에 필요한 내용을 검토하고, 기존 법이 포섭하지 못하는 법적 공백 내지 흠결을 보충하는 규정(Regulation)이다. 이에 따라, EU 인공지능법 내에서는 기존 유럽연합법의 규정이나 지침, 권고들을 준용하거나 해당 규정을 근거로 추가 규제에 나선 것들이 많이 목격되는 데, 이 경우 위의 기준에 따라 번역하여 기재하였다.

【유럽연합(EU)의 거버넌스 구조】

유럽연합(EU)의 법을 마련하고, 집행하고, 관리하는 과정은 유럽연합의 주요 기관들이 역할을 나누어 맡고 있다. EU 인공지능법 역시 유럽연합법의 일부인 만큼 규정에게 각종 유럽연합의 기관들이 언급되고 있다. 따라서, 아래 기관들의 역할과 기능을 확인할 필요가 있다.

(1) 집행위원회(Commission)

: TEU 제17조에 따라 유럽연합(EU)의 일반적 이익을 증진하고, 조약의 적용을 보장하며, 유럽연합의 정책을 집행하고 예산을 관리하는 기관이다. 유럽연합의 행정부 역할을 담당하는 기관으로, 법안을 최초로 제안할 수 있는 '발의권'을 독점적으로 보유하고 있다. EU 인공지능법 역시, 2021년 4월 집행위원회가 최초 법안을 제안했으며, 이것이 입법 과정의 출발점이 되었다. 집행위원회는 각 회원국에서 1명씩 파견된 27명의 위원으로 구성되며, 이들은 자국의 이익이 아닌 EU 전체의 이익을 위해 독립적으로 활동하고 있다.

(2) 이사회(Council)

: TEU 제16조에 따라 회원국 정부를 직접 대표하는 기관으로, 각 회원국의 장관급 인사들로 구성된다. 외교나 경제 등 논의 주제에 따라 다양한 구성으로 모이게 되며, 유럽연합 의회(EU Parliament)와 함께 '공동 입법자' 역할을 수행하며, 집행위원회가 제안한 법안을 검토하고 수정한다. 실제, EU 인공지능법 제정 과정에서는 회원국별로 다른 AI 산업 발전 정도에 비추어 규제 수위, 국가 안보 관련 조항 등에서 회원국 간 이견을 조율하는 역할을 맡았다. 특히 이사회는 회원국 정부의 입장을 대변하는 만큼, AI 위험 분류기준이라든지, 국가 안보 예외 범위 등 국가별 이해관계가 대립하는 사안에서 중요한 조정자 역할을 했다.

(3) 의회(Parliament)

: TEU 제14조에 따라 EU 시민들이 직접 선출한 의원들로 구성된 기관으로, 총 705명의 의원이 EU 시민들을 대표하고 있다. 이사회(Council)와 함께 법안을 심의하고 수정하며 최종 채택을 결정하는 '공동입법자' 역할을 수행한다. EU 인공지능법 제정 과정에서 의회는 시민의 권리와 자유 보호에 중점을 두고, 특히 생체인식 기술, 감정인식 시스템, 기본권 영향평가 등의 영역에서 더 강력한 규제를 주장한 바 있다. 의회는 2022년 6월부터 2023년 6월까지 15개월 동안 3,300건 이상의 수정안을 검토하며 광범위한 논의 과정을 거쳤다.

상기 세 기관의 상호작용은 이른바 'Trilogue(삼자대화)'라는 EU 특유의 협상 과정을 통해 이루어진다. EU 인공지능법은 2023년 12월 '삼자 대화'를 통해 잠정 합의에 도달한 후, 2024년 3월 의회와 이사회의 최종 승인을 거쳐 정식 채택되었다. 본 규정집에서는 위 기관들 명칭이 반복적으로 등장하고 있다. 따라서, 원문의 명칭과 의미를 확인하고자 할 때, 위의 기관별 역할을 염두에 두고 접근하면 도움이 될 수 있다.

아울러, 기존의 유럽연합의 기관만으로는 규율할 수 없는 새로운 거버넌스 체계도 EU 인공지능법을 통해 창설되었는데, 그 기관들은 다음과 같다.

(4) 인공지능 사무국(AI Office)

AI 사무국(AI Office)는 EU 인공지능법 제64조에 법적 근거를 두고 있으며, 집행위원회 내에 설립되는 전문 부서이다. 집행위원회가 EU 인공지능법에 따른 의무를 효과적으로 수행할 수 있도록 기술적, 과학적, 행정적 지원을 제공하는 것이 주목적이다. AI, 데이터, 사이버보안, 규제 등 다양한 분야의 집행위원회 소속 전문가들과 행정 직원, 그리고 필요에 따라 자문을 제공하는 외부 전문가 네트워크로 구성된다. AI 사무국은 집행위원회 내부 부서로서 운영되며, 연간 작업 계획과 우선순위를 설정하고 정기적인 활동 보고서를 발행한다. 기술적 평가와 분석을 통한 규제 결정 지원, 범용 AI 모델 관련 평가를 통한 표준 설정, EU 전역의 AI 시스템 데이터베이스 관리를 통해 실질적인 규제 영향력을 행사하고 있다. 본서에서는 AI Office를 인공지능사무국(혹은 사무국)으로 번역하였다.

(5) 인공지능 이사회(AI Board)

AI 이사회(AI Board)는 EU 인공지능법 제65조부터 제66조에 법적 근거를 두고 있는 거버넌스 기구로, 회원국 간 AI 규제의 일관된 적용과 조율을 주목적으로 하고 있다. 각 EU 회원국의 국가 감독 당국을 대표하는 고위 대표자 27명, 참관인인 유럽 데이터 보호 감독관(EDPS) 등으로 구성되는데, 회원국 간 규제 적용의 일관성 촉진, 집행위원회에 AI 규제 관련 자문 제공, 모범 사례 공유 및 지침 문서 발행 등의 업무를 수행한다.

이사회는 집행위원회의 요청에 따라 혹은 자체 발의로 EU 인공지능법과 관련된 모든 사항에 대해 권고 또는 서면 의견을 발행할 수 있으며, 회원국 대표 중 한 명이 의장을 맡아 다수결 원칙에 따라 의견을 채택한다. AI 이사회는 직접적인 법적 구속력이 있는 결정을 내리는 권한은 제한적이나, 법적 해석 가이드라인 발행을 통한 실질적인 규범 형성, 회원국별 규제 접근 방식 조율, 전문성 기반 자문 의견을 통해 상당한 실질적 영향력을 행사할 수 있는 기관이다. AI 이사회에 대해서는 AI 위원회로 번역하는 견해도 제시되고 있으나, 위원회는 중복되는 명칭이 많을 수 있다는 점, 특히 EU 집행위원회(Commission)와 혼동될 여지가 있다는 점, 회원국의 대표자들이 일종의 이사 성격으로 파견된다는 점을 감안해 역자는 AI Board를 AI 이사회(혹은 이사회)로 번역하였다. 문면 상으로는 EU 이사회(Council)과 AI 이사회(AI Board)가 동일하게 읽힐 수 있어 반드시 원문의 정확한 명칭을 확인할 것을 권고한다.

(6) 독립 전문가 과학 패널(Scientific Panel of Independent Experts)

Scientific Panel on Independent Experts는 EU 인공지능법 제68조에 법적 근거를 두고 있으며, 집행위원회와 AI 사무국에 독립적인 과학적 자문을 제공하기 위해 설립된 전문가 그룹이다. 특히 범용 AI 시스템의 능력, 위험, 안전성에 관한 최신 과학적 지식을 제공하는 것이 주요 목적이며, AI 분야에서 특별한 전문성과 능력을 보유한 전문가들 그룹으로 해당 전문가들은 집행위원회가 선정한다. 본서에서는 '독립전문가 과학 패널(Scientific Panel on Indpendent Experts)'로 번역하였다.

【조화표준과 조화법률】

본 규정에서는 '**조화된**(harmonised)'이라는 표현이 자주 등장한다. '**조화 표준**(harmonised standard)'이나 '**조화 법률**(harmonised legislation)' 등의 용어도 빈번하게 출현하는데, 이는 유럽연합법이 갖는 구조와 특성 때문에 발생한 것으로 이 규정을 이해하기 위해서는 유럽연합의 구조에 대한 틀과 조화의 개념에 대해 살펴볼 필요가 있다.

조화(Harmonisation)란 쉽게 말해, 유럽연합 전체의 규제와 개별 회원국의 규제 간의 조화를 이루어 단일 시장(single market)으로서의 가치를 추구하자는 것으로, 이를 목적으로 하는 조화 법률(Harmonised legislation) 체계는 유럽연합 단일 시장의 효과적인 기능을 위해 설계된 시스템이다.

가장 급진적인 형태의 초기 조화 모델(Harmonisation Model)은 특정 분야에서 회원국의 규정을 유럽연합의 규칙으로 완전히 대체하는 방식인데, 이는 엄밀히 말하면 조화라기보다는 전체주의적 강제에 가깝다고 할 수 있다. 또 다른 접근법은 회원국 규칙과 유럽연합의 규칙이 병존하는 형태의 선택적 조화 모델이 있으나, 이는 법적 안정성과 연합 차원의 통일성을 담보하기가 상대적으로 어렵다는 단점이 있다.

이런 점을 반영하여 1985년 이후에 제시된 것이 이른바 '신 접근방식(New Approach)'인데, 이는 법률에 필수 요구사항만 규정하고, 기술적인 세부 사항은 이른바 '조화표준(harmonised standards)에 위임하는 방식이다. 현재, 이러한 접근법은 EU 규제의 기본 원칙으로 자리잡고 있으며, EU 인공지능법에서도 이같은 원칙이 반영되어 있다. 조화 법률(harmonised legislation)의 주요 법적 근거는 유럽연합기능조약(TFEU) 제114조로, 이는 역내 시장의 설립과 기능을 위한 회원국 법률의 접근에 관한 조치를 채택할 권한을 EU 기관에 부여하고 있다.

조화 법률 체계 내에 있는 '조화 표준(harmonised standards)'은 유럽 표준화 기구(CEN, CENELEC, ETSI)가 집행위원회의 요청에 따라 개발한 유럽 표준으로, EU 법률의 필수 요구사항을 기술적으로 구체화하고 있다. 이는 'EU 규정(Regulation) 1025/2012'에 법적 근거를 두고 있으며, EU 인공지능법도 제3조 27항에서 이 규정에 따라 조화 표준의 정의를 따를 것을 명시하고 있다. 조화 표준의 핵심 특징은 '적합성 추정'으로, 조화 표준을 준수하는 제품이나 서비스는 관련 EU 법률의 필수 요구사항을 충족한다고 법적으로 추정된다.

EU 인공지능법은 이러한 조화 법률 및 조화 표준 체계의 최신 적용 사례가 될 수 있으며, 규정 본문에는 AI 시스템이 충족해야 할 필수 요구사항을 규정하고, 이를 충족하는 구체적인 기술적 방법은 조화 표준 개발을 통해 해결하며, 이에 더해 '공통 규격'이라는 개념을 도입하여 필요시 집행위원회가 직접 기술적 세부 사항을 규정할 수 있도록 하고 있다.

결론적으로, EU의 조화 법률 및 표준 체계는 단일 시장의 원활한 기능과 높은 수준의 보호를 동시에 추구하고자 하는 효과적인 규제 방식이라고 할 수 있는데, 본문에서도 이에 따라 각각 Harmonised legislation은 조화 법률, Harmonised standards는 조화 표준으로 번역하였다.

2. 복잡한 개념 설명을 위한 신조어

본서에서 보편적으로 사용되는 용어를 주로 쓰는 것을 기본 원칙으로 삼은 것과 다르게, 본서에서 새로 명명했거나 의미 전달을 위해 합성어 조어를 진행한 것들이 일부 있는데, 이는 다음과 같다.

(1) 배치 책임자(Deployer)

Deployer라는 용어는 EU 인공지능법에서 새롭게 도입된 개념으로, 제3조 4항에서 "개인적인 비직업적 활동 과정에서 AI 시스템을 사용하는 경우를 제외하고, 자신의 권한 하에 AI 시스템을 사용하는 자연인이나 법인, 공공 기관, 대행기관 또는 기타 단체를 의미한다."고 정의되어 있다. 이는 기존의 법적 주체 분류(개발자, 제조업자, 사용자 등)로는 완전히 포섭되지 않는 새로운 형태의 의무담지자를 지칭하며, 일부 학자는 이같은 독특한 특성 때문에 Deployer를 '디플로이어'라고 그대로 부르자고 제안하기도 하는데, 필자는 다음과 같은 이유로 Deployer를 배치 책임자로 번역하였다.

첫째, 기존의 디지털 서비스나 제품 관련 법규에서는 주로 '제조업자(manufacturer)', '공급자(provider)', '사용자(user)'와 같은 개념만 존재했다. 그러나 AI 시스템의 경우, 개발된 시스템을 실제 환경에 구현하고 운영하는 과정이 독립적이고 중요한 단계로 인식되면서, 이 역할을 담당하는 주체에 대한 별도의 개념이 필요해졌다. 따라서, 이를 직관적으로 이해할 수 있는 별도 용어가 필요하다고 판단하였다.

둘째, AI 시스템의 수명 주기에서 '배치(deployment)' 단계는 시스템이 실제 환경에서 작동하기 시작하는 중요한 순간이다. 이 단계에서의 책임자인 'Deployer'는 단순히 AI 시스템을 설치하는 기술적 행위자가 아니라, 해당 시스템의 운영방식, 적용 범위, 사용 목적 등을 결정할 수 있는 실질적 통제권을 가진 주체를 의미하는데, 이런 권리 외에 시스템의 안전성, 투명성, 관리감독, 위험 평가 등에 대한 특수한 의무도 지는 만큼, 이러한 특정 단계에서의 책임과 의무를 강조하고자 하였다.

셋째, EU 인공지능법은 AI 시스템의 '위험 기반 접근법'을 취하고 있으며, 위험도에 따라 각 단계별 책임을 차등적으로 지우는 방식을 택하고 있다. 이런 규제 패러다임을 반영해 배치 단계에서 일정부분 책임을 질 수 있는 주체의 중요성을 강조하고자 하였다.

이처럼 '배치책임자(Deployer)'는 단순한 기술적 용어의 번역을 넘어, AI 규제에 있어 새로운 책임 주체의 등장을 명확히 표현하기 위해 역자가 선택한 용어이다. 이를 통해 AI 시스템의 수명주기 전반에 걸친 책임 체계를 더욱 세밀하게 구분하고, 각 주체의 역할과 의무를 명확히 하고자 하였다.

(2) 오용(Misuse)

: EU 인공지능법에서는 인공지능 시스템의 잘못된 사용(misuse)에 대한 다양한 규정들을 마련해 놓고 있다. 순화한 번역은 '잘못된 사용(misuse)' 혹은 '그릇된 사용(misuse)'이 맞으나 상당히 긴 문장구조를 갖고 있는 법조문의 특성상 깔끔한 번역이 어려워지는 면이 있어 역자의 판단에 따라 misuse를 오용이라고 번역하였다. EU 인공지능법 제3조 13항에서는 '합리적으로 예측가능한 오용(reasonably foreseeable misuse)'을 정의하면서 "인공지능 시스템을 그 의도된 목적에 부합하지 않는 방식으로 사용하는 것을 의미하며, 이는 다른 시스템(다른 인공지능 시스템 포함)과 합리적으로 예측 가능한 인간의 행동이나 상호작용으로 인해 발생할 수 있는 것을 말한다."고 규정하고 있다.

(3) 적격 경고(qualifed alert)

: EU 인공지능법에서는 자격을 갖춘 자의 경고(alert)에 대한 조항이 등장한다. 인공지능의 특성상 기술적 전문성에 기반한 경고가 필요한 만큼 법 문언에서도 이런 점들이 강조되고 있는데, 이 때 qualifed alert를 '자격 있는 경고' 혹은 '자격이 있는 자의 경고' 등으로 풀어서 번역할 수도 있지만 문장 구조의 복잡성을 줄이고 직관적 이해를 돕기 위해 보편적으로 쓰이는 표현은 아니지만 '적격 경고(qualified alert)'라고 직역하였다.

3. 유사한 개념을 구분한 용어들

본서에서는 의미상 유사하지만 엄밀히 구분할 필요성이 있는 용어들을 구분하여 번역하였는데, 이에 대한 설명을 다음과 같다.

(1) 위험(Risk)과 위해(Harm)의 구분

EU 인공지능법에서는 Risk과 harm이 등장하는데, 제3조 2항에서 Risk의 정의를 다음과 같이 하고 있다. "'Risk'란 harm이 발생할 확률과 그 harm의 심각성을 결합한 것을 의미한다." 즉, Harm은 실제로 발생할 구체적 피해나 손상을 의미하며, Risk는 잠재적으로 발생할 수 있는 부정적 결과의 가능성의 총합을 의미한다고 볼 수 있다.

이에 따라 본서에서는 Risk를 위험으로 번역하였고, harm은 위해라고 번역하였다. EU 인공지능법에서는 AI 시스템의 위험 수준에 따라 규제 강도를 달리하는 '위험 기반 접근법'을 채택하고 있으며, 이 과정에서 위험 평가와 관리는 핵심 요소가 되고 있다. 이런 위험을 구성하는 것이 바로 위해의 가능성과 심각성이며, AI 시스템으로 인해 발생할 수 있는 위해에는 기본권 침해, 신체적 안전 위협, 정신적 건강 악화, 차별이나 조작 등이 포함될 수 있다. EU 인공지능법은 이러한 위해(harm)를 예방하고 최소화하는 것을 목표로 하고 있다.

(2) 시스템 리스크(Systemic Risk)와 체계적 리스크(Systematic Risk)의 구분

EU 인공지능법에서는 리스크(Risk)의 여러 유형을 구분하고 있으며, 그 중에서도 '시스템 리스크(Systemic Risk)'와 '체계적 리스크(Systematic Risk)'는 일견 유사하다고 혼동이 될 수 있어 구분을 요한다.

'시스템 리스크(Systemic Risk)'는 EU 인공지능법 제3조 65항에서 다음과 같이 정의하고 있다. "범용 AI 모델의 고출력 성능에 대한 특정한 위험을 의미하며, 그로 인해 유럽연합 내 시장에 상당한 충격을 미치거나 공중 보건, 안전, 공공 안보, 기본권 혹은 사회 전체에 실제적이거나 합리적으로 예측 가능한 부정적인 영향을 미치며, 가치 사슬 전반에 걸쳐 대규모로 전파될 수 있는 위험을 의미한다."

즉, 시스템 리스크는 범용 AI 모델과 관련하여 특히 중요하게 다뤄지는 개념으로, 개별 주체나 시스템을 넘어서 사회 전체에 광범위하게 영향을 미칠 수 있는 리스크를 말하고 있다. 단일 AI 시스템의 오작동이나 의도치 않은 결과가 연쇄적으로 확산되어 사회적, 경제적, 정치적 시스템 전반에 심각한 혼란을 가져올 수 있는 리스크를 지칭하는 것이다.

반면, '체계적 리스크(Systematic Risk)'는 일반적이나 시스템이나 프로세스 내에 내재된 구조적이고 방법론적인 리스크를 의미한다. 이는 AI 시스템의 설계, 개발, 테스트 방법론 등과 관련된 것으로, 특정 알고리즘이나 접근 방식에 내재된 체계적인 오류나 편향 가능성을 의미하며, EU 인공지능법에서는 주로 '시스템 리스크'에 주목하고 있다.

이 때문에 본서에서는 systemic 번역 과정에서 생길 수 있는 오해를 방지하기 위해 systemic risk'를 시스템 리스크라고 그대로 외래어 차용 표기를 하였다. '시스템 리스크' 그 자체로 인식하는 것이 EU 인공지능법이 추구하는 규제의 목적에 더 부합한다고 보았기 때문이다. '시스템 리스크'처럼 외래어를 그대로 가져온 표현은 아래 후술하였다.

(3) 산출물(Output)과 결과물(Outcome)의 구분

EU 인공지능법에는 Output과 Outcome이라는 용어가 반복적으로 등장한다. 일견, 유사한 의미의 '결과(result)'로 해석할 수 있으나, 생성형 AI와 관련해서 두 용어를 구분하여 번역하였다. 우선 Output의 경우에는 생성형 AI 모델이 직접 생성하는 즉각적인 출력물을 의미한다. 예를 들어, 텍스트 생성 AI의 텍스트, 이미지 생성 AI의 이미지 등이 여기에 해당 될 수 있는데, AI가 생산한 출력물이라는 의미에서 Output은 일관되게 산출물로 번역하였다.

반면, Outcome은 결과물로 번역하였는데, 이는 AI 시스템의 산출물이 현실세계에 미치는 최종적인 영향이나 결과를 의미한다. 예를 들어, AI 기반 신용평가 시스템의 산출물(Output)은 신용점수이지만, 그로 인한 결과물(Outcome)은 대출 승인 여부와 같은 실제 의사결정이 될 수 있는데, EU 인공지능법에서는 고위험 AI 시스템의 경우, 그 최종 결과물에 대한 책임과 영향 평가를 중시하는 만큼 산출물(output)과 결과물(outcome)을 구분지어 번역하였다.

(4) 근로자(Worker)와 노동자(Laborer)의 구분

EU 인공지능법에는 일을 하는 Worker의 개념이 등장한다. Worker는 맥락에 따라 근로자 또는 노동자로 번역할 수 있는데, 본서에서는 이를 근로자로 일관되게 번역하였다. 우리나라 근로기준법 제2조 제1항 제1호에서 정의하는 근로자는 "직업의 종류와 관계없이 임금을 목적으로 사업이나 사업장에 근로를 제공하는 자"를 의미하는데, EU 인공지능법에서 'worker' 또한 AI 시스템이 근로 환경과 근로자의 권리에 미치는 영향을 명확히 하고자 하였다는 점에서 국내 법적 의미의 '근로자'에 좀 더 가깝다고 판단하였다. 보다 일반적인 의미에서 육체적 또는 정신적 노동을 제공하는 사람을 지칭하는 '노동자'라는 표현보다는 법률적 맥락을 강조하기 위해 '근로자'로 통일 하였으며, 다만, trade union의 경우에는 '노동조합'이라고 번역하였다.

(5) 학습(training)과 훈련(training)의 구분

EU 인공지능법에서는 Training이라는 표현이 지속적으로 등장하는 데, 가장 많이 나오는 것은 AI 모델이 데이터셋을 기반으로 고도화하는 과정을 training으로 표현한다. 사전적 의미를 차용하자면 AI 모델의 훈련(training)으로 번역하는 것이 일견 타당하나, AI 모델의 경우 많은 분야에서 혹은 언론이나 대중서적에서 'AI 학습' 혹은 '학습 데이터(training data)' 등으로 표현되는 경우가 많아 이런 관행 등을 반영해 직관적 이해를 돕기 위해 AI 모델의 training의 경우 '학습'이라고 번역하였다.

반면, 인간에 대한 교육 등을 서술할 때도 training이라는 표현이 등장하는데, 대표적으로 직업 훈련(vocational training)을 들 수 있는데, 우리 말에서 '직업 훈련'이라는 명칭이 보편적으로 사용되는 점을 감안해 인간의 교육 사례 등으로 언급할 때 쓰인 training은 훈련이라고 번역하였다.

4. 외래어 직접표기 용어

일부 용어의 경우, 별도로 번역하지 않고 가급적 발음 그대로 외래어를 표기하고자 하였다. 앞서 언급한 '시스템 리스크'처럼 의미 전달을 분명히 하기 위해 그렇게 한 것도 있고, 국내에서 보편적으로 쓰이는 외래어의 경우 굳이 번역을 시도하지 않은 경우도 있다. 여기에 해당 되는 주요 용어들은 다음과 같다.

외래어 용어	EU 인공지능법상 의미
테스트 (Test)	AI 시스템의 성능, 안전성, 편향성 등을 평가하기 위한 시험 절차
시스템 리스크 (Systemic risk)	AI 시스템이 사회, 경제, 환경, 민주주의 등에 광범위하게 미칠 수 있는 부정적 영향이나 위험으로, 특히 범용 AI의 경우 시스템 리스크 평가가 중요.
리터러시 (literacy)	AI 시스템에 대한 이해역량, 사용, 평가 능력을 의미.
딥페이크 (deepfake)	인공지능을 사용하여 실존 인물의 얼굴이나 음성을 합성한 가짜 미디어 콘텐츠, EU 인공지능법에서는 이와 관련한 투명성 의무를 규정함.
라벨링 (labeling)	AI 시스템 학습에 사용되는 데이터의 분류 및 표시 작업.
필터링 (filtering)	AI 시스템의 결과물이나 데이터에 대한 선별 및 정제 과정.
솔루션 (solution)	AI 기반 문제 해결 방안, 혹은 문제 해결을 위한 IT 제품 등을 통칭.
샌드박스 (sandbox)	혁신을 위한 테스트 환경, 규제 샌드박스(regulatory sandbox)를 통해 제한된 기간 동안 규제 완화 하에 혁신적 AI 시스템 테스트를 허용함.
프레임워크 (framework)	AI 규제, 평가, 관리를 위한 구조화된 접근 방식, EU 인공지능법은 위험 기반 프레임워크를 채택하여 AI 시스템을 위험도에 따라 분류함
AI 모델 (AI model)	AI 시스템의 핵심 구성 요소, 데이터로부터 학습하여 특정 작업을 수행하는 알고리즘 및 매개변수 집합을 의미함.
아키텍처 (architecture)	AI 시스템의 구조적 설계를 의미, 시스템의 안전성, 투명성, 설명가능성에 영향을 미치는 중요한 요소임.
메커니즘 (mechanism)	AI 시스템 내부의 작동 방식이나 절차를 의미함.
API	AI 시스템과 상호작용하거나 기능을 활용할 수 있게 하는 인터페이스로, API를 통한 고위험 AI 시스템 접근 제공 시 특별한 요구사항이 적용됨.
소스코드 (source code)	AI 시스템을 구성하는 프로그램 코드.
세이프가드 (safeguard)	AI 시스템 사용 시 발생할 수 있는 위험을 방지하거나 최소화하기 위한 보호 조치로, 특히 고위험 시스템에 필수적임.
테러리즘 (terrorism)	테러 행위를 의미하는 일반적 용어.
레이아웃 (layout)	AI 시스템의 사용자 인터페이스 구성을 의미

인터페이스 (interface)	사용자와 AI 시스템 간의 상호작용 지점, 사용자 친화적이고 접근 가능한 인터페이스 설계가 투명성 의무의 일환으로 강조됨.
알고리즘 (algorithm)	AI 시스템의 기능을 정의하는 일련의 규칙이나 지시사항.
모달리티 (modality)	AI 시스템이 처리하는 다양한 형태의 데이터(텍스트, 이미지, 음성 등)를 의미.
컨텍스트 윈도우 (context window)	대규모 언어 모델에서 한 번에 처리할 수 있는 텍스트의 범위.
큐레이션 (curation)	AI 학습 데이터의 선별, 조직화, 관리 과정.
텍스트 (text)	AI 시스템이 처리하거나 생성하는 문자 기반 데이터.
오픈소스 (open source)	공개적으로 접근 가능하고 자유롭게 사용, 수정, 공유할 수 있는 소프트웨어나 모델을 의미함.
라이선스 (license)	AI 시스템이나 모델의 사용 권한 및 조건을 규정하는 법적 계약.
토큰 (token)	대규모 언어 모델에서 텍스트를 처리하는 기본 단위, 모델의 처리 능력과 비용을 측정하는 데 사용됨.
인코딩 (encoding)	데이터를 AI 시스템이 처리할 수 있는 형태로 변환하는 과정.
피드백 (feedback)	AI 시스템의 성능 개선을 위한 사용자나 환경으로부터의 입력.

영문 차례

EU Artificial Intelligence Act

국문 차례

유럽연합 인공지능법

Annexes

부 속 서

Recitals

제안이유

EU Artificial Intelligence Act

유럽연합 인공지능법

EU Artificial Intelligence Act

유럽연합 인공지능법

Chapter Ⅰ General Provisions

제1장 일반조항

Article 1 Subject Matter

제1조 목적(제안이유 1, 2, 3, 6, 7, 8)

1. The purpose of this Regulation is to improve the functioning of the internal market and promote the uptake of human-centric and trustworthy artificial intelligence (AI), while ensuring a high level of protection of health, safety, fundamental rights enshrined in the Charter, including democracy, the rule of law and environmental protection, against the harmful effects of AI systems in the Union and supporting innovation.

1. 이 규정의 목적은 내부 시장의 기능을 개선하고 인간 중심적이며 신뢰할 수 있는 인공지능(AI)의 도입을 촉진하는 동시에, 건강, 안전, 헌장에 명시된 기본권(민주주의, 법치주의, 환경 보호 포함)에 대한 높은 수준의 보호를 보장하고, AI 시스템의 유해한 영향으로부터 유럽연합 내의 AI 시스템을 보호하며 혁신을 지원하는 것이다.

2. This Regulation lays down:

2. 이 규정은 다음을 규율한다:

(a) harmonised rules for the placing on the market, the putting into service, and the use of AI systems in the Union;

(a) AI 시스템의 EU 내 시장 출시, 서비스 제공 및 사용에 대한 조화된 규칙;

(b) prohibitions of certain AI practices;

(b) 특정 AI 관행의 금지;

(c) specific requirements for high-risk AI systems and obligations for operators of such systems;

(c) 고위험 AI 시스템에 대한 특정 요구사항 및 해당 시스템 운영자의 의무;

(d) harmonised transparency rules for certain AI systems;

(d) 특정 AI 시스템에 대한 조화된 투명성 규칙;

(e) harmonised rules for the placing on the market of general-purpose AI models;

(e) 범용 AI 모델의 시장 출시를 위한 조화된 규칙;

(f) rules on market monitoring, market surveillance, governance and enforcement;

(g) measures to support innovation, with a particular focus on SMEs, including startups.

Article 2 Scope

1. This Regulation applies to:

(a) providers placing on the market or putting into service AI systems or placing on the market general-purpose AI models in the Union, irrespective of whether those providers are established or located within the Union or in a third country;

(b) deployers of AI systems that have their place of establishment or are located within the Union;

(c) providers and deployers of AI systems that have their place of establishment or are located in a third country, where the output produced by the AI system is used in the Union;

(d) importers and distributors of AI systems;

(e) product manufacturers placing on the market or putting into service an AI system together with their product and under their own name or trademark;

(f) authorised representatives of providers, which are not established in the Union;

(g) affected persons that are located in the Union.

(f) 시장 모니터링, 시장 감시, 관리 및 집행에 관한 규칙;

(g) 스타트업을 포함한 중소기업에 특히 초점을 맞춘 혁신 지원 조치.

제2조 적용 범위(제안이유 9, 10, 11, 21, 22, 23, 24, 25, 166)

1. 이 규정은 아래에 적용된다:

(a) 해당 제공자가 유럽연합 내에 설립되거나 위치하는지 또는 제3국에 있는지 여부와 관계없이, 유럽연합 내에서 AI 시스템을 시장에 출시하거나 서비스를 개시하는 제공자 또는 범용 AI 모델을 시장에 출시하는 제공자;

(b) 유럽연합 내에 설립되었거나 위치한 AI 시스템의 배치 책임자;

(c) AI 시스템의 산출물이 유럽연합 내에서 사용되는 경우, 제3국에 설립 장소가 있거나 위치한 AI 시스템의 제공자 및 배치 책임자;

(d) AI 시스템의 수입업자 및 유통업자;

(e) 자사의 제품과 함께 AI 시스템을 자체 이름이나 상표로 시장에 출시하거나 서비스를 개시하는 제품 제조업자;

(f) 유럽연합 내에 설립되지 않은 제공자의 공인 대리인;

(g) 유럽연합 내에 위치하고 있으면서 영향을 받는 사람들.

2. For AI systems classified as high-risk AI systems in accordance with Article 6(1) related to products covered by the Union harmonisation legislation listed in Section B of Annex I, only Article 6(1), Articles 102 to 109 and Article 112 apply. Article 57 applies only in so far as the requirements for high-risk AI systems under this Regulation have been integrated in that Union harmonisation legislation.

2. 부속서 I의 B절에 열거된 유럽연합 조화 법률이 적용되는 제품과 관련하여 제6조 제1항에 따라 고위험 AI 시스템으로 분류된 인공지능 시스템의 경우, 제6조 제1항, 제102조부터 제109조까지 및 제112조만 적용된다. 제57조는 본 규정에 따른 고위험 AI 시스템에 대한 요구사항이 해당 유럽연합 조화 법률에 통합된 범위 내에서만 적용된다.

3. This Regulation does not apply to areas outside the scope of Union law, and shall not, in any event, affect the competences of the Member States concerning national security, regardless of the type of entity entrusted by the Member States with carrying out tasks in relation to those competences. This Regulation does not apply to AI systems where and in so far they are placed on the market, put into service, or used with or without modification exclusively for military, defence or national security purposes, regardless of the type of entity carrying out those activities. This Regulation does not apply to AI systems which are not placed on the market or put into service in the Union, where the output is used in the Union exclusively for military, defence or national security purposes, regardless of the type of entity carrying out those activities.

3. 이 규정은 유럽연합법의 적용 범위 외의 영역에는 적용되지 않으며, 어떤 경우에도 — 국가안보와 관련된 업무를 수행하도록 회원국이 위임한 주체의 유형과 관계없이 — 국가안보에 관한 회원국의 권한에 영향을 미치지 않는다. 본 규정은 군사, 국방 또는 국가안보 목적으로 독점적으로 사용되는 경우, 이러한 활동을 수행하는 주체의 유형과 관계없이, AI 시스템이 시장에 출시되거나, 서비스가 개시되거나, 수정 여부와 관계없이 국가안보 목적으로 사용되는 경우에는 적용되지 않는다. 본 규정은 유럽연합 내에서 시장에 출시되거나 서비스가 개시되지 않은 AI 시스템의 경우, 이러한 활동을 수행하는 주체의 유형과 관계없이, 그 산출물이 유럽연합 내에서 군사, 국방 또는 국가안보 목적으로만 사용되는 경우에는 적용되지 않는다.

4. This Regulation applies neither to public authorities in a third country nor to international organisations falling within the scope of this Regulation pursuant to paragraph 1, where those authorities

4. 이 규정은, 제1항에 따라 본 규정의 적용 범위에 해당하는 제3국의 공공 당국이나 국제기구가 유럽연합 또는 하나 이상의 회원국과의 법 집행 및 사법 협력을 위한 국제 협력 또는 협정의 틀 내에

or organisations use AI systems in the framework of international cooperation or agreements for law enforcement and judicial cooperation with the Union or with one or more Member States, provided that such a third country or international organisation provides adequate safeguards with respect to the protection of fundamental rights and freedoms of individuals.

서 AI 시스템을 사용하는 경우, 해당 제3국 또는 국제기구가 개인의 기본권과 자유의 보호와 관련하여 적절한 보호조치를 제공한다는 조건 하에, 이들 당국이나 기구에는 적용되지 않는다.

5. This Regulation shall not affect the application of the provisions on the liability of providers of intermediary services as set out in Chapter II of Regulation (EU) 2022/2065.

5. 이 규정은 규정 (EU) 2022/2065의 제2장에 명시된 중개 서비스 제공자의 책임에 관한 조항의 적용에 영향을 미치지 않는다.

6. This Regulation does not apply to AI systems or AI models, including their output, specifically developed and put into service for the sole purpose of scientific research and development.

6. 이 규정은 과학적 연구 및 개발의 단독 목적으로 특별히 개발되고 서비스에 투입된 AI 시스템이나 AI 모델(그 산출물을 포함)에는 적용되지 않는다.

7. Union law on the protection of personal data, privacy and the confidentiality of communications applies to personal data processed in connection with the rights and obligations laid down in this Regulation. This Regulation shall not affect Regulation (EU) 2016/679 or (EU) 2018/1725, or Directive 2002/58/EC or (EU) 2016/680, without prejudice to Article 10(5) and Article 59 of this Regulation.

7. 개인정보 보호, 프라이버시 및 통신의 기밀성에 관한 유럽연합 법률은 본 규정에 명시된 권리와 의무와 관련하여 처리되는 개인정보에 적용된다. 본 규정은 본 규정의 제10조 제5항 및 제59조를 침해하지 않는 범위 내에서 규정 (EU) 2016/679 또는 (EU) 2018/1725, 또는 지침 2002/58/EC 또는 (EU) 2016/680에 영향을 미치지 않는다.

8. This Regulation does not apply to any research, testing or development activity regarding AI systems or AI models prior to their being placed on the market or put into service. Such activities shall be conducted in accordance with applicable Union law. Testing in real

8. 이 규정은 AI 시스템이나 AI 모델이 시장에 출시되거나 서비스에 투입되기 전의 어떠한 연구, 시험 또는 개발 활동에도 적용되지 않는다. 이러한 활동들은 적용 가능한 유럽연합 법률에 따라 수행되어야 한다. 실제 환경에서의 시험은 이러한 제외 대상에 포함되지 않는다.

world conditions shall not be covered by that exclusion.

9. This Regulation is without prejudice to the rules laid down by other Union legal acts related to consumer protection and product safety.

9. 이 규정은 소비자 보호 및 제품 안전과 관련된 다른 유럽연합 법률에 의해 규정된 규칙들을 침해하지 않는다.

10. This Regulation does not apply to obligations of deployers who are natural persons using AI systems in the course of a purely personal non-professional activity.

10. 이 규정은 순수하게 개인적인 비직업적 활동 과정에서 AI 시스템을 사용하는 자연인인 배치 책임자의 의무에는 적용되지 않는다.

11. This Regulation does not preclude the Union or Member States from maintaining or introducing laws, regulations or administrative provisions which are more favourable to workers in terms of protecting their rights in respect of the use of AI systems by employers, or from encouraging or allowing the application of collective agreements which are more favourable to workers.

11. 이 규정은 유럽연합이나 회원국이 사용자의 AI 시스템 사용과 관련하여 근로자의 권리 보호 측면에서 근로자에게 더 유리한 법률, 규정 또는 행정 조치를 유지하거나 도입하는 것을 배제하지 않으며, 근로자에게 더 유리한 단체협약의 적용을 장려하거나 허용하는 것을 배제하지 않는다.

12. This Regulation does not apply to AI systems released under free and open-source licences, unless they are placed on the market or put into service as high-risk AI systems or as an AI system that falls under Article 5 or 50.

12. 이 규정은 무료 오픈소스 라이선스 하에 배포된 AI 시스템에는 적용되지 않는다. 단, 이러한 시스템이 고위험 AI 시스템으로서 또는 제5조나 제50조에 해당하는 AI 시스템으로서 시장에 출시되거나 서비스에 투입되는 경우는 예외로 한다.

Article 3 **Definitions**

제3조 정의(제안이유 12, 13, 14, 15, 16, 17, 18, 19, 97, 98, 99, 100, 110, 128)

For the purposes of this Regulation, the following definitions apply:

이 규정의 목적을 위해 다음 정의들이 적용된다:

(1) 'AI system' means a machine-based system that is designed to operate with varying levels of autonomy and that may exhibit adaptiveness after deployment, and that, for explicit or implicit

(1) 'AI 시스템'이란 다양한 수준의 자율성으로 작동하도록 설계되고 배치 후 적응성을 보일 수 있으며, 명시적 또는 암묵적 목표를 위해 받은 입력으로부터 물리적 또는 가상 환경에 영향을 줄 수 있는

objectives, infers, from the input it receives, how to generate outputs such as predictions, content, recommendations, or decisions that can influence physical or virtual environments;

예측, 콘텐츠, 추천 또는 결정과 같은 산물출을 생성하는 방법을 추론하는 기계 기반 시스템을 의미한다.

(2) 'risk' means the combination of the probability of an occurrence of harm and the severity of that harm;

(2) '위험'이란 위해가 발생할 확률과 그 위해의 심각성을 결합한 것을 의미한다.

(3) 'provider' means a natural or legal person, public authority, agency or other body that develops an AI system or a general-purpose AI model or that has an AI system or a general-purpose AI model developed and places it on the market or puts the AI system into service under its own name or trademark, whether for payment or free of charge;

(3) '제공자'란 AI 시스템이나 범용 AI 모델을 개발하거나, AI 시스템이나 범용 AI 모델을 개발하도록 하여 유상 또는 무상으로 자신의 이름이나 상표로 시장에 출시하거나 서비스에 투입하는 자연인이나 법인, 공공 기관, 대행 기관 또는 기타 단체를 의미한다.

(4) 'deployer' means a natural or legal person, public authority, agency or other body using an AI system under its authority except where the AI system is used in the course of a personal non-professional activity;

(4) '배치 책임자'란 개인적인 비직업적 활동 과정에서 AI 시스템을 사용하는 경우를 제외하고, 자신의 권한 하에 AI 시스템을 사용하는 자연인이나 법인, 공공 기관, 대행 기관 또는 기타 단체를 의미한다.

(5) 'authorised representative' means a natural or legal person located or established in the Union who has received and accepted a written mandate from a provider of an AI system or a general-purpose AI model to, respectively, perform and carry out on its behalf the obligations and procedures established by this Regulation;

(5) '공인 대리인'이란 유럽연합 내에 위치하거나 설립된 자연인 또는 법인으로서, AI 시스템 또는 범용 AI 모델의 제공자로부터 이 규정에 의해 생겨난 의무와 절차를 각각 수행하도록 서면 위임을 받고, 그 위임을 수락한 자를 의미한다.

(6) 'importer' means a natural or legal person located or established in the Union that places on the market an AI system that bears the name or trademark of a natural or legal person established

(6) '수입업자'란 제3국에 설립된 자연인 또는 법인의 이름이나 상표를 부착한 AI 시스템을 유럽연합 시장에 출시하는 자로, 유럽연합 내에 위치하거나 설립된 자연인 또는 법인을 의미한다.

in a third country;

(7) 'distributor' means a natural or legal person in the supply chain, other than the provider or the importer, that makes an AI system available on the Union market;

(7) '유통업자'란 공급망에서 제공자나 수입업자 외의 자연인 또는 법인으로서, 유럽연합 시장에서 인공지능 시스템을 이용 가능하게 하는 자를 의미한다.

(8) 'operator' means a provider, product manufacturer, deployer, authorised representative, importer or distributor;

(8) '운영자'란 제공자, 제품 제조업자, 배치 책임자, 공인 대리인, 수입업자 또는 유통업자를 의미한다.

(9) 'placing on the market' means the first making available of an AI system or a general-purpose AI model on the Union market;

(9) '시장 출시'란 인공지능 시스템 또는 범용 인공지능 모델을 유럽연합 시장에서 최초로 이용 가능하게 하는 것을 의미한다.

(10) 'making available on the market' means the supply of an AI system or a general-purpose AI model for distribution or use on the Union market in the course of a commercial activity, whether in return for payment or free of charge;

(10) '시장 제공'이란 유상 또는 무상에 관계 없이 상업적 활동 과정에서 유럽연합 시장 내 유통 또는 사용을 위해 인공지능 시스템 또는 범용 인공지능 모델을 제공하는 것을 의미한다.

(11) 'putting into service' means the supply of an AI system for first use directly to the deployer or for own use in the Union for its intended purpose;

(11) '서비스 개시'란 의도된 목적을 위해 유럽연합 내에서 배치 책임자에게 직접 첫 사용을 위해 인공지능 시스템을 공급하거나 자체 사용을 위해 공급하는 것을 의미한다.

(12) 'intended purpose' means the use for which an AI system is intended by the provider, including the specific context and conditions of use, as specified in the information supplied by the provider in the instructions for use, promotional or sales materials and statements, as well as in the technical documentation;

(12) '의도된 목적'이란 제공자가 의도한 인공지능 시스템의 사용을 의미하며, 이는 제공자가 사용 설명서, 판촉 또는 판매 자료와 안내문, 그리고 기술 문서에서 제공한 정보 속에 구체화한 특정 맥락과 사용 조건을 포함한다.

(13) 'reasonably foreseeable misuse' means the use of an AI system in a way that is not in accordance with its intended purpose, but which may result from reasonably foreseeable human behaviour

(13) '합리적으로 예측 가능한 오용'이란 인공지능 시스템을 그 의도된 목적에 부합하지 않는 방식으로 사용하는 것을 의미하며, 이는 다른 시스템(다른 인공지능 시스템 포함)과 합리적으로 예측 가능한

or interaction with other systems, including other AI systems;

인간의 행동이나 상호작용으로 인해 발생할 수 있는 것을 말한다.

(14) 'safety component' means a component of a product or of an AI system which fulfils a safety function for that product or AI system, or the failure or malfunctioning of which endangers the health and safety of persons or property;

(14) '안전 구성요소'란 제품이나 인공지능 시스템의 구성요소로서, 해당 제품이나 인공지능 시스템에 대해 안전 기능을 수행하거나, 그 고장이나 오작동이 사람의 건강과 안전 또는 재산을 위험에 빠뜨리는 것을 의미한다.

(15) 'instructions for use' means the information provided by the provider to inform the deployer of, in particular, an AI system's intended purpose and proper use;

(15) '사용 설명서'란 제공자가 특히 인공지능 시스템의 의도된 목적과 적절한 사용에 대해 배치 책임자에게 알리기 위해 제공하는 정보를 의미한다.

(16) 'recall of an AI system' means any measure aiming to achieve the return to the provider or taking out of service or disabling the use of an AI system made available to deployers;

(16) '인공지능 시스템의 리콜'이란 배치 책임자들이 사용할 수 있게 된 인공지능 시스템을 제공자에게 반환하거나, 서비스에서 제거하거나, 사용을 비활성화하는 것을 목적으로 하는 모든 조치를 의미한다.

(17) 'withdrawal of an AI system' means any measure aiming to prevent an AI system in the supply chain being made available on the market;

(17) '인공지능 시스템의 철회'란 공급망에 있는 인공지능 시스템이 시장에 제공되는 것을 방지하기 위한 모든 조치를 의미한다.

(18) 'performance of an AI system' means the ability of an AI system to achieve its intended purpose;

(18) '인공지능 시스템의 성능'이란 인공지능 시스템이 의도된 목적을 달성하는 능력을 의미한다.

(19) 'notifying authority' means the national authority responsible for setting up and carrying out the necessary procedures for the assessment, designation and notification of conformity assessment bodies and for their monitoring;

(19) '통보 당국'이란 적합성 평가 기관의 평가, 지정 및 통보를 위해 필요한 절차를 수립하고 수행하며, 이들을 모니터링하는 책임을 지는 국가 기관을 의미한다.

(20) 'conformity assessment' means the process of demonstrating whether the requirements set out in Chapter III, Section 2 relating to a high-risk AI system have been fulfilled;

(20) '적합성 평가'란 고위험 인공지능 시스템과 관련하여 제3장 제2절에 명시된 요구사항들이 충족되었는지 여부를 입증하는 과정을 의미한다.

(21) 'conformity assessment body' means a body that performs third-party conformity assessment activities, including testing, certification and inspection;

(21) '적합성 평가 기관'이란 시험, 인증 및 검사를 포함한 제3자 적합성 평가 활동을 수행하는 기관을 의미한다.

(22) 'notified body' means a conformity assessment body notified in accordance with this Regulation and other relevant Union harmonisation legislation;

(22) '인증 기관'이란 본 규정 및 기타 관련 유럽연합 조화 법률에 따라 지정 통보된 적합성 평가 기관을 의미한다.

(23) 'substantial modification' means a change to an AI system after its placing on the market or putting into service which is not foreseen or planned in the initial conformity assessment carried out by the provider and as a result of which the compliance of the AI system with the requirements set out in Chapter III, Section 2 is affected or results in a modification to the intended purpose for which the AI system has been assessed;

(23) '중대한 수정'이란 인공지능 시스템이 시장에 출시되거나 서비스에 투입된 후 이루어지는 변경으로, 제공자가 수행한 최초 적합성 평가에서 예견되거나 계획되지 않았으며, 그 결과로 인공지능 시스템이 제3장 제2절에 명시된 요구사항을 준수하는 데 영향을 미치거나 해당 인공지능 시스템이 평가받은 의도된 목적의 변경을 초래하는 것을 의미한다.

(24) 'CE marking' means a marking by which a provider indicates that an AI system is in conformity with the requirements set out in Chapter III, Section 2 and other applicable Union harmonisation legislation providing for its affixing;

(24) 'CE 마크 표시'란 제공자가 인공지능 시스템이 제3장 제2절에 명시된 요구사항과 그 표시를 규정하는 기타 관련 유럽연합 조화 법률을 준수함을 나타내는 표시를 의미한다.

(25) 'post-market monitoring system' means all activities carried out by providers of AI systems to collect and review experience gained from the use of AI systems they place on the market or put into service for the purpose of identifying any need to immediately apply any necessary corrective or preventive actions;

(25) '시장 출시 후 모니터링 시스템'이란 인공지능 시스템 제공자가 시장에 출시하거나 서비스에 투입한 인공지능 시스템의 사용으로부터 얻은 경험을 수집하고 검토하여, 즉각적으로 필요한 시정 또는 예방 조치를 적용해야 할 필요성을 파악하기 위해 수행하는 모든 활동을 의미한다.

(26) 'market surveillance authority' means the national authority carrying out the activities and taking the measures pursuant to Regulation (EU) 2019/1020;

(26) '시장 감시 당국'이란 규정 (EU) 2019/1020에 따라 활동을 수행하고 조치를 취하는 국가 기관을 의미한다.

(27) 'harmonised standard' means a harmonised standard as defined in Article 2(1), point (c), of Regulation (EU) No 1025/2012;

(27) '조화 표준'이란 규정 (EU) No 1025/2012의 제2조 제1항 (c)호에 정의된 조화 표준을 의미한다.

(28) 'common specification' means a set of technical specifications as defined in Article 2, point (4) of Regulation (EU) No 1025/2012, providing means to comply with certain requirements established under this Regulation;

(28) '공통 사양'이란 규정 (EU) No 1025/2012의 제2조 제4항에 정의된 일련의 기술 사양으로, 본 규정에 따라 수립된 특정 요구사항을 준수하기 위한 수단을 제공하는 것을 의미한다.

(29) 'training data' means data used for training an AI system through fitting its learnable parameters;

(29) '학습 데이터'란 학습 가능한 매개변수를 조정하여 인공지능 시스템을 훈련시키는 데 사용되는 데이터를 의미한다.

(30) 'validation data' means data used for providing an evaluation of the trained AI system and for tuning its non-learnable parameters and its learning process in order, inter alia, to prevent underfitting or overfitting;

(30) '검증 데이터'란 학습된 인공지능 시스템을 평가하고, 특히 과소적합이나 과적합을 방지하기 위해 학습 불가능한 매개변수와 학습 과정을 조정하는 데 사용되는 데이터를 의미한다.

(31) 'validation data set' means a separate data set or part of the training data set, either as a fixed or variable split;

(31) '검증 데이터셋'이란 별도의 데이터셋이거나 학습 데이터셋의 일부로, 고정 또는 가변 분할 방식으로 구성될 수 있다.

(32) 'testing data' means data used for providing an independent evaluation of the AI system in order to confirm the expected performance of that system before its placing on the market or putting into service;

(32) '테스트 데이터'란 AI 시스템을 시장에 출시하거나 서비스를 개시하기 전에 해당 시스템의 예상 성능을 확인하기 위해 AI 시스템에 대한 독립적인 평가를 제공하는 데 사용되는 데이터를 의미한다.

(33) 'input data' means data provided to or directly acquired by an AI system on the basis of which the system produces an output;

(33) '입력 데이터'란 AI 시스템에 제공되거나 AI 시스템이 직접 획득하여, 이를 기반으로 시스템이 산출물을 생성하는 데이터를 의미한다.

(34) 'biometric data' means personal data resulting from specific technical processing relating to the physical, physiological or behavioural characteristics

(34) '생체 인식 데이터'란 얼굴 이미지나 지문 데이터와 같이 자연인의 신체적, 생리적 또는 행동적 특성과 관련된 특정 기술적 처리의 결과로 생성된 개인정보

of a natural person, such as facial images or dactyloscopic data;

를 의미한다.

(35) 'biometric identification' means the automated recognition of physical, physiological, behavioural, or psychological human features for the purpose of establishing the identity of a natural person by comparing biometric data of that individual to biometric data of individuals stored in a database;

(35) '생체 인식 식별'이란 자연인의 신원을 확인하기 위해 해당 개인의 생체 인식 데이터를 데이터베이스에 저장된 다른 개인의 생체 인식 데이터와 비교하여 신체적, 생리적, 행동적 또는 심리적 특징을 자동으로 인식하는 것을 의미한다.

(36) 'biometric verification' means the automated, one-to-one verification, including authentication, of the identity of natural persons by comparing their biometric data to previously provided biometric data;

(36) '생체 인식 확인'은 인증을 포함하여, 자연인의 생체 인식 데이터를 이전에 제공된 생체 인식 데이터와 비교하여 자연인의 신원을 자동으로 일대 일로 확인하는 것을 의미한다.

(37) 'special categories of personal data' means the categories of personal data referred to in Article 9(1) of Regulation (EU) 2016/679, Article 10 of Directive (EU) 2016/680 and Article 10(1) of Regulation (EU) 2018/1725;

(37) '특별 범주의 개인정보'란 규정 (EU) 2016/679의 제9조 제1항, 지침 (EU) 2016/680의 제10조, 그리고 규정 (EU) 2018/1725의 제10조 제1항에서 언급된 범주의 개인정보를 의미한다.

(38) 'sensitive operational data' means operational data related to activities of prevention, detection, investigation or prosecution of criminal offences, the disclosure of which could jeopardise the integrity of criminal proceedings;

(38) '민감한 운영 데이터'란 범죄 예방, 탐지, 수사 또는 기소 활동과 관련된 운영 데이터를 의미하며, 공개될 경우 형사 절차의 완전 무결성을 위태롭게 할 수 있는 데이터를 의미한다.

(39) 'emotion recognition system' means an AI system for the purpose of identifying or inferring emotions or intentions of natural persons on the basis of their biometric data;

(39) '감정 인식 시스템'이란 자연인의 생체 인식 데이터를 기반으로 자연인들의 감정이나 의도를 식별하거나 추론하기 위한 목적의 AI 시스템을 의미한다.

(40) 'biometric categorisation system' means an AI system for the purpose of assigning natural persons to specific categories on

(40) '생체 인식 분류 시스템'이란 자연인의 생체 인식 데이터를 기반으로 그들을 특정 범주에 할당하기 위한 AI 시스템을

the basis of their biometric data, unless it is ancillary to another commercial service and strictly necessary for objective technical reasons;

의미한다. 단, 다른 상업적 서비스에 부수적이며 객관적인 기술적 사유에 의하여 엄격히 필요한 경우는 제외한다.

(41) 'remote biometric identification system' means an AI system for the purpose of identifying natural persons, without their active involvement, typically at a distance through the comparison of a person's biometric data with the biometric data contained in a reference database;

(41) '원격 생체 인식 식별 시스템'이란 자연인의 적극적인 개입 없이, 일반적으로 원거리에서 개인의 생체 인식 데이터를 참조용 데이터베이스에 포함된 생체 인식 데이터와 비교하여 자연인을 식별하기 위한 AI 시스템을 의미한다.

(42) 'real-time remote biometric identification system' means a remote biometric identification system, whereby the capturing of biometric data, the comparison and the identification all occur without a significant delay, comprising not only instant identification, but also limited short delays in order to avoid circumvention;

(42) '실시간 원격 생체 인식 식별 시스템'이란 생체 인식 데이터의 수집, 비교 및 식별이 모두 상당한 지연 없이 발생하는 원격 생체 인식 식별 시스템을 의미한다. 이는 즉각적인 식별뿐만 아니라 우회를 방지하기 위한 제한된 짧은 지연도 포함한다.

(43) 'post remote biometric identification system' means a remote biometric identification system other than a real-time remote biometric identification system;

(43) '사후 원격 생체 인식 식별 시스템'이란 실시간 원격 생체 인식 식별 시스템이 아닌 원격 생체 인식 식별 시스템을 의미한다.

(44) 'publicly accessible space' means any publicly or privately owned physical place accessible to an undetermined number of natural persons, regardless of whether certain conditions for access may apply, and regardless of the potential capacity restrictions;

(44) '공개적으로 접근 가능한 공간'이란 접근을 하기 위한 특정 조건이 적용될 수 있는지 여부, 잠재적인 수용 인원 제한에 상관없이 불특정 다수의 자연인이 접근할 수 있는 공공 또는 사적 소유의 물리적 장소를 의미한다.

(45) 'law enforcement authority' means:

(45) '법 집행 당국'이란:

(a) any public authority competent for the prevention, investigation, detection or prosecution of criminal offences or the

(a) 공공 안전에 대한 위협을 방지하고 예방하기 위한 긴급조치를 포함하여 형사범죄의 예방, 수사, 적발, 기소 또는 형

execution of criminal penalties, including the safeguarding against and the prevention of threats to public security; or

사 처벌을 집행할 권한이 있는 공공 기관; 또는

(b) any other body or entity entrusted by Member State law to exercise public authority and public powers for the purposes of the prevention, investigation, detection or prosecution of criminal offences or the execution of criminal penalties, including the safeguarding against and the prevention of threats to public security;

(b) 공공의 안전에 대한 위협의 방지 및 예방을 포함하여 범죄 예방, 수사, 탐지 또는 기소 또는 형사 처벌의 집행을 위해 회원국 법률에 따라 공권력을 행사하도록 위임 받은 기타 모든 기관 또는 단체를 의미한다.

(46) 'law enforcement' means activities carried out by law enforcement authorities or on their behalf for the prevention, investigation, detection or prosecution of criminal offences or the execution of criminal penalties, including safeguarding against and preventing threats to public security;

(46) '법 집행'이란 공공의 안전에 대한 위협의 방지 및 예방을 포함하여, 형사 범죄의 예방, 수사, 탐지 또는 기소, 또는 형사 처벌의 집행을 위해 법 집행 당국이 수행하거나 그들을 대신하여 수행되는 활동을 의미한다.

(47) 'AI Office' means the Commission's function of contributing to the implementation, monitoring and supervision of AI systems and general-purpose AI models, and AI governance, provided for in Commission Decision of 24 January 2024; references in this Regulation to the AI Office shall be construed as references to the Commission;

(47) 'AI 사무국'이란 2024년 1월 24일자 EU 집행위원회의 결정에 따라 AI 시스템 및 범용 AI 모델의 구현, 모니터링 및 감독에 기여하고 AI 거버넌스를 제공하는 위원회의 기능을 의미한다. 이 규정에서 AI 사무국에 대한 언급은 집행위원회를 의미하는 것으로 해석되어야 한다.

(48) 'national competent authority' means a notifying authority or a market surveillance authority; as regards AI systems put into service or used by Union institutions, agencies, offices and bodies, references to national competent authorities or market surveillance

(48) '국가 관할 당국'이란 통보 당국 또는 시장 감시 당국을 의미한다. 유럽연합 기관, 대행 기관, 사무국 및 기구에 의해 서비스에 투입되거나 사용되는 AI 시스템과 관련하여, 이 규정에서 국가 관할 당국 또는 시장 감시 당국에 대한 언급은 유럽 데이터보호 감독관에 대한 언급

authorities in this Regulation shall be construed as references to the European Data Protection Supervisor;

으로 해석되어야 한다.

(49) 'serious incident' means an incident or malfunctioning of an AI system that directly or indirectly leads to any of the following:

(49) '중대한 사고'란 AI 시스템의 사고 또는 오작동으로 인해 직접적 또는 간접적으로 다음 중 하나를 초래하는 것 의미한다:

(a) the death of a person, or serious harm to a person's health;

(a) 개인의 사망 또는 개인의 건강에 심각한 위해;

(b) a serious and irreversible disruption of the management or operation of critical infrastructure.

(b) 핵심 기반 시설의 관리 또는 운영에 있어서 심각하고 돌이킬 수 없는 중단;

(c) the infringement of obligations under Union law intended to protect fundamental rights;

(c) 기본권 보호를 위해 유럽연합 법률이 규정한 의무에 대한 침해;

(d) serious harm to property or the environment;

(d) 재산 또는 환경에 대한 심각한 피해.

(50) 'personal data' means personal data as defined in Article 4, point (1), of Regulation (EU) 2016/679;

(50) '개인정보'란 규정 (EU) 2016/679의 제4조 제1항에 정의된 개인정보를 의미한다.

(51) 'non-personal data' means data other than personal data as defined in Article 4, point (1), of Regulation (EU) 2016/679;

(51) '비개인정보'란 규정 (EU) 2016/679 제4조 1항에서 정의한 개인정보 이외의 데이터를 의미한다.

(52) 'profiling' means profiling as defined in Article 4, point (4), of Regulation (EU) 2016/679;

(52) '프로파일링'이란 규정 (EU) 2016/679 제4조 4항에서 정의된 프로파일링을 의미한다.

(53) 'real-world testing plan' means a document that describes the objectives, methodology, geographical, population and temporal scope, monitoring, organisation and conduct of testing in real-world conditions;

(53) '실제 환경 테스트 계획'이란 실제 상황 조건에서 테스트의 목적, 방법론, 지리적 범위, 인구 및 시간 범위, 모니터링, 조직 및 수행에 대해 기술하는 문서를 의미한다.

(54) 'sandbox plan' means a document

(54) '샌드박스 계획'이란 참여하고 있는 제

agreed between the participating provider and the competent authority describing the objectives, conditions, timeframe, methodology and requirements for the activities carried out within the sandbox;

공자와 관할 당국 간에 합의된 문서로, 샌드박스 내에서 수행되는 활동의 목적, 조건, 기간, 방법론 및 요구 사항을 기술한 것을 의미한다.

(55) 'AI regulatory sandbox' means a controlled framework set up by a competent authority which offers providers or prospective providers of AI systems the possibility to develop, train, validate and test, where appropriate in real-world conditions, an innovative AI system, pursuant to a sandbox plan for a limited time under regulatory supervision;

(55) 'AI 규제 샌드박스'는 관할 당국이 설정한 통제된 프레임워크로, AI 시스템의 제공자 또는 예비 제공자에게 샌드박스 계획에 따라 제한된 시간 동안 규제 감독 하에 혁신적인 AI 시스템을 개발, 학습, 검증하고, 적절한 경우 실제 환경 조건에서 테스트할 수 있는 가능성을 제공하는 것을 의미한다.

(56) 'AI literacy' means skills, knowledge and understanding that allow providers, deployers and affected persons, taking into account their respective rights and obligations in the context of this Regulation, to make an informed deployment of AI systems, as well as to gain awareness about the opportunities and risks of AI and possible harm it can cause;

(56) 'AI 리터러시(AI 이해역량)'란 제공자, 배치 책임자 및 영향을 받는 사람들이 본 규정의 맥락에서 각자의 권리와 의무를 고려하여, AI 시스템을 정보에 입각하여 배치할 수 있게 하고, AI의 기회와 위험 및 발생 가능한 위해에 대한 인식을 얻을 수 있게 하는 기술, 지식 및 이해를 의미한다.

(57) 'testing in real-world conditions' means the temporary testing of an AI system for its intended purpose in real-world conditions outside a laboratory or otherwise simulated environment, with a view to gathering reliable and robust data and to assessing and verifying the conformity of the AI system with the requirements of this Regulation and it does not qualify as placing the AI system on the market or putting it into service within the meaning of this Regulation, provided that all the

(57) '실제 환경 조건에서의 테스트'란 동법 제57조 또는 제60조에 명시된 모든 조건이 충족되는 경우에 한하여, 신뢰할 수 있고 견고한 데이터를 수집하고 이 규정의 요구 사항에 AI 시스템이 적합한지 평가하고 검증하기 위한 목적으로 연구소나 모의 환경이 아닌 실제 환경 조건에서 AI 시스템의 의도된 목적을 위해 AI 시스템을 임시로 테스트하는 것을 의미한다. 이 과정은 본 규정의 의미 내에서 AI 시스템을 시장에 출시하거나 서비스를 제공하는 것으로 간주되지는 않는다.

conditions laid down in Article 57 or 60 are fulfilled;

(58) 'subject', for the purpose of real-world testing, means a natural person who participates in testing in real-world conditions;

(59) 'informed consent' means a subject's freely given, specific, unambiguous and voluntary expression of his or her willingness to participate in a particular testing in real-world conditions, after having been informed of all aspects of the testing that are relevant to the subject's decision to participate;

(60) 'deep fake' means AI-generated or manipulated image, audio or video content that resembles existing persons, objects, places, entities or events and would falsely appear to a person to be authentic or truthful;

(61) 'widespread infringement' means any act or omission contrary to Union law protecting the interest of individuals, which:

(a) has harmed or is likely to harm the collective interests of individuals residing in at least two Member States other than the Member State in which:

(i) the act or omission originated or took place;

(ii) the provider concerned, or, where applicable, its authorised representative is located or established; or

(iii) the deployer is established, when the infringement is committed by the

(58) 실제 환경 조건에서의 테스트 목적상 '테스트 대상자'란 실제 환경 운용 조건에서의 테스트에 참여하는 자연인을 의미한다.

(59) '사전 설명에 따른 동의'란 테스트 대상자가 참여 결정과 관련된 테스트의 모든 측면에 대해 충분히 설명을 들은 후, 실제 환경 조건에서의 특정 테스트에 참여하고자 하는 의지를 자유롭게, 구체적으로, 명확하게, 그리고 자발적으로 표현한 것을 의미한다.

(60) '딥페이크'란 기존의 사람, 물체, 장소, 실체 또는 사건과 유사하여 사람이 보기에 진짜이거나 진실해 보이지만 사실은 그렇지 않은, AI로 생성되거나 조작된 이미지, 오디오 또는 비디오 콘텐츠를 의미한다.

(61) '광범위한 침해'란 개인의 이익을 보호하는 유럽연합 법률에 반하는 행위 또는 부작위를 의미하며, 이는 다음 중 하나에 해당하는 것을 의미한다.

(a) 다음의 상황이 발생한 회원국 이외에 최소 2개의 회원국에 거주하는 개인들의 집단적 이익에 해를 끼쳤거나 해칠 가능성이 있는 경우:

(i) 해당 행위 또는 부작위가 시작되거나 발생한 경우;

(ii) 관련 제공자 또는 해당되는 경우, 공인 대리인이 위치하거나 설립된 회원국; 또는

(iii) 침해가 배치 책임자에 의해 발생했을 때, 해당 배치 책임자가 설립된 회

deployer;

(b) has caused, causes or is likely to cause harm to the collective interests of individuals and has common features, including the same unlawful practice or the same interest being infringed, and is occurring concurrently, committed by the same operator, in at least three Member States;

(62) 'critical infrastructure' means critical infrastructure as defined in Article 2, point (4), of Directive (EU) 2022/2557;

(63) 'general-purpose AI model' means an AI model, including where such an AI model is trained with a large amount of data using self-supervision at scale, that displays significant generality and is capable of competently performing a wide range of distinct tasks regardless of the way the model is placed on the market and that can be integrated into a variety of downstream systems or applications, except AI models that are used for research, development or prototyping activities before they are placed on the market;

(64) 'high-impact capabilities' means capabilities that match or exceed the capabilities recorded in the most advanced general-purpose AI models;

(65) 'systemic risk' means a risk that is specific to the high-impact capabilities of general-purpose AI models, having a significant impact on the Union market due to their reach, or due to actual or reasonably foreseeable negative effects on public health, safety, public security,

원국;

(b) 개인들의 집단적 이익에 해를 끼쳤거나, 끼치고 있거나, 끼칠 가능성이 있으며, 동일한 불법 행위나 동일한 이익 침해 등 공통된 특징을 가지고 있고, 동일한 운영자에 의해 최소 세 개 회원국에서 동시에 발생하고 있는 경우

(62) '핵심 기반시설'이란 지침 (EU) 2022/2557의 제2조 제4호에 정의된 핵심 기반시설을 의미한다.

(63) '범용 AI 모델'이란 시장에 출시되는 방식과 관계없이 광범위한 별개의 작업을 능숙하게 수행할 수 있는 상당한 수준의 일반성을 보이며, 다양한 하위 공급망 시스템이나 응용 프로그램에 통합될 수 있는 AI 모델을 의미한다. 이는 대규모 자체 지도학습을 통해 대량의 데이터로 학습된 AI 모델을 포함한다. 다만, 시장에 출시되기 전 연구, 개발 또는 시제품 제작 활동에 사용되는 AI 모델은 제외한다.

(64) '고출력 성능'이란 가장 발전된 범용 AI 모델에서 기록된 성능과 일치하거나 이를 초과하는 성능을 의미한다.

(65) '시스템 리스크'란 범용 AI 모델의 고출력 성능에 대한 특정한 위험을 의미하며, 그로 인해 유럽연합 내 시장에 상당한 충격을 미치거나 공중 보건, 안전, 공공 안보, 기본권 혹은 사회 전체에 실제적이거나 합리적으로 예측 가능한 부정적인 영향을 미치며, 가치 사슬 전반에

fundamental rights, or the society as a whole, that can be propagated at scale across the value chain;

걸쳐 대규모로 전파될 수 있는 위험을 의미한다.

(66) 'general-purpose AI system' means an AI system which is based on a general-purpose AI model and which has the capability to serve a variety of purposes, both for direct use as well as for integration in other AI systems;

(66) '범용 AI 시스템'이란 범용 AI 모델을 기반으로 하며, 직접 사용하는 것뿐만 아니라 다른 AI 시스템에 통합하여 다양한 목적을 수행할 수 있는 능력을 가진 AI 시스템을 의미한다.

(67) 'floating-point operation' means any mathematical operation or assignment involving floating-point numbers, which are a subset of the real numbers typically represented on computers by an integer of fixed precision scaled by an integer exponent of a fixed base;

(67) '부동소수점 연산'이란 부동소수점 숫자를 포함하는 모든 수학적 연산 또는 할당을 의미한다. 부동소수점 수는 실수의 일부로, 컴퓨터에서 특별한 방식으로 표현된다. 이 방식은 고정된 자릿수의 정수에 고정된 밑의 정수 지수를 적용하여 나타낸다.

(68) 'downstream provider' means a provider of an AI system, including a general-purpose AI system, which integrates an AI model, regardless of whether the AI model is provided by themselves and vertically integrated or provided by another entity based on contractual relations.

(68) '하위 공급망 제공자'란 AI 모델을 통합하는 AI 시스템(범용 AI 시스템 포함)의 제공자를 의미한다. 이는 해당 AI 모델이 제공자 자신에 의해 개발되고 수직적으로 통합되었는지, 또는 계약 관계에 따라 다른 기관이 제공한 것인지와 관계없이 적용된다.

Article 4 **AI literacy**

Providers and deployers of AI systems shall take measures to ensure, to their best extent, a sufficient level of AI literacy of their staff and other persons dealing with the operation and use of AI systems on their behalf, taking into account their technical knowledge, experience, education and training and the context the AI systems are to be used in, and considering the persons or groups of persons on whom the AI systems are to be used.

제4조 AI 리터러시(AI 이해역량) (제안이유 20)

AI 시스템의 제공자와 배치 책임자는 AI 시스템의 운영 및 사용을 담당하는 직원과 그들을 대신하여 AI 시스템을 다루는 다른 사람들이 충분한 수준의 AI 이해역량을 갖추도록 최선을 다해 조치를 취하여야 한다. 이때, 그들의 기술적 지식, 경험, 교육 및 훈련, AI 시스템이 사용될 상황, 그리고 AI 시스템이 사용될 대상자인 개인이나 집단을 고려해야 한다.

Chapter Ⅱ
Prohibited Artificial Intelligence Pratices

제2장
금지된 인공지능 관행

Article 5 Prohibited Artificial Intelligence Practices

1. The following AI practices shall be prohibited:

(a) the placing on the market, the putting into service or the use of an AI system that deploys subliminal techniques beyond a person's consciousness or purposefully manipulative or deceptive techniques, with the objective, or the effect of materially distorting the behaviour of a person or a group of persons by appreciably impairing their ability to make an informed decision, thereby causing them to take a decision that they would not have otherwise taken in a manner that causes or is reasonably likely to cause that person, another person or group of persons significant harm;

(b) the placing on the market, the putting into service or the use of an AI system that exploits any of the vulnerabilities of a natural person or a specific group of persons due to their age, disability or a specific social or economic situation, with the objective, or the effect, of materially distorting the behaviour of that person or a person belonging to that group in a manner that causes or is reasonably likely to cause that person or another person significant harm;

(c) the placing on the market, the putting

제5조 금지된 인공지능 관행(제안이유 3, 28, 29, 30, 31, 32, 33, 34, 35, 36, 37, 38, 39, 40, 41, 42, 43, 44, 45, 46)

1. 다음의 AI 관행은 금지된다:

(a) 사람의 의식 너머의 잠재의식적인 기법 또는 의도적으로 조작을 가했거나 기만적인 기법을 활용하여, 정보에 입각한 결정을 내릴 수 있는 능력을 현저히 손상시킴으로써 개인 또는 집단의 행동을 실질적으로 왜곡하는 목적이나 효과를 갖는 AI 시스템을 시장에 출시하거나 서비스에 투입하거나 사용하는 행위. 그로 인해 그들이 그렇지 않았을 경우에는 내리지 않았을 결정을 내리도록 하여 해당 개인 또는 다른 개인이나 집단에 상당한 위해를 초래하거나 초래할 가능성이 있는 경우;

(b) 자연인이나 특정 집단에 속한 사람들에게 있어서 나이, 장애 또는 특정 사회적, 경제적 상황으로 인한 취약성을 악용하여 해당 개인 또는 해당 그룹에 속한 개인의 행동을 실질적으로 왜곡함으로써 해당 개인 또는 다른 개인에게 심각한 위해를 끼치거나 위해를 초래할 합리적인 가능성이 있는 AI 시스템을 시장에 출시하거나 서비스를 제공하거나 사용하는 것;

(c) 사회적 행동 혹은 알려지거나 추론된

into service or the use of AI systems for the evaluation or classification of natural persons or groups of persons over a certain period of time based on their social behaviour or known, inferred or predicted personal or personality characteristics, with the social score leading to either or both of the following:

또는 예측된 개인적 특성이나 성격의 특성을 바탕으로 일정기간 동안 자연인 또는 집단에 속한 사람들을 평가하거나 분류하여 사회적 점수를 매기는 AI 시스템을 시장에 출시하거나 서비스에 투입하거나 사용하는 행위로, 그렇게 매겨진 사회적 점수가 다음 중 하나 또는 모두를 초래하는 경우:

(i) detrimental or unfavourable treatment of certain natural persons or groups of persons in social contexts that are unrelated to the contexts in which the data was originally generated or collected;

(i) 원래 데이터가 생성되거나 수집된 맥락과 관련 없는 사회적 맥락 안에서 특정 자연인 또는 특정 집단의 사람들에 대해 해롭거나 불리한 대우;

(ii) detrimental or unfavourable treatment of certain natural persons or groups of persons that is unjustified or disproportionate to their social behaviour or its gravity;

(ii) 특정 자연인 또는 집단의 사회적 행동이나 그 중대성에 비해 부당하거나 불균형하여, 그들에게 해롭거나 불리한 대우;

(d) the placing on the market, the putting into service for this specific purpose, or the use of an AI system for making risk assessments of natural persons in order to assess or predict the risk of a natural person committing a criminal offence, based solely on the profiling of a natural person or on assessing their personality traits and characteristics; this prohibition shall not apply to AI systems used to support the human assessment of the involvement of a person in a criminal activity, which is already based on objective and verifiable facts directly linked to a criminal activity;

(d) 자연인에 대한 프로파일링이나 성격 특성 및 특질을 평가하는 것만을 기반으로 하여 자연인이 범죄를 저지를 위험을 평가하거나 예측하기 위해 특정 목적을 위한 서비스 제공, 혹은 자연인에 대한 위험 평가 목적의 AI 시스템을 시장에 출시하거나 서비스를 제공 혹은 사용하는 것. 다만, 이 금지 사항은 범죄 활동과 이미 연관된 객관적이고 검증 가능한 사실을 기반으로 사람의 범죄 활동 연루 여부에 대한 인간의 평가를 지원하는 AI 시스템에는 적용되지 않는다.

(e) the placing on the market, the putting into service for this specific purpose, or the use of AI systems that create or

(e) 인터넷이나 CCTV 영상에서 얼굴 이미지를 무작위로 수집하여 얼굴 인식 데이터베이스를 생성하거나 확장하는 AI 시

expand facial recognition databases through the untargeted scraping of facial images from the internet or CCTV footage;

스템을 시장에 출시하거나, 이러한 특정 목적을 위해 서비스를 제공하거나 사용하는 것.

(f) the placing on the market, the putting into service for this specific purpose, or the use of AI systems to infer emotions of a natural person in the areas of workplace and education institutions, except where the use of the AI system is intended to be put in place or into the market for medical or safety reasons;

(f) 직장 및 교육 기관에서 자연인의 감정을 추론하기 위한 AI 시스템을 시장에 출시하거나, 서비스에 투입하거나, 사용하는 것. 단, 해당 AI 시스템의 사용이 의료 또는 안전을 이유로 특정 장소나 시장에서 사용되도록 의도된 경우는 제외된다.

(g) the placing on the market, the putting into service for this specific purpose, or the use of biometric categorisation systems that categorise individually natural persons based on their biometric data to deduce or infer their race, political opinions, trade union membership, religious or philosophical beliefs, sex life or sexual orientation; this prohibition does not cover any labelling or filtering of lawfully acquired biometric datasets, such as images, based on biometric data or categorizing of biometric data in the area of law enforcement;

(g) 자연인의 생체 데이터를 기반으로 인종, 정치적 견해, 노동조합 가입 여부, 종교 또는 철학적 신념, 성 생활 또는 성적 지향을 추론하거나 유추하기 위해 개별적으로 자연인을 분류하는 생체 인식 분류 시스템을 특정 목적으로 시장에 배치하거나, 투입하거나, 사용하는 행위; 단, 생체 데이터를 기반으로 합법적으로 획득한 생체 데이터셋(예: 이미지)을 라벨링하거나 필터링하는 것 또는 법 집행 분야에서 생체 데이터를 분류하는 것은 이 금지 사항에 포함되지 않는다.

(h) the use of 'real-time' remote biometric identification systems in publicly accessible spaces for the purposes of law enforcement, unless and in so far as such use is strictly necessary for one of the following objectives:

(h) 공개적으로 접근이 가능한 공간에서 법 집행을 목적으로 '실시간' 원격 생체 인식 식별 시스템을 사용하는 것. 단, 다음 목적 중 하나를 위해 엄격히 필요한 경우는 제외된다:

(i) the targeted search for specific victims of abduction, trafficking in human beings or sexual exploitation of human beings, as well as the search for missing persons;

(i) 실종자 수색뿐 아니라 유괴, 인신매매 또는 성적 착취의 대상이 된 특정한 피해자들에 국한된 수색 활동;

(ii) the prevention of a specific, substantial and imminent threat to the life or physical safety of natural persons or a genuine and present or genuine and foreseeable threat of a terrorist attack;

(ii) 자연인의 생명이나 신체 안전에 대한 구체적이고 중대하며, 임박한 위협 또는 실제적이고 현존하거나 실제적이고 예측가능한 테러 공격의 위협에 대한 예방;

(iii) the localisation or identification of a person suspected of having committed a criminal offence, for the purpose of conducting a criminal investigation or prosecution or executing a criminal penalty for offences referred to in Annex II and punishable in the Member State concerned by a custodial sentence or a detention order for a maximum period of at least four years. Point (h) of the first subparagraph is without prejudice to Article 9 of Regulation (EU) 2016/ 679 for the processing of biometric data for purposes other than law enforcement.

(iii) 부속서 II에 언급된 범죄에 대해 수사나 기소를 진행하거나 형사 처벌을 집행할 목적으로, 관련 회원국에서 최소 4년 이상의 최대 기간의 구금형이나 감금 명령에 의해 처벌되는 범죄를 저질렀다고 의심되는 사람의 위치를 확인하거나 신원을 파악하는 것. 단, 첫 번째 항의 (h)호는 법 집행 목적 이외의 목적으로 생체 인식 데이터 처리에 대해 규율한 규정 (EU) 2016/679의 제9조에 영향을 미치지 않는다.

2. The use of 'real-time' remote biometric identification systems in publicly accessible spaces for the purposes of law enforcement for any of the objectives referred to in paragraph 1, first subparagraph, point (h), shall be deployed for the purposes set out in that point only to confirm the identity of the specifically targeted individual, and it shall take into account the following elements:

2. 제1항 (h)호에 언급된 목적 중 어느 하나에 해당하는 법 집행을 목적으로 공개적으로 접근 가능 공간에서 '실시간' 원격 생체 인식 식별 시스템을 사용하는 경우, 특정한 개인만을 대상으로 신원을 확인하는 목적으로만 배치되어야 하며, 아래 요소들을 반드시 고려하여야 한다:

(a) the nature of the situation giving rise to the possible use, in particular the seriousness, probability and scale of the harm that would be caused if the system were not used;

(a) 시스템 사용의 가능성을 야기하는 상황의 특성, 특히 시스템을 사용하지 않았을 경우 초래될 수 있는 위해의 심각성, 발생 가능성 및 규모;

(b) the consequences of the use of the system for the rights and freedoms of all persons concerned, in particular the seriousness, probability and scale of those consequences. In addition, the use of 'real-time' remote biometric identification systems in publicly accessible spaces for the purposes of law enforcement for any of the objectives referred to in paragraph 1, first subparagraph, point (h), of this Article shall comply with necessary and proportionate safeguards and conditions in relation to the use in accordance with the national law authorising the use thereof, in particular as regards the temporal, geographic and personal limitations. The use of the 'real-time' remote biometric identification system in publicly accessible spaces shall be authorised only if the law enforcement authority has completed a fundamental rights impact assessment as provided for in Article 27 and has registered the system in the EU database according to Article 49. However, in duly justified cases of urgency, the use of such systems may be commenced without the registration in the EU database, provided that such registration is completed without undue delay.

(b) 관련된 모든 사람의 권리와 자유에 대한 시스템 사용의 결과, 특히 그러한 결과의 심각성, 발생 가능성 및 규모. 추가로, 이 조항의 제1항 첫 번째 하위 조항 (h)호에 언급된 목적들 중 하나를 위해 공개적으로 접근 가능한 공간에서 법 집행 목적으로 '실시간' 원격 생체 인식 시스템을 사용하는 것은 국내법에 따라 필요하고 적절한 보호 조치 및 조건을 준수하여야 하며 특히, 시간적, 지리적, 개인적 제약을 준수하여야 한다. 공개적으로 접근 가능한 공간에서 '실시간' 원격 생체 인식 시스템의 사용은 법 집행 기관이 제27조에 명시된 기본권 영향 평가를 완료하고, 제49조에 따라 EU 데이터베이스에 해당 시스템을 등록한 경우에만 승인될 수 있다. 그러나 긴급한 상황으로 인해 정당하다고 인정받은 경우에는 EU 데이터베이스에 등록하지 않고도 이러한 시스템의 사용을 시작할 수 있으며, 이 경우 등록은 불필요한 지연 없이 완료되어야 한다.

3. For the purposes of paragraph 1, first subparagraph, point (h) and paragraph 2, each use for the purposes of law enforcement of a 'real-time' remote biometric identification system in publicly accessible spaces shall be subject to a prior authorisation granted by a judicial authority or an independent administrative authority whose decision is binding of

3. 제1항 첫 번째 하위 조항인 (h)호와 제2항의 목적상, 공개적으로 접근 가능한 공간에서 법 집행을 위한 '실시간' 원격 생체 인식 시스템의 개별 사용은 해당 사용이 이루어질 회원국의 사법 기관 또는 구속력 있는 결정을 내릴 수 있는 독립적인 행정 당국이 부여한 사전 승인을 받아야 한다. 승인 요청시에는 이유를 적시해야 하며, 제5항에서 언급된 국가

the Member State in which the use is to take place, issued upon a reasoned request and in accordance with the detailed rules of national law referred to in paragraph 5. However, in a duly justified situation of urgency, the use of such system may be commenced without an authorisation provided that such authorisation is requested without undue delay, at the latest within 24 hours. If such authorisation is rejected, the use shall be stopped with immediate effect and all the data, as well as the results and outputs of that use shall be immediately discarded and deleted. The competent judicial authority or an independent administrative authority whose decision is binding shall grant the authorisation only where it is satisfied, on the basis of objective evidence or clear indications presented to it, that the use of the 'real-time' remote biometric identification system concerned is necessary for, and proportionate to, achieving one of the objectives specified in paragraph 1, first subparagraph, point (h), as identified in the request and, in particular, remains limited to what is strictly necessary concerning the period of time as well as the geographic and personal scope. In deciding on the request, that authority shall take into account the elements referred to in paragraph 2. No decision that produces an adverse legal effect on a person may be taken based solely on the output of the 'real-time' remote biometric identification system.

법률의 세부 규정에 따라야 한다. 그러나 정당하다고 인정 받은 긴급상황에서는 사전 승인을 받지 않고도 시스템 사용을 시작할 수 있으며, 이 경우 지체 없이, 아무리 늦어도 최대한 24시간 이내에는 승인 요청이 이뤄져야 한다. 만약 그런 승인이 거부될 경우, 즉각적인 효력으로 사용은 즉시 중단되어야 하며, 그 사용으로 인한 모든 데이터 및 결과, 산출물은 즉시 폐기되고 삭제되어야 한다. 관할 사법 기관이나 구속력 있는 결정을 내릴 수 있는 독립된 행정 기관은 객관적 증거 또는 명확한 지표를 바탕으로, 요청서에 명시된 대로 제1항 첫 번째 하위 조항 (h)호에 명시된 목표 중 하나를 달성하기 위해 해당 '실시간' 원격 생체 인식 시스템의 사용이 필요하고 비례적이라는 점을 확인한 경우에만 승인을 부여하여야 하며, 특히, 시간적, 지리적 및 개인적 범위와 관련하여 엄격히 필요한 범위로 제한되어야 한다. 요청에 대한 결정을 내릴 때, 해당 기관은 제2항에 언급된 요소들을 고려하여야 한다. '실시간' 원격 생체 인식 시스템의 산출물만을 근거로 개인에게 불리한 법적 효과를 미치는 결정은 내려질 수 없다.

4. Without prejudice to paragraph 3, each use of a 'real-time' remote biometric

4. 제3항에 영향을 주지 않는 선에서, 법 집행을 목적으로 공개적으로 접근 가능한

identification system in publicly accessible spaces for law enforcement purposes shall be notified to the relevant market surveillance authority and the national data protection authority in accordance with the national rules referred to in paragraph 5. The notification shall, as a minimum, contain the information specified under paragraph 6 and shall not include sensitive operational data.

공간에서 '실시간' 원격 생체 인식 시스템을 사용하는 개별 사례는 제5항에 언급된 국내 규율에 따라 관련 시장 감시 당국 및 국가 데이터 보호 기관에 통보되어야 한다. 통보는 최소한 제6항에 명시된 정보를 포함하여야 하며, 민감한 운영 데이터는 포함하지 않아야 한다.

5. A Member State may decide to provide for the possibility to fully or partially authorise the use of 'real-time' remote biometric identification systems in publicly accessible spaces for the purposes of law enforcement within the limits and under the conditions listed in paragraph 1, first subparagraph, point (h), and paragraphs 2 and 3. Member States concerned shall lay down in their national law the necessary detailed rules for the request, issuance and exercise of, as well as supervision and reporting relating to, the authorisations referred to in paragraph 3. Those rules shall also specify in respect of which of the objectives listed in paragraph 1, first subparagraph, point (h), including which of the criminal offences referred to in point (h)(iii) thereof, the competent authorities may be authorised to use those systems for the purposes of law enforcement. Member States shall notify those rules to the Commission at the latest 30 days following the adoption thereof. Member States may introduce, in accordance with Union law, more restrictive laws on the use of remote biometric identification systems.

5. 회원국은 제1항 하위 조항 첫 번째 하위 조항 (h)호 및 제2항과 제3항에 나열된 한계와 조건 내에서 법 집행을 목적으로 공개적으로 접근 가능한 공간에서 '실시간' 원격 생체 인식 시스템을 사용하는 것을 전면적 또는 부분적으로 승인할 수 있는 가능성을 열어두는 결정을 할 수 있다. 관련 회원국은 제3항에 언급된 승인 요청, 발행 및 집행, 감독 및 보고와 관련된 필요한 세부 규정을 자국의 국내법에 명시하여야 한다. 또한, 이러한 규정들은 제1항 첫 번째 하위 조항 (h)호에 나열된 목표, 특히 (h)호 (iii)번에 언급된 범죄 중 어느 것을 포함하여 법 집행을 목적으로 해당 시스템을 사용할 수 있는지에 대해 명시하여야 한다. 회원국은 이러한 규정을 채택한 후 아무리 늦어도 최대 30일 이내에 이를 집행위원회에 통보하여야 한다. 회원국은 유럽연합법에 따라 원격 생체 인식 시스템 사용에 대해 더 엄격한 법을 도입할 수 있다.

6. National market surveillance authorities and the national data protection authorities of Member States that have been notified of the use of 'real-time' remote biometric identification systems in publicly accessible spaces for law enforcement purposes pursuant to paragraph 4 shall submit to the Commission annual reports on such use. For that purpose, the Commission shall provide Member States and national market surveillance and data protection authorities with a template, including information on the number of the decisions taken by competent judicial authorities or an independent administrative authority whose decision is binding upon requests for authorisations in accordance with paragraph 3 and their result.

6. 제4항이 추구하는 목적에 따른 법 집행 목적으로, 공개적으로 접근 가능한 공간에서 '실시간' 원격 생체 인식 시스템의 사용을 통보받은 회원국의 국가 시장 감시 당국 및 국가 데이터 보호 기관은 그러한 사용에 대해 매년 보고서를 집행위원회에 제출하여야 한다. 이를 위해 위원회는 회원국과 국가 시장 감시 및 데이터 보호 기관에 양식을 제공하여야 하며, 여기에는 제3항에 따라 승인 요청에 대해 구속력 있는 결정을 내리는 관할 사법 기관 또는 독립 행정 기관의 의사결정 횟수와 그 결과에 관한 정보가 포함된다.

7. The Commission shall publish annual reports on the use of real-time remote biometric identification systems in publicly accessible spaces for law enforcement purposes, based on aggregated data in Member States on the basis of the annual reports referred to in paragraph 6. Those annual reports shall not include sensitive operational data of the related law enforcement activities.

7. 집행위원회는 위 제6항에 언급된 연례 보고서를 통해 회원국들로부터 집계한 데이터를 바탕으로 법 집행 목적으로 공개적으로 접근 가능한 공간에서 '실시간' 원격 생체 인식 시스템을 사용하는 것에 관한 연례 보고서를 발행하여야 한다. 이러한 연례 보고서에는 관련 법 집행 활동들의 민감한 운영 데이터가 포함되지 않도록 하여야 한다.

8. This Article shall not affect the prohibitions that apply where an AI practice infringes other Union law.

8. 이 조항은 AI 관행이 다른 유럽연합 법률을 위반하는 경우에 적용되는 금지 규정들의 효력에 영향을 미치지 않는다.

Chapter Ⅲ
High-Risk AI system

Section 1: Classification of AI Systems as High-Risk

Article 6 Classification Rules for High-Risk AI Systems

1. Irrespective of whether an AI system is placed on the market or put into service independently of the products referred to in points (a) and (b), that AI system shall be considered to be high-risk where both of the following conditions are fulfilled:

(a) the AI system is intended to be used as a safety component of a product, or the AI system is itself a product, covered by the Union harmonisation legislation listed in Annex I;

(b) the product whose safety component pursuant to point (a) is the AI system, or the AI system itself as a product, is required to undergo a third-party conformity assessment, with a view to the placing on the market or the putting into service of that product pursuant to the Union harmonisation legislation listed in Annex I.

2. In addition to the high-risk AI systems referred to in paragraph 1, AI systems referred to in Annex III shall be considered to be high-risk.

3. By derogation from paragraph 2, an AI system referred to in Annex III shall not be considered to be high-risk where it does not pose a significant risk of

제3장
고위험 AI 시스템

제1절 고위험 AI 시스템의 분류

제6조 고위험 AI 시스템의 분류 규칙

(제안이유 47, 48, 50, 51, 52, 53, 54, 55, 56, 57, 58, 59, 60, 61, 62, 63)

1. AI 시스템이 (a)항과 (b)항에 언급된 제품들과 독립적으로 시장에 출시되거나 서비스에 투입되는지 여부에 관계없이, 다음의 두 조건이 충족되는 경우, 해당 AI 시스템은 고위험으로 간주되어야 한다:

(a) AI 시스템이 제품의 안전 구성 요소로 사용되도록 의도되었거나 AI 시스템 자체가 부속서 I에 나열된 유럽연합 조화 법률의 적용을 받는 제품인 경우;

(b) (a)항이 추구하는 안전 구성요소가 AI 시스템인 제품 또는 제품으로서 AI 시스템 자체가 부속서 I에 나열된 유럽연합 조화 법률에 따라 해당 제품이 서비스에 투입되거나 시장에 출시하기 위해 제3자 적합성 평가를 받아야 하는 경우.

2. 제1항에 언급된 고위험 AI 시스템 외에도, 부속서 III에 언급된 AI 시스템도 고위험으로 간주하여야 한다.

3. 제2항의 예외로, 부속서 III에 언급된 AI 시스템이 자연인의 의사 결정 결과에 실질적인 영향을 미치지 않는 것을 포함해 자연인의 건강, 안전 또는 기본권에 중

harm to the health, safety or fundamental rights of natural persons, including by not materially influencing the outcome of decision making. The first subparagraph shall apply where any of the following conditions is fulfilled:

대한 위험을 초래하지 않는 경우, 해당 AI 시스템은 고위험으로 간주되지 않는다. 위 첫 번째 하위 조항은 다음 조건 중 하나가 충족될 때 적용되어야 한다:

(a) the AI system is intended to perform a narrow procedural task;

(a) AI 시스템이 한정된 범위 내에서 절차적 작업을 수행하도록 의도된 경우;

(b) the AI system is intended to improve the result of a previously completed human activity;

(b) AI 시스템이 이전에 완료된 인간 활동의 결과를 개선하도록 의도된 경우;

(c) the AI system is intended to detect decision-making patterns or deviations from prior decision-making patterns and is not meant to replace or influence the previously completed human assessment, without proper human review; or

(c) AI 시스템이 의사 결정 패턴 또는 이전 의사 결정 패턴에서 벗어나는 편차를 탐지하도록 의도됐으며, 적절한 인간의 검토 없이 이전에 완료된 인간의 평가를 대체하거나 영향을 미치지 않도록 의도된 경우; 또는

(d) the AI system is intended to perform a preparatory task to an assessment relevant for the purposes of the use cases listed in Annex III. Notwithstanding the first subparagraph, an AI system referred to in Annex III shall always be considered to be high-risk where the AI system performs profiling of natural persons.

(d) AI 시스템이 부속서 III에 나열된 사용 사례와 관련된 평가를 준비하기 위한 작업을 수행하도록 의도된 경우. 첫 번째 하위 조항에도 불구하고, 부속서 III에 언급된 AI 시스템이 자연인의 프로파일링을 수행하는 경우 항상 고위험으로 간주 되어야 한다.

4. A provider who considers that an AI system referred to in Annex III is not high-risk shall document its assessment before that system is placed on the market or put into service. Such provider shall be subject to the registration obligation set out in Article 49(2). Upon request of national competent authorities, the provider shall provide the documentation of the assessment.

4. 부속서 III에 언급된 AI 시스템이 고위험이 아니라고 판단하는 제공자는 해당 시스템이 시장에 출시되거나 서비스되기 전에 그 평가를 문서화하여야 한다. 이러한 제공자는 제49조 제2항에 명시된 등록 의무를 준수하여야 한다. 국가 관할 당국의 요청이 있는 경우, 제공자는 평가 문서를 제공하여야 한다.

5. The Commission shall, after consulting the European Artificial Intelligence Board (the 'Board'), and no later than … [18 months from the date of entry into force of this Regulation], provide guidelines specifying the practical implementation of this Article in line with Article 96 together with a comprehensive list of practical examples of use cases of AI systems that are high-risk and not high-risk.

5. 집행위원회는 유럽인공지능이사회(이하 '이사회')와 협의한 후 늦어도 … [본 규정 발효일로부터 18개월 이내에], 고위험 및 고위험이 아닌 AI 시스템의 실제 사용 사례에 대한 포괄적인 목록과 함께, 이 법 제96조에 따라 본 조항의 실무적인 실행을 지정한 지침을 제공하여야 한다.

6. The Commission is empowered to adopt delegated acts in accordance with Article 97 in order to amend paragraph 3, second subparagraph, of this Article by adding new conditions to those laid down therein, or by modifying them, where there is concrete and reliable evidence of the existence of AI systems that fall under the scope of Annex III, but do not pose a significant risk of harm to the health, safety or fundamental rights of natural persons.

6. 부속서 III의 범위에 속하지만 자연인의 건강, 안전 또는 기본권에 중대한 해를 끼칠 위험을 초래하지 않는 AI 시스템의 존재에 대한 구체적이고 신뢰할 수 있는 증거가 있는 경우. 집행위원회는 제97조에 따라 위임 법령을 채택할 권한을 가진다. 이를 통해 기존에 명시된 조건들에 새로운 조건을 추가하거나 기존 조건을 수정하는 방식으로 본 조 제3항 두 번째 하위 조항을 개정할 수 있다.

7. The Commission shall adopt delegated acts in accordance with Article 97 in order to amend paragraph 3, second subparagraph, of this Article by deleting any of the conditions laid down therein, where there is concrete and reliable evidence that this is necessary to maintain the level of protection of health, safety and fundamental rights provided for by this Regulation.

7. 집행위원회는 이 법이 제공하는 건강, 안전 및 기본권 보호 수준을 유지하기 위해 필요하다는 구체적이고 신뢰할 수 있는 증거가 있는 경우, 본 조 제3항에 두 번째 하위 조항에 규정된 조건들 중 어느 하나를 삭제하는 방식으로 해당 조항을 개정하기 위해 제97조에 따라 위임 법령을 채택하여야 한다.

8. Any amendment to the conditions laid down in paragraph 3, second subparagraph, adopted in accordance with paragraphs 6 and 7 of this Article shall not decrease the overall level of

8. 이 조항의 제6항과 제7항에 따라 채택된 제3항의 두 번째 하위문단에 규정된 조건에 대한 모든 개정은 이 법이 규정하고 있는 건강, 안전 및 기본권 보호의 전반적인 수준을 저하시켜서는 안 되며,

protection of health, safety and fundamental rights provided for by this Regulation and shall ensure consistency with the delegated acts adopted pursuant to Article 7(1), and take account of market and technological developments.

제7조 제1항에 따라 채택된 위임 법령들과의 일관성을 유지하고, 시장과 기술 발전을 고려하여야 한다.

Article 7 Amendments to Annex III

제7조 부속서 III의 개정

1. The Commission is empowered to adopt delegated acts in accordance with Article 97 to amend Annex III by adding or modifying use-cases of high-risk AI systems where both of the following conditions are fulfilled:

1. 집행위원회는 다음의 두 조건이 충족되는 경우, 고위험 AI 시스템의 사용 사례를 추가하거나 수정하는 방식으로 부속서 III을 개정하기 위해, 제97조에 따라 위임 법령을 채택할 권한을 가진다.

(a) the AI systems are intended to be used in any of the areas listed in Annex III;

(a) AI 시스템이 부속서 III에 나열된 어느 분야에서 사용되도록 의도된 경우;

(b) the AI systems pose a risk of harm to health and safety, or an adverse impact on fundamental rights, and that risk is equivalent to, or greater than, the risk of harm or of adverse impact posed by the high-risk AI systems already referred to in Annex III.

(b) AI 시스템이 건강과 안전에 해를 끼칠 위험이 있거나 기본권에 악영향을 미칠 위험이 있으며, 그 위험이 부속서 III에 이미 언급된 고위험 AI 시스템이 초래하는 위해 또는 악영향의 위험과 동등하거나 그 이상인 경우.

2. When assessing the condition under paragraph 1, point (b), the Commission shall take into account the following criteria:

2. 제1항의 (b)호의 조건을 평가할 때, 집행위원회는 다음의 기준들을 고려하여야 한다:

(a) the intended purpose of the AI system;

(a) AI 시스템의 의도된 목적;

(b) the extent to which an AI system has been used or is likely to be used;

(b) AI 시스템이 사용된 정도 또는 사용될 가능성이 어느 정도인지;

(c) the nature and amount of the data processed and used by the AI system, in particular whether special categories of personal data are processed;

(c) AI 시스템이 처리하고, 사용하는 데이터의 성격과 양, 특히 특별한 범주의 개인정보가 처리되는지 여부;

(d) the extent to which the AI system acts

(d) AI 시스템이 자율적으로 작동하는 정도

autonomously and the possibility for a human to override a decision or recommendations that may lead to potential harm;

와 잠재적 위해를 초래할 수 있는 결정이나 추천을 인간이 번복할 수 있는 가능성;

(e) the extent to which the use of an AI system has already caused harm to health and safety, has had an adverse impact on fundamental rights or has given rise to significant concerns in relation to the likelihood of such harm or adverse impact, as demonstrated, for example, by reports or documented allegations submitted to national competent authorities or by other reports, as appropriate;

(e) AI 시스템의 사용이 이미 건강과 안전에 위해를 끼쳤거나 기본권에 악영향을 미친 정도. 또는 그러한 위해 또는 악영향의 가능성과 관련된 상당한 우려를 불러 일으킨 정도. 예를 들어, 국가 관할당국에 제출된 보고서나 서면을 통한 주장 또는 적절한 경우 기타 보고서들을 통해 입증되는 경우;

(f) the potential extent of such harm or such adverse impact, in particular in terms of its intensity and its ability to affect multiple persons or to disproportionately affect a particular group of persons;

(f) 그러한 위해 또는 악영향의 잠재적 범위, 특히 여러 사람들에게 영향을 미치거나 특정 집단의 사람들에게 불균형적으로 영향을 미칠 수 있는 강도와 능력 측면에서;

(g) the extent to which persons who are potentially harmed or suffer an adverse impact are dependent on the outcome produced with an AI system, in particular because for practical or legal reasons it is not reasonably possible to opt-out from that outcome;

(g) 잠재적으로 피해를 입거나 악영향을 받는 사람들이 AI 시스템이 생성한 결과물에 의존하는 정도, 특히 관행적인 또는 법적인 이유로 그 결과를 선택적으로 제외하는 것이 합리적으로 불가능한 경우;

(h) the extent to which there is an imbalance of power, or the persons who are potentially harmed or suffer an adverse impact are in a vulnerable position in relation to the deployer of an AI system, in particular due to status, authority, knowledge, economic or social circumstances, or age;

(h) AI 시스템 배치 책임자와의 관계에서 힘의 불균형이 존재하는 정도 또는 그 관계에서 잠재적으로 피해를 입거나 악영향을 받는 사람들이 특히, 지위, 권한, 지식, 경제적 또는 사회적 상황, 연령 등을 이유로 취약한 위치에 있는 경우;

(i) the extent to which the outcome produced

(i) AI 시스템이 관여하여 생성된 결과물을

involving an AI system is easily corrigible or reversible, taking into account the technical solutions available to correct or reverse it, whereby outcomes having an adverse impact on health, safety or fundamental rights, shall not be considered to be easily corrigible or reversible;

쉽게 수정 가능하거나 되돌릴 수 있는 정도, 이를 수정하거나 되돌릴 수 있는 기술 솔루션들을 고려하되, 건강, 안전 또는 기본권에 악영향을 미치는 결과물은 쉽게 수정 가능하거나 되돌릴 수 있는 것으로 간주되지 않는다;

(j) the magnitude and likelihood of benefit of the deployment of the AI system for individuals, groups, or society at large, including possible improvements in product safety;

(j) 제품 안전성의 개선 가능성을 포함해, AI 시스템 배포로 인한 개인, 그룹 또는 사회 전체에 대한 혜택의 규모와 가능성;

(k) the extent to which existing Union law provides for:

(k) 기존 유럽연합 법률이 아래 사항들을 제공하는 정도:

(i) effective measures of redress in relation to the risks posed by an AI system, with the exclusion of claims for damages;

(i) 손해 배상 청구를 제외하고, AI 시스템이 초래하는 위험과 관련된 효과적인 구제 조치;

(ii) effective measures to prevent or substantially minimise those risks.

(ii) 그러한 위험을 예방하거나 실질적으로 최소화하기 위한 효과적인 조치.

3. The Commission is empowered to adopt delegated acts in accordance with Article 97 to amend the list in Annex III by removing high-risk AI systems where both of the following conditions are fulfilled:

3. 집행위원회는 다음의 두 조건이 모두 충족되는 경우, 부속서 III의 목록에서 고위험 AI 시스템을 제거하는 방식의 수정을 위해 제97조에 따라 위임 법령을 채택할 권한을 가진다.

(a) the high-risk AI system concerned no longer poses any significant risks to fundamental rights, health or safety, taking into account the criteria listed in paragraph 2;

(a) 해당 고위험 AI 시스템이 제2항에 나열된 기준을 고려하여 더 이상 기본권, 건강 또는 안전에 중대한 위험을 초래하지 않는 경우;

(b) the deletion does not decrease the overall level of protection of health, safety and fundamental rights under Union law.

(b) 해당 삭제 조치가 유럽연합 법률에 따른 건강, 안전 및 기본권의 전반적인 보호 수준을 낮추지 않는 경우.

Section 2: Requirements for High-Risk AI Systems

Article 8 Compliance with the Requirements

1. High-risk AI systems shall comply with the requirements laid down in this Section, taking into account their intended purpose as well as the generally acknowledged state of the art on AI and AI-related technologies. The risk management system referred to in Article 9 shall be taken into account when ensuring compliance with those requirements.

2. Where a product contains an AI system, to which the requirements of this Regulation as well as requirements of the Union harmonisation legislation listed in Section A of Annex I apply, providers shall be responsible for ensuring that their product is fully compliant with all applicable requirements under applicable Union harmonisation legislation. In ensuring the compliance of high-risk AI systems referred to in paragraph 1 with the requirements set out in this Section, and in order to ensure consistency, avoid duplication and minimise additional burdens, providers shall have a choice of integrating, as appropriate, the necessary testing and reporting processes, information and documentation they provide with regard to their product into documentation and procedures that already exist and are required under the Union harmonisation legislation listed in Section A of Annex I.

제2절 고위험 AI 시스템에 대한 요구 사항

제8조 요구 사항 준수(제안이유 64)

1. 고위험 AI 시스템은 AI 및 AI 관련 기술에 대해 일반적으로 인정되는 최신 기술뿐 아니라 의도된 목적까지도 고려하여, 이 절에 규정된 요구 사항을 준수하여야 한다. 이러한 요구 사항의 준수를 보장할 때는 제9조에 언급된 위험 관리시스템을 고려하여야 한다.

2. 본 규정의 요구 사항과 부속서 I의 A절에 나열된 유럽연합 조화 법률의 요구사항이 모두 적용되는 AI 시스템이 제품에 포함되어 있는 경우, 제공자는 해당 제품이 적용 가능한 유럽연합 조화 법률의 모든 요구사항을 완전히 준수하도록 보장할 책임이 있다. 제1항에 언급된 고위험 AI시스템이 이 절에 명시된 요구사항을 준수하도록 하고, 일관성을 보장하고, 중복을 피하고 추가 부담을 최소화하기 위해 제공자는 적절한 경우 필요한 테스트, 보고 절차, 제품과 관련하여 제공되는 정보와 문서를 부속서 I의 A절에 나열된 유럽연합 조화 법률에 따라 요구되는 문서 및 절차에 통합할 수 있는 선택권을 가진다.

Article 9 Risk Management System

1. A risk management system shall be established, implemented, documented and maintained in relation to high-risk AI systems.

2. The risk management system shall be understood as a continuous iterative process planned and run throughout the entire lifecycle of a high-risk AI system, requiring regular systematic review and updating. It shall comprise the following steps:

(a) the identification and analysis of the known and the reasonably foreseeable risks that the high-risk AI system can pose to health, safety or fundamental rights when the high-risk AI system is used in accordance with its intended purpose;

(b) the estimation and evaluation of the risks that may emerge when the high-risk AI system is used in accordance with its intended purpose, and under conditions of reasonably foreseeable misuse;

(c) the evaluation of other risks possibly arising, based on the analysis of data gathered from the post-market monitoring system referred to in Article 72;

(d) the adoption of appropriate and targeted risk management measures designed to address the risks identified pursuant to point (a).

3. The risks referred to in this Article shall concern only those which may be reasonably mitigated or eliminated

제9조 위험 관리 시스템(제안이유 65)

1. 고위험 AI 시스템과 관련하여 위험 관리 시스템이 구축되고, 실행되고, 문서화 및 유지가 되어야 한다.

2. 위험 관리 시스템은 고위험 AI 시스템의 전체 수명 주기 동안 계획되고 실행되는 지속적이고 반복적인 프로세스로 이해되어야 하며, 정기적인 체계적 검토 및 업데이트가 필요하다. 이 시스템은 다음 단계를 포함하여야 한다:

(a) 고위험 AI 시스템이 의도된 목적에 따라 사용될 때 건강, 안전 또는 기본권에 초래할 수 있는 알려진 위험과 합리적으로 예측 가능한 위험에 대한 식별 및 분석;

(b) 고위험 AI 시스템이 의도된 목적에 따라 사용될 때, 그리고 합리적으로 예측 가능한 오용의 조건 하에서 발생할 수 있는 위험의 추정 및 평가;

(c) 제72조에 언급된 시장 출시 후 시장 모니터링 시스템에서 수집된 데이터 분석을 기반으로 발생할 수 있는 그 밖의 다른 위험에 대한 평가;

(d) (a)호에 따라 식별된 위험을 해결하기 위해 설계된 적절하고 목표가 설정된 위험 관리 조치의 채택.

3. 이 조항에서 언급된 위험은 고위험 AI 시스템의 개발이나 설계를 통해, 또는 적절한 기술 정보를 제공하여 합리적으로

through the development or design of the high-risk AI system, or the provision of adequate technical information.

로 완화하거나 제거할 수 있는 위험에만 관련된 것이어야 한다.

4. The risk management measures referred to in paragraph 2, point (d), shall give due consideration to the effects and possible interaction resulting from the combined application of the requirements set out in this Section, with a view to minimising risks more effectively while achieving an appropriate balance in implementing the measures to fulfil those requirements.

4. 제2항 (d)호에 언급된 위험 관리 조치는 이 절에 명시된 요구 사항을 결합하여 적용할 때 생기는 효과 및 가능한 상호 작용을 충분히 고려하여야 하며, 이러한 요구 사항을 충족하기 위한 조치를 실행하는 데 있어 적절한 균형을 이루면서 위험을 보다 효과적으로 최소화하는 것을 목표로 하여야 한다.

5. The risk management measures referred to in paragraph 2, point (d), shall be such that the relevant residual risk associated with each hazard, as well as the overall residual risk of the high-risk AI systems is judged to be acceptable. In identifying the most appropriate risk management measures, the following shall be ensured:

5. 제2항 (d)호에 언급된 위험 관리 조치는 고위험 AI 시스템의 전반적인 잔존 위험뿐 아니라 개별 위험 요소들과 연관돼 관련성이 있는 잔존 위험까지 수용 가능한 것으로 판단 되어야 한다. 가장 적절한 위험 관리 조치를 식별할 다음 사항을 보장하여야 한다:

(a) elimination or reduction of risks identified and evaluated pursuant to paragraph 2 in as far as technically feasible through adequate design and development of the high-risk AI system;

(a) 고위험 AI 시스템의 적절한 설계 및 개발을 통해 기술적으로 실현 가능한 한 위험을 제거하거나 감소시킴;

(b) where appropriate, implementation of adequate mitigation and control measures addressing risks that cannot be eliminated;

(b) 적절한 경우, 제거할 수 없는 위험을 다루기 위해 적절한 완화 및 통제 조치를 실행함;

(c) provision of information required pursuant to Article 13 and, where appropriate, training to deployers. With a view to eliminating or reducing risks related to the use of the high-risk AI system, due consideration shall be given

(c) 제13조에 따라 요구되는 정보 제공 및 적절한 경우, 배치 책임자에 대한 교육 제공. 고위험 AI 시스템 사용과 관련된 위험을 제거하거나 줄이기 위해 배치 책임자가 보유해야 할 기술적 지식, 경험, 교육, 훈련 및 시스템이 사용될 것으로

to the technical knowledge, experience, education, the training to be expected by the deployer, and the presumable context in which the system is intended to be used.

예상되는 맥락을 충분히 고려하여야 함.

6. High-risk AI systems shall be tested for the purpose of identifying the most appropriate and targeted risk management measures. Testing shall ensure that high-risk AI systems perform consistently for their intended purpose and that they are in compliance with the requirements set out in this Section.

6. 고위험 AI 시스템은 가장 적절하고 대상이 명확한 위험 관리 조치를 식별하기 위한 목적으로 테스트를 거쳐야 한다. 테스트는 고위험 AI 시스템이 의도된 목적에 맞게 일관되게 수행되며, 본 절에 명시된 요구사항들을 준수하고 있음을 보장하여야 한다.

7. Testing procedures may include testing in real-world conditions in accordance with Article 60.

7. 테스트 절차는 제60조에 따라 실제 환경 조건에서의 테스트를 포함할 수 있다.

8. The testing of high-risk AI systems shall be performed, as appropriate, at any time throughout the development process, and, in any event, prior to their being placed on the market or put into service. Testing shall be carried out against prior defined metrics and probabilistic thresholds that are appropriate to the intended purpose of the high-risk AI system.

8. 고위험 AI 시스템의 테스트는 적절한 경우 개발 과정 전반에 걸쳐 언제든지 실시되어야 하며, 어떤 경우에도 시장에 출시되거나 서비스에 투입되기 전에는 반드시 실시되어야 한다. 이 테스트는 고위험 AI 시스템의 의도된 목적에 적합한, 사전에 정의된 측정 기준과 확률적 임계값들을 기준으로 수행되어야 한다.

9. When implementing the risk management system as provided for in paragraphs 1 to 7, providers shall give consideration to whether in view of its intended purpose the high-risk AI system is likely to have an adverse impact on persons under the age of 18 and, as appropriate, other vulnerable groups.

9. 제공자는 제1항부터 제7항까지 규정된 위험 관리 시스템을 구현할 때, 고위험 AI 시스템이 그 의도된 목적에 비추어 18세 미만의 사람들과, 적절한 경우 기타 취약 계층에게 부정적인 영향을 미칠 가능성이 있는지 고려하여야 한다.

10. For providers of high-risk AI systems that are subject to requirements regarding internal risk management processes

10. 다른 관련 유럽연합 법률에 따라 내부 위험 관리 절차에 관한 요구 사항이 적용되는 고위험 AI 시스템 제공자의 경

under other relevant provisions of Union law, the aspects provided in paragraphs 1 to 9 may be part of, or combined with, the risk management procedures established pursuant to that law.

우, 제1항부터 제9항까지 규정된 측면들은 해당 법률에 따라 수립된 위험 관리 절차의 일부가 되거나 이와 결합될 수 있다.

Article 10 Data and Data Governance

제10조 데이터 및 데이터 거버넌스(제안이유 66, 67, 68, 69, 70)

1. High-risk AI systems which make use of techniques involving the training of AI models with data shall be developed on the basis of training, validation and testing data sets that meet the quality criteria referred to in paragraphs 2 to 5 whenever such data sets are used.

1. AI 모델의 학습에 데이터를 사용하는 기술을 활용하는 고위험 AI 시스템은, 그러한 데이터셋이 사용될 때마다 제2항부터 제5항까지 언급된 품질 기준을 충족하는 학습, 검증 및 테스트용 데이터셋을 기반으로 개발되어야 한다.

2. Training, validation and testing data sets shall be subject to data governance and management practices appropriate for the intended purpose of the high-risk AI system. Those practices shall concern in particular:

2. 학습, 검증 및 테스트용 데이터셋은 고위험 AI 시스템의 의도된 목적에 적합한 데이터 거버넌스 및 관리 관행의 대상이 되어야 한다. 이러한 관행은 특히 다음 사항들에 관한 것이어야 한다.

(a) the relevant design choices;

(a) 관련된 설계 선택 사항들;

(b) data collection processes and the origin of data, and in the case of personal data, the original purpose of the data collection;

(b) 데이터 수집 과정 및 데이터의 출처, 그리고 개인정보의 경우 데이터 수집의 원래 목적;

(c) relevant data-preparation processing operations, such as annotation, labelling, cleaning, updating, enrichment and aggregation;

(c) 주석 달기, 라벨링, 정제, 업데이트, 보강 및 집계와 같은 관련 데이터 준비 처리 작업;

(d) the formulation of assumptions, in particular with respect to the information that the data are supposed to measure and represent;

(d) 특히 데이터가 측정하고 나타낼 것으로 기대되는 정보와 관련하여 가정(假定)의 체계적 정립;

(e) an assessment of the availability, quantity and suitability of the data sets that are needed;

(e) 필요한 데이터셋의 가용성, 양 및 적합성에 대한 평가;

(f) examination in view of possible biases that are likely to affect the health and safety of persons, have a negative impact on fundamental rights or lead to discrimination prohibited under Union law, especially where data outputs influence inputs for future operations;

(f) 특히 데이터 산출물들이 향후 작업의 입력에 영향을 미치는 경우, 사람들의 건강과 안전에 영향을 미치거나 기본권에 부정적인 영향을 미치거나 유럽연합법에 따라 금지된 차별을 초래할 가능성이 있는 편향에 대한 검토;

(g) appropriate measures to detect, prevent and mitigate possible biases identified according to point (f);

(g) (f)항에 따라 식별된, 가능한 편향을 감지, 예방 및 완화하기 위한 적절한 조치;

(h) the identification of relevant data gaps or shortcomings that prevent compliance with this Regulation, and how those gaps and shortcomings can be addressed.

(h) 본 규정의 준수를 방해하는 관련 데이터 공백이나 부족 사항들의 식별, 그리고 이러한 공백과 부족 사항들을 해결할 수 있는 방법.

3. Training, validation and testing data sets shall be relevant, sufficiently representative, and to the best extent possible, free of errors and complete in view of the intended purpose. They shall have the appropriate statistical properties, including, where applicable, as regards the persons or groups of persons in relation to whom the high-risk AI system is intended to be used. Those characteristics of the data sets may be met at the level of individual data sets or at the level of a combination thereof.

3. 학습, 검증 및 테스트용 데이터셋은 의도된 목적에 비추어 관련성이 있고, 충분히 대표성을 가지며, 가능한 한 오류가 없고 완전해야 한다. 이들은 적절한 통계적 특성을 가져야 하며, 해당되는 경우 고위험 AI 시스템이 사용되도록 의도된 사람이나 집단과 관련하여 이를 갖추어야 한다. 이러한 데이터셋의 특성은 개별 데이터셋 수준에서 또는 이들의 조합 수준에서 충족될 수 있다.

4. Data sets shall take into account, to the extent required by the intended purpose, the characteristics or elements that are particular to the specific geographical, contextual, behavioural or functional setting within which the high-risk AI system is intended to be used.

4. 데이터셋은 의도된 목적이 요구하는 범위 내에서, 고위험 AI 시스템이 사용되도록 의도된 특정 지리적, 맥락적, 행동적 또는 기능적 환경에 고유한 특성이나 요소들을 고려하여야 한다.

5. To the extent that it is strictly necessary for the purpose of ensuring bias detection

5. 본 조 제2항의 (f)호와 (g)호에 따라 고위험 AI 시스템과 관련된 편향 감지 및

and correction in relation to the high-risk AI systems in accordance with paragraph (2), points (f) and (g) of this Article, the providers of such systems may exceptionally process special categories of personal data, subject to appropriate safeguards for the fundamental rights and freedoms of natural persons. In addition to the provisions set out in Regulations (EU) 2016/679 and (EU) 2018/1725 and Directive (EU) 2016/680, all the following conditions must be met in order for such processing to occur:

교정을 보장하기 위한 목적으로 엄격히 필요한 범위 내에서, 이러한 시스템의 제공자들은 예외적으로 자연인의 기본권과 자유를 위한 적절한 보호조치를 전제로 특별 범주의 개인정보를 처리할 수 있다. 규정 (EU) 2016/679와 (EU) 2018/1725 및 지침 (EU) 2016/680에 명시된 조항들 외에도, 이러한 처리가 이루어지기 위해서는 다음의 모든 조건이 충족되어야 한다:

(a) the bias detection and correction cannot be effectively fulfilled by processing other data, including synthetic or anonymised data;

(a) 편향 감지 및 교정 작업이 합성 데이터나 익명화된 데이터를 포함한 다른 데이터의 처리로는 효과적으로 수행될 수 없는 경우;

(b) the special categories of personal data are subject to technical limitations on the re-use of the personal data, and state-of-the-art security and privacy-preserving measures, including pseudonymisation;

(b) 특별 범주의 개인정보가 개인정보의 재사용에 대한 기술적 제한과 가명화를 포함한 최첨단 보안 및 프라이버시 보호조치의 대상이 되는 경우;

(c) the special categories of personal data are subject to measures to ensure that the personal data processed are secured, protected, subject to suitable safeguards, including strict controls and documentation of the access, to avoid misuse and ensure that only authorised persons have access to those personal data with appropriate confidentiality obligations;

(c) 특별 범주의 개인정보가 처리된 개인정보를 안전하게 보호하고, 적절한 보호조치의 대상이 되며, 오용을 방지하고 적절한 기밀유지 의무를 가진 승인된 사람만이 해당 개인정보에 접근할 수 있도록 하기 위한 엄격한 통제 및 접근 기록을 포함하는 경우;

(d) the special categories of personal data are not to be transmitted, transferred or otherwise accessed by other parties;

(d) 특별 범주의 개인정보가 다른 당사자들에 의해 전송, 이전되거나 달리 접근되지 않는 경우;

(e) the special categories of personal data

(e) 특별 범주의 개인정보는 편향이 교정되

are deleted once the bias has been corrected or the personal data has reached the end of its retention period, whichever comes first;

(f) the records of processing activities pursuant to Regulations (EU) 2016/679 and (EU) 2018/1725 and Directive (EU) 2016/680 include the reasons why the processing of special categories of personal data was strictly necessary to detect and correct biases, and why that objective could not be achieved by processing other data.

6. For the development of high-risk AI systems not using techniques involving the training of AI models, paragraphs 2 to 5 apply only to the testing data sets.

Article 11 Technical Documentation

1. The technical documentation of a high-risk AI system shall be drawn up before that system is placed on the market or put into service and shall be kept up-to date. The technical documentation shall be drawn up in such a way as to demonstrate that the high-risk AI system complies with the requirements set out in this Section and to provide national competent authorities and notified bodies with the necessary information in a clear and comprehensive form to assess the compliance of the AI system with those requirements. It shall contain, at a minimum, the elements set out in Annex IV. SMEs, including start-ups, may provide the elements of the technical documentation specified in Annex IV in a simplified manner. To that end, the Commission

거나 개인정보의 보유 기간이 종료된 시점 중 먼저 도래하는 시점에 삭제되어야 함;

(f) 규정 (EU) 2016/679와 (EU) 2018/1725 및 지침 (EU) 2016/680에 따른 처리 활동 기록에는 편향을 감지하고 교정하기 위해 특별 범주의 개인정보 처리가 엄격히 필요했던 이유와 해당 목적을 다른 데이터 처리로는 달성할 수 없었던 이유가 포함되어야 함.

6. AI 모델의 학습을 포함하는 기술을 사용하지 않는 고위험 AI 시스템의 개발의 경우, 제2항부터 제5항까지의 규정은 테스트용 데이터셋에만 적용된다.

제11조 기술 문서(제안이유 66, 71)

1. 고위험 AI 시스템의 기술 문서는 해당 시스템이 시장에 출시되거나 서비스에 투입되기 전에 작성되어야 하며, 최신 상태로 유지되어야 한다. 기술 문서는 고위험 AI 시스템이 이 절에 명시된 요구 사항을 준수한다는 것을 입증하고, 국가 관할 당국 및 인증 기관에 해당 요구 사항에 대한 AI 시스템의 적합성을 평가할 수 있도록 필요한 정보를 명확하고 포괄적으로 제공하도록 작성되어야 한다. 이는 최소한 부속서 IV에 명시된 요소를 포함해야 하며, 중소기업(SME) 및 스타트업은 부속서 IV에 지정된 기술 문서 요소를 간소화된 방식으로 제공할 수 있다. 이를 위해, 집행위원회는 소규모 및 영세 기업의 필요를 고려한 간소화된 기술 문서 양식을 마련하여야 한다. 스타트업을 포함한 중소기업이 부속서 IV에 요구된 정보를 간소화된 방식으로 제공하기로 선택한 경우, 이 항에서

shall establish a simplified technical documentation form targeted at the needs of small and microenterprises. Where an SME, including a start-up, opts to provide the information required in Annex IV in a simplified manner, it shall use the form referred to in this paragraph. Notified bodies shall accept the form for the purposes of the conformity assessment.

언급된 양식을 사용하여야 한다. 인증기관은 적합성 평가를 위해 해당 양식을 수용하여야 한다.

2. Where a high-risk AI system related to a product covered by the Union harmonisation legislation listed in Section A of Annex I is placed on the market or put into service, a single set of technical documentation shall be drawn up containing all the information set out in paragraph 1, as well as the information required under those legal acts.

2. 부속서 I의 A절에 나열된 유럽연합 조화 법률이 적용되는 제품과 관련된 고위험 AI 시스템이 시장에 출시되거나 서비스에 투입되는 경우, 단일 기술 문서 세트를 작성해야 하며, 이 문서는 제1항에 명시된 모든 정보와 해당 유럽연합 법률에 따라 요구되는 정보를 포함하여야 한다.

3. The Commission is empowered to adopt delegated acts in accordance with Article 97 in order to amend Annex IV, where necessary, to ensure that, in light of technical progress, the technical documentation provides all the information necessary to assess the compliance of the system with the requirements set out in this Section.

3. 집행위원회는 기술 진보를 고려하여, 기술 문서가 이 절에 명시된 요구사항에 대한 시스템의 적합성을 평가하는 데 필요한 모든 정보를 제공할 수 있도록 하기 위해, 필요한 경우 제97조에 따라 부속서 IV를 수정하기 위한 위임 법령을 채택할 권한을 가진다.

Article 12 **Record-Keeping**

제12조 기록 보관(제안이유 66, 71)

1. High-risk AI systems shall technically allow for the automatic recording of events (logs) over the lifetime of the system.

1. 고위험 AI 시스템은 시스템의 수명 동안 자동으로 이벤트(로그)를 기록할 수 있도록 기술적으로 허용하여야 한다.

2. In order to ensure a level of traceability of the functioning of a high-risk AI system that is appropriate to the intended

2. 고위험 AI 시스템의 작동에 대해 시스템의 의도된 목적에 적합한 수준의 추적 가능성을 보장하기 위해, 로그 기록

purpose of the system, logging capabilities shall enable the recording of events relevant for:

(a) identifying situations that may result in the high-risk AI system presenting a risk within the meaning of Article 79(1) or in a substantial modification;

(b) facilitating the post-market monitoring referred to in Article 72; and

(c) monitoring the operation of high-risk AI systems referred to in Article 26(5).

3. For high-risk AI systems referred to in point 1 (a), of Annex III, the logging capabilities shall provide, at a minimum:

(a) recording of the period of each use of the system (start date and time and end date and time of each use);

(b) the reference database against which input data has been checked by the system;

(c) the input data for which the search has led to a match;

(d) the identification of the natural persons involved in the verification of the results, as referred to in Article 14(5).

Article 13 Transparency and Provision of Information to Deployers

1. High-risk AI systems shall be designed and developed in such a way as to ensure that their operation is sufficiently transparent to enable deployers to interpret a system's output and use it appropriately. An appropriate type and degree of transparency shall be ensured

(logging) 기능은 다음과 관련된 이벤트를 기록할 수 있어야 한다:

(a) 고위험 AI 시스템이 제79조 제1항의 의미 내에서 위험을 초래하거나 중대한 수정을 초래할 수 있는 상황을 식별하는 것;

(b) 제72조에 언급된 시장 출시 후 모니터링을 용이하게 하는 것; 그리고

(c) 제26조 제5항에 언급된 고위험 AI 시스템의 운영을 모니터링하는 것.

3. 부속서 III의 항목 1(a)항에 언급된 고위험 AI 시스템의 경우, 로그 기록 기능은 최소한 다음을 제공하여야 한다:

(a) 시스템 각 사용 기간의 기록(각 사용의 시작 날짜와 시간 및 종료 날짜와 시간);

(b) 시스템이 입력 데이터를 확인한 참조 데이터베이스;

(c) 검색 결과 일치 항목이 나온 입력 데이터;

(d) 제14조 제5항에 언급된 대로, 결과 검증에 참여한 자연인의 식별 정보.

제13조 배치 책임자에 대한 투명성과 정보 제공(제안이유 66, 72)

1. 고위험 AI 시스템은 배치 책임자가 시스템의 산출물을 해석하고 적절히 사용할 수 있도록 충분히 투명한 운영을 보장하는 방식으로 설계 및 개발되어야 한다. 제3절에 명시된 제공자와 배치 책임자의 관련 의무를 준수하기 위해 적절한 유형과 정도의 투명성이 보장되어야 한다.

with a view to achieving compliance with the relevant obligations of the provider and deployer set out in Section 3.

2. High-risk AI systems shall be accompanied by instructions for use in an appropriate digital format or otherwise that include concise, complete, correct and clear information that is relevant, accessible and comprehensible to deployers.

2. 고위험 AI 시스템에는 적절한 디지털 형식 또는 기타 형식으로 사용 설명서가 포함되어야 하며, 이 설명서는 배치 책임자에게 관련성 있고, 접근 가능하며, 배치 책임자가 이해하기 쉬운 간결하고 완전하며 정확하고 명확한 정보를 포함하여야 한다.

3. The instructions for use shall contain at least the following information:

3. 사용 설명서에는 최소한 다음 정보가 포함되어야 한다:

(a) the identity and the contact details of the provider and, where applicable, of its authorised representative;

(a) 제공자의 신원 및 세부 연락처 정보, 그리고 해당되는 경우 공인 대리인의 신원과 세부 연락처 정보;

(b) the characteristics, capabilities and limitations of performance of the high-risk AI system, including:

(b) 아래의 것들을 포함하는 고위험 AI 시스템의 특성, 역량 및 성능의 한계:

(i) its intended purpose;

(i) 의도된 목적;

(ii) the level of accuracy, including its metrics, robustness and cybersecurity referred to in Article 15 against which the high-risk AI system has been tested and validated and which can be expected, and any known and foreseeable circumstances that may have an impact on that expected level of accuracy, robustness and cybersecurity;

(ii) 제15조에서 언급된 지표, 견고성 및 사이버보안을 포함하는 정확성 수준(고위험 AI 시스템이 테스트를 거치고 검증된 기준이자 기대할 수 있는 수준으로), 그리고 기대되는 정확도, 견고성 및 사이버 보안 수준에 영향을 미칠 수 있는 알려진 그리고 예측 가능한 모든 상황;

(iii) any known or foreseeable circumstance, related to the use of the high-risk AI system in accordance with its intended purpose or under conditions of reasonably foreseeable misuse, which may lead to risks to

(iii) 고위험 AI 시스템을 의도된 목적에 따라 사용하거나 합리적으로 예측 가능한 오용 조건 하에서 사용하는 경우에, 제9조 제2항에서 언급된 건강과 안전 또는 기본권에 대한 위험을 초래할 수 있는 알려진 또는 예측 가

the health and safety or fundamental rights referred to in Article 9(2);

(iv) where applicable, the technical capabilities and characteristics of the high-risk AI system to provide information that is relevant to explain its output;

(v) when appropriate, its performance regarding specific persons or groups of persons on which the system is intended to be used;

(vi) when appropriate, specifications for the input data, or any other relevant information in terms of the training, validation and testing data sets used, taking into account the intended purpose of the high-risk AI system;

(vii) where applicable, information to enable deployers to interpret the output of the high-risk AI system and use it appropriately;

(c) the changes to the high-risk AI system and its performance which have been predetermined by the provider at the moment of the initial conformity assessment, if any;

(d) the human oversight measures referred to in Article 14, including the technical measures put in place to facilitate the interpretation of the outputs of the high-risk AI systems by the deployers;

(e) the computational and hardware resources needed, the expected lifetime of the high-risk AI system and any necessary maintenance and care measures, including their frequency, to ensure the proper

능한 모든 상황;

(iv) 해당되는 경우, 고위험 AI 시스템의 산출물을 설명하는 데 관련된 정보를 제공하기 위한 기술적 능력과 특성;

(v) 적절한 시점에, 시스템이 사용될 수 있도록 의도된 특정 개인들이나 집단들에 대한 해당 시스템의 성능;

(vi) 적절한 시점에, 고위험 AI 시스템의 의도된 목적을 고려하여, 입력 데이터에 대한 세부 명세 또는 학습, 검증, 테스트 등에 사용된 데이터셋에 관한 기타 관련 정보;

(vii) 해당되는 경우, 배치 책임자가 고위험 AI 시스템의 산출물을 해석하고 적절히 사용할 수 있도록 하는 정보;

(c) 만약 해당되는 경우라면, 초기 적합성 평가 시점에 제공자가 사전에 결정한 고위험 AI 시스템 및 그 시스템 성능의 변경 사항;

(d) 제14조에 언급된 인간의 관리·감독 조치, 여기에는 배치 책임자가 고위험 AI 시스템의 산출물을 해석하는 것을 용이하게 하기 위해 마련된 기술적 조치를 포함한다.

(e) 필요한 연산 및 하드웨어 자원, 고위험 AI 시스템의 예상 수명, 그리고 해당 AI 시스템의 적절한 기능을 보장하기 위해 필요한 관련 소프트웨어 업데이트 등 유지보수 및 관리 조치. 여기에는 해당 조

functioning of that AI system, including as regards software updates;

치들의 빈도도 포함한다;

(f) where relevant, a description of the mechanisms included within the high-risk AI system that allows deployers to properly collect, store and interpret the logs in accordance with Article 12.

(f) 관련된 경우, 배치 책임자가 제12조에 따라 로그를 적절히 수집, 저장 및 해석할 수 있도록 하는 고위험 AI 내에 포함된 메커니즘의 설명;

Article 14 Human Oversight

제14조 인간의 관리 · 감독(제안이유 66, 73)

1. High-risk AI systems shall be designed and developed in such a way, including with appropriate human-machine interface tools, that they can be effectively overseen by natural persons during the period in which they are in use.

1. 고위험 AI 시스템은 적절한 인간-기계 인터페이스 도구를 포함하여, 사용 기간 동안 자연인이 효과적으로 관리 · 감독할 수 있는 방식으로 설계 및 개발되어야 한다.

2. Human oversight shall aim to prevent or minimise the risks to health, safety or fundamental rights that may emerge when a high-risk AI system is used in accordance with its intended purpose or under conditions of reasonably foreseeable misuse, in particular where such risks persist despite the application of other requirements set out in this Section.

2. 인간의 관리 · 감독은 고위험 AI 시스템이 의도된 목적에 따라 사용되거나 합리적으로 예측 가능한 오용 조건에서 발생할 수 있는 건강, 안전 또는 기본권에 대한 위험을 예방하거나 최소화하는 것을 목표로 하며, 이 절에서 명시된 다른 요구 사항을 적용했음에도 불구하고 그러한 위험이 지속되는 경우에 특히 해당된다.

3. The oversight measures shall be commensurate with the risks, level of autonomy and context of use of the high-risk AI system, and shall be ensured through either one or both of the following types of measures:

3. 관리 · 감독 조치는 고위험 AI 시스템의 위험, 자율성 수준 및 사용 맥락에 상응하여 다음 유형의 조치 중 하나 또는 두 가지 모두를 통해 보장되어야 한다:

(a) measures identified and built, when technically feasible, into the high-risk AI system by the provider before it is placed on the market or put into service;

(a) 기술적으로 실현 가능한 경우, 고위험 AI 시스템이 시장에 출시되거나 서비스에 투입되기 전에 제공자에 의해 해당 시스템 내에 식별되고, 내장된 조치;

(b) measures identified by the provider before placing the high-risk AI system

(b) 제공자가 고위험AI 시스템을 시장에 출시하거나 서비스에 투입하기 전에 식별

on the market or putting it into service and that are appropriate to be implemented by the deployer.

하고, 배치 책임자가 이행하기에 적절한 조치.

4. For the purpose of implementing paragraphs 1, 2 and 3, the high-risk AI system shall be provided to the deployer in such a way that natural persons to whom human oversight is assigned are enabled, as appropriate and proportionate:

4. 제1항, 제2항 및 제3항을 이행하기 위해, 고위험 AI 시스템은 인간 관리·감독을 담당하는 자연인이 다음의 사항들을 적절하고 비례적으로 수행할 수 있도록 배치 책임자에게 제공되어야 한다:

(a) to properly understand the relevant capacities and limitations of the high-risk AI system and be able to duly monitor its operation, including in view of detecting and addressing anomalies, dysfunctions and unexpected performance;

(a) 고위험 AI 시스템의 관련 처리 역량과 한계를 적절히 이해하고, 그 작동을 적절히 모니터링 할 수 있어야 하며, 여기에는 이상, 기능 장애 및 예상치 못한 성능을 감지하고 해결하는 것을 포함함.

(b) to remain aware of the possible tendency of automatically relying or over-relying on the output produced by a high-risk AI system (automation bias), in particular for high-risk AI systems used to provide information or recommendations for decisions to be taken by natural persons;

(b) 특히, 자연인이 의사 결정을 내리기 위한 정보나 추천을 제공하는 데 사용되는 고위험 AI 시스템의 경우, 고위험 AI 시스템이 생성한 산출물에 자동적으로 의존하거나 과도하게 의존할 수 있는 경향(자동화 편향)을 지속적으로 인식함.

(c) to correctly interpret the high-risk AI system's output, taking into account, for example, the interpretation tools and methods available;

(c) 예를 들어, 해석 도구와 이용 가능한 방법들을 고려하여 고위험 AI의 산출물을 올바르게 해석할 수 있어야 함.

(d) to decide, in any particular situation, not to use the high-risk AI system or to otherwise disregard, override or reverse the output of the high-risk AI system;

(d) 특정 상황에서 고위험 AI 시스템을 사용하지 않거나 해당 시스템의 산출물을 완전히 무시하거나, 그걸 참고해 다른 결정을 내리거나, 혹은 완전히 뒤집을 수 있는 결정을 내릴 수 있어야 함;

(e) to intervene in the operation of the high-risk AI system or interrupt the system through a 'stop' button or a similar procedure that allows the system

(e) '정지' 버튼 또는 시스템이 안전한 상태로 멈출 수 있게 하는 이와 유사한 절차를 통해, 고위험 AI 시스템의 작동을 중단하거나 중지할 수 있어야 함.

to come to a halt in a safe state.

5. For high-risk AI systems referred to in point 1(a) of Annex III, the measures referred to in paragraph 3 of this Article shall be such as to ensure that, in addition, no action or decision is taken by the deployer on the basis of the identification resulting from the system unless that identification has been separately verified and confirmed by at least two natural persons with the necessary competence, training and authority. The requirement for a separate verification by at least two natural persons shall not apply to high-risk AI systems used for the purposes of law enforcement, migration, border control or asylum, where Union or national law considers the application of this requirement to be disproportionate.

5. 부속서 III의 항목 제1항 (a)호에 언급된 고위험 AI 시스템의 경우, 본 조 제3항에 언급된 조치들은 시스템의 식별 결과를 바탕으로 배치 책임자가 어떠한 조치나 결정도 취하지 않도록 보장하는 것이어야 한다. 단, 이 경우 필요 역량, 학습, 권한을 갖춘 최소 두 명의 자연인이 별도로 검증하고 확인한 경우에는 제외된다. 최소 두 명의 자연인에 의한 별도 검증 요구사항은 유럽연합이나 국내법이 이 요건의 적용이 불균형하다고 간주하는 경우 법 집행, 이주, 국경통제 또는 망명 목적으로 사용되는 고위험 AI 시스템에는 적용되지 않는다.

Article 15 Accuracy, Robustness and Cybersecurity

제15조 정확성, 견고성 및 사이버 보안

(제안이유 66, 74, 75, 76, 77, 78)

1. High-risk AI systems shall be designed and developed in such a way that they achieve an appropriate level of accuracy, robustness, and cybersecurity, and that they perform consistently in those respects throughout their lifecycle.

1. 고위험 AI 시스템은 적절한 수준의 정확성, 견고성 및 사이버 보안을 달성하고, 수명 주기 전반에 걸쳐 이러한 측면에서 일관되게 성능을 발휘할 수 있도록 설계되고 개발되어야 한다.

2. To address the technical aspects of how to measure the appropriate levels of accuracy and robustness set out in paragraph 1 and any other relevant performance metrics, the Commission shall, in cooperation with relevant stakeholders and organisations such as metrology and benchmarking authorities, encourage, as appropriate, the development of benchmarks and

2. 제1항에 명시된 적절한 수준의 정확성과 견고성 및 기타 관련 성능 지표를 측정하는 방법의 기술적 측면을 다루기 위해, 집행위원회는 측정 및 벤치마킹 당국과 같은 관련 이해관계자 및 조직과 협력하여 적절한 경우, 벤치마크 및 측정 방법론의 개발을 장려하여야 한다.

measurement methodologies.

3. The levels of accuracy and the relevant accuracy metrics of high-risk AI systems shall be declared in the accompanying instructions of use.

3. 고위험 AI 시스템의 정확도 수준, 그리고 관련된 정확도 측정 기준은, 함께 제공되는 사용 설명서에 명시되어야 한다.

4. High-risk AI systems shall be as resilient as possible regarding errors, faults or inconsistencies that may occur within the system or the environment in which the system operates, in particular due to their interaction with natural persons or other systems. Technical and organisational measures shall be taken in this regard. The robustness of high-risk AI systems may be achieved through technical redundancy solutions, which may include backup or fail-safe plans. High-risk AI systems that continue to learn after being placed on the market or put into service shall be developed in such a way as to eliminate or reduce as far as possible the risk of possibly biased outputs influencing input for future operations (feedback loops), and as to ensure that any such feedback loops are duly addressed with appropriate mitigation measures.

4. 고위험 AI 시스템은 시스템 내부 또는 시스템이 작동하는 환경에서 발생할 수 있는 오류, 결함 또는 불일치에 대해 가능한 한 복원력을 가져야 하며, 특히 자연인이나 다른 시스템과의 상호작용으로 인해 발생할 수 있는 경우에 그러하다. 이와 관련하여 기술적 조치 및 조직적 조치가 취해져야 한다. 고위험 AI 시스템의 견고성은 백업 또는 오류 방지 계획과 같은 기술적 다중화 솔루션을 통해 달성될 수 있다. 시장에 출시되거나 서비스에 투입된 후에도 학습을 계속하는 고위험 AI 시스템은 피드백 루프에서 발생할 수 있는 편향된 산출물이 미래 작업을 위한 입력에 영향을 미치는 위험을 가능한 한 제거하거나 줄이고, 그러한 피드백 루프가 적절한 완화 조치로 적정하게 처리되도록 개발되어야 한다.

5. High-risk AI systems shall be resilient against attempts by unauthorised third parties to alter their use, outputs or performance by exploiting system vulnerabilities. The technical solutions aiming to ensure the cybersecurity of high-risk AI systems shall be appropriate to the relevant circumstances and the risks. The technical solutions to address AI specific vulnerabilities shall include, where appropriate, measures to prevent,

5. 고위험 AI 시스템은 승인받지 않은 제3자가 시스템의 취약점을 악용하여 시스템의 사용, 산출물 또는 성능을 변경하려는 시도에 대해 복원력이 있어야 한다. 고위험 AI 시스템의 사이버 보안을 보장하기 위한 기술적 솔루션은 관련 상황과 위험에 적합해야 한다. AI의 특정 취약점을 다루기 위한 기술적 솔루션은 학습 데이터셋을 조작하려는 공격(데이터 오염) 또는 학습에 사용된 사전 학습된 구성 요소를 조작하려는 공격(모델

detect, respond to, resolve and control for attacks trying to manipulate the training data set (data poisoning), or pre-trained components used in training (model poisoning), inputs designed to cause the AI model to make a mistake (adversarial examples or model evasion), confidentiality attacks or model flaws.

오염), AI 모델이 실수를 하도록 설계된 입력(적대적 예시 또는 모델 회피), 기밀성 공격 또는 모델 결함을 예방하고, 탐지하고, 대응 및 해결, 그리고 통제하기 위한 조치를 포함하여야 한다.

Section 3: Obligations of Providers and Deployers of High-Risk AI Systems and Other Parties

제3절 고위험 AI 시스템 제공자와 배치책임자와 기타 당사자의 의무

Article 16 Obligations of Providers of High-Risk AI Systems

제16조 고위험 AI 시스템 제공자의 의무 (제안이유 79, 80, 81, 145)

Providers of high-risk AI systems shall:

고위험 AI 시스템 제공자는 다음을 수행해야만 한다:

(a) ensure that their high-risk AI systems are compliant with the requirements set out in Section 2;

(a) 고위험 AI 시스템이 제2절에 명시된 요구 사항을 준수하도록 보장할 것;

(b) indicate on the high-risk AI system or, where that is not possible, on its packaging or its accompanying documentation, as applicable, their name, registered trade name or registered trade mark, the address at which they can be contacted;

(b) 고위험 AI 시스템에 적절하게 제공자의 이름, 등록된 상호 또는 등록 상표, 연락 가능한 주소를 표시할 것, 혹은 그것이 불가능한 경우에는 그 포장이나 동봉 문서에라도 할 것;

(c) have a quality management system in place which complies with Article 17;

(c) 제17조를 준수하는 품질 관리 시스템을 갖출 것;

(d) keep the documentation referred to in Article 18;

(d) 제18조에 언급된 문서를 보관할 것;

(e) when under their control, keep the logs automatically generated by their high-risk AI systems as referred to in Article 19;

(e) 제공자의 통제 하에 있는 경우, 제19조에 언급된 바와 같이 고위험 AI 시스템이 자동으로 생성하는 로그를 보관할 것;

(f) ensure that the high-risk AI system undergoes the relevant conformity

(f) 고위험 AI 시스템이 시장에 출시되거나 서비스에 투입되기 전에 제43조에 언급

assessment procedure as referred to in Article 43, prior to its being placed on the market or put into service;

된 관련 적합성 평가 절차를 거치도록 보장할 것;

(g) draw up an EU declaration of conformity in accordance with Article 47;

(g) 제47조에 따라 EU 적합성 선언서를 작성할 것;

(h) affix the CE marking to the high-risk AI system or, where that is not possible, on its packaging or its accompanying documentation, to indicate conformity with this Regulation, in accordance with Article 48;

(h) 제48조에 따라 본 규정을 준수하는 것을 나타내기 위해 고위험 AI 시스템에 CE 마크를 부착할 것. 그것이 불가능한 경우에는 그 포장이나 동봉 문서에라도 할 것;

(i) comply with the registration obligations referred to in Article 49(1);

(i) 제49조 제1항에 언급된 등록 의무를 준수할 것;

(j) take the necessary corrective actions and provide information as required in Article 20;

(j) 제20조에서 요구하는 대로 필요한 시정 조치를 취하고 정보를 제공할 것;

(k) upon a reasoned request of a national competent authority, demonstrate the conformity of the high-risk AI system with the requirements set out in Section 2;

(k) 국가 관할 당국의 합리적인 요청에 따라, 고위험 AI 시스템이 제2절에 명시된 요구 사항을 준수함을 입증할 것;

(l) ensure that the high-risk AI system complies with accessibility requirements in accordance with Directives (EU) 2016/2102 and (EU) 2019/882.

(l) 고위험 AI 시스템이 지침 (EU) 2016/2102 및 (EU) 2019/882에 따라 접근성 요구 사항을 준수하도록 보장할 것.

Article 17 Quality Management System

제17조 품질 관리 시스템(제안이유 81)

1. Providers of high-risk AI systems shall put a quality management system in place that ensures compliance with this Regulation. That system shall be documented in a systematic and orderly manner in the form of written policies, procedures and instructions, and shall include at least the following aspects:

1. 고위험 AI 시스템의 제공자는 이 규정의 준수를 보장하는 품질 관리 시스템을 구축하여야 한다. 이 시스템은 서면으로 작성된 정책, 절차, 지침의 형태로 체계적이고 질서 있는 방식으로 문서화되어야 하며, 최소한 다음의 측면을 포함하여야 한다:

(a) a strategy for regulatory compliance, including compliance with conformity assessment procedures and procedures for the management of modifications to the high-risk AI system;

(a) 적합성 평가 절차의 준수 및 고위험 AI 시스템의 수정 관리를 위한 절차를 포함한 규제 준수 전략;

(b) techniques, procedures and systematic actions to be used for the design, design control and design verification of the high-risk AI system;

(b) 고위험 AI 시스템의 설계, 설계 관리 및 설계 검증에 사용될 기술, 절차 및 체계적 조치;

(c) techniques, procedures and systematic actions to be used for the development, quality control and quality assurance of the high-risk AI system;

(c) 고위험 AI 시스템의 개발, 품질 관리 및 품질 보증을 위해 사용될 기술, 절차 및 체계적 조치;

(d) examination, test and validation procedures to be carried out before, during and after the development of the high-risk AI system, and the frequency with which they have to be carried out;

(d) 고위험 AI 시스템의 개발 전이나, 개발 중, 그리고 개발 후에 수행될 검사, 테스트 및 검증 절차와 그것들이 수행되어야 하는 빈도;

(e) technical specifications, including standards, to be applied and, where the relevant harmonised standards are not applied in full or do not cover all of the relevant requirements set out in Section 2, the means to be used to ensure that the high-risk AI system complies with those requirements;

(e) 적용될 기술 사양(표준 포함) 및 관련 조화 표준이 완전히 적용되지 않거나 제2절에 명시된 모든 관련 요구 사항을 충족하지 않는 경우 고위험 AI 시스템이 해당 요구 사항을 준수하도록 보장하기 위해 사용될 수단;

(f) systems and procedures for data management, including data acquisition, data collection, data analysis, data labelling, data storage, data filtration, data mining, data aggregation, data retention and any other operation regarding the data that is performed before and for the purpose of the placing on the market or the putting into service of high-risk AI systems;

(f) 데이터 관리를 위한 시스템 및 절차, 여기에는 데이터 획득, 데이터 수집, 데이터 분석, 데이터 라벨링, 데이터 저장, 데이터 필터링, 데이터 마이닝, 데이터 집계, 데이터 유지 및 고위험 AI 시스템의 시장 출시 또는 서비스 투입 전에 수행되는, 그리고 시장 출시와 서비스 투입을 목적으로 수행되는 데이터와 관련된 기타 모든 작업;

(g) the risk management system referred to in Article 9;	(g) 제9조에 언급된 위험 관리 시스템;
(h) the setting-up, implementation and maintenance of a post-market monitoring system, in accordance with Article 72;	(h) 제72조에 따른 시장 출시 후 모니터링 시스템의 구축, 구현 및 유지 관리;
(i) procedures related to the reporting of a serious incident in accordance with Article 73;	(i) 제73조에 따른 중대한 사건 보고와 관련된 절차;
(j) the handling of communication with national competent authorities, other relevant authorities, including those providing or supporting the access to data, notified bodies, other operators, customers or other interested parties;	(j) 국가 관할 당국, 데이터 접근을 제공하거나 지원하는 기관을 포함한 기타 관련 당국, 인증 기관, 다른 사업자, 고객 또는 기타 이해관계자와의 의사 소통 처리;
(k) systems and procedures for record-keeping of all relevant documentation and information;	(k) 모든 관련 문서 및 정보의 기록 보관을 위한 시스템 및 절차;
(l) resource management, including security-of-supply related measures;	(l) 공급 보안 관련 조치를 포함한 자원 관리;
(m) an accountability framework setting out the responsibilities of the management and other staff with regard to all the aspects listed in this paragraph.	(m) 이 항에 나열된 모든 측면에 관한 경영진 및 기타 직원의 책임을 명시하는 책임성 프레임워크.
2. The implementation of the aspects referred to in paragraph 1 shall be proportionate to the size of the provider's organisation. Providers shall, in any event, respect the degree of rigour and the level of protection required to ensure the compliance of their high-risk AI systems with this Regulation.	2. 제1항에 언급된 측면들을 이행하는 것은 제공자의 조직 규모에 비례하여야 한다. 제공자는 어떠한 경우에도, 고위험 AI 시스템이 본 규정을 준수하도록 보장하는 데 필요한 엄격성의 정도와 보호 수준을 준수하여야 한다.
3. Providers of high-risk AI systems that are subject to obligations regarding quality management systems or an equivalent function under relevant sectoral Union law may include the aspects	3. 관련 분야별 유럽연합 법률에 따라 품질 관리 시스템 또는 이에 상응하는 기능에 관한 의무를 적용받는 고위험 AI 시스템의 제공자는 제1항에 나열된 측면들을 해당 법률에 따른 품질 관리 시스템의

listed in paragraph 1 as part of the quality management systems pursuant to that law.

일부로 포함할 수 있다.

4. For providers that are financial institutions subject to requirements regarding their internal governance, arrangements or processes under Union financial services law, the obligation to put in place a quality management system, with the exception of paragraph 1, points (g), (h) and (i) of this Article, shall be deemed to be fulfilled by complying with the rules on internal governance arrangements or processes pursuant to the relevant Union financial services law. To that end, any harmonised standards referred to in Article 40 shall be taken into account.

4. 유럽연합금융서비스법에 따라 내부 거버넌스, 체계 또는 프로세스에 대한 요구사항을 적용 받는 금융 기관인 제공자의 경우, 품질 관리 시스템을 구축하여야 하는 의무는 본 조 제1항의 (g), (h) 및 (i)호를 제외하고 관련 유럽연합 금융서비스법에 따른 내부 거버넌스 체계 또는 프로세스에 관한 규칙을 준수함으로써 충족된 것으로 간주된다. 이를 위해 제40조에서 언급된 모든 조화 표준을 고려하여야 한다.

Article 18 Documentation Keeping

제18조 문서 보관(제안이유 81)

1. The provider shall, for a period ending 10 years after the high-risk AI system has been placed on the market or put into service, keep at the disposal of the national competent authorities:

1. 제공자는 고위험 AI 시스템이 시장에 출시되거나 서비스에 투입된 후 10년이 끝나는 시점까지 다음의 문서들을 국가 관할 당국이 언제든 이용하고 열람할 수 있도록 보관하여야 한다:

(a) the technical documentation referred to in Article 11;

(a) 제11조에 언급된 기술 문서;

(b) the documentation concerning the quality management system referred to in Article 17;

(b) 제17조에 언급된 품질 관리 시스템에 관한 문서;

(c) the documentation concerning the changes approved by notified bodies, where applicable;

(c) 해당되는 경우, 인증 기관이 승인한 변경 사항에 관한 문서;

(d) the decisions and other documents issued by the notified bodies, where applicable;

(d) 해당되는 경우, 인증 기관이 발행한 결정 및 기타 문서;

(e) the EU declaration of conformity referred to in Article 47.

(e) 제47조에 언급된 EU 적합성 선언서.

2. Each Member State shall determine conditions under which the documentation referred to in paragraph 1 remains at the disposal of the national competent authorities for the period indicated in that paragraph for the cases when a provider or its authorised representative established on its territory goes bankrupt or ceases its activity prior to the end of that period.

2. 각 회원국은 제공자 또는 해당 회원국의 영토에 설립된 공인 대리인이 제1항에 명시된 기간이 끝나기 전에 파산하거나 활동을 중단하는 경우, 제1항에서 언급된 문서가 해당기간 동안 국가 관할 당국이 이용할 수 있도록 유지되는 조건을 결정하여야 한다.

3. Providers that are financial institutions subject to requirements regarding their internal governance, arrangements or processes under Union financial services law shall maintain the technical documentation as part of the documentation kept under the relevant Union financial services law.

3. 유럽연합금융서비스법에 따라 내부 거버넌스, 체계 또는 프로세스에 대한 요구사항의 적용을 받는 금융 기관인 제공자는 관련 유럽연합금융서비스법에 따라 보관되는 문서의 일부로 기술 문서를 유지하여야 한다.

Article 19 Automatically Generated Logs

제19조 자동 생성된 로그(제안이유 81)

1. Providers of high-risk AI systems shall keep the logs referred to in Article 12(1), automatically generated by their high-risk AI systems, to the extent such logs are under their control. Without prejudice to applicable Union or national law, the logs shall be kept for a period appropriate to the intended purpose of the high-risk AI system, of at least six months, unless provided otherwise in the applicable Union or national law, in particular in Union law on the protection of personal data.

1. 고위험 AI 시스템의 제공자는 제12조 제1항에서 언급된, 고위험 AI 시스템이 자동으로 생성한 로그를 자신들이 통제 가능한 범위 내에서 보관하여야 한다. 적용 가능한 유럽연합법 또는 국내법을 침해하지 않는 범위에서, 로그는 고위험 AI 시스템의 의도된 목적에 적합한 기간 동안, 최소 6개월 이상 보관되어야 한다. 단, 개인정보 보호에 관한 유럽연합법을 포함한 적용 가능한 유럽연합법 또는 국내법에서 달리 규정하는 경우에는 예외로 한다.

2. Providers that are financial institutions subject to requirements regarding their internal governance, arrangements or

2. 유럽연합금융서비스법에 따라 내부 거버넌스, 체계 또는 프로세스에 관한 요구사항의 적용을 받는 금융기관인 제공자는

processes under Union financial services law shall maintain the logs automatically generated by their high-risk AI systems as part of the documentation kept under the relevant financial services law.

관련 금융서비스법에 따라 유지되는 문서의 일부로 고위험 AI 시스템이 자동으로 생성한 로그를 유지하여야 한다.

Article 20 Corrective Actions and Duty of Information

제20조 시정 조치 및 정보 제공 의무 (제안이유 81)

1. Providers of high-risk AI systems which consider or have reason to consider that a high-risk AI system that they have placed on the market or put into service is not in conformity with this Regulation shall immediately take the necessary corrective actions to bring that system into conformity, to withdraw it, to disable it, or to recall it, as appropriate. They shall inform the distributors of the high-risk AI system concerned and, where applicable, the deployers, the authorised representative and importers accordingly.

1. 시장에 출시하거나 서비스에 투입된 고위험 AI 시스템이 본 규정을 준수하지 않는다고 판단되거나, 그렇게 판단할 이유가 있는 경우, 해당 고위험 AI 시스템의 제공자는 즉시 해당 시스템이 규정을 준수하도록 만들거나, 철회하거나, 비활성화하거나, 리콜하는 등 필요한 시정 조치를 취해야 한다. 그리고 해당 제공자들은 AI 시스템의 유통업자와, 해당되는 경우 배치 책임자, 공인 대리인 및 수입업자에게 이를 알려야 한다.

2. Where the high-risk AI system presents a risk within the meaning of Article 79(1) and the provider becomes aware of that risk, it shall immediately investigate the causes, in collaboration with the reporting deployer, where applicable, and inform the market surveillance authorities competent for the high-risk AI system concerned and, where applicable, the notified body that issued a certificate for that high-risk AI system in accordance with Article 44, in particular, of the nature of the non-compliance and of any relevant corrective action taken.

2. 고위험 AI 시스템이 제79조 제1항의 의미 내에서 위험을 초래하고, 제공자가 그 위험을 인지하게 되는 경우, 제공자는 해당되는 경우 이를 보고한 배치 책임자와 협력하여 원인을 즉시 조사하여야 한다. 또한, 해당 고위험 AI 시스템에 대해 권한이 있는 시장 감시 당국과, 해당되는 경우 제44조에 따라 해당 고위험 AI 시스템에 대한 인증서를 발급한 인증기관에 특히, 위반 행위의 성격 및 취해진 시정 조치에 대해 통보하여야 한다.

Article 21 Cooperation with Competent Authorities

1. Providers of high-risk AI systems shall, upon a reasoned request by a competent authority, provide that authority all the information and documentation necessary to demonstrate the conformity of the high-risk AI system with the requirements set out in Section 2, in a language which can be easily understood by the authority in one of the official languages of the institutions of the Union as indicated by the Member State concerned.

2. Upon a reasoned request by a competent authority, providers shall also give the requesting competent authority, as applicable, access to the automatically generated logs of the high-risk AI system referred to in Article 12(1), to the extent such logs are under their control.

3. Any information obtained by a competent authority pursuant to this Article shall be treated in accordance with the confidentiality obligations set out in Article 78.

제21조 관할 당국과의 협력(제안이유 81)

1. 고위험 AI 시스템의 제공자는 관할 당국의 합리적인 요청에 따라, 해당 당국이 쉽게 이해할 수 있는 언어로(해당 회원국이 지정한 유럽연합 기관의 공식언어 중 하나), 제2절에 명시된 요구사항에 대한 고위험 AI 시스템의 적합성을 입증하는 데 필요한 모든 정보와 문서를 해당 당국에 제공하여야 한다.

2. 제공자는 관할 당국의 합리적인 요청이 있을 경우, 요청해 온 관할 당국에게 제12조 제1항에서 언급된 고위험 AI 시스템이 자동으로 생성한 로그에 대한 접근 권한을 제공하여야 한다. 단, 이는 해당 로그가 제공자의 통제 범위 내에 있는 경우에 한한다.

3. 이 조항에 따라 관할 당국이 취득한 모든 정보는 제78조에 명시된 기밀 유지 의무에 따라 처리되어야 한다.

Article 22 Authorised Representatives of providers of high-risk AI systems

1. Prior to making their high-risk AI systems available on the Union market, providers established in third countries shall, by written mandate, appoint an authorised representative which is established in the Union.

2. The provider shall enable its authorised representative to perform the tasks

제22조 고위험 AI 시스템 제공자의 공인 대리인(제안이유 82, 83)

1. 제3국에 설립된 제공자는 고위험 AI 시스템을 유럽연합 시장에 출시하기 전에 서면 위임장을 통해 유럽연합 내에 설립된 공인 대리인을 지정하여야 한다.

2. 제공자는 자신의 공인 대리인이 제공자로부터 받은 위임장에 명시된 임무를 수

specified in the mandate received from the provider.

행할 수 있도록 하여야 한다.

3. The authorised representative shall perform the tasks specified in the mandate received from the provider. It shall provide a copy of the mandate to the market surveillance authorities upon request, in one of the official languages of the institutions of the Union, as indicated by the competent authority. For the purposes of this Regulation, the mandate shall empower the authorised representative to carry out the following tasks:

3. 공인 대리인은 제공자로부터 받은 위임장에 명시된 임무를 수행하여야 한다. 공인 대리인은 시장 감시 당국 요청이 있을 경우, 관할 당국이 지정한 유럽연합 기관의 공식 언어 중 하나로 위임장 사본을 제공하여야 한다. 본 규정의 목적상, 위임장은 공인 대리인에게 다음의 임무를 수행할 권한을 부여하여야 한다.

(a) verify that the EU declaration of conformity referred to in Article 47 and the technical documentation referred to in Article 11 have been drawn up and that an appropriate conformity assessment procedure has been carried out by the provider;

(a) 제47조에 언급된 EU 적합성 선언서와 제11조에 언급된 기술 문서가 작성되었고, 제공자가 적절한 적합성 평가 절차를 수행했는지 확인할 것;

(b) keep at the disposal of the competent authorities and national authorities or bodies referred to in Article 74(10), for a period of 10 years after the high-risk AI system has been placed on the market or put into service, the contact details of the provider that appointed the authorised representative, a copy of the EU declaration of conformity referred to in Article 47, the technical documentation and, if applicable, the certificate issued by the notified body;

(b) 고위험 AI 시스템이 시장에 출시되거나 서비스에 투입된 후 10년 동안 제74조 제10항에 언급된 관할 당국과 국가 당국 혹은 기관이 이용할 수 있도록 다음 사항을 보관할 것: 공인 대리인을 지정한 제공자의 연락처, 제47조에서 언급된 EU 적합성 선언서 사본, 기술 문서, 그리고 해당되는 경우 인증 기관이 발급한 인증서;

(c) provide a competent authority, upon a reasoned request, with all the information and documentation, including that referred to in point (b) of this subparagraph, necessary to demonstrate the conformity

(c) 관할 당국의 합리적인 요청이 있을 경우, 고위험 AI 시스템이 제2절에 명시된 요구 사항을 준수한다는 것을 입증하는 데 필요한 모든 정보와 문서(본 조의 (b)호에서 언급된 것 포함)를 제공할 것.

of a high-risk AI system with the requirements set out in Section 2, including access to the logs, as referred to in Article 12(1), automatically generated by the high-risk AI system, to the extent such logs are under the control of the provider;

여기에는 제12조 제1항에서 언급된 고위험 AI 시스템이 자동으로 생성한 로그에 대한 접근도 포함한다. 단, 이러한 로그는 제공자의 통제 하에 있는 범위 내에서 제공되는 경우에 한한다;

(d) cooperate with competent authorities, upon a reasoned request, in any action the latter take in relation to the high-risk AI system, in particular to reduce and mitigate the risks posed by the high-risk AI system;

(d) 관할 당국의 합리적인 요청이 있을 경우, 고위험 AI 시스템과 관련하여 관할 당국이 취하는 모든 조치에 협력할 것. 특히, 고위험 AI 시스템이 초래하는 위험을 줄이고 완화하기 위한 조치에 협력할 것;

(e) where applicable, comply with the registration obligations referred to in Article 49(1), or, if the registration is carried out by the provider itself, ensure that the information referred to in point 3 of Section A of Annex VIII is correct. The mandate shall empower the authorised representative to be addressed, in addition to or instead of the provider, by the competent authorities, on all issues related to ensuring compliance with this Regulation.

(e) 해당되는 경우, 제49조 제1항에서 언급된 등록 의무를 준수할 것. 또는 제공자가 직접 등록을 수행하는 경우 부속서 VIII의 A절 제3항에 언급된 정보가 정확한지 확인할 것. 위임장은 공인 대리인에게 본 규정의 준수를 보장하는 것과 관련된 모든 사안에 대해, 제공자를 대신하거나 제공자와 함께 관할 당국의 공식 대응 주체가 될 수 있는 권한을 부여하여야 한다.

4. The authorised representative shall terminate the mandate if it considers or has reason to consider the provider to be acting contrary to its obligations pursuant to this Regulation. In such a case, it shall immediately inform the relevant market surveillance authority, as well as, where applicable, the relevant notified body, about the termination of the mandate and the reasons therefor.

4. 공인 대리인은 제공자가 이 규정에 따른 의무에 반하여 행동한다고 판단하거나 그렇게 판단할 이유가 있는 경우 위임을 종료하여야 한다. 이러한 경우, 공인 대리인은 관련 시장 감시 당국과, 해당되는 경우 관련 인증 기관에 위임 종료 사실과 그 이유를 즉시 알려야 한다.

Article 23 Obligations of Importers

제23조 수입업자의 의무(제안이유 83)

1. Before placing a high-risk AI system

1. 고위험 AI 시스템을 시장에 출시하기 전

on the market, importers shall ensure that the system is in conformity with this Regulation by verifying that:

(a) the relevant conformity assessment procedure referred to in Article 43 has been carried out by the provider of the high-risk AI system;

(b) the provider has drawn up the technical documentation in accordance with Article 11 and Annex IV;

(c) the system bears the required CE marking and is accompanied by the EU declaration of conformity referred to in Article 47 and instructions for use;

(d) the provider has appointed an authorised representative in accordance with Article 22(1).

2. Where an importer has sufficient reason to consider that a high-risk AI system is not in conformity with this Regulation, or is falsified, or accompanied by falsified documentation, it shall not place the system on the market until it has been brought into conformity. Where the high-risk AI system presents a risk within the meaning of Article 79(1), the importer shall inform the provider of the system, the authorised representative and the market surveillance authorities to that effect.

3. Importers shall indicate their name, registered trade name or registered trade mark, and the address at which they can be contacted on the high-risk AI system and on its packaging or its accompanying documentation, where

에 수입업자는 다음의 사항을 확인하여 해당 시스템이 본 규정을 준수하는지 확인하여야 한다:

(a) 고위험 AI 시스템 제공자가 제43조에 언급된 관련 적합성 평가 절차를 수행했는지;

(b) 제공자가 제11조 및 부속서 IV에 따라 기술 문서를 작성했는지;

(c) 해당 시스템이, 요구되는 CE 마크를 부착하고 있으며 제47조에 언급된 EU 적합성 선언서와 사용 설명서를 동봉하고 있는지;

(d) 제공자가 제22조 제1항에 따라 공인 대리인을 선임했는지;

2. 고위험 AI 시스템이 이 규정을 준수하지 않거나, 위조되었거나, 위조된 문서가 동봉되었다고 판단할 충분한 이유가 있는 경우, 수입업자는 해당 AI 시스템이 규정을 준수하게 될 때까지 이를 시장에 출시해서는 안 된다. 고위험 AI 시스템이 제79조 제1항의 의미 내에서 위험을 초래하는 경우, 수입업자는 해당 AI 시스템의 제공자, 공인 대리인 및 시장 감시 당국에 이를 통보하여야 한다.

3. 수입업자는 해당되는 경우, 고위험 AI 시스템 및 그 포장이나 동봉 문서에 자신들의 이름, 등록된 상호 또는 등록 상표, 그리고 연락 가능한 주소를 표시하여야 한다.

applicable.

4. Importers shall ensure that, while a high-risk AI system is under their responsibility, storage or transport conditions, where applicable, do not jeopardise its compliance with the requirements set out in Section 2.

5. Importers shall keep, for a period of 10 years after the high-risk AI system has been placed on the market or put into service, a copy of the certificate issued by the notified body, where applicable, of the instructions for use, and of the EU declaration of conformity referred to in Article 47.

6. Importers shall provide the relevant competent authorities, upon a reasoned request, with all the necessary information and documentation, including that referred to in paragraph 5, to demonstrate the conformity of a high-risk AI system with the requirements set out in Section 2 in a language which can be easily understood by them. For this purpose, they shall also ensure that the technical documentation can be made available to those authorities.

7. Importers shall cooperate with the relevant competent authorities in any action those authorities take in relation to a high-risk AI system placed on the market by the importers, in particular to reduce and mitigate the risks posed by it.

Article 24 Obligations of Distributors

1. Before making a high-risk AI system available on the market, distributors

4. 수입업자는 고위험 AI 시스템이 자신들의 책임 하에 있는 동안에는 해당되는 경우, 보관 또는 운송 조건이 제2절에 명시된 요구 사항을 위반하지 않도록 보장하여야 한다.

5. 수입업자는 고위험 AI 시스템이 시장에 출시되거나 서비스에 투입된 후 10년 동안, 해당되는 경우 인증 기관이 발급한 인증서 사본, 사용 설명서 및 제47조에 언급된 EU 적합성 선언서를 보관하여야 한다.

6. 수입업자는 관할 당국의 합리적인 요청이 있을 경우, 고위험 AI 시스템이 제2절에 명시된 요구 사항을 준수한다는 것을 입증하는 데 필요한 모든 정보와 문서(제5항에 언급된 것 포함)를 해당 당국이 쉽게 이해할 수 있는 언어로 제공하여야 한다. 또한 이 목적을 위해 수입업자는 기술 문서가 해당 당국에 제공될 수 있도록 보장해야 한다.

7. 수입업자는 자신들이 시장에 출시한 고위험 AI 시스템과 관련하여 관련 관할 당국이 취하는 모든 조치에 협력하여야 한다. 특히, 해당 시스템이 초래하는 위험을 줄이고 완화하기 위한 조치에 협력하여야 한다.

제24조 유통업자의 의무(제안이유 83)

1. 고위험 AI 시스템을 시장에 제공하기 전에, 유통업자는 해당 시스템이 요구되는

shall verify that it bears the required CE marking, that it is accompanied by a copy of the EU declaration of conformity referred to in Article 47 and instructions for use, and that the provider and the importer of that system, as applicable, have complied with their respective obligations as laid down in Article 16, points (b) and (c) and Article 23(3).

CE 마크를 부착하고 있는지, 제47조에 언급된 EU 적합성 선언서와 사용 설명서가 동봉되어 있는지, 그리고 해당되는 경우 해당 시스템의 제공자와 수입업자가 제16조 (b)호와 (c)호 및 제23조 제3항에 규정된 각자의 의무를 준수했는지 확인하여야 한다.

2. Where a distributor considers or has reason to consider, on the basis of the information in its possession, that a high-risk AI system is not in conformity with the requirements set out in Section 2, it shall not make the high-risk AI system available on the market until the system has been brought into conformity with those requirements. Furthermore, where the high-risk AI system presents a risk within the meaning of Article 79(1), the distributor shall inform the provider or the importer of the system, as applicable, to that effect.

2. 유통업자가 보유한 정보를 바탕으로 고위험 AI 시스템이 제2절에 명시된 요구 사항을 준수하지 않는다고 판단하거나 그렇게 판단할 이유가 있는 경우, 해당 시스템이 이러한 요구 사항을 준수할 때까지 그 시스템을 시장에 제공해서는 안 된다. 또한, 고위험 AI 시스템이 제79조 제1항의 의미 내에서 위험을 초래하는 경우, 유통업자는 해당되는 경우, 그 사실을 해당 시스템의 제공자 또는 수입업자에게 통보하여야 한다.

3. Distributors shall ensure that, while a high-risk AI system is under their responsibility, storage or transport conditions, where applicable, do not jeopardise the compliance of the system with the requirements set out in Section 2.

3. 유통업자는 고위험 AI 시스템이 자신들의 책임 하에 있는 동안, 해당되는 경우, 보관 또는 운송 조건이 제2절에 명시된 요구 사항을 AI 시스템이 위반하지 않도록 보장하여야 한다.

4. A distributor that considers or has reason to consider, on the basis of the information in its possession, a high-risk AI system which it has made available on the market not to be in conformity with the requirements set out in Section 2, shall take the corrective

4. 유통업자가 보유한 정보를 바탕으로, 시장에 제공한 고위험 AI 시스템이 제2절에 명시된 요구 사항을 준수하지 않는다고 판단하거나 그렇게 판단할 이유가 있는 경우, 해당 시스템이 요구 사항을 준수하도록 만들거나, 철회하거나 리콜하는 데 필요한 시정 조치를 취하여야 한

actions necessary to bring that system into conformity with those requirements, to withdraw it or recall it, or shall ensure that the provider, the importer or any relevant operator, as appropriate, takes those corrective actions. Where the high-risk AI system presents a risk within the meaning of Article 79(1), the distributor shall immediately inform the provider or importer of the system and the authorities competent for the high-risk AI system concerned, giving details, in particular, of the non-compliance and of any corrective actions taken.

다. 또는, 제공자, 수입업자나 그 밖의 관련 운영자가 적절하게 이러한 시정 조치를 취하도록 보장하여야 한다. 고위험 AI 시스템이 제79조 제1항의 의미 내에서 위험을 초래하는 경우, 유통업자는 즉시 해당 시스템의 제공자나 수입업자 및 해당 고위험 AI 시스템에 대해 권한이 있는 당국에 알려야 한다. 특히, 규정 위반 사항과 취해진 시정 조치에 대한 세부 정보를 제공하여야 한다.

5. Upon a reasoned request from a relevant competent authority, distributors of a high-risk AI system shall provide that authority with all the information and documentation regarding their actions pursuant to paragraphs 1 to 4 necessary to demonstrate the conformity of that system with the requirements set out in Section 2.

5. 관련 관할 당국의 합리적인 요청이 있을 경우, 고위험 AI 시스템의 유통업자는 해당 시스템이 제2절에 명시된 요구 사항을 준수한다는 것을 입증하는 데 필요한 조치들(제1항부터 제4항에 따른 조치들)과 관련된 모든 정보와 문서를 제공하여야 한다.

6. Distributors shall cooperate with the relevant competent authorities in any action those authorities take in relation to a high-risk AI system made available on the market by the distributors, in particular to reduce or mitigate the risk posed by it.

6. 유통업자는 자신들이 시장에 제공한 고위험 AI 시스템과 관련하여 관련 관할 당국이 취하는 모든 조치에 협력하여야 한다. 특히, 해당 시스템이 초래하는 위험을 줄이거나 완화하기 위한 조치에 협력하여야 한다.

Article 25 Responsibilities Along the AI Value Chain

제25조 AI 가치 사슬에 따른 책임 분배

(제안이유 83, 84, 85, 86, 87, 88, 89, 90)

1. Any distributor, importer, deployer or other third-party shall be considered to be a provider of a high-risk AI system for the purposes of this Regulation and shall be subject to the obligations of

1. 본 규정의 목적상, 다음의 상황 중 하나에 해당하는 경우 유통업자, 수입업자, 배치 책임자 또는 기타 제3자는 고위험 AI 시스템의 제공자로 간주되어야 하며, 제16조에 따른 제공자의 의무를 지게 된다:

the provider under Article 16, in any of the following circumstances:

(a) they put their name or trademark on a high-risk AI system already placed on the market or put into service, without prejudice to contractual arrangements stipulating that the obligations are otherwise allocated;

(a) 이미 시장에 출시되었거나 서비스에 투입된 고위험 AI 시스템에 자신의 이름이나 상표를 부착하는 경우 그 당사자. 단, 이는 계약상 합의에 의해 의무가 달리 할당된다는 약정이 있는 경우에는 이를 침해하지 않는 선에서 적용된다;

(b) they make a substantial modification to a high-risk AI system that has already been placed on the market or has already been put into service in such a way that it remains a high-risk AI system pursuant to Article 6;

(b) 이미 시장에 출시되었거나 서비스에 투입된 고위험 AI 시스템에 중대한 수정을 가하더라도 해당 시스템이 여전히 제6조에 따른 고위험 AI 시스템으로 유지되는 경우 그 당사자;

(c) they modify the intended purpose of an AI system, including a general-purpose AI system, which has not been classified as high-risk and has already been placed on the market or put into service in such a way that the AI system concerned becomes a high-risk AI system in accordance with Article 6.

(c) 이미 시장에 출시되었거나 서비스에 투입된 AI 시스템(범용 AI 시스템 포함)으로서 고위험으로 분류되지 않은 시스템의 의도된 목적을 수정하여, 해당 AI 시스템이 제6조에 따라 고위험 AI 시스템이 되도록 만드는 경우 그 당사자:

2. Where the circumstances referred to in paragraph 1 occur, the provider that initially placed the AI system on the market or put it into service shall no longer be considered to be a provider of that specific AI system for the purposes of this Regulation. That initial provider shall closely cooperate with new providers and shall make available the necessary information and provide the reasonably expected technical access and other assistance that are required for the fulfilment of the obligations set out in this Regulation, in particular regarding the compliance with the conformity assessment of high-risk AI

2. 제1항에 언급된 상황이 발생하면, 최초로 AI 시스템을 시장에 출시하거나 서비스에 투입한 제공자는 이 규정의 목적상 해당 특정 AI 시스템의 제공자로 더 이상 간주되지 않는다. 해당 최초 제공자는 새로운 제공자들과 긴밀히 협력하여야 하며, 이 규정에 명시된 의무(특히, 고위험 AI 시스템의 적합성 평가를 준수하는 것)를 충족하는 데 요구되는 필요한 정보와 합리적으로 예상되는 기술적 접근 및 기타 지원을 제공하여야 한다. 단, 최초 제공자가 자신의 AI 시스템이 고위험 AI 시스템으로 변경되지 않음을 명확히 명시한 경우에는 본 항이 적용되지 않으며, 따라서 문서를 인계할 의무도 지지 않는다.

systems. This paragraph shall not apply in cases where the initial provider has clearly specified that its AI system is not to be changed into a high-risk AI system and therefore does not fall under the obligation to hand over the documentation.

3. In the case of high-risk AI systems that are safety components of products covered by the Union harmonisation legislation listed in Section A of Annex I, the product manufacturer shall be considered to be the provider of the high-risk AI system, and shall be subject to the obligations under Article 16 under either of the following circumstances:

3. 부속서 I의 A절에 나열된 유럽연합 조화 법률이 적용되는 제품의 안전 구성요소인 고위험 AI 시스템인 경우, 다음 상황 중 하나에 해당하면 제품 제조업자가 고위험 AI 시스템의 제공자로 간주 되며, 제16조에 따른 의무를 지게 된다:

(a) the high-risk AI system is placed on the market together with the product under the name or trademark of the product manufacturer;

(a) 고위험 AI 시스템이 제품과 함께 제품 제조업자의 이름이나 상표로 시장에 출시되는 경우;

(b) the high-risk AI system is put into service under the name or trademark of the product manufacturer after the product has been placed on the market.

(b) 제품이 시장에 출시된 후 제품 제조업자의 이름이나 상표로 고위험 AI 시스템이 서비스에 투입되는 경우.

4. The provider of a high-risk AI system and the third party that supplies an AI system, tools, services, components, or processes that are used or integrated in a high-risk AI system shall, by written agreement, specify the necessary information, capabilities, technical access and other assistance based on the generally acknowledged state of the art, in order to enable the provider of the high-risk AI system to fully comply with the obligations set out in this Regulation. This paragraph shall not apply to third parties making accessible

4. 고위험 AI 시스템의 제공자와 고위험 AI 시스템에 사용되거나 통합된 AI 시스템, 도구, 서비스, 구성 요소 또는 프로세스를 제공하는 제3자는 고위험 AI 시스템의 제공자가 본 규정에 명시된 의무를 완전히 준수할 수 있도록 하기 위해 일반적으로 인정되는 최신 기술 수준으로 바탕으로, 서면 계약을 통해 필요한 정보, 역량, 기술적 접근 및 기타 지원을 명시하여야 한다. 단, 이 항은 무료 및 오픈소스 라이선스 하에서 범용 AI 모델 이외의 공용 도구, 서비스, 프로세스 또는 구성요소에 공개적으로 접근 가능하게 만드는 제3자에게는 적용되지 않는

to the public tools, services, processes, or components, other than general-purpose AI models, under a free and open-source licence. The AI Office may develop and recommend voluntary model terms for contracts between providers of high-risk AI systems and third parties that supply tools, services, components or processes that are used for or integrated into high-risk AI systems. When developing those voluntary model terms, the AI Office shall take into account possible contractual requirements applicable in specific sectors or business cases. The voluntary model terms shall be published and be available free of charge in an easily usable electronic format.

다. AI 사무국은 고위험 AI 시스템의 제공자, 그리고 고위험 AI 시스템에 사용되거나 통합되는 도구, 서비스, 구성요소 또는 프로세스를 공급하는 제3자 사이에 체결하는 계약을 위한 임의의 표준계약서를 개발하고 권장할 수 있다. 이러한 임의 표준계약서를 개발할 때, AI 사무국은 특정 부문이나 비즈니스 사례에 적용될 수 있는 가능한 계약 요구 사항들을 고려하여야 한다. 임의 표준계약서는 쉽게 사용할 수 있는 전자 문서 형태로 무료로 이용할 수 있어야 한다.

5. Paragraphs 2 and 3 are without prejudice to the need to observe and protect intellectual property rights, confidential business information and trade secrets in accordance with Union and national law.

5. 제2항 및 제3항은 유럽연합법 및 국내법에 따라 지적 재산권, 기밀 사업 정보 및 영업 비밀을 준수하고 보호해야 할 필요성을 저해하지 않는다.

Article 26 Obligations of Deployers of High-Risk AI Systems

제26조 고위험 AI 시스템 배치 책임자의 의무(제안이유 91, 92, 93, 94, 95)

1. Deployers of high-risk AI systems shall take appropriate technical and organisational measures to ensure they use such systems in accordance with the instructions for use accompanying the systems, pursuant to paragraphs 3 and 6.

1. 고위험 AI 시스템의 배치 책임자는 제3항과 제6항에 의거하여 해당 시스템에 동봉된 사용설명서에 따라 시스템을 사용하도록 보장하기 위해 적절한 기술적 및 조직적 조치를 취하여야 한다.

2. Deployers shall assign human oversight to natural persons who have the necessary competence, training and authority, as well as the necessary support.

2. 배치 책임자는 필요한 역량, 훈련 및 권한을 가지고 필요한 지원을 갖추고 있는 자연인에게 인간에 의한 관리·감독 임무를 할당하여야 한다.

3. The obligations set out in paragraphs 1 and 2, are without prejudice to other deployer obligations under Union or national law and to the deployer's freedom to organise its own resources and activities for the purpose of implementing the human oversight measures indicated by the provider.

3. 제1항 및 제2항에 명시된 의무는 유럽연합법 또는 국내법에 따른 다른 배치 책임자의 의무를 침해하지 않는다. 뿐만 아니라, 제공자가 제시한 인간의 관리·감독 조치를 이행하려는 목적을 위해 배치 책임자가 자원과 활동을 조직할 자유 역시 침해하지 않는다.

4. Without prejudice to paragraphs 1 and 2, to the extent the deployer exercises control over the input data, that deployer shall ensure that input data is relevant and sufficiently representative in view of the intended purpose of the high-risk AI system.

4. 제1항 및 제2항을 침해하지 않는 범위에서, 배치 책임자가 입력 데이터를 통제하는 경우, 해당 배치 책임자는 고위험 AI 시스템의 의도된 목적의 관점에서 입력 데이터가 관련성이 있고 충분히 대표성을 가질 수 있도록 보장하여야 한다.

5. Deployers shall monitor the operation of the high-risk AI system on the basis of the instructions for use and, where relevant, inform providers in accordance with Article 72. Where deployers have reason to consider that the use of the high-risk AI system in accordance with the instructions may result in that AI system presenting a risk within the meaning of Article 79(1), they shall, without undue delay, inform the provider or distributor and the relevant market surveillance authority, and shall suspend the use of that system. Where deployers have identified a serious incident, they shall also immediately inform first the provider, and then the importer or distributor and the relevant market surveillance authorities of that incident. If the deployer is not able to reach the provider, Article 73 shall apply mutatis mutandis. This obligation shall not cover sensitive operational data of deployers of AI systems which

5. 배치 책임자는 사용 설명서를 기반으로 고위험 AI 시스템의 작동을 모니터링하여야 하며, 관련이 있는 경우 제72조에 따라 제공자에게 알려야 한다. 배치 책임자가 사용 설명서에 따른 고위험 AI 시스템의 사용이 제79조 제1항의 의미 내에서 위험을 초래할 수 있다고 판단할 이유가 있는 경우, 배치 책임자는 부당한 지연 없이 제공자나 유통업자 및 관련 시장 감시 당국에 이를 알리고, 해당 시스템의 사용을 중단하여야 한다. 배치 책임자가 심각한 사고를 확인한 경우, 먼저 제공자에게, 그 다음 수입업자나 유통업자 및 관련 시장 감시 당국에 해당 사고를 즉시 알려야 한다. 만약 배치 책임자가 제공자와 연락이 닿지 않는 경우, 제73조가 준용된다. 이 의무는, 법 집행 당국이 AI 시스템 배치 책임자를 맡으며 다루는 민감한 운영 데이터에는 적용되지 않는다. 유럽연합금융서비스법에 따라, 내부 거버넌스 체계 또는 프로세스에 관한 요구 사항의 적용을 받는 금융 기관인 배치 책임자의 경우, 첫 번째 하위 조항에 명시된 모니터링 의무는

are law enforcement authorities. For deployers that are financial institutions subject to requirements regarding their internal governance, arrangements or processes under Union financial services law, the monitoring obligation set out in the first subparagraph shall be deemed to be fulfilled by complying with the rules on internal governance arrangements, processes and mechanisms pursuant to the relevant financial service law.

관련 금융서비스법에 따른 내부 거버넌스 체계, 프로세스 및 메커니즘에 관한 규칙을 준수함으로써 충족된 것으로 간주된다.

6. Deployers of high-risk AI systems shall keep the logs automatically generated by that high-risk AI system to the extent such logs are under their control, for a period appropriate to the intended purpose of the high-risk AI system, of at least six months, unless provided otherwise in applicable Union or national law, in particular in Union law on the protection of personal data. Deployers that are financial institutions subject to requirements regarding their internal governance, arrangements or processes under Union financial services law shall maintain the logs as part of the documentation kept pursuant to the relevant Union financial service law.

6. 고위험 AI 시스템의 배치 책임자는 해당 고위험 AI 시스템이 자동으로 생성하는 로그를, 해당 로그가 자신의 통제 하에 있는 한, 고위험 AI 시스템의 의도된 목적에 적합한 기간 동안 보관하여야 하는데, 이 기간은 최소 6개월은 넘어야 한다. 단, 개인정보보호에 관한 유럽연합법을 포함한 적용 가능한 유럽연합법 또는 국내법에서 달리 규정하는 경우에는 예외로 한다. 유럽연합금융서비스법에 따라 내부 거버넌스, 체계 또는 프로세스에 관한 요구사항의 적용을 받는 금융기관인 배치 책임자는 관련 유럽연합금융서비스법에 따라 보관되는 문서의 일부로 로그를 보관하여야 한다.

7. Before putting into service or using a high-risk AI system at the workplace, deployers who are employers shall inform workers' representatives and the affected workers that they will be subject to the use of the high-risk AI system. This information shall be provided, where applicable, in accordance with the rules and procedures laid down in Union and national law and practice on information of workers and their

7. 고위험 AI 시스템을 직장에서 서비스에 투입하거나 사용하기 전에, 고용주인 배치 책임자는 근로자 대표와 고위험 AI 시스템의 사용에 영향을 받는 근로자들에게 그들이 고위험 AI 시스템의 사용 대상이 될 것임을 알려야 한다. 이 정보는 해당되는 경우, 근로자와 그 대표자들에 대한 정보 제공에 관한 유럽연합법 및 국내법, 그리고 관행에서 정한 규칙과 절차에 따라 제공되어야 한다.

representatives.

8. Deployers of high-risk AI systems that are public authorities, or Union institutions, bodies, offices or agencies shall comply with the registration obligations referred to in Article 49. When such deployers find that the high-risk AI system that they envisage using has not been registered in the EU database referred to in Article 71, they shall not use that system and shall inform the provider or the distributor.

8. 공공기관 또는 유럽연합 기관, 기구, 사무국이나 대행 기관인 고위험 AI 시스템의 배치 책임자는 제49조에서 언급된 등록 의무를 준수하여야 한다. 이러한 배치 책임자가 자신이 사용하고자 하는 고위험 AI 시스템이 제71조에서 언급된 유럽연합 데이터베이스에 등록되어 있지 않은 것을 발견한 경우, 해당 시스템을 사용하지 말아야 하며, 이를 제공자나 유통업자에게 알려야 한다.

9. Where applicable, deployers of high-risk AI systems shall use the information provided under Article 13 of this Regulation to comply with their obligation to carry out a data protection impact assessment under Article 35 of Regulation (EU) 2016/679 or Article 27 of Directive (EU) 2016/680.

9. 해당되는 경우, 고위험 AI 시스템의 배치 책임자는 규정 (EU) 2016/679의 제35조 또는 지침 (EU) 2016/680의 제27조에 따른 데이터 보호 영향 평가를 수행해야 하는 의무를 준수하기 위해 본 규정의 제13조에 따라 제공된 정보를 사용하여야 한다.

10. Without prejudice to Directive (EU) 2016/680, in the framework of an investigation for the targeted search of a person suspected or convicted of having committed a criminal offence, the deployer of a high-risk AI system for post-remote biometric identification shall request an authorisation, ex-ante, or without undue delay and no later than 48 hours, by a judicial authority or an administrative authority whose decision is binding and subject to judicial review, for the use of that system, except when it is used for the initial identification of a potential suspect based on objective and verifiable facts directly linked to the offence. Each use shall be limited to what is strictly

10. 지침 (EU) 2016/680을 침해하지 않는 범위에서, 범죄를 저질렀다고 의심되거나 유죄 판결을 받은 특정인을 추적하기 위한 수사의 틀 안에서 사후 원격 생체 인식 식별을 위한 고위험 AI 시스템의 배치 책임자는 해당 시스템 사용에 대해 사전에, 또는 부당한 지체 없이 늦어도 48시간 이내에 사법 당국 또는 구속력 있는 결정을 내릴 수 있고 사법 심사의 대상이 되는 행정당국의 허가를 요청하여야 한다. 단, 범죄와 직접 연관된 객관적이고 검증 가능한 사실에 기반하여 잠재적 용의자의 최초 식별에 사용하는 경우는 예외로 하며, 개별 사용은 특정 범죄 수사에서 엄격히 필요한 범위로 제한되어야 한다. 첫 번째 하위 조항에 따라 요청된 허가가 거부되면, 해당 허가 요청과 관련된 사후 원격 생체 인식 식별

necessary for the investigation of a specific criminal offence. If the authorisation requested pursuant to the first subparagraph is rejected, the use of the post-remote biometric identification system linked to that requested authorisation shall be stopped with immediate effect and the personal data linked to the use of the high-risk AI system for which the authorisation was requested shall be deleted. In no case shall such high-risk AI system for post-remote biometric identification be used for law enforcement purposes in an untargeted way, without any link to a criminal offence, a criminal proceeding, a genuine and present or genuine and foreseeable threat of a criminal offence, or the search for a specific missing person. It shall be ensured that no decision that produces an adverse legal effect on a person may be taken by the law enforcement authorities based solely on the output of such post-remote biometric identification systems. This paragraph is without prejudice to Article 9 of Regulation (EU) 2016/679 and Article 10 of Directive (EU) 2016/680 for the processing of biometric data. Regardless of the purpose or deployer, each use of such high-risk AI systems shall be documented in the relevant police file and shall be made available to the relevant market surveillance authority and the national data protection authority upon request, excluding the disclosure of sensitive operational data related to law enforcement. This subparagraph shall be without prejudice to the powers conferred

시스템의 사용은 즉시 중단되어야 하며, 고위험 AI 시스템의 사용과 관련해 허가 요청을 받은 개인정보는 삭제되어야 한다. 어떠한 경우에도 이러한 사후 원격 생체 인식 식별을 위한 고위험 AI 시스템은 범죄 행위, 형사 소송, 현존하거나 가까운 미래에 발생할 것이 합리적으로 예측되는 실제적인 범죄 위협, 또는 특정 실종자 수색과 무관하게 무차별적인 방식의 법 집행 목적으로 사용되어서는 안 된다. 법 집행 당국이 이러한 사후 원격 생체 인식 식별 시스템의 산출물에만 기초하여 개인에게 불리한 법적 효과를 초래하는 결정을 내리지 않도록 보장되어야 한다. 이 항은 생체 데이터 처리에 관한 규정 (EU) 2016/679의 제9조와 지침 (EU) 2016/680의 제10조를 침해하지 않는다. 해당 목적이나 배치 책임자와 관계없이, 이러한 고위험 AI 시스템의 개별 사용은 관련 경찰 파일에 기록되어야 하며, 요청 시 관련 시장 감시 당국과 국가 데이터 보호 당국에 제공되어야 한다. 단, 여기에는 법 집행과 관련된 민감한 운영 데이터의 공개는 제외된다. 이 조항은 지침 (EU) 2016/680에 의해 감독 당국에 부여된 권한을 침해하지 않는다. 배치 책임자는 사후 원격 생체 인식 식별 시스템의 사용에 대한 연간 보고서를 관련 시장 감시 당국 및 국가 데이터 보호 당국에 제출하여야 한다. 단, 법 집행과 관련된 민감한 운영 데이터의 공개는 제외된다. 보고서는 하나 이상의 배치 사례를 다루도록 집계될 수 있다. 회원국은 유럽연합법에 따라 사후 원격 생체 인식 식별 시스템의 사용에 대해 더 엄격한 법률을 도입할 수 있다.

by Directive (EU) 2016/680 on supervisory authorities. Deployers shall submit annual reports to the relevant market surveillance and national data protection authorities on their use of post-remote biometric identification systems, excluding the disclosure of sensitive operational data related to law enforcement. The reports may be aggregated to cover more than one deployment. Member States may introduce, in accordance with Union law, more restrictive laws on the use of post-remote biometric identification systems.

11. Without prejudice to Article 50 of this Regulation, deployers of high-risk AI systems referred to in Annex III that make decisions or assist in making decisions related to natural persons shall inform the natural persons that they are subject to the use of the high-risk AI system. For high-risk AI systems used for law enforcement purposes Article 13 of Directive (EU) 2016/680 shall apply.

11. 본 규정 제50조를 침해하지 않는 범위에서, 부속서 III에 언급된 고위험 AI 시스템으로 자연인과 관련된 결정을 내리거나 결정을 보조하는 시스템의 배치 책임자는 해당 자연인에게 그들이 고위험 AI 시스템의 사용 대상이 되고 있음을 알려야 한다. 법 집행 목적으로 사용되는 고위험 AI 시스템의 경우, 지침 (EU) 2016/680의 제13조가 적용된다.

12. Deployers shall cooperate with the relevant competent authorities in any action those authorities take in relation to the high-risk AI system in order to implement this Regulation.

12. 배치 책임자는 본 규정을 이행하기 위해 관련 관할 당국이 고위험 AI 시스템과 관련하여 취하는 모든 조치에 대해 해당 당국과 협력하여야 한다.

Article 27 Fundamental Rights Impact Assessment for High-Risk AI Systems

제27조 고위험 AI 시스템에 대한 기본권 영향 평가(제안이유 93, 96)

1. Prior to deploying a high-risk AI system referred to in Article 6(2), with the exception of high-risk AI systems intended to be used in the area listed

1. 부속서 III의 2항에 명시된 분야에서 사용하기 위한 고위험 AI 시스템을 제외하고, 제6조 제2항에 언급된 고위험 AI 시스템을 배치하기 전에, 공법의 적용을

in point 2 of Annex III, deployers that are bodies governed by public law, or are private entities providing public services, and deployers of high-risk AI systems referred to in points 5 (b) and (c) of Annex III, shall perform an assessment of the impact on fundamental rights that the use of such system may produce. For that purpose, deployers shall perform an assessment consisting of:

받는 기관이거나 공공서비스를 제공하는 민간 기관인 배치 책임자, 그리고 부속서 III의 5항 (b)호와 (c)에서 언급된 고위험 AI 시스템의 배치 책임자는 해당 시스템의 사용이 기본권에 미칠 수 있는 영향에 대한 평가를 수행하여야 한다. 이를 위해 배치 책임자는 다음으로 구성된 평가를 수행하여야 한다:

(a) a description of the deployer's processes in which the high-risk AI system will be used in line with its intended purpose;

(a) 고위험 AI 시스템을 의도된 목적에 맞게 사용할 예정인 배치 책임자의 프로세스에 대한 설명;

(b) a description of the period of time within which, and the frequency with which, each high-risk AI system is intended to be used;

(b) 각 고위험 AI 시스템의 의도된 사용 기간 및 사용 빈도에 대한 설명;

(c) the categories of natural persons and groups likely to be affected by its use in the specific context;

(c) 특정 맥락에서 시스템 사용으로 인해 영향을 받을 가능성이 있는 자연인 및 집단의 범주;

(d) the specific risks of harm likely to have an impact on the categories of natural persons or groups of persons identified pursuant to point (c) of this paragraph, taking into account the information given by the provider pursuant to Article 13;

(d) 제13조에 따라 제공자가 제공한 정보를 고려하여, 본 항의 (c)호에 따라 식별된 자연인이나 집단의 범주에 강한 영향을 미칠 수 있는 위해의 구체적 위험;

(e) a description of the implementation of human oversight measures, according to the instructions for use;

(e) 사용 설명서에 따른 인간의 관리 · 감독 조치의 구현에 대한 설명;

(f) the measures to be taken in the case of the materialisation of those risks, including the arrangements for internal governance and complaint mechanisms.

(f) 이러한 위험이 현실화될 경우 취해야 할 조치(내부 거버넌스 및 민원 대응 메커니즘에 대한 준비 포함).

2. The obligation laid down in paragraph

2. 제1항에 명시된 의무는 고위험 AI 시스

1 applies to the first use of the high-risk AI system. The deployer may, in similar cases, rely on previously conducted fundamental rights impact assessments or existing impact assessments carried out by provider. If, during the use of the high-risk AI system, the deployer considers that any of the elements listed in paragraph 1 has changed or is no longer up to date, the deployer shall take the necessary steps to update the information.

템의 최초 사용에 적용된다. 배치 책임자는 유사한 경우에 이전에 수행된 기본권 영향 평가나 제공자가 수행한 기존의 영향 평가에 의존할 수 있다. 고위험 AI 시스템의 사용 중에 배치 책임자가 제1항에 나열된 요소 중 어느 하나라도 변경되었거나 최신 상태가 아니라고 판단하는 경우, 배치 책임자는 해당 정보를 업데이트하기 위해 필요한 조치를 취하여야 한다.

3. Once the assessment referred to in paragraph 1 of this Article has been performed, the deployer shall notify the market surveillance authority of its results, submitting the filled-out template referred to in paragraph 5 of this Article as part of the notification. In the case referred to in Article 46(1), deployers may be exempt from that obligation to notify.

3. 본 조 제1항에 언급된 평가가 수행되면, 배치 책임자는 그 결과를 시장 감시 당국에 통보하여야 하며, 통보의 일환으로 본 조 제5항에서 언급된 작성된 템플릿을 제출하여야 한다. 제46조 제1항에 언급된 사례인 경우, 배치 책임자는 이 통보 의무에서 면제될 수 있다.

4. If any of the obligations laid down in this Article is already met through the data protection impact assessment conducted pursuant to Article 35 of Regulation (EU) 2016/679 or Article 27 of Directive (EU) 2016/680, the fundamental rights impact assessment referred to in paragraph 1 of this Article shall complement that data protection impact assessment.

4. 본 조에 규정된 의무 중 어느 하나라도 규정 (EU) 2016/679의 제35조 또는 지침 (EU) 2016/680의 제27조에 따라 수행된 데이터 보호 영향 평가를 통해 이미 충족된 경우, 본 조 제1항에서 언급된 기본권 영향 평가는 해당 데이터 보호 영향 평가를 보완하여야 한다.

5. The AI Office shall develop a template for a questionnaire, including through an automated tool, to facilitate deployers in complying with their obligations under this Article in a simplified manner.

5. AI 사무국은 배치 책임자가 본 조에 따른 의무를 간소화된 방식으로 준수할 수 있도록 돕기 위해 자동화된 도구를 포함한 설문지 템플릿을 개발하여야 한다.

Section 4: Notifying Authorities and Notified Bodies

Article 28 Notifying Authorities

1. Each Member State shall designate or establish at least one notifying authority responsible for setting up and carrying out the necessary procedures for the assessment, designation and notification of conformity assessment bodies and for their monitoring. Those procedures shall be developed in cooperation between the notifying authorities of all Member States.

2. Member States may decide that the assessment and monitoring referred to in paragraph 1 is to be carried out by a national accreditation body within the meaning of, and in accordance with, Regulation (EC) No 765/2008.

3. Notifying authorities shall be established, organised and operated in such a way that no conflict of interest arises with conformity assessment bodies, and that the objectivity and impartiality of their activities are safeguarded.

4. Notifying authorities shall be organised in such a way that decisions relating to the notification of conformity assessment bodies are taken by competent persons different from those who carried out the assessment of those bodies.

5. Notifying authorities shall offer or provide neither any activities that conformity assessment bodies perform, nor any consultancy services on a commercial or competitive basis.

제4절 통보 당국 및 인증기관

제28조 통보 당국

1. 각 회원국은 적합성 평가 기관의 평가, 지정 및 통보를 위해 필요한 절차를 수립하고 수행하며, 이들을 모니터링하는 책임을 가진 최소 하나의 통보 당국을 지정하거나 설립하여야 한다. 이러한 절차는 모든 회원국의 통보 당국들 간의 협력을 통해 개발되어야 한다.

2. 회원국은 제1항에서 언급된 평가 및 모니터링이 규정 (EC) No 765/2008의 의미 내에서 그리고 이에 따라 국가 인증 기관에 의해 수행되도록 결정할 수 있다.

3. 통보 당국은 적합성 평가 기관과의 이해 상충이 발생하지 않고, 그들이 수행하는 활동의 객관성과 공정성을 보장할 수 있는 방식으로 설립, 조직 및 운영되어야 한다.

4. 통보 당국은 적합성 평가 기관의 통보에 관한 결정이 해당 기관의 평가를 수행한 사람들과 다른 적격한 사람들에 의해 이뤄지도록 조직되어야 한다.

5. 통보 당국은 적합성 평가 기관이 수행하는 어떤 활동도 제공하거나 수행해서는 안 되며, 상업적 또는 경쟁적 기준에 따른 어떠한 자문 서비스도 제공해서는 안 된다.

6. Notifying authorities shall safeguard the confidentiality of the information that they obtain, in accordance with Article 78.

6. 통보 당국은 제78조에 따라 취득한 정보의 기밀성을 보호하여야 한다.

7. Notifying authorities shall have an adequate number of competent personnel at their disposal for the proper performance of their tasks. Competent personnel shall have the necessary expertise, where applicable, for their function, in fields such as information technologies, AI and law, including the supervision of fundamental rights.

7. 통보 당국은 업무의 적절한 수행을 위해 충분한 수의 자격을 갖춘 인력을 보유해야 한다. 적격 인력들은 해당되는 경우, 정보기술, AI, 법률(기본권 감독 포함) 등의 분야에서 그들의 기능에 필요한 전문성을 갖추어야 한다.

Article 29 Application of a Conformity Assessment Body for Notification

제29조 적합성 평가기관의 통보 신청

1. Conformity assessment bodies shall submit an application for notification to the notifying authority of the Member State in which they are established.

1. 적합성 평가 기관은 자신이 설립된 회원국의 통보 당국에 통보 신청서를 제출하여야 한다.

2. The application for notification shall be accompanied by a description of the conformity assessment activities, the conformity assessment module or modules and the types of AI systems for which the conformity assessment body claims to be competent, as well as by an accreditation certificate, where one exists, issued by a national accreditation body attesting that the conformity assessment body fulfils the requirements laid down in Article 31. Any valid document related to existing designations of the applicant notified body under any other Union harmonisation legislation shall be added.

2. 통보 신청서에는 적합성 평가 활동, 적합성 평가 모듈 혹은 모듈들, 그리고 적합성 평가 기관이 자격이 있다고 주장하는 AI 시스템들의 유형에 대한 설명이 첨부되어야 한다. 또한, 존재하는 경우 해당 적합성 평가 기관이 제31조에 규정된 요건을 충족한다는 것을 증명하는 국가인증기관이 발행한 인증서가 첨부되어야 한다. 기타 다른 유럽연합 조화 법률에 따라 이미 통보된 기관으로서 추가 인증을 신청 중인 기관의 기존 지정과 관련된 모든 유효한 문서가 추가되어야 한다.

3. Where the conformity assessment body

3. 해당 적합성 평가기관이 인증서를 제공

concerned cannot provide an accreditation certificate, it shall provide the notifying authority with all the documentary evidence necessary for the verification, recognition and regular monitoring of its compliance with the requirements laid down in Article 31.

할 수 없는 경우, 해당 기관은 제31조에 규정된 요건을 준수한다는 것을 검증하고, 인정하고, 정기적으로 모니터링하는 데 필요한 모든 서명 증거를 통보 당국에 제공하여야 한다.

4. For notified bodies which are designated under any other Union harmonisation legislation, all documents and certificates linked to those designations may be used to support their designation procedure under this Regulation, as appropriate. The notified body shall update the documentation referred to in paragraphs 2 and 3 of this Article whenever relevant changes occur, in order to enable the authority responsible for notified bodies to monitor and verify continuous compliance with all the requirements laid down in Article 31.

4. 다른 유럽연합 조화 법률에 따라 지정된 인증 기관인 경우, 해당 지정과 관련된 모든 문서와 인증서를 적절히 본 규정에 따른 지정 절차를 지원하는 데 사용할 수 있다. 인증 기관은 관련 변경 사항이 발생할 때마다 본 조 제2항 및 제3항에서 언급된 문서를 갱신하여야 한다. 이는 인증 기관 담당 당국이 제31조에 규정된 모든 요건의 지속적인 준수를 모니터링 하고 검증할 수 있도록 하기 위함이다.

Article 30 Notification Procedure

제30조 통보 절차

1. Notifying authorities may notify only conformity assessment bodies which have satisfied the requirements laid down in Article 31.

1. 통보 당국은 제31조에 규정된 요건을 충족한 적합성 평가 기관만을 지정 통보할 수 있다.

2. Notifying authorities shall notify the Commission and the other Member States, using the electronic notification tool developed and managed by the Commission, of each conformity assessment body referred to in paragraph 1.

2. 통보 당국은 유럽연합 집행위원회가 개발하고 관리하는 전자 통보 도구를 사용하여 제1항에 언급된 각 적합성 평가기관을 집행위원회와 다른 회원국에 통보하여야 한다.

3. The notification referred to in paragraph 2 of this Article shall include full details of the conformity assessment activities, the conformity assessment

3. 본조 제2항에 언급된 통보에는 적합성 평가 활동, 적합성 평가 모듈, 관련 AI 시스템 유형 및 관련 역량 증명에 대한 세부 정보가 포함되어야 한다. 통보가

module or modules, the types of AI systems concerned, and the relevant attestation of competence. Where a notification is not based on an accreditation certificate as referred to in Article 29(2), the notifying authority shall provide the Commission and the other Member States with documentary evidence which attests to the competence of the conformity assessment body and to the arrangements in place to ensure that that body will be monitored regularly and will continue to satisfy the requirements laid down in Article 31.

4. The conformity assessment body concerned may perform the activities of a notified body only where no objections are raised by the Commission or the other Member States within two weeks of a notification by a notifying authority where it includes an accreditation certificate referred to in Article 29(2), or within two months of a notification by the notifying authority where it includes documentary evidence referred to in Article 29(3).

5. Where objections are raised, the Commission shall, without delay, enter into consultations with the relevant Member States and the conformity assessment body. In view thereof, the Commission shall decide whether the authorisation is justified. The Commission shall address its decision to the Member State concerned and to the relevant conformity assessment body.

제29조 제2항에 언급된 인증서에 기반하지 않은 경우, 통보 당국은 집행위원회와 다른 회원국에 적합성 평가 기관의 역량을 증명하고 해당 기관이 정기적으로 모니터링 되며, 제31조에 규정된 요건을 계속 충족할 것임을 보장하는 조치에 대한 서면 증거를 제공하여야 한다.

4. 해당 적합성 평가 기관은 통보 당국의 지정 통보 후 2주 이내(제29조 제2항에 언급된 인증서가 포함된 경우) 또는 2개월 이내(제29조 제3항에 언급된 문서 증거가 포함된 경우)에 집행위원회나 다른 회원국이 이의를 제기하지 않는 경우에만 인증 기관의 활동을 수행할 수 있다.

5. 이의가 제기된 경우, 집행위원회는 지체 없이 관련 회원국 및 적합성 평가 기관과 협의를 시작하여야 한다. 이를 바탕으로 집행위원회는 승인이 정당화되는지 결정한다. 집행위원회는 그 결정을 해당 회원국과 관련 적합성 평가 기관에 전달하여야 한다.

Article 31 Requirements Relating to Notified Bodies

1. A notified body shall be established under the national law of a Member State and shall have legal personality.

2. Notified bodies shall satisfy the organisational, quality management, resources and process requirements that are necessary to fulfil their tasks, as well as suitable cybersecurity requirements.

3. The organisational structure, allocation of responsibilities, reporting lines and operation of notified bodies shall ensure confidence in their performance, and in the results of the conformity assessment activities that the notified bodies conduct.

4. Notified bodies shall be independent of the provider of a high-risk AI system in relation to which they perform conformity assessment activities. Notified bodies shall also be independent of any other operator having an economic interest in high-risk AI systems assessed, as well as of any competitors of the provider. This shall not preclude the use of assessed high-risk AI systems that are necessary for the operations of the conformity assessment body, or the use of such high-risk AI systems for personal purposes.

5. Neither a conformity assessment body, its top-level management nor the personnel responsible for carrying out its conformity assessment tasks shall be directly involved in the design, development, marketing or use of

제31조 인증기관 관련 요구 사항(제안이유 145)

1. 인증기관은 회원국의 국내법에 따라 설립되어야 하며 법인격을 가져야 한다.

2. 인증기관은 그들의 업무를 수행하는 데 필요한 조직, 품질 관리, 자원 및 프로세스 요구 사항을 포함해, 적절한 사이버 보안 요구 사항도 갖추어야 한다.

3. 인증기관의 조직 구조, 책임 할당, 보고 체계 및 운영은 그들의 성과와 인증기관이 수행하는 적합성 평가 활동의 결과에 대한 신뢰를 보장하여야 한다.

4. 인증기관은 그들이 적합성 평가 활동을 수행하는 고위험 AI 시스템의 제공자로부터 독립적이어야 한다. 또한, 인증기관은 평가된 고위험 AI 시스템에 경제적 이해관계를 가진 다른 모든 운영자와 제공자의 경쟁자로부터도 독립적이어야 한다. 이는 적합성 평가 기관의 운영에 필요한 평가된 고위험 AI 시스템의 사용이나 개인적 목적으로 그러한 고위험 AI 시스템을 사용하는 것까지 배제하지는 않는다.

5. 적합성 평가 기관, 그 최고 경영진, 또는 적합성 평가 업무를 수행하는 책임자는 고위험 AI 시스템의 설계, 개발, 마케팅 또는 사용에 직접 관여해서는 안 되며, 이러한 활동에 관여하는 당사자들을 대표해서도 안 된다. 그들은 통보된 적합

high-risk AI systems, nor shall they represent the parties engaged in those activities. They shall not engage in any activity that might conflict with their independence of judgement or integrity in relation to conformity assessment activities for which they are notified. This shall, in particular, apply to consultancy services.

성 평가 활동과 관련하여 판단의 독립성이나 청렴성을 해칠 수 있는 어떠한 활동에도 관여해서는 안 된다. 이는 특히 자문 서비스에 적용된다.

6. Notified bodies shall be organised and operated so as to safeguard the independence, objectivity and impartiality of their activities. Notified bodies shall document and implement a structure and procedures to safeguard impartiality and to promote and apply the principles of impartiality throughout their organisation, personnel and assessment activities.

6. 인증기관은 그들의 활동의 독립성, 객관성 및 공정성을 보장하도록 조직되고 운영되어야 한다. 인증기관은 공정성을 보장하고 조직, 인력 및 평가 활동 전반에 걸쳐 공정성 원칙을 증진하고 적용하기 위한 구조와 절차를 문서화하고 구현하여야 한다.

7. Notified bodies shall have documented procedures in place ensuring that their personnel, committees, subsidiaries, subcontractors and any associated body or personnel of external bodies maintain, in accordance with Article 78, the confidentiality of the information which comes into their possession during the performance of conformity assessment activities, except when its disclosure is required by law. The staff of notified bodies shall be bound to observe professional secrecy with regard to all information obtained in carrying out their tasks under this Regulation, except in relation to the notifying authorities of the Member State in which their activities are carried out.

7. 인증기관은 그들의 직원, 위원회, 자회사, 하청업체 및 여타 관련 기관이나 외부 기관의 직원이 제78조에 따라 적합성 평가 활동 수행 중 취득한 정보의 기밀성을 유지하도록 보장하는 문서화된 절차를 마련하여야 한다. 단, 법률에 의해 공개 요구되는 경우는 예외로 한다. 인증기관의 직원은 그들의 활동이 수행되는 회원국의 통보 당국과 관련된 경우를 제외하고, 본 규정에 따른 업무 수행 중 얻은 모든 정보에 대해 직업상 기밀을 유지하여야 한다.

8. Notified bodies shall have procedures

8. 인증기관은 제공자의 공급자의 규모, 운

for the performance of activities which take due account of the size of a provider, the sector in which it operates, its structure, and the degree of complexity of the AI system concerned.

영 분야, 구조 및 해당 AI 시스템의 복잡성 정도를 적절히 고려한 활동 수행 절차를 갖추어야 한다.

9. Notified bodies shall take out appropriate liability insurance for their conformity assessment activities, unless liability is assumed by the Member State in which they are established in accordance with national law or that Member State is itself directly responsible for the conformity assessment.

9. 인증기관은 그들의 적합성 평가 활동에 대한 적절한 책임 보험에 가입하여야 한다. 단, 그들이 설립된 회원국의 국내법에 따라 해당 회원국이 책임을 지거나 해당 회원국이 적합성 평가에 대해 직접 책임을 지는 경우는 예외로 한다.

10. Notified bodies shall be capable of carrying out all their tasks under this Regulation with the highest degree of professional integrity and the requisite competence in the specific field, whether those tasks are carried out by notified bodies themselves or on their behalf and under their responsibility.

10. 인증 기관은 본 규정에 따른 모든 업무를 최고 수준의 전문적 청렴성과 특정 분야에서 요구되는 전문 역량으로 수행할 수 있어야 한다. 이는 해당 업무가 인증기관 자체에 의해 수행되는지, 혹은 그들을 대신하여 그들의 책임 하에 수행되는지와 관계없이 적용된다.

11. Notified bodies shall have sufficient internal competences to be able effectively to evaluate the tasks conducted by external parties on their behalf. The notified body shall have permanent availability of sufficient administrative, technical, legal and scientific personnel who possess experience and knowledge relating to the relevant types of AI systems, data and data computing, and relating to the requirements set out in Section 2.

11. 인증기관은 외부 당사자가 그들을 대신하여 수행하는 업무를 효과적으로 평가할 수 있는 충분한 내부 역량을 갖추어야 한다. 인증기관은 관련 AI 시스템의 유형, 데이터 및 데이터 컴퓨팅, 그리고 제2절에 명시된 요구사항과 관련된 경험과 지식을 보유한 충분한 행정, 기술, 법률 및 과학 인력을 상시 확보하여야 한다.

12. Notified bodies shall participate in coordination activities as referred to in Article 38. They shall also take part directly, or be represented in, European standardisation organisations, or ensure

12. 인증기관은 제38조에 언급된 조정 활동에 참여하여야 한다. 또한, 유럽 표준화 기구에 직접 참여하거나 대표되어야 하며, 또는 관련 표준에 대해 인지하고 최신 정보를 유지하도록 보장하여야 한다.

that they are aware and up to date in respect of relevant standards.

Article 32 Presumption of Conformity with Requirements Relating to Notified Bodies

Where a conformity assessment body demonstrates its conformity with the criteria laid down in the relevant harmonised standards or parts thereof, the references of which have been published in the Official Journal of the European Union, it shall be presumed to comply with the requirements set out in Article 31 in so far as the applicable harmonised standards cover those requirements.

제32조 인증기관 관련 요구사항에 대한 적합성 추정

적합성 평가 기관이 유럽연합 공식 저널에 게재된 참조 사항을 가진 관련 조화 표준 또는 그 일부에 규정된 기준에 대한 적합성을 입증하는 경우, 해당 적용 가능한 조화 표준이 그러한 요구사항을 다루는 한, 해당 기관은 제31조에 명시된 요구사항을 준수하는 것으로 추정되어야 한다.

Article 33 Subsidiaries of and Subcontracting by Notified Bodies

1. Where a notified body subcontracts specific tasks connected with the conformity assessment or has recourse to a subsidiary, it shall ensure that the subcontractor or the subsidiary meets the requirements laid down in Article 31, and shall inform the notifying authority accordingly.
2. Notified bodies shall take full responsibility for the tasks performed by any subcontractors or subsidiaries.
3. Activities may be subcontracted or carried out by a subsidiary only with the agreement of the provider. Notified bodies shall make a list of their subsidiaries publicly available.
4. The relevant documents concerning the assessment of the qualifications of the

제33조 인증기관의 자회사 및 하청 계약

(제안이유 126)

1. 인증기관이 적합성 평가와 관련된 특정 작업을 하청을 주거나 자회사를 이용하는 경우, 해당 하청업체 또는 자회사가 제31조에 명시된 요구 사항을 충족하도록 보장하여야 하며, 이에 대해 통보 기관에 알려야 한다.
2. 인증기관은 하청업체 또는 자회사가 수행하는 작업에 대해 전적인 책임을 진다.
3. 활동의 하청 또는 자회사의 업무 수행은 제공자의 동의가 있는 경우에만 가능하다. 인증기관은 자회사 목록을 공개적으로 이용 가능하도록 제공하여야 한다.
4. 하청업체 또는 자회사의 자격 평가와 본 규정에 따라 그들이 수행한 작업에 관한

subcontractor or the subsidiary and the work carried out by them under this Regulation shall be kept at the disposal of the notifying authority for a period of five years from the termination date of the subcontracting.

관련 문서는 하청 종료일로부터 5년 동안 통보 당국이 이용할 수 있도록 보관하여야 한다.

Article 34 Operational Obligations of Notified Bodies

제34조 인증 기관의 운영 의무

1. Notified bodies shall verify the conformity of high-risk AI systems in accordance with the conformity assessment procedures set out in Article 43.

1. 인증 기관은 제43조에 규정된 적합성 평가 절차에 따라 고위험 AI 시스템의 적합성을 검증하여야 한다.

2. Notified bodies shall avoid unnecessary burdens for providers when performing their activities, and take due account of the size of the provider, the sector in which it operates, its structure and the degree of complexity of the high-risk AI system concerned, in particular in view of minimising administrative burdens and compliance costs for micro- and small enterprises within the meaning of Recommendation 2003/361/EC. The notified body shall, nevertheless, respect the degree of rigour and the level of protection required for the compliance of the high-risk AI system with the requirements of this Regulation.

2. 인증 기관은 활동 수행시 제공자에게 불필요한 부담을 주지 않도록 하여야 하며, 제공자의 규모, 운영 분야, 구조 및 해당 고위험 AI 시스템의 복잡성을 적절히 고려하여야 한다. 특히, 권고 2003/361/EC의 의미 내에서 영세 기업 및 소기업의 행정 부담과 규정 준수 비용을 최소화하는 관점에서 이를 고려해야 한다. 그럼에도 불구하고, 인증기관은 본 규정의 요구사항에 대한 고위험 AI 시스템의 준수를 위해 요구되는 엄격성의 정도와 보호 수준을 준수하여야 한다.

3. Notified bodies shall make available and submit upon request all relevant documentation, including the providers' documentation, to the notifying authority referred to in Article 28 to allow that authority to conduct its assessment, designation, notification and monitoring activities, and to facilitate the assessment outlined in this Section.

3. 인증 기관은 제28조에 언급된 통보 당국이 평가, 지정, 통보 및 모니터링 활동을 수행하고 본 절에 설명된 평가를 용이하게 할 수 있도록 제공자의 문서를 포함한 모든 관련 문서를 이용 가능하게 하여야 하고 요청시 제출하여야 한다.

Article 35 Identification Numbers and Lists of Notified Bodies Designated Under this Regulation

1. The Commission shall assign a single identification number to each notified body, even where a body is notified under more than one Union act.

2. The Commission shall make publicly available the list of the bodies notified under this Regulation, including their identification numbers and the activities for which they have been notified. The Commission shall ensure that the list is kept up to date.

Article 36 Changes to Notifications

1. The notifying authority shall notify the Commission and the other Member States of any relevant changes to the notification of a notified body via the electronic notification tool referred to in Article 30(2).

2. The procedures laid down in Articles 29 and 30 shall apply to extensions of the scope of the notification. For changes to the notification other than extensions of its scope, the procedures laid down in paragraphs (3) to (9) shall apply.

3. Where a notified body decides to cease its conformity assessment activities, it shall inform the notifying authority and the providers concerned as soon as possible and, in the case of a planned cessation, at least one year before ceasing its activities. The certificates of the notified body may remain valid for a period of nine months after cessation

제35조 이 규정에 따라 지정된 인증기관의 식별 번호 및 목록

1. 집행위원회는 각 인증 기관에 단일 식별 번호를 부여하여야 한다. 이는 하나의 기관이 하나 이상의 유럽연합 법률에 따라 인증된 경우에도 동일하게 적용된다.

2. 집행위원회는 이 규정에 따라 인증된 기관의 목록을 공개적으로 이용 가능하게 하여야 한다. 이 목록에는 각 기관의 식별 번호와 인증된 활동이 포함되어야 한다. 위원회는 이 목록이 최신 상태로 유지되도록 보장하여야 한다.

제36조 인증 통보의 변경

1. 통보 당국은 제30조 제2항에 언급된 전자 통보 도구를 통해 인증기관의 인증 통보에 대한 모든 관련 변경 사항을 위원회와 다른 회원국에 통보하여야 한다.

2. 인증 범위의 확장에 대해서는 제29조와 제30조에 규정된 절차가 적용된다. 범위 확장 이외의 인증 통보 변경에 대해서는 제3항부터 제9항까지의 절차가 적용된다.

3. 인증 기관이 적합성 평가 활동을 중단하기로 결정한 경우, 가능한 한 빨리 통보 당국과 관련 제공자에게 알려야 하며, 중단이 사전에 계획된 경우 최소 1년 전에는 이를 알려야 한다. 인증 기관의 인증서는 해당 인증 기관의 활동 중단 이후 9개월간 유효할 수 있다. 단, 다른 인증 기관이 해당 인증서가 다루는 고위험 AI 시스템에 대한 책임을 맡을 것임을

of the notified body's activities, on condition that another notified body has confirmed in writing that it will assume responsibilities for the high-risk AI systems covered by those certificates. The latter notified body shall complete a full assessment of the high-risk AI systems affected by the end of that nine-month-period before issuing new certificates for those systems. Where the notified body has ceased its activity, the notifying authority shall withdraw the designation.

서면으로 확인한 경우에 한한다. 후자의 인증 기관은 9개월의 기간이 지나기 전에 해당 고위험 AI 시스템에 대한 전체 평가를 완료하여야 한다. 인증 기관이 활동을 중단한 경우, 통보 당국은 지정을 철회하여야 한다.

4. Where a notifying authority has sufficient reason to consider that a notified body no longer meets the requirements laid down in Article 31, or that it is failing to fulfil its obligations, the notifying authority shall without delay investigate the matter with the utmost diligence. In that context, it shall inform the notified body concerned about the objections raised and give it the possibility to make its views known. If the notifying authority comes to the conclusion that the notified body no longer meets the requirements laid down in Article 31 or that it is failing to fulfil its obligations, it shall restrict, suspend or withdraw the designation as appropriate, depending on the seriousness of the failure to meet those requirements or fulfil those obligations. It shall immediately inform the Commission and the other Member States accordingly.

4. 통보 당국 입장에서 인증 기관이 더 이상 제31조에 규정된 요건을 충족하지 않거나 의무를 이행하지 않고 있다고 판단할 만한 충분한 이유가 있는 경우, 통보 당국은 지체 없이 최대한 주의를 기울여 해당 사안을 조사하여야 한다. 이런 맥락에서, 통보 당국은 해당 인증 기관에서 제기한 이의 사항을 알리고, 의견을 제출할 기회를 제공하여야 한다. 통보당국이, 인증 기관이 더 이상 제31조에 규정된 요건을 충족하지 못하거나 의무를 이행하지 않고 있다고 결론을 내리는 경우, 해당 실패의 심각성에 따라 적절히 지정을 제한, 정지 또는 철회하여야 한다. 통보 당국은 이를 즉시 집행위원회와 다른 회원국에 알려야 한다.

5. Where its designation has been suspended, restricted, or fully or partially withdrawn, the notified body shall inform the providers concerned within 10 days.

5. 인증 기관의 지정이 정지, 제한 또는 전체적이나 부분적으로 철회된 경우, 해당 인증 기관은 관련 제공자에게 10일 이내에 이를 알려야 한다.

6. In the event of the restriction, suspension or withdrawal of a designation, the notifying authority shall take appropriate steps to ensure that the files of the notified body concerned are kept, and to make them available to notifying authorities in other Member States and to market surveillance authorities at their request.

6. 인증 기관의 지정이 제한, 정지 또는 철회된 경우, 통보 당국은 해당 인증기관의 파일들이 보관될 수 있도록 적절한 조치를 취하여야 하며, 다른 회원국의 통보 당국과 시장 감시 당국이 요청할 경우 이를 이용할 수 있도록 하여야 한다.

7. In the event of the restriction, suspension or withdrawal of a designation, the notifying authority shall:

7. 인증 기관의 지정이 제한, 정지 또는 철회된 경우, 통보 당국은 다음을 수행하여야 한다.

(a) assess the impact on the certificates issued by the notified body;

(a) 인증 기관이 발급한 인증서에 대한 영향을 평가한다;

(b) submit a report on its findings to the Commission and the other Member States within three months of having notified the changes to the designation;

(b) 지정 변경을 통보한 후 3개월 이내에 그 결과에 대한 보고서를 집행위원회와 다른 회원국에 제출한다;

(c) require the notified body to suspend or withdraw, within a reasonable period of time determined by the authority, any certificates which were unduly issued, in order to ensure the continuing conformity of high-risk AI systems on the market;

(c) 시장에 출시된 고위험 AI 시스템의 지속적인 적합성을 보장하기 위해, 당국이 정한 합리적인 기간 내에 부당하게 발급된 인증서를 정지하거나 철회하도록 인증 기관에 요구한다;

(d) inform the Commission and the Member States about certificates the suspension or withdrawal of which it has required;

(d) 정지 또는 철회를 요구한 인증서에 대해 집행위원회와 회원국에 통보한다;

(e) provide the national competent authorities of the Member State in which the provider has its registered place of business with all relevant information about the certificates of which it has required the suspension or withdrawal; that authority shall take the appropriate measures, where necessary,

(e) 제공자가 등록된 사업장을 가지고 있는 회원국의 국가 관할 당국에 정지 또는 철회를 요구한 인증서에 대한 모든 관련 정보를 제공한다; 해당 당국은 필요한 경우 건강, 안전 또는 기본권에 대한 잠재적 위험을 피하기 위해 적절한 조치를 취하여야 한다.

to avoid a potential risk to health, safety or fundamental rights.

8. With the exception of certificates unduly issued, and where a designation has been suspended or restricted, the certificates shall remain valid in one of the following circumstances:

(a) the notifying authority has confirmed, within one month of the suspension or restriction, that there is no risk to health, safety or fundamental rights in relation to certificates affected by the suspension or restriction, and the notifying authority has outlined a timeline for actions to remedy the suspension or restriction; or

(b) the notifying authority has confirmed that no certificates relevant to the suspension will be issued, amended or re-issued during the course of the suspension or restriction, and states whether the notified body has the capability of continuing to monitor and remain responsible for existing certificates issued for the period of the suspension or restriction; in the event that the notifying authority determines that the notified body does not have the capability to support existing certificates issued, the provider of the system covered by the certificate shall confirm in writing to the national competent authorities of the Member State in which it has its registered place of business, within three months of the suspension or restriction, that another qualified notified body is temporarily assuming the functions of the notified body to monitor and remain responsible

8. 부당하게 발급된 인증서를 제외하고, 지정이 정지되거나 제한된 경우 다음 상황 중 하나에 해당하면 인증서는 유효하게 유지된다;

(a) 통보 당국이 정지 또는 제한 후 1개월 이내에 정지 또는 제한의 영향을 받는 인증서와 관련하여 건강, 안전 또는 기본권에 대한 위험이 없음을 확인하고, 정지 또는 제한을 해결하기 위한 조치의 일정을 개략적으로 제시한 경우; 또는

(b) 통보 당국이 정지기간 동안 정지와 관련된 인증서가 발급, 수정 또는 재발급되지 않을 것임을 확인하고, 인증기관이 정지 또는 제한 기간 동안 기존에 발급된 인증서를 계속 모니터링하고, 책임질 능력이 있는지 명시한 경우; 인증기관이 발급된 기존 인증서를 지원할 능력이 없다고 통보 당국이 판단하는 경우, 인증서가 다루는 시스템의 제공자는 정지 또는 제한 후 3개월 이내에 등록된 사업장이 있는 회원국의 국가 관할 당국에 다른 자격 있는 인증기관이 정지 또는 제한 기간 동안 인증서를 모니터링하고 책임지는 기능을 일시적으로 맡고 있음을 서면으로 확인하여야 한다.

for the certificates during the period of suspension or restriction.

9. With the exception of certificates unduly issued, and where a designation has been withdrawn, the certificates shall remain valid for a period of nine months under the following circumstances:

(a) the national competent authority of the Member State in which the provider of the high-risk AI system covered by the certificate has its registered place of business has confirmed that there is no risk to health, safety or fundamental rights associated with the high-risk AI systems concerned; and

(b) another notified body has confirmed in writing that it will assume immediate responsibility for those AI systems and completes its assessment within 12 months of the withdrawal of the designation. In the circumstances referred to in the first subparagraph, the national competent authority of the Member State in which the provider of the system covered by the certificate has its place of business may extend the provisional validity of the certificates for additional periods of three months, which shall not exceed 12 months in total. The national competent authority or the notified body assuming the functions of the notified body affected by the change of designation shall immediately inform the Commission, the other Member States and the other notified bodies thereof.

9. 부당하게 발급된 인증서를 제외하고, 지정이 철회된 경우, 다음 상황에서 인증서는 9개월 동안 유효하게 유지된다:

(a) 인증서가 다루는 고위험 AI 시스템 제공자가 등록된 사업장을 둔 회원국의 국가 관할 당국이 해당 고위험 AI 시스템과 관련하여 건강, 안전 또는 기본권에 대한 위험이 없음을 확인한 경우; 그리고

(b) 다른 인증 기관이 해당 AI 시스템에 대한 즉각적인 책임을 맡을 것이며 지정 철회 후 12개월 이내에 평가를 완료할 것임을 서면으로 확인한 경우. 첫 번째 하위 조항에 언급된 상황에서, 인증서가 다루는 시스템의 제공자가 사업장을 둔 회원국의 국가 관할 당국은 인증서의 임시 유효기간을 3개월씩 추가로 연장할 수 있으며, 총 12개월을 초과하지 않아야 한다. 지정 변경의 영향을 받는 인증기관의 기능을 맡은 국가 관할 당국 또는 인증 기관은 이를 즉시 집행위원회, 다른 회원국 및 다른 인증기관에 알려야 한다.

Article 37 Challenge to the Competence of Notified Bodies

1. The Commission shall, where necessary, investigate all cases where there are reasons to doubt the competence of a notified body or the continued fulfilment by a notified body of the requirements laid down in Article 31 and of its applicable responsibilities.

2. The notifying authority shall provide the Commission, on request, with all relevant information relating to the notification or the maintenance of the competence of the notified body concerned.

3. The Commission shall ensure that all sensitive information obtained in the course of its investigations pursuant to this Article is treated confidentially in accordance with Article 78.

4. Where the Commission ascertains that a notified body does not meet or no longer meets the requirements for its notification, it shall inform the notifying Member State accordingly and request it to take the necessary corrective measures, including the suspension or withdrawal of the notification if necessary. Where the Member State fails to take the necessary corrective measures, the Commission may, by means of an implementing act, suspend, restrict or withdraw the designation. That implementing act shall be adopted in accordance with the examination procedure referred to in Article 98(2).

제37조 인증 기관의 역량에 대한 이의제기

1. 집행위원회는 필요한 경우, 인증 기관의 역량이나 인증 기관이 제31조에 규정된 요건 및 해당 책임을 지속적으로 충족하지 못한다고 의심할 만한 이유가 있는 모든 사례를 조사하여야 한다.

2. 통보 당국은 요청 시 해당 인증 기관의 통보 또는 역량 유지와 관련된 모든 관련 정보를 집행위원회에 제공하여야 한다.

3. 집행위원회는 본 조에 따른 조사 과정에서 얻은 모든 민감한 정보가 제78조에 따라 기밀로 처리되도록 보장하여야 한다.

4. 집행위원회가 인증 기관이 통보 요건을 충족하지 않거나 더 이상 충족하지 않는다고 확인한 경우, 해당 인증 기관을 지정한 회원국에 이를 알리고 필요한 경우 통보의 정지 또는 철회를 포함한 필요한 시정 조치를 요구하여야 한다. 회원국이 필요한 시정 조치를 취하지 않을 경우, 위원회는 이행 법률을 통해 지정을 정지, 제한 또는 철회할 수 있다. 해당 이행 법률은 제98조 제2항에 언급된 심사 절차에 따라 채택되어야 한다.

Article 38 Coordination of Notified Bodies

1. The Commission shall ensure that, with regard to high-risk AI systems, appropriate coordination and cooperation between notified bodies active in the conformity assessment procedures pursuant to this Regulation are put in place and properly operated in the form of a sectoral group of notified bodies.
2. Each notifying authority shall ensure that the bodies notified by it participate in the work of a group referred to in paragraph 1, directly or through designated representatives.
3. The Commission shall provide for the exchange of knowledge and best practices between notifying authorities.

제38조 인증 기관의 조정

1. 집행위원회는 고위험 AI 시스템과 관련하여, 본 규정에 따른 적합성 평가 절차에 참여하는 인증 기관들 간의 적절한 조정과 협력이 이루어지고, 인증기관 부문별 그룹의 형태로 적절히 운영되도록 보장하여야 한다.
2. 각 통보 당국은 자신이 인증한 기관들이 제1항에서 언급된 그룹의 활동에 직접 또는 지정된 대표를 통해 참여하도록 보장하여야 한다.
3. 이사회는 통보 당국들 간의 지식과 모범 사례의 교환을 위한 조치를 제공하여야 한다.

Article 39 Conformity Assessment Bodies of Third Countries

Conformity assessment bodies established under the law of a third country with which the Union has concluded an agreement may be authorised to carry out the activities of notified bodies under this Regulation, provided that they meet the requirements laid down in Article 31 or they ensure an equivalent level of compliance.

제39조 제3국의 적합성 평가 기관 (제안이유 127)

유럽연합이 협정을 체결한 제3국의 법률에 따라 설립된 적합성 평가 기관은, 제31조에 규정된 요건을 충족하거나 동등한 수준의 준수를 보장하는 경우, 본 규정에 따른 인증 기관의 활동을 수행할 수 있도록 승인될 수 있다.

Section 5: Standards, Conformity Assessment, Certificates, Registration

제5절 표준, 적합성 평가, 인증서, 등록

Article 40 Harmonised Standards and Standardisation Deliverables

1. High-risk AI systems or general-purpose AI models which are in conformity

제40조 조화 표준 및 표준화 산출물 (제안이유 121)

1. 유럽연합 공식 저널에 규정 (EU) No 1025/2012에 따라 게재된 참조의 조화

with harmonised standards or parts thereof the references of which have been published in the Official Journal of the European Union in accordance with Regulation (EU) No 1025/2012 shall be presumed to be in conformity with the requirements set out in Section 2 of this Chapter or, as applicable, with the obligations set out in of Chapter V, Sections 2 and 3, of this Regulation, to the extent that those standards cover those requirements or obligations.

2. In accordance with Article 10 of Regulation (EU) (No) 1025/2012, the Commission shall issue, without undue delay, standardisation requests covering all requirements set out in Section 2 of this Chapter and, as applicable, standardisation requests covering obligations set out in Chapter V, Sections 2 and 3, of this Regulation. The standardisation request shall also ask for deliverables on reporting and documentation processes to improve AI systems' resource performance, such as reducing the high-risk AI system's consumption of energy and of other resources during its lifecycle, and on the energy-efficient development of general-purpose AI models. When preparing a standardisation request, the Commission shall consult the Board and relevant stakeholders, including the advisory forum. When issuing a standardisation request to European standardisation organisations, the Commission shall specify that standards have to be clear, consistent, including with the standards developed in the

표준 또는 그 일부를 준수하는 고위험 AI 시스템 또는 범용 AI 모델은 해당 표준이 이러한 요구사항이나 의무를 다루는 범위 내에서, 본 장의 제2절에 명시된 요구사항 또는 해당되는 경우 본 규정의 제5장 제2절 및 제3절에 명시된 의무를 준수하는 것으로 간주된다.

2. 집행위원회는 규정 (EU) No 1025/2012의 제10조에 따라 본 장의 제2절에 명시된 모든 요구사항과, 해당되는 경우 본 규정의 제5장 제2절 및 제3절에 명시된 의무를 다루는 표준화 요청을 지체 없이 발행하여야 한다. 표준화 요청은 또한 AI 시스템의 자원 성능을 개선하기 위한 보고 및 문서화 프로세스에 대한 산출물(예: 수명 주기 동안 고위험 AI 시스템의 에너지 및 기타 자원 소비 감소)과 범용 AI 모델의 '에너지 효율적' 개발에 대한 산출물을 요청하여야 한다. 집행위원회는 표준화 요청을 준비할 때 이사회와 관련 이해관계자(자문 포럼 포함)와 협의하여야 한다. 유럽 표준화 기구에 표준화 요청을 발행할 때, 집행위원회는 표준이 명확하고 일관성 있어야 하며(부속서 I에 나열된 기존 연합 조화 법률이 적용되는 제품의 다양한 부문에서 개발된 표준 포함), 유럽연합 시장에 출시되거나 서비스되는 고위험 AI 시스템 또는 범용 AI 모델이 본 규정에 명시된 관련 요구사항이나 의무를 충족하도록 보장하는 것을 목표로 해야 함을 명시하여야 한다. 집행위원회는 유럽 표준화 기구에 규정 (EU) No 1025/2012의 제24조에 따라 본 항의 첫 번째 및 두 번째 하위

various sectors for products covered by the existing Union harmonisation legislation listed in Annex I, and aiming to ensure that high-risk AI systems or general-purpose AI models placed on the market or put into service in the Union meet the relevant requirements or obligations laid down in this Regulation. The Commission shall request the European standardisation organisations to provide evidence of their best efforts to fulfil the objectives referred to in the first and the second subparagraph of this paragraph in accordance with Article 24 of Regulation (EU) No 1025/2012.

조항에 언급된 목표를 달성하기 위한 최선의 노력의 증거를 제공할 것을 요청하여야 한다.

3. The participants in the standardisation process shall seek to promote investment and innovation in AI, including through increasing legal certainty, as well as the competitiveness and growth of the Union market, to contribute to strengthening global cooperation on standardisation and taking into account existing international standards in the field of AI that are consistent with Union values, fundamental rights and interests, and to enhance multi-stakeholder governance ensuring a balanced representation of interests and the effective participation of all relevant stakeholders in accordance with Articles 5, 6, and 7 of Regulation (EU) No 1025/2012.

3. 표준화 과정의 참여자들은 법적 확실성을 높이는 것을 포함하여 AI에 대한 투자와 혁신을 촉진하고, 유럽연합 시장의 경쟁력과 성장을 강화하며, AI 분야에서 유럽연합의 가치, 기본권 및 이익과 일치하는 기존의 국제 표준을 고려하여 표준화에 대한 글로벌 협력을 강화하고, 규정 (EU) No 1025/2012의 제5조, 제6조 및 제7조에 따라 이해관계의 균형 있는 대표성과 모든 관련 이해관계자의 효과적인 참여를 보장하는 다중 이해관계자 거버넌스를 강화하도록 노력하여야 한다.

Article 41 Common Specifications

제41조 공통 사양(제안이유 121)

1. The Commission may adopt, implementing acts establishing common specifications for the requirements set

1. 집행위원회는 다음 조건이 충족된 경우, 본 장의 제2절에 명시된 요구사항 또는 해당되는 경우 제5장의 제2절 및 제3절

out in Section 2 of this Chapter or, as applicable, for the obligations set out in Sections 2 and 3 of Chapter V where the following conditions have been fulfilled:

에 명시된 의무에 대한 공통 규격을 수립하는 이행 법률을 채택할 수 있다:

(a) the Commission has requested, pursuant to Article 10(1) of Regulation (EU) No 1025/2012, one or more European standardisation organisations to draft a harmonised standard for the requirements set out in Section 2 of this Chapter, or, as applicable, for the obligations set out in Sections 2 and 3 of Chapter V, and:

(a) 집행위원회가 규정 (EU) No 1025/2012의 제10조 제1항에 따라 하나 이상의 유럽 표준화 기구에 본 장의 제2절에 명시된 요구사항 또는 해당되는 경우 제5장의 제2절 및 제3절에 명시된 의무에 대한 조화 표준을 작성하도록 요청했으며:

(i) the request has not been accepted by any of the European standardisation organisations; or

(i) 어떤 유럽 표준화 기구도 해당 요청을 수락하지 않았거나; 또는

(ii) the harmonised standards addressing that request are not delivered within the deadline set in accordance with Article 10(1) of Regulation (EU) No 1025/2012; or

(ii) 해당 요청을 다루는 조화 표준이 규정 (EU) No 1025/2012의 제10조 제1항에 따라 설정된 기한 내에 제출되지 않았거나; 또는

(iii) the relevant harmonised standards insufficiently address fundamental rights concerns; or

(iii) 관련 조화 표준이 기본권 우려 사항을 충분히 다루지 않았거나; 또는

(iv) the harmonised standards do not comply with the request; and

(iv) 조화 표준이 요청 사항을 준수하지 않았으며; 그리고

(b) no reference to harmonised standards covering the requirements referred to in Section 2 of this Chapter or, as applicable, the obligations referred to in Sections 2 and 3 of Chapter V has been published in the Official Journal of the European Union in accordance with Regulation (EU) No 1025/2012, and no such reference is expected to

(b) 본 장의 제2절에 언급된 요구사항 또는 해당되는 경우 제5장의 제2절 및 제3절에 언급된 의무를 다루는 조화 표준에 대한 참조가 규정 (EU) No 1025/2012에 따라 유럽연합 공식 저널에 게재되지 않았으며, 합리적인 기간 내에 그러한 참조가 게재될 것으로 예상되지 않는 경우. 집행위원회는 공통 규격을 작성할 때 제67조에 언급된 자문 포럼과 협의하여

be published within a reasonable period. When drafting the common specifications, the Commission shall consult the advisory forum referred to in Article 67. The implementing acts referred to in the first subparagraph of this paragraph shall be adopted in accordance with the examination procedure referred to in Article 98(2).

야 한다. 본 항의 첫 번째 부속항에 언급된 이행 법률은 제98조 제2항에 언급된 심사 절차에 따라 채택되어야 한다.

2. Before preparing a draft implementing act, the Commission shall inform the committee referred to in Article 22 of Regulation (EU) No 1025/2012 that it considers the conditions laid down in paragraph 1 of this Article to be fulfilled.

2. 집행위원회는 이행 법률 초안을 준비하기 전에 본 조의 제1항에 명시된 조건이 충족되었다고 판단한다는 점을 규정 (EU) No 1025/2012의 제22조에 언급된 위원회에 알려야 한다.

3. High-risk AI systems or general-purpose AI models which are in conformity with the common specifications referred to in paragraph 1, or parts of those specifications, shall be presumed to be in conformity with the requirements set out in Section 2of this Chapter or, as applicable, to comply with the obligations referred to in Sections 2 and 3 of Chapter V, to the extent those common specifications cover those requirements or those obligations.

3. 제1항에 언급된 공통 규격 또는 그 일부를 준수하는 고위험 AI 시스템 또는 범용 AI 모델은 해당 공통 규격이 이러한 요구사항이나 의무를 다루는 범위 내에서, 본 장의 제2절에 명시된 요구사항 또는 해당되는 경우 제5장의 제2절 및 제3절에 언급된 의무를 준수하는 것으로 간주된다.

4. Where a harmonised standard is adopted by a European standardisation organisation and proposed to the Commission for the publication of its reference in the Official Journal of the European Union, the Commission shall assess the harmonised standard in accordance with Regulation (EU) No 1025/2012. When reference to a harmonised standard is published in the Official Journal of the

4. 유럽 표준화 기구가 조화 표준을 채택하고 그 참조를 유럽연합 공식 저널에 게재하도록 집행위원회에 제안한 경우, 집행위원회는 규정 (EU) No 1025/2012에 따라 해당 조화 표준을 평가하여야 한다. 조화 표준에 대한 참조가 유럽연합 공식 저널에 게재되면, 집행위원회는 제1항에 언급된 이행 법률 또는 본 장의 제2절에 명시된 동일한 요구사항 또는 해당되는 경우 제5장의 제2절 및 제3절

European Union, the Commission shall repeal the implementing acts referred to in paragraph 1, or parts thereof which cover the same requirements set out in Section 2 of this Chapter or, as applicable, the same obligations set out in Sections 2 and 3 of Chapter V.

에 명시된 동일한 의무를 다루는 부분을 폐지하여야 한다.

5. Where providers of high-risk AI systems or general-purpose AI models do not comply with the common specifications referred to in paragraph 1, they shall duly justify that they have adopted technical solutions that meet the requirements referred to in Section 2 of this Chapter or, as applicable, comply with the obligations set out in Sections 2 and 3 of Chapter V to a level at least equivalent thereto.

5. 고위험 AI 시스템 또는 범용 AI 모델의 제공자가 제1항에 언급된 공통 규격을 준수하지 않는 경우, 그들은 본 장의 제2절에 언급된 요구사항 또는 해당되는 경우 제5장의 제2절 및 제3절에 명시된 의무를 최소한 동등한 수준으로 충족하는 기술적 해결책을 채택했다는 점을 적절히 정당화하여야 한다.

6. Where a Member State considers that a common specification does not entirely meet the requirements set out in Section 2 or, as applicable, comply with obligations set out in Sections 2 and 3 of Chapter V, it shall inform the Commission thereof with a detailed explanation. The Commission shall assess that information and, if appropriate, amend the implementing act establishing the common specification concerned.

6. 공통 규격이 제2절의 요구사항을 완전히 충족하지 않거나, 적용가능한 경우, 제5장의 제2절 및 제3절에 명시된 의무를 완전히 준수하지 않는다고 회원국이 판단하는 경우, 해당 회원국은 이를 상세한 설명과 함께 집행위원회에 알려야 한다. 집행위원회는 해당 정보를 평가하고, 적절한 경우 해당 공통 규격을 수립하는 이행 법률을 수정하여야 한다.

Article 42 Presumption of Conformity with Certain Requirements

제42조 특정 요구 사항에 대한 적합성의 추정(제안이유 77, 78, 122)

1. High-risk AI systems that have been trained and tested on data reflecting the specific geographical, behavioural, contextual or functional setting within which they are intended to be used shall be presumed to comply with the

1. 사용 목적에 맞는 특정 지리적, 행동적, 맥락적 또는 기능적 환경을 반영하는 데이터로 학습 및 테스트 된 고위험 AI 시스템은 제10조 제4항에 규정된 관련 요구사항을 준수하는 것으로 간주된다.

relevant requirements laid down in Article 10(4).

2. High-risk AI systems that have been certified or for which a statement of conformity has been issued under a cybersecurity scheme pursuant to Regulation (EU) 2019/881 and the references of which have been published in the Official Journal of the European Union shall be presumed to comply with the cybersecurity requirements set out in Article 15 of this Regulation in so far as the cybersecurity certificate or statement of conformity or parts thereof cover those requirements.

2. 규정 (EU) 2019/881에 따른 사이버 보안 체계에 의해 인증을 받았거나 적합성 선언이 발행되었으며, 그 참조가 유럽연합 공식 저널에 게재된 고위험 AI 시스템은 사이버 보안 인증서 또는 적합성 선언 또는 그 일부가 해당 요구사항을 다루는 범위 내에서 본 규정의 제15조에 명시된 사이버 보안 요구사항을 준수하는 것으로 간주된다.

Article 43 **Conformity Assessment**

1. For high-risk AI systems listed in point 1 of Annex III, where, in demonstrating the compliance of a high-risk AI system with the requirements set out in Section 2, the provider has applied harmonised standards referred to in Article 40, or, where applicable, common specifications referred to in Article 41, the provider shall opt for one of the following conformity assessment procedures based on:

(a) the internal control referred to in Annex VI; or

(b) the assessment of the quality management system and the assessment of the technical documentation, with the involvement of a notified body, referred to in Annex VII. In demonstrating the compliance of a high-risk AI system with the requirements set out in Section 2, the provider shall

제43조 적합성 평가(제안이유 78, 123, 124, 125, 126, 128, 147)

1. 부속서 III의 1호에 나열된 고위험 AI 시스템의 경우, 제2절에 명시된 요구사항에 대한 고위험 AI 시스템의 적합성을 입증할 때, 제40조에 언급된 조화 표준을 적용하였거나, 적용 가능한 경우 제41조에 언급된 공통 규격을 적용한 경우, 제공자는 다음 중 하나의 적합성 평가 절차를 선택하여야 한다:

(a) 부속서 VI에 언급된 내부 통제; 또는

(b) 부속서 VII에 언급된 인증기관의 참여를 통한 품질 관리 시스템 평가 및 기술문서 평가. 제2절에 명시된 요구사항에 대한 고위험 AI 시스템의 준수를 입증하고자 할 때, 제공자는 다음의 경우 부속서 VII에 명시된 적합성 평가 절차를 따라야 한다:

follow the conformity assessment procedure set out in Annex VII where:

(a) harmonised standards referred to in Article 40 do not exist, and common specifications referred to in Article 41 are not available;

(a) 제40조에 언급된 조화 표준이 존재하지 않고, 제41조에 언급된 공통 규격이 이용 가능하지 않은 경우;

(b) the provider has not applied, or has applied only part of, the harmonised standard;

(b) 제공자가 조화 표준을 적용하지 않았거나 일부만 적용한 경우;

(c) the common specifications referred to in point (a) exist, but the provider has not applied them;

(c) (a)항에 언급된 공통 규격이 존재하지만 제공자가 이를 적용하지 않은 경우;

(d) one or more of the harmonised standards referred to in point (a) has been published with a restriction, and only on the part of the standard that was restricted. For the purposes of the conformity assessment procedure referred to in Annex VII, the provider may choose any of the notified bodies. However, where the high-risk AI system is intended to be put into service by law enforcement, immigration or asylum authorities or by Union institutions, bodies, offices or agencies, the market surveillance authority referred to in Article 74(8) or (9), as applicable, shall act as a notified body.

(d) (a)항에 언급된 조화 표준 중 하나 이상이 제한 사항과 함께 공표되었고, 해당 표준의 제한된 부분에 대해서만 적용된 경우. 부속서 VII에 언급된 적합성 평가 절차를 위해 제공자는 어떤 인증기관이든 선택할 수 있다. 그러나 고위험 AI 시스템이 법 집행, 출입국관리 또는 망명 당국 또는 유럽연합 기관, 기구, 사무국 또는 기관에 의해 서비스에 투입될 예정인 경우, 적용 가능한 경우에 따라 제74조 제8항 또는 제9항에 언급된 시장 감시 당국이 인증기관 역할을 수행하여야 한다.

2. For high-risk AI systems referred to in points 2 to 8 of Annex III, providers shall follow the conformity assessment procedure based on internal control as referred to in Annex VI, which does not provide for the involvement of a notified body.

2. 부속서 III의 2호부터 8호까지 언급된 고위험 AI 시스템의 경우, 제공자는 부속서 VI에 언급된 내부 통제에 기반한 적합성 평가 절차를 따라야 하며, 이는 인증기관의 참여를 필요로 하지 않는다.

3. For high-risk AI systems covered by the Union harmonisation legislation listed in Section A of Annex I, the provider shall follow the relevant conformity assessment procedure as required under those legal acts. The requirements set out in Section 2 of this Chapter shall apply to those high-risk AI systems and shall be part of that assessment. Points 4.3., 4.4., 4.5. and the fifth paragraph of point 4.6 of Annex VII shall also apply. For the purposes of that assessment, notified bodies which have been notified under those legal acts shall be entitled to control the conformity of the high-risk AI systems with the requirements set out in Section 2, provided that the compliance of those notified bodies with requirements laid down in Article 31(4), (5), (10) and (11) has been assessed in the context of the notification procedure under those legal acts. Where a legal act listed in Section A of Annex I enables the product manufacturer to opt out from a third-party conformity assessment, provided that that manufacturer has applied all harmonised standards covering all the relevant requirements, that manufacturer may use that option only if it has also applied harmonised standards or, where applicable, common specifications referred to in Article 41, covering all requirements set out in Section 2 of this Chapter.

4. High-risk AI systems that have already been subject to a conformity assessment procedure shall undergo a new conformity assessment procedure in the

3. 부속서 I의 A절에 열거된 유럽연합 조화 법률의 적용을 받는 고위험 AI 시스템에 대하여, 제공자는 해당 법률에서 요구하는 관련 적합성 평가 절차를 따라야 한다. 본 장 제2절에 규정된 요구사항은 이러한 고위험 AI 시스템에 적용되며 해당 평가의 일부를 구성한다. 부속서 VII의 제4.3호, 제4.4호, 제4.5호 및 제4.6호의 다섯 번째 단락 또한 적용 된다. 해당 평가의 목적상, 해당 법률에 따라 통보된 인증기관은 제31조 제4항, 제5항, 제10항 및 제11항에 규정된 요구사항에 대한 해당 인증기관의 준수가 해당 법률에 따른 통보 절차의 맥락에서 평가된 경우, 본 장 제2절에 명시된 요구사항에 대한 고위험 AI 시스템의 적합성을 통제할 자격을 갖는다. 부속서 I의 A절에 나열된 법률이 제품 제조업자가 모든 관련 요구사항을 포괄하는 모든 조화 표준을 적용한 경우 제3자 적합성 평가를 선택하지 않을 수 있도록 허용하는 경우, 해당 제조업자는 본 장 제2절에 명시된 모든 요구사항을 다루는 조화 표준 또는 적용 가능한 경우 제41조에 언급된 공통 규격도 적용한 경우에 한하여 해당 옵션을 행사할 수 있다.

4. 이미 적합성 평가 절차를 거친 고위험 AI 시스템은 중대한 수정이 가해진 경우, 수정된 시스템이 추가로 배포될 예정이거나 현재 배치 책임자가 계속 사용

event of a substantial modification, regardless of whether the modified system is intended to be further distributed or continues to be used by the current deployer. For high-risk AI systems that continue to learn after being placed on the market or put into service, changes to the high-risk AI system and its performance that have been predetermined by the provider at the moment of the initial conformity assessment and are part of the information contained in the technical documentation referred to in point 2(f) of Annex IV, shall not constitute a substantial modification.

할 예정인지 여부와 관계없이 새로운 적합성 평가 절차를 거쳐야 한다. 시장에 출시되거나 서비스에 투입된 후 계속 학습하는 고위험 AI 시스템의 경우, 초기 적합성 평가 시점에 제공자가 사전 결정하고 부속서 IV의 제2조 제(f)항에 언급된 기술 문서에 포함된 정보의 일부인 고위험 AI 시스템 및 그 성능의 변경은 중대한 수정을 구성하지 않는다.

5. The Commission is empowered to adopt delegated acts in accordance with Article 97 in order to amend Annexes VI and VII by updating them in light of technical progress.

5. 집행위원회는 기술 발전을 고려하여 부속서 VI 및 VII를 개정하기 위해 제97조에 따라 위임 법률을 채택할 권한이 있다.

6. The Commission is empowered to adopt delegated acts in accordance with Article 97 in order to amend paragraphs 1 and 2 of this Article in order to subject high-risk AI systems referred to in points 2 to 8 of Annex III to the conformity assessment procedure referred to in Annex VII or parts thereof. The Commission shall adopt such delegated acts taking into account the effectiveness of the conformity assessment procedure based on internal control referred to in Annex VI in preventing or minimising the risks to health and safety and protection of fundamental rights posed by such systems, as well as the availability of adequate capacities and resources among notified bodies.

6. 집행위원회는 부속서 III의 제2호부터 제8호까지 언급된 고위험 AI 시스템을 부속서 VII에 규정된 적합성 평가 절차 전체 또는 그 일부의 적용 대상으로 하기 위해, 본 조 제1항 및 제2항을 개정하는 위임 법률을 제97조에 따라 채택할 권한을 가진다. 집행위원회는 이러한 위임 법률을 채택할 때 부속서 VI에 언급된 내부 통제에 기반한 적합성 평가 절차가 해당 시스템으로 인한 건강과 안전 및 기본권 보호에 대한 위험을 예방하거나 최소화하는 데 있어서의 효과성, 그리고 인증기관들 간의 적절한 역량 및 자원의 가용성을 고려하여야 한다.

Article 44 Certificates

1. Certificates issued by notified bodies in accordance with Annex VII shall be drawn-up in a language which can be easily understood by the relevant authorities in the Member State in which the notified body is established.

2. Certificates shall be valid for the period they indicate, which shall not exceed five years for AI systems covered by Annex I, and four years for AI systems covered by Annex III. At the request of the provider, the validity of a certificate may be extended for further periods, each not exceeding five years for AI systems covered by Annex I, and four years for AI systems covered by Annex III, based on a re-assessment in accordance with the applicable conformity assessment procedures. Any supplement to a certificate shall remain valid, provided that the certificate which it supplements is valid.

3. Where a notified body finds that an AI system no longer meets the requirements set out in Section 2, it shall, taking account of the principle of proportionality, suspend or withdraw the certificate issued or impose restrictions on it, unless compliance with those requirements is ensured by appropriate corrective action taken by the provider of the system within an appropriate deadline set by the notified body. The notified body shall give reasons for its decision. An appeal procedure against decisions of the notified bodies, including on conformity certificates

제44조 인증서

1. 부속서 VII에 따라 인증기관이 발행한 인증서는 해당 인증기관이 설립된 회원국의 관련 당국이 쉽게 이해할 수 있는 언어로 작성되어야 한다.

2. 인증서는 명시된 기간 동안 유효하며, 부속서 I에 해당하는 AI 시스템의 경우 5년을, 부속서 III에 해당하는 AI 시스템의 경우 4년을 초과할 수 없다. 제공자의 요청에 따라, 인증서의 유효기간은 적용 가능한 적합성 평가 절차에 따른 재평가를 기반으로 추가 기간 동안 연장될 수 있으며, 각 연장 기간은 부속서 I에 해당하는 AI 시스템의 경우 5년을, 부속서 III에 해당하는 AI 시스템의 경우 4년을 초과할 수 없다. 인증서에 대한 모든 보충 사항은 보충하는 대상 인증서가 유효한 한 유효하다.

3. 인증기관이, AI 시스템이 더 이상 제2절에 명시된 요구사항을 충족하지 않는다고 판단하는 경우, 인증 기관은 비례성 원칙을 고려하여 발행된 인증서를 정지 또는 철회하거나 제한을 가하여야 한다. 단, 인증 기관이 설정한 적절한 기한 내에 시스템 제공자가 적절한 시정 조치를 통해 해당 요구사항의 준수를 보장하는 경우는 예외로 한다. 인증 기관은 그 결정에 대한 이유를 제시하여야 한다. 또, 적합성 인증서 발행을 포함한 인증 기관의 결정에 대한 이의 제기 절차가 마련되어야 한다.

issued, shall be available.

Article 45 Information Obligations of Notified Bodies

1. Notified bodies shall inform the notifying authority of the following:

(a) any Union technical documentation assessment certificates, any supplements to those certificates, and any quality management system approvals issued in accordance with the requirements of Annex VII;

(b) any refusal, restriction, suspension or withdrawal of a Union technical documentation assessment certificate or a quality management system approval issued in accordance with the requirements of Annex VII;

(c) any circumstances affecting the scope of or conditions for notification;

(d) any request for information which they have received from market surveillance authorities regarding conformity assessment activities;

(e) on request, conformity assessment activities performed within the scope of their notification and any other activity performed, including cross-border activities and subcontracting.

2. Each notified body shall inform the other notified bodies of:

(a) quality management system approvals which it has refused, suspended or withdrawn, and, upon request, of quality system approvals which it has

제45조 인증기관의 정보 제공 의무

1. 인증기관은 다음 사항에 대해 통보 당국에 알려야 한다:

(a) 부속서 VII의 요구사항에 따라 발행된 모든 EU 기술 문서 평가 인증서, 해당 인증서에 대한 모든 보충 사항, 그리고 모든 품질 관리 시스템 승인;

(b) 부속서 VII의 요구사항에 따라 발행된 EU 기술 문서 평가 인증서 또는 품질 관리 시스템 승인의 거부, 제한, 정지 또는 철회;

(c) 통보 범위 또는 조건에 영향을 미치는 모든 상황;

(d) 적합성 평가 활동과 관련하여 시장 감시 당국으로부터 받은 모든 정보 요청;

(e) 요청 시, 통보 범위 내에서 수행된 적합성 평가 활동 및 국경 간 활동과 하도급을 포함한 기타 수행된 활동.

2. 각 인증기관은 다른 인증기관에 다음 사항을 알려야 한다:

(a) 거부, 정지 또는 철회한 품질 관리 시스템 승인, 그리고 요청 시 발행한 품질 시스템 승인;

issued;

(b) Union technical documentation assessment certificates or any supplements thereto which it has refused, withdrawn, suspended or otherwise restricted, and, upon request, of the certificates and/or supplements thereto which it has issued.

(b) 거부, 철회, 정지 또는 기타 방식으로 제한한 EU 기술 문서 평가 인증서 또는 그에 대한 보충 사항, 그리고 요청 시 발행한 인증서 및/또는 그에 대한 보충 사항.

3. Each notified body shall provide the other notified bodies carrying out similar conformity assessment activities covering the same types of AI systems with relevant information on issues relating to negative and, on request, positive conformity assessment results.

3. 각 인증기관은 동일한 유형의 AI 시스템을 대상으로 유사한 적합성 평가 활동을 수행하는 다른 인증기관에 부정적인 적합성 평가 결과와 관련된 문제에 대한 관련 정보를, 그리고 요청 시 긍정적인 적합성 평가 결과에 대한 정보를 제공하여야 한다.

4. Notified bodies shall safeguard the confidentiality of the information that they obtain, in accordance with Article 78.

4. 인증기관은 제78조에 따라 획득한 정보의 기밀성을 보호하여야 한다.

Article 46 Derogation from Conformity Assessment Procedure

제46조 적합성 평가 절차의 예외(제안이유 130)

1. By way of derogation from Article 43 and upon a duly justified request, any market surveillance authority may authorise the placing on the market or the putting into service of specific high-risk AI systems within the territory of the Member State concerned, for exceptional reasons of public security or the protection of life and health of persons, environmental protection or the protection of key industrial and infrastructural assets. That authorisation shall be for a limited period while the necessary conformity assessment procedures are being carried out, taking into account the exceptional reasons

1. 제43조의 예외로서, 정당한 사유가 있는 요청에 따라, 모든 시장 감시 당국은 공공 안전, 개인의 생명과 건강 보호, 환경 보호 또는 주요 산업 및 인프라 자산 보호의 예외적인 이유로 해당 회원국 영토 내에서 특정 고위험 AI 시스템의 시장 출시 또는 서비스 투입을 허가할 수 있다. 이 허가는 필요한 적합성 평가 절차가 수행되는 동안 제한된 기간 동안 유효하며, 예외를 정당화하는 예외적인 이유를 고려하여야 한다. 이러한 절차의 완료는 부당한 지연 없이 수행되어야 한다.

justifying the derogation. The completion of those procedures shall be undertaken without undue delay.

2. In a duly justified situation of urgency for exceptional reasons of public security or in the case of specific, substantial and imminent threat to the life or physical safety of natural persons, law-enforcement authorities or civil protection authorities may put a specific high-risk AI system into service without the authorisation referred to in paragraph 1, provided that such authorisation is requested during or after the use without undue delay. If the authorisation referred to in paragraph 1 is refused, the use of the high-risk AI system shall be stopped with immediate effect and all the results and outputs of such use shall be immediately discarded.

2. 공공 안전의 예외적인 이유로 인한 긴급한 상황이나 자연인의 생명 또는 신체적 안전에 대한 특정하고 실질적이며 임박한 위협의 경우, 법 집행 당국 또는 민방위 당국은 제1항에 언급된 허가 없이 특정 고위험 AI 시스템을 서비스에 투입할 수 있다. 단, 이러한 허가는 사용 중 또는 사용 후 부당한 지연 없이 요청되어야 한다. 제1항에 언급된 허가가 거부되면, 고위험 AI 시스템의 사용은 즉시 중단되어야 하며 해당 사용의 모든 결과와 산출물은 즉시 폐기되어야 한다.

3. The authorisation referred to in paragraph 1 shall be issued only if the market surveillance authority concludes that the high-risk AI system complies with the requirements of Section 2. The market surveillance authority shall inform the Commission and the other Member States of any authorisation issued pursuant to paragraphs 1 and 2. This obligation shall not cover sensitive operational data in relation to the activities of law-enforcement authorities.

3. 제1항에 언급된 허가는 시장 감시 당국이 고위험 AI 시스템이 제2절의 요구사항을 준수한다고 결론 내린 경우에만 발행되어야 한다. 시장 감시 당국은 제1항 및 제2항에 따라 발행된 모든 허가를 위원회와 다른 회원국에 알려야 한다. 이 의무는 법 집행 당국의 활동과 관련된 민감한 운영 데이터에는 적용되지 않는다.

4. Where, within 15 calendar days of receipt of the information referred to in paragraph 3, no objection has been raised by either a Member State or the Commission in respect of an authorisation

4. 제3항에 언급된 정보를 받은 후 15일 이내에 회원국이나 집행위원회가 제1항에 따라 회원국의 시장 감시 당국이 발행한 허가에 대해 이의를 제기하지 않은 경우, 해당 허가는 정당화된 것으로 간주

issued by a market surveillance authority of a Member State in accordance with paragraph 1, that authorisation shall be deemed justified.

된다.

5. Where, within 15 calendar days of receipt of the notification referred to in paragraph 3, objections are raised by a Member State against an authorisation issued by a market surveillance authority of another Member State, or where the Commission considers the authorisation to be contrary to Union law, or the conclusion of the Member States regarding the compliance of the system as referred to in paragraph 3 to be unfounded, the Commission shall, without delay, enter into consultations with the relevant Member State. The operators concerned shall be consulted and have the possibility to present their views. Having regard thereto, the Commission shall decide whether the authorisation is justified. The Commission shall address its decision to the Member State concerned and to the relevant operators.

5. 제3항에 언급된 통보를 받은 후 15일 이내에 회원국이 다른 회원국의 시장 감시 당국이 발행한 허가에 대해 이의를 제기하거나, 집행위원회가 허가가 EU 법에 위배된다고 판단하거나, 제3항에 언급된 시스템의 준수에 관한 회원국의 결론이 근거가 없다고 판단하는 경우, 집행위원회는 지체 없이 관련 회원국과 협의를 시작하여야 한다. 관련 운영자들은 협의를 받고 의견을 제시할 기회를 가져야 한다. 이를 고려하여 집행위원회는 허가가 정당화되는지 여부를 결정해야 한다. 집행위원회는 해당 결정을 관련 회원국과 관련 운영자에게 전달하여야 한다.

6. Where the Commission considers the authorisation unjustified, it shall be withdrawn by the market surveillance authority of the Member State concerned.

6. 집행위원회가 허가가 정당화되지 않는다고 판단하는 경우, 해당 회원국의 시장 감시 당국에 의해 허가가 철회되어야 한다.

7. For high-risk AI systems related to products covered by Union harmonisation legislation listed in Section A of Annex I, only the derogations from the conformity assessment established in that Union harmonisation legislation shall apply.

7. 부속서 I의 A절에 나열된 EU 조화 법률이 적용되는 제품과 관련된 고위험 AI 시스템의 경우, 해당 EU 조화 법률에 규정된 적합성 평가의 예외만이 적용된다.

Article 47 EU Declaration of Conformity

1. The provider shall draw up a written machine readable, physical or electronically signed EU declaration of conformity for each high-risk AI system, and keep it at the disposal of the national competent authorities for 10 years after the high-risk AI system has been placed on the market or put into service. The EU declaration of conformity shall identify the high-risk AI system for which it has been drawn up. A copy of the EU declaration of conformity shall be submitted to the relevant national competent authorities upon request.

2. The EU declaration of conformity shall state that the high-risk AI system concerned meets the requirements set out in Section 2. The EU declaration of conformity shall contain the information set out in Annex V, and shall be translated into a language that can be easily understood by the national competent authorities of the Member States in which the high-risk AI system is placed on the market or made available.

3. Where high-risk AI systems are subject to other Union harmonisation legislation which also requires an EU declaration of conformity, a single EU declaration of conformity shall be drawn up in respect of all Union law applicable to the high-risk AI system. The declaration shall contain all the information required to identify the Union harmonisation legislation to which the declaration

제47조 EU 적합성 선언

1. 제공자는 각 고위험 AI 시스템에 대해 기계 판독이 가능하고, 물리적 또는 전자적으로 서명된 서면 EU 적합성 선언을 작성하고, 고위험 AI 시스템이 시장에 출시되거나 서비스에 투입된 후 10년 동안 국가 관할 당국이 이용할 수 있도록 보관하여야 한다. EU 적합성 선언은 이를 위해 작성된 고위험 AI 시스템을 명확히 특정하여야 한다. EU 적합성 선언의 사본은 요청 시 관련 국가 관할 당국에 제출되어야 한다.

2. EU 적합성 선언은 해당 고위험 AI 시스템이 제2절에 명시된 요구사항을 충족한다는 것을 명시하여야 한다. EU 적합성 선언은 부속서 V에 명시된 정보를 포함하여야 하며, 고위험 AI 시스템이 시장에 출시되거나 이용 가능한 회원국의 국가 관할 당국이 쉽게 이해할 수 있는 언어로 번역되어야 한다.

3. 고위험 AI 시스템이 EU 적합성 선언을 요구하는 다른 EU 조화 법률의 적용을 받는 경우, 해당 고위험 AI 시스템에 적용되는 모든 EU 법률에 대해 단일 EU 적합성 선언이 작성되어야 한다. 이 선언은 선언이 관련된 EU 조화 법률을 식별하는 데 필요한 모든 정보를 포함하여야 한다.

relates.

4. By drawing up the EU declaration of conformity, the provider shall assume responsibility for compliance with the requirements set out in Section 2. The provider shall keep the EU declaration of conformity up-to-date as appropriate.

4. EU 적합성 선언을 작성함으로써, 제공자는 제2절에 명시된 요구사항 준수에 대한 책임을 진다. 제공자는 적절하게 EU 적합성 선언을 최신 상태로 유지하여야 한다.

5. The Commission is empowered to adopt delegated acts in accordance with Article 97 in order to amend Annex V by updating the content of the EU declaration of conformity set out in that Annex, in order to introduce elements that become necessary in light of technical progress.

5. 집행위원회는 기술 발전에 따라 필요해지는 요소를 도입할 목적으로, 부속서 V에 규정된 EU 적합성 선언의 내용을 갱신하고 해당 부속서를 개정하기 위하여 제97조에 따라 위임 법률을 채택할 권한이 있다.

Article 48 CE Marking

제48조 CE 마크 표시(제안이유 129)

1. The CE marking shall be subject to the general principles set out in Article 30 of Regulation (EC) No 765/2008.

1. CE 마크 표시는 규정 (EC) No 765/2008의 제30조에 명시된 일반 원칙을 따라야 한다.

2. For high-risk AI systems provided digitally, a digital CE marking shall be used, only if it can easily be accessed via the interface from which that system is accessed or via an easily accessible machine-readable code or other electronic means.

2. 디지털로 제공되는 고위험 AI 시스템의 경우, 디지털 CE 마크 표시는 해당 시스템에 접근하는 인터페이스를 통해 또는 쉽게 접근 가능한 기계 판독 가능 코드나 기타 전자적 수단을 통해 쉽게 접근할 수 있는 경우에만 사용되어야 한다.

3. The CE marking shall be affixed visibly, legibly and indelibly for high-risk AI systems. Where that is not possible or not warranted on account of the nature of the high-risk AI system, it shall be affixed to the packaging or to the accompanying documentation, as appropriate.

3. CE 마크 표시는 고위험 AI 시스템에 눈에 잘 보이게, 읽기 쉽게, 그리고 지워지지 않게 부착되어야 한다. 이것이 불가능하거나 고위험 AI 시스템의 특성상 이를 보장할 수 없는 경우, 적절하게 포장이나 동봉 문서에 부착되어야 한다.

4. Where applicable, the CE marking shall be followed by the identification number

4. 적용 가능한 경우, CE 마크 표시 뒤에는 제43조에 명시된 적합성 평가 절차를 담

of the notified body responsible for the conformity assessment procedures set out in Article 43. The identification number of the notified body shall be affixed by the body itself or, under its instructions, by the provider or by the provider's authorised representative. The identification number shall also be indicated in any promotional material which mentions that the high-risk AI system fulfils the requirements for CE marking.

당하는 인증기관의 식별 번호가 뒤따라야 한다. 인증기관의 식별 번호는 해당 기관 자체에 의해 또는 그 지시에 따라 제공자 또는 제공자의 공인 대리인에 의해 부착되어야 한다. 식별 번호는 또한 고위험 AI 시스템이 CE 마크 표시 요구사항을 충족한다고 언급하는 모든 홍보 자료에도 표시되어야 한다.

5. Where high-risk AI systems are subject to other Union law which also provides for the affixing of the CE marking, the CE marking shall indicate that the high-risk AI system also fulfil the requirements of that other law.

5. 고위험 AI 시스템이 CE 마크 표시 부착을 규정하는 다른 EU 법률의 적용을 받는 경우, CE 마크 표시는 해당 고위험 AI 시스템이 해당 다른 법률의 요구사항도 충족함을 나타내야 한다.

Article 49 Registration

제49조 등록(제안이유 131)

1. Before placing on the market or putting into service a high-risk AI system listed in Annex III, with the exception of high-risk AI systems referred to in point 2 of Annex III, the provider or, where applicable, the authorised representative shall register themselves and their system in the EU database referred to in Article 71.

1. 부속서 III의 2호에 언급된 고위험 AI 시스템을 제외하고, 부속서 III에 나열된 고위험 AI 시스템을 시장에 출시하거나 서비스에 투입하기 전에, 제공자 또는 해당되는 경우 공인 대리인은 자신과 시스템을 제71조에 언급된 EU 데이터베이스에 등록하여야 한다.

2. Before placing on the market or putting into service an AI system for which the provider has concluded that it is not high-risk according to Article 6(3), that provider or, where applicable, the authorised representative shall register themselves and that system in the EU database referred to in Article 71.

2. 제6조 제3항에 따라 고위험이 아니라고 결론 내린 AI 시스템을 시장에 출시하거나 서비스에 투입하기 전에, 해당 제공자 또는 해당되는 경우 공인 대리인은 자신과 해당 시스템을 제71조에 언급된 EU 데이터베이스에 등록하여야 한다.

3. Before putting into service or using a high-risk AI system listed in Annex III,

3. 부속서 III의 제2호에 열거된 고위험 AI 시스템을 제외하고, 부속서 III에 열거된

with the exception of high-risk AI systems listed in point 2 of Annex III, deployers that are public authorities, Union institutions, bodies, offices or agencies or persons acting on their behalf shall register themselves, select the system and register its use in the EU database referred to in Article 71.

고위험 AI 시스템을 서비스에 투입하거나 사용하기 전에, 공공 기관, 유럽연합 기관, 기구, 사무국 또는 기관이거나 이들을 대신하여 행동하는 사람인 배치 책임자는 자신을 등록하고, 해당 시스템을 선택하며, 그 사용을 제71조에 언급된 EU 데이터베이스에 등록하여야 한다.

4. For high-risk AI systems referred to in points 1, 6 and 7 of Annex III, in the areas of law enforcement, migration, asylum and border control management, the registration referred to in paragraphs 1, 2 and 3 of this Article shall be in a secure non-public section of the EU database referred to in Article 71 and shall include only the following information, as applicable, referred to in:

4. 법 집행, 이민, 망명 및 국경 관리 분야의 부속서 III의 제1호, 제6호, 제7호에 언급된 고위험 AI 시스템의 경우, 본 조의 제1, 2, 3항에 언급된 등록은 제71조에 언급된 EU 데이터베이스의 보안이 유지되는 비공개 섹션에서 이루어져야 하며, 해당되는 경우 다음 정보만을 포함하여야 한다:

(a) section A, points 1 to 10, of Annex VIII, with the exception of points 6, 8 and 9;

(a) 부속서 VIII의 A절의 제1호부터 제10호까지(6, 8, 9호 제외);

(b) Section B, points 1 to 5, and points 8 and 9 of Annex VIII;

(b) 부속서 VIII의 B절의 제1호부터 제5호까지, 그리고 8, 9호;

(c) section C, points 1 to 3, of Annex VIII;

(c) 부속서 VIII의 C절의 제1호부터 제3호까지;

(d) points 1, 2, 3 and 5, of Annex IX. Only the Commission and national authorities referred to in Article 74(8) shall have access to the respective restricted sections of the EU database listed in the first subparagraph of this paragraph.

(d) 부속서 IX의 제1, 제2, 제3, 제5호. 오직 집행위원회와 제74조 제8항에 언급된 국가 당국만이 본 항의 첫 번째 부속항에 나열된 EU 데이터베이스의 각 제한된 섹션에 접근할 수 있다.

5. High-risk AI systems referred to in point 2 of Annex III shall be registered at national level.

5. 부속서 III의 제2호에 언급된 고위험 AI 시스템은 국가 차원에서 등록되어야 한다.

Chapter Ⅳ

Transparency Obligations for Providers and Deployers of Certain AI Systems and GPAI Models

제4장

특정 AI 시스템 및 범용 AI 모델의 제공자와 배치 책임자에 대한 투명성 의무

Article 50 Transparency Obligations for Providers and Users of Certain AI Systems and GPAI Models

제50조 특정 AI 시스템 및 범용 AI 모델의 제공자와 배치 책임자에 대한 투명성 의무(제안이유 132, 133, 134, 135, 136, 137)

1. Providers shall ensure that AI systems intended to interact directly with natural persons are designed and developed in such a way that the natural persons concerned are informed that they are interacting with an AI system, unless this is obvious from the point of view of a natural person who is reasonably well-informed, observant and circumspect, taking into account the circumstances and the context of use. This obligation shall not apply to AI systems authorised by law to detect, prevent, investigate or prosecute criminal offences, subject to appropriate safeguards for the rights and freedoms of third parties, unless those systems are available for the public to report a criminal offence.

1. 제공자는 자연인과 직접 상호작용하도록 의도된 AI 시스템이 해당 자연인에게 AI 시스템과 상호작용하고 있음을 알리는 방식으로 설계 및 개발되도록 보장하여야 한다. 다만, 이는 합리적으로 충분한 정보를 갖추고, 관찰력이 있으며, 신중한 자연인의 관점에서 사용 상황과 맥락을 고려할 때 명백한 경우는 제외한다. 이 의무는 제3자의 권리와 자유에 대한 적절한 보호 조치를 전제로, 범죄를 탐지, 예방, 수사 또는 기소하기 위해 법률로 승인된 AI 시스템에는 적용되지 아니한다. 단, 해당 시스템이 범죄 신고를 위해 대중에게 제공되는 경우는 예외로 한다.

2. Providers of AI systems, including general-purpose AI systems, generating synthetic audio, image, video or text content, shall ensure that the outputs of the AI system are marked in a machine-readable format and detectable as artificially generated or manipulated. Providers shall ensure their technical solutions are effective, interoperable, robust and reliable as far as this is technically feasible, taking into account the specificities and limitations of various types of content, the costs of

2. 범용 AI 시스템을 포함한 AI 시스템의 제공자는 합성 오디오, 이미지, 비디오 또는 텍스트 콘텐츠를 생성할 경우, AI 시스템의 산출물이 기계 판독 가능한 형식으로 표시되고 인공적으로 생성 또는 조작된 것으로 탐지 가능하도록 보장하여야 한다. 제공자는 다양한 유형의 콘텐츠의 특성과 한계, 구현 비용, 그리고 관련 기술 표준에 반영될 수 있는 일반적으로 인정된 최신 기술 수준을 고려하여, 기술적으로 가능한 한 그들의 기술적 솔루션이 효과적이고, 상호 운용 가능하며, 견고하고 신뢰할 수 있도록 보

implementation and the generally acknowledged state of the art, as may be reflected in relevant technical standards. This obligation shall not apply to the extent the AI systems perform an assistive function for standard editing or do not substantially alter the input data provided by the deployer or the semantics thereof, or where authorised by law to detect, prevent, investigate or prosecute criminal offences.

장하여야 한다. 이 의무는 AI 시스템이 표준 편집을 위한 보조 기능을 수행하거나 배치 책임자가 제공한 입력 데이터 또는 그 의미를 실질적으로 변경하지 않는 경우, 또는 범죄를 탐지, 예방, 조사 또는 기소하기 위해 법률로 승인된 경우에는 적용되지 않는다.

3. Deployers of an emotion recognition system or a biometric categorisation system shall inform the natural persons exposed thereto of the operation of the system, and shall process the personal data in accordance with Regulations (EU) 2016/679 and (EU) 2018/1725 and Directive (EU) 2016/680, as applicable. This obligation shall not apply to AI systems used for biometric categorisation and emotion recognition, which are permitted by law to detect, prevent or investigate criminal offences, subject to appropriate safeguards for the rights and freedoms of third parties, and in accordance with Union law.

3. 감정 인식 시스템 또는 생체 인식 분류 시스템의 배치 책임자는 해당 시스템에 노출된 자연인에게 시스템의 작동을 알리고, 해당되는 경우 규정 (EU) 2016/679 및 (EU) 2018/1725와 지침 (EU) 2016/680에 따라 개인정보를 처리하여야 한다. 이 의무는 제3자의 권리와 자유에 대한 적절한 보호 조치를 전제로, 그리고 EU 법에 따라 범죄를 탐지, 예방 또는 조사하기 위해 법률로 허용된 생체 인식 분류 및 감정 인식에 사용되는 AI 시스템에는 적용되지 않는다.

4. Deployers of an AI system that generates or manipulates image, audio or video content constituting a deep fake, shall disclose that the content has been artificially generated or manipulated. This obligation shall not apply where the use is authorised by law to detect, prevent, investigate or prosecute criminal offence. Where the content forms part of an evidently artistic, creative, satirical, fictional or analogous work or programme, the transparency obligations

4. 딥페이크를 구성하는 이미지, 오디오 또는 비디오 콘텐츠를 생성하거나 조작하는 AI 시스템의 배치 책임자는 해당 콘텐츠가 인공적으로 생성 또는 조작되었음을 공개하여야 한다. 이 의무는 범죄를 탐지, 예방, 조사 또는 기소하기 위해 법률로 승인된 사용에는 적용되지 않는다. 콘텐츠가 명백히 예술적, 창의적, 풍자적, 허구적 또는 이와 유사한 작품이나 프로그램의 일부를 구성하는 경우, 본 항의 투명성 의무는 해당 작품의 표현이나 향유를 방해하지 않는 적절한 방

set out in this paragraph are limited to disclosure of the existence of such generated or manipulated content in an appropriate manner that does not hamper the display or enjoyment of the work. Deployers of an AI system that generates or manipulates text which is published with the purpose of informing the public on matters of public interest shall disclose that the text has been artificially generated or manipulated. This obligation shall not apply where the use is authorised by law to detect, prevent, investigate or prosecute criminal offences or where the AI-generated content has undergone a process of human review or editorial control and where a natural or legal person holds editorial responsibility for the publication of the content.

식으로 그러한 생성 또는 조작된 콘텐츠의 존재를 공개하는 것으로 제한된다. 공익 사안에 대해 대중에게 알리기 위해 게시되는 텍스트를 생성하거나 조작하는 AI 시스템의 배치 책임자는 해당 텍스트가 인공적으로 생성 또는 조작되었음을 공개하여야 한다. 다만, 이 의무는 범죄를 탐지, 예방, 조사 또는 기소하기 위해 법률로 승인된 사용이나 AI 생성 콘텐츠가 인간의 검토 또는 편집 통제 과정을 거쳤고, 자연인 또는 법인이 해당 콘텐츠 게시에 대한 편집 책임을 지는 경우에는 적용되지 아니 한다.

5. The information referred to in paragraphs 1 to 4 shall be provided to the natural persons concerned in a clear and distinguishable manner at the latest at the time of the first interaction or exposure. The information shall conform to the applicable accessibility requirements.

5. 제1항부터 제4항까지 언급된 정보는 늦어도 첫 상호 작용 또는 노출 시점에 명확하고 구별 가능한 방식으로 해당 자연인에게 제공되어야 한다. 정보는 적용 가능한 접근성 요구사항을 준수하여야 한다.

6. Paragraphs 1 to 4 shall not affect the requirements and obligations set out in Chapter III, and shall be without prejudice to other transparency obligations laid down in Union or national law for deployers of AI systems.

6. 제1항부터 제4항은 제III장에 명시된 요구사항과 의무에 영향을 미치지 않으며, EU 또는 국내법에 규정된 AI 시스템 배치 책임자에 대한 다른 투명성 의무를 침해하지 않는다.

7. The AI Office shall encourage and facilitate the drawing up of codes of practice at Union level to facilitate the effective implementation of the

7. AI 사무국은 인공적으로 생성 또는 조작된 콘텐츠의 탐지 및 라벨링에 관한 의무의 효과적인 이행을 촉진하기 위해 EU 차원의 실천 강령 작성을 장려하고

obligations regarding the detection and labelling of artificially generated or manipulated content. The Commission may adopt implementing acts to approve those codes of practice in accordance with the procedure laid down in Article 56 (6). If it deems the code is not adequate, the Commission may adopt an implementing act specifying common rules for the implementation of those obligations in accordance with the examination procedure laid down in Article 98(2).

촉진하여야 한다. 집행위원회는 제56조 제6항에 규정된 절차에 따라 이러한 실천 강령을 승인하기 위한 이행 법률을 채택할 수 있다. 집행위원회가 해당 실천 강령이 부적절하다고 판단하는 경우, 제98조 제2항에 규정된 심사 절차에 따라 이러한 의무의 이행을 위한 공통 규칙을 명시하는 이행 법률을 채택할 수 있다.

Chapter V
General Purpose AI Models

제5장
범용 AI 모델

Section 1: Classification Rules

제1절 분류 규칙

Article 51 Classification of General-Purpose AI Models as General Purpose AI Models with Systemic Risk

1. A general-purpose AI model shall be classified as a general-purpose AI model with systemic risk if it meets any of the following conditions:

(a) it has high impact capabilities evaluated on the basis of appropriate technical tools and methodologies, including indicators and benchmarks;

(b) based on a decision of the Commission, ex officio or following a qualified alert from the scientific panel, it has capabilities or an impact equivalent to those set out in point (a) having regard to the criteria set out in Annex XIII.

제51조 범용 AI 모델의 시스템 리스크에 따른 범용 AI 모델의 분류(제안이유 110, 111)

1. 범용 AI 모델은 다음 조건 중 하나를 충족하는 경우 시스템 리스크가 있는 범용 AI 모델로 분류된다:

(a) 적절한 기술적 도구와 방법론, 지표 및 벤치마크를 기반으로 평가된 중대한 영향을 미칠 수 있는 능력을 갖추고 있는 경우;

(b) 집행위원회의 결정에 따라, 직무에 의한 경우 또는 과학 패널의 적격 경고에 따른 경우, 부속서 XIII에 명시된 기준을 고려할 때 (a)호에서 설명된 능력 또는 그에 상응하는 영향력을 가지고 있는 경우.

2. A general-purpose AI model shall be presumed to have high impact capabilities pursuant to paragraph 1, point (a), when the cumulative amount of computation used for its training measured in floating point operations is greater than 10(^25).

2. 범용 AI 모델은 그 학습에 사용된 누적 연산량이 부동 소수점 연산으로 10의 25승보다 클 경우, 제1항 (a)호에 따라 중대한 영향을 미칠 수 있는 기능을 갖춘 것으로 간주된다.

3. The Commission shall adopt delegated acts in accordance with Article 97 to amend the thresholds listed in paragraphs 1 and 2 of this Article, as well as to supplement benchmarks and indicators in light of evolving technological developments, such as algorithmic improvements or increased hardware efficiency, when necessary, for these thresholds to reflect the state of the art.

3. 집행위원회는 알고리즘 개선 또는 하드웨어 효율성 증가와 같은 기술 발전 상황을 고려하여, 본 조 제1항 및 제2항에 명시된 임계값을 최신 기술 수준에 맞게 조정하고, 벤치마크 및 지표를 보완하기 위해 제97조에 따라 위임 법령을 채택하여야 한다.

Article 52 **Procedure**

제52조 절차(제안이유 112, 113)

1. Where a general-purpose AI model meets the condition referred to in Article 51(1), point (a), the relevant provider shall notify the Commission without delay and in any event within two weeks after that requirement is met or it becomes known that it will be met. That notification shall include the information necessary to demonstrate that the relevant requirement has been met. If the Commission becomes aware of a general-purpose AI model presenting systemic risks of which it has not been notified, it may decide to designate it as a model with systemic risk.

1. 범용 AI 모델이 제51조 제1항 (a)호에 언급된 조건을 충족하는 경우, 관련 제공자는 해당 요구사항이 충족되거나 충족될 것으로 알려진 후 지체 없이, 어떤 경우든 2주 이내에 집행위원회에 통보하여야 한다. 이 통보에는 관련 요구사항이 충족되었음을 입증하는 데 필요한 정보가 포함되어야 한다. 집행위원회는 통보받지 않은 시스템 리스크를 나타내는 범용 AI 모델을 알게 된 경우, 이를 시스템 리스크가 있는 모델로 지정할 수 있다.

2. The provider of a general-purpose AI model that meets the condition referred to in Article 51(1), point (a), may present, with its notification, sufficiently substantiated arguments to demonstrate

2. 제51조 제1항 (a)호에 언급된 조건을 충족하는 범용 AI 모델의 제공자는 통보와 함께, 예외적으로 해당 요구사항을 충족함에도 불구하고 특정 특성으로 인해 범용 AI 모델이 시스템 리스크를 나타내지

that, exceptionally, although it meets that requirement, the general-purpose AI model does not present, due to its specific characteristics, systemic risks and therefore should not be classified as a general-purpose AI model with systemic risk.

않으므로 시스템 리스크가 있는 범용 AI 모델로 분류되어서는 안 된다는 점을 입증할 수 있는 충분히 근거 있는 논거를 제시할 수 있다.

3. Where the Commission concludes that the arguments submitted pursuant to paragraph 2 are not sufficiently substantiated and the relevant provider was not able to demonstrate that the general-purpose AI model does not present, due to its specific characteristics, systemic risks, it shall reject those arguments, and the general-purpose AI model shall be considered to be a general-purpose AI model with systemic risk.

3. 집행위원회가 제2항에 따라 제출된 논거가 충분히 근거가 되지 않고, 해당 제공자가 범용 AI 모델이 특정 특성으로 인해 시스템 리스크를 나타내지 않는다는 것을 입증하지 못했다고 결론 내리는 경우, 집행위원회는 해당 논거를 거부하여야 하며, 해당 범용 AI 모델은 시스템 리스크가 있는 범용 AI 모델로 간주되어야 한다.

4. The Commission may designate a general-purpose AI model as presenting systemic risks, ex officio or following a qualified alert from the scientific panel pursuant to Article 90(1), point (a), on the basis of criteria set out in Annex XIII. The Commission is empowered to adopt delegated acts in accordance with Article 97 in order to amend Annex XIII by specifying and updating the criteria set out in that Annex.

4. 집행위원회는 직권으로 또는 제90조 제1항 (a)호에 따른 과학 패널의 자격 있는 경고에 따라 부속서 XIII에 명시된 기준에 기초하여 범용 AI 모델을 시스템 리스크가 있는 것으로 지정할 수 있다. 집행위원회는 부속서 XIII에 명시된 기준을 구체화하고 갱신하기 위해 제97조에 따라 위임 법령을 채택할 권한이 있다.

5. Upon a reasoned request of a provider whose model has been designated as a general-purpose AI model with systemic risk pursuant to paragraph 4, the Commission shall take the request into account and may decide to reassess whether the general-purpose AI model

5. 제4항에 따라 시스템 리스크가 있는 범용 AI 모델로 지정된 모델의 제공자가 타당한 요청을 해올 경우, 집행위원회는 해당 요청을 고려하고 부속서 XIII에 명시된 기준에 기초하여 해당 범용 AI 모델이 여전히 시스템 리스크를 나타내는 것으로 간주되는지 재평가할 수 있다.

can still be considered to present systemic risks on the basis of the criteria set out in Annex XIII. Such a request shall contain objective, detailed and new reasons that have arisen since the designation decision. Providers may request reassessment at the earliest six months after the designation decision. Where the Commission, following its reassessment, decides to maintain the designation as a general-purpose AI model with systemic risk, providers may request reassessment at the earliest six months after that decision.

이러한 요청은 지정 결정 이후 발생한 객관적이고 상세한 새로운 이유가 포함되어야 한다. 제공자는 지정 결정 후 최소 6개월이 지난 후에 재평가를 요청할 수 있다. 집행위원회가 재평가를 한 후에도 시스템 리스크가 있는 범용 AI 모델로의 지정을 유지하기로 결정한 경우, 제공자는 해당 결정 후 최소 6개월이 지난 후에 재평가를 요청할 수 있다.

6. The Commission shall ensure that a list of general-purpose AI models with systemic risk is published and shall keep that list up to date, without prejudice to the need to observe and protect intellectual property rights and confidential business information or trade secrets in accordance with Union and national law.

6. 집행위원회는 시스템 리스크가 있는 범용 AI 모델 목록이 공개되도록 보장하고, 해당 목록을 최신 상태로 유지하여야 한다. 이는 유럽연합법 및 국내법에 따라 지적재산권과 사업 기밀 정보 또는 영업 비밀을 관찰하고 보호해야 할 필요성을 침해하지 않아야 한다.

Section 2: Obligations for Providers of General Purpose AI Models

제2절 범용 AI 모델 제공자의 의무

Article 53 Obligations for Providers of General Purpose AI Models

제53조 범용 AI 모델 제공자의 의무

(제안이유 101, 102, 103, 104, 105, 106, 107, 108, 109)

1. Providers of general-purpose AI models shall:

1. 범용 AI 모델의 제공자는 다음 사항을 준수하여야 한다:

(a) draw up and keep up-to-date the technical documentation of the model, including its training and testing process and the results of its evaluation, which shall contain, at a minimum, the information set out in Annex XI for the purpose of providing it, upon

(a) 모델의 기술 문서를 작성하고 최신 상태로 유지하여야 한다. 이는 학습 및 테스트 과정과 평가 결과를 포함하며, 요청 시 AI 사무국과 국가 관할 당국에 제공할 목적으로 최소한 부속서 XI에 명시된 정보를 포함하여야 한다;

request, to the AI Office and the national competent authorities;

(b) draw up, keep up-to-date and make available information and documentation to providers of AI systems who intend to integrate the general-purpose AI model into their AI systems. Without prejudice to the need to observe and protect intellectual property rights and confidential business information or trade secrets in accordance with Union and national law, the information and documentation shall:

(i) enable providers of AI systems to have a good understanding of the capabilities and limitations of the general-purpose AI model and to comply with their obligations pursuant to this Regulation; and

(ii) contain, at a minimum, the elements set out in Annex XII;

(c) put in place a policy to comply with Union law on copyright and related rights, and in particular to identify and comply with, including through state-of-the-art technologies, a reservation of rights expressed pursuant to Article 4(3) of Directive (EU) 2019/790;

(d) draw up and make publicly available a sufficiently detailed summary about the content used for training of the general-purpose AI model, according to a template provided by the AI Office.

2. The obligations set out in paragraph 1, points (a) and (b), shall not apply to providers of AI models that are

(b) 범용 AI 모델을 자신의 AI 시스템에 통합하려는 AI 시스템 제공자에게 정보와 문서를 작성, 최신 상태로 유지하고 제공하여야 한다. EU 및 국내법에 따라 지적 재산권과 기밀 비즈니스 정보 또는 영업 비밀을 관찰하고 보호해야 할 필요성을 침해하지 않는 범위에서, 정보와 문서는 다음을 충족하여야 한다:

(i) AI 시스템 제공자가 범용 AI 모델의 능력과 한계를 잘 이해하고 본 규정에 따른 의무를 준수할 수 있도록 하여야 한다.

(ii) 최소한 부속서 XII에 명시된 요소를 포함하여야 한다.

(c) 저작권 및 관련 권리에 관한 EU 법을 준수하기 위한 정책을 수립하여야 한다. 특히 지침 (EU) 2019/790의 제4조 제3항에 따라 표현된 권리 유보를 최신 기술을 포함하여 식별하고 준수하여야 한다.

(d) AI 사무국이 제공한 템플릿에 따라 범용 AI 모델의 학습에 사용된 콘텐츠에 대한 충분히 상세한 요약을 작성하고, 공개적으로 이용 가능하게 하여야 한다.

2. 제1항 (a)호와 (b)호에 명시된 의무는, AI 모델에 대한 접근, 사용, 수정 및 배포를 허용하는 무료 오픈 소스 라이선스

released under a free and open-source licence that allows for the access, usage, modification, and distribution of the model, and whose parameters, including the weights, the information on the model architecture, and the information on model usage, are made publicly available. This exception shall not apply to general-purpose AI models with systemic risks.

로 출시되고, 가중치를 포함한 매개변수, 모델 아키텍처에 대한 정보, 모델 사용에 대한 정보가 공개적으로 이용 가능한 AI 모델의 제공자에게는 적용되지 아니한다. 다만, 이 예외는 시스템 리스크가 있는 범용 AI 모델에는 적용되지 아니한다.

3. Providers of general-purpose AI models shall cooperate as necessary with the Commission and the national competent authorities in the exercise of their competences and powers pursuant to this Regulation.

3. 범용 AI 모델의 제공자는 본 규정에 따라 집행위원회와 국가 관할 당국이 그 권한과 권력을 행사함에 있어 필요한 수준에 맞춰 협력하여야 한다.

4. Providers of general-purpose AI models may rely on codes of practice within the meaning of Article 56 to demonstrate compliance with the obligations set out in paragraph 1 of this Article, until a harmonised standard is published. Compliance with European harmonised standards grants providers the presumption of conformity to the extent that those standards cover those obligations. Providers of general-purpose AI models who do not adhere to an approved code of practice or do not comply with a European harmonised standard shall demonstrate alternative adequate means of compliance for assessment by the Commission.

4. 범용 AI 모델의 제공자는 조화 표준이 발표될 때까지 본 조 제1항에 명시된 의무를 준수한다는 것을 입증하기 위해 제56조의 의미 내에서 실천 강령에 의존할 수 있다. 유럽 조화 표준 준수는 해당 표준이 이러한 의무를 다루는 범위 내에서 제공자에게 적합성 추정을 부여한다. 승인된 실천 강령을 준수하지 않거나 유럽 조화 표준을 준수하지 않는 범용 AI 모델의 제공자는 집행위원회의 평가를 위해 대안이 될 수 있는 가능한 적절한 준수 수단을 입증하여야 한다.

5. For the purpose of facilitating compliance with Annex XI, in particular points 2 (d) and (e) thereof, the Commission is empowered to adopt delegated acts in accordance with

5. 특히 부속서 XI의 제2항 (d)호와 (e)호의 준수를 용이하게 하기 위해 집행위원회는, 비교 가능하고 검증 가능한 문서화 작업을 가능하게 하기 위한 측정 및 연산 방법론을 상세히 설명하기 위해 제

Article 97 to detail measurement and calculation methodologies with a view to allowing for comparable and verifiable documentation.

97조에 따라 위임 법령을 채택할 권한을 가진다.

6. The Commission is empowered to adopt delegated acts in accordance with Article 97(2) to amend Annexes XI and XII in light of evolving technological developments.

6. 집행위원회는 기술 발전에 따라 부속서 XI와 XII를 수정하기 위해 제97조 제2항에 따라 위임 법령을 채택할 권한을 가진다.

7. Any information or documentation obtained pursuant to this Article, including trade secrets, shall be treated in accordance with the confidentiality obligations set out in Article 78.

7. 본 조에 따라 획득한 영업 비밀을 포함한 모든 정보 또는 문서는 제78조에 명시된 기밀 유지 의무에 따라 처리되어야 한다.

Article 54 Authorised Representative of Providers of General-Purpose AI Models

제54조 범용 AI 모델 제공자의 공인 대리인

1. Prior to placing a general-purpose AI model on the Union market, providers established in third countries shall, by written mandate, appoint an authorised representative which is established in the Union.

1. 제3국에 설립된 제공자는 범용 AI 모델을 EU 시장에 출시하기 전에 서면 위임장을 통해 EU 내에 설립된 공인 대리인을 지정하여야 한다.

2. The provider shall enable its authorised representative to perform the tasks specified in the mandate received from the provider.

2. 제공자는 공인 대리인이 제공자로부터 받은 위임장에 명시된 업무를 수행할 수 있도록 하여야 한다.

3. The authorised representative shall perform the tasks specified in the mandate received from the provider. It shall provide a copy of the mandate to the AI Office upon request, in one of the official languages of the institutions of the Union. For the purposes of this Regulation, the mandate shall empower the authorised representative to carry

3. 공인 대리인은 제공자로부터 받은 위임장에 명시된 업무를 수행하여야 한다. 공인 대리인은 요청 시 EU 기관의 공식 언어 중 하나로 위임장 사본을 AI 사무국에 제공하여야 한다. 본 규정의 목적상 위임장은 공인 대리인에게 다음 업무를 수행할 권한을 부여하여야 한다:

out the following tasks:

(a) verify that the technical documentation specified in Annex XI has been drawn up and all obligations referred to in Article 53 and, where applicable, Article 55 have been fulfilled by the provider;

(a) 부속서 XI에 명시된 기술 문서가 작성되었고 제53조 및 해당하는 경우 제55조에 언급된 모든 의무가 제공자에 의해 이행되었는지 확인한다;

(b) keep a copy of the technical documentation specified in Annex XI at the disposal of the AI Office and national competent authorities, for a period of 10 years after the general-purpose AI model has been placed on the market, and the contact details of the provider that appointed the authorised representative;

(b) 범용 AI 모델이 시장에 출시된 후 10년 동안 부속서 XI에 명시된 기술 문서 사본을 AI 사무국과 국가 관할 당국이 이용할 수 있도록 보관하고, 공인 대리인을 지정한 제공자의 연락처 정보를 보관한다;

(c) provide the AI Office, upon a reasoned request, with all the information and documentation, including that referred to in point (b), necessary to demonstrate compliance with the obligations in this Chapter;

(c) 합리적인 요청이 있을 경우, AI 사무국에 (b)호에 언급된 정보를 포함하여 본 장의 의무 준수를 입증하는 데 필요한 모든 정보와 문서를 제공한다;

(d) cooperate with the AI Office and competent authorities, upon a reasoned request, in any action they take in relation to the general-purpose AI model, including when the model is integrated into AI systems placed on the market or put into service in the Union.

(d) 합리적인 요청이 있을 경우, AI 사무국 및 관할 당국과 협력하여 범용 AI 모델과 관련하여 취하는 모든 조치에 협조한다. 이는 해당 모델이 EU 시장에 출시되거나 서비스에 투입된 AI 시스템에 통합된 경우를 포함한다.

4. The mandate shall empower the authorised representative to be addressed, in addition to or instead of the provider, by the AI Office or the competent authorities, on all issues related to ensuring compliance with this Regulation.

4. 위임장은 공인 대리인에게 본 규정의 준수를 보장하는 모든 사안에 대해 제공자를 대신하여 또는 제공자에 추가로 더해 AI 사무국이나 관할 당국의 대상이 될 수 있는 권한을 부여하여야 한다.

5. The authorised representative shall

5. 공인 대리인은 제공자가 본 규정에 따른

terminate the mandate if it considers or has reason to consider the provider to be acting contrary to its obligations pursuant to this Regulation. In such a case, it shall also immediately inform the AI Office about the termination of the mandate and the reasons therefor.

의무를 위반하여 행동한다고 판단하거나 그렇게 믿을 만한 이유가 있는 경우 위임을 종료하여야 한다. 이 경우 공인 대리인은 위임종료 사실 및 그 사유를 즉시 AI 사무국에 통보하여야 한다.

6. The obligation set out in this Article shall not apply to providers of general-purpose AI models that are released under a free and open-source licence that allows for the access, usage, modification, and distribution of the model, and whose parameters, including the weights, the information on the model architecture, and the information on model usage, are made publicly available, unless the general-purpose AI models present systemic risks.

6. 본 조에 명시된 의무는, 모델에 대한 접근, 사용, 수정 및 배포를 허용하는 무료 오픈소스 라이선스로 출시되고, 가중치를 포함한 매개변수, 모델 아키텍처에 대한 정보, 모델 사용에 대한 정보가 공개적으로 이용 가능한 범용 AI 모델의 제공자에게는 적용되지 아니한다. 다만, 해당 범용 AI 모델이 시스템 리스크를 나타내는 경우는 예외로 한다.

Section 3: Obligations for Providers of General Purpose AI Models with Systemic Risk

제3절 시스템 리스크가 있는 범용 AI 모델 제공자의 의무

Article 55 Obligations for Providers of General-Purpose AI Models with Systemic Risk

제55조 시스템 리스크가 있는 범용 AI 모델 제공자의 의무(제안이유 114, 115)

1. In addition to the obligations listed in Articles 53 and 54, providers of general-purpose AI models with systemic risk shall:

1. 제53조 및 제54조에 나열된 의무 외에도, 시스템 리스크가 있는 범용 AI 모델의 제공자는 다음을 수행하여야 한다:

(a) perform model evaluation in accordance with standardised protocols and tools reflecting the state of the art, including conducting and documenting adversarial testing of the model with a view to identifying and mitigating systemic risks;

(a) 최신 기술을 반영한 표준화된 프로토콜 및 도구를 사용하여 모델 평가를 수행한다. 이는 시스템 리스크를 식별하고 완화하기 위해 모델에 대한 적대적 공격 테스트를 실시하고 문서화하는 것을 포함한다;

(b) assess and mitigate possible systemic

(b) 시스템 리스크가 있는 범용 AI 모델의

risks at Union level, including their sources, that may stem from the development, the placing on the market, or the use of general-purpose AI models with systemic risk;

개발, 시장 출시 또는 사용으로 인해 발생할 수 있는 EU 차원의 잠재적 시스템 리스크와 그 출처를 평가하고 완화한다;

(c) keep track of, document, and report, without undue delay, to the AI Office and, as appropriate, to national competent authorities, relevant information about serious incidents and possible corrective measures to address them;

(c) 심각한 사고와 이를 해결하기 위한 가능한 시정 조치에 대한 관련 정보를 추적, 문서화하고 지체 없이 AI 사무국 및 적절한 경우 국가 관할 당국에 보고한다;

(d) ensure an adequate level of cybersecurity protection for the general-purpose AI model with systemic risk and the physical infrastructure of the model.

(d) 시스템 리스크가 있는 범용 AI 모델 및 모델의 물리적 인프라에 대해 적절한 수준의 사이버 보안 보호를 보장한다.

2. Providers of general-purpose AI models with systemic risk may rely on codes of practice within the meaning of Article 56 to demonstrate compliance with the obligations set out in paragraph 1 of this Article, until a harmonised standard is published. Compliance with European harmonised standards grants providers the presumption of conformity to the extent that those standards cover those obligations. Providers of general-purpose AI models with systemic risks who do not adhere to an approved code of practice or do not comply with a European harmonised standard shall demonstrate alternative adequate means of compliance for assessment by the Commission.

2. 시스템 리스크가 있는 범용 AI 모델의 제공자는 조화 표준이 발표될 때까지 본 조 제1항에 명시된 의무를 준수한다는 것을 입증하기 위해 제56조의 의미 내에서 실천 강령에 의존할 수 있다. 유럽 조화 표준 준수는 해당 표준이 이러한 의무를 다루는 범위 내에서 제공자에게 적합성 추정을 부여한다. 승인된 실천 강령을 준수하지 않거나 유럽 조화 표준을 준수하지 않는 시스템 리스크가 있는 범용 AI 모델의 제공자는 집행위원회의 평가를 위해 대안이 될 수 있는 적절한 준수 수단을 입증하여야 한다.

3. Any information or documentation obtained pursuant to this Article, including trade secrets, shall be treated in accordance with the confidentiality

3. 본 조에 따라 획득한 영업 비밀을 포함한 모든 정보 또는 문서는 제78조에 명시된 기밀 유지 의무에 따라 처리되어야 한다.

obligations set out in Article 78.

Article 56 Codes of Practice

1. The AI Office shall encourage and facilitate the drawing up of codes of practice at Union level in order to contribute to the proper application of this Regulation, taking into account international approaches.

2. The AI Office and the Board shall aim to ensure that the codes of practice cover at least the obligations provided for in Articles 53 and 55, including the following issues:

(a) the means to ensure that the information referred to in Article 53(1), points (a) and (b), is kept up to date in light of market and technological developments;

(b) the adequate level of detail for the summary about the content used for training;

(c) the identification of the type and nature of the systemic risks at Union level, including their sources, where appropriate;

(d) the measures, procedures and modalities for the assessment and management of the systemic risks at Union level, including the documentation thereof, which shall be proportionate to the risks, take into consideration their severity and probability and take into account the specific challenges of tackling those risks in light of the possible ways in which such risks may emerge and materialise along the AI value chain.

제56조 실천 강령(제안이유 116, 117)

1. AI 사무국은 국제적 접근 방식을 고려하여 본 규정의 적절한 적용에 기여하기 위해 EU 차원의 실천 강령 작성을 장려하고 촉진하여야 한다.

2. AI 사무국과 이사회는 실천 강령이 제53조 및 제55조에 규정된 의무를 최소한 다루도록 보장하여야 하며, 다음 사항을 포함한다:

(a) 시장 및 기술 발전에 따라 제53조 제(1)항 (a)호 및 (b)호에 언급된 정보를 최신 상태로 유지하는 수단;

(b) 학습에 사용된 콘텐츠에 대한 요약의 적절한 상세 수준;

(c) 적절한 경우, 출처를 포함한 EU 차원의 시스템 리스크의 유형과 성격 식별;

(d) EU 차원의 시스템 리스크 평가 및 관리를 위한 조치, 절차 및 방식(이에 대한 문서화 포함). 이는 리스크에 비례하고, 그 심각성과 가능성을 고려하며, AI 가치 사슬을 따라 이러한 리스크가 발생하고 실현될 수 있는 가능한 방식을 고려하여 해당 리스크를 다루는 데 있어 특수한 과제를 고려하여야 한다.

3. The AI Office may invite all providers of general-purpose AI models, as well as relevant national competent authorities, to participate in the drawing-up of codes of practice. Civil society organisations, industry, academia and other relevant stakeholders, such as downstream providers and independent experts, may support the process.

3. AI 사무국은 모든 범용 AI 모델 제공자와 관련 국가 관할 당국을 실천 강령 작성에 참여하도록 초청할 수 있다. 시민사회 단체, 산업계, 학계 및 하위 공급망 제공자와 독립 전문가와 같은 기타 관련 이해관계자가 이 과정을 지원할 수 있다.

4. The AI Office and the Board shall aim to ensure that the codes of practice clearly set out their specific objectives and contain commitments or measures, including key performance indicators as appropriate, to ensure the achievement of those objectives, and that they take due account of the needs and interests of all interested parties, including affected persons, at Union level.

4. AI 사무국과 이사회는 실천 강령이 특정 목표를 명확히 설정하고, 이러한 목표 달성을 보장하기 위한 약속이나 조치(적절한 경우 주요 성과 지표 포함)를 포함하도록 보장하여야 하며, EU 차원에서 영향을 받는 사람들을 포함한 모든 이해관계자의 요구와 이익을 충분히 고려하도록 보장하여야 한다.

5. The AI Office shall aim to ensure that participants to the codes of practice report regularly to the AI Office on the implementation of the commitments and the measures taken and their outcome`s, including as measured against the key performance indicators as appropriate. Key performance indicators and reporting commitments shall reflect differences in size and capacity between various participants.

5. AI 사무국은 실천 강령 참여자들이 약속 이행과 취해진 조치 및 그 결과물들에 대해 정기적으로 AI 사무국에 보고하도록 보장하여야 한다. 이는 적절한 경우 주요 성과 지표에 따라 측정된 결과를 포함한다. 주요 성과 지표와 보고 약속은 다양한 참여자 간의 규모와 능력 차이를 반영하여야 한다.

6. The AI Office and the Board shall regularly monitor and evaluate the achievement of the objectives of the codes of practice by the participants and their contribution to the proper application of this Regulation. The AI Office and the Board shall assess whether the codes of practice cover the

6. AI 사무국과 이사회는 참여자들의 실천 강령 목표 달성과 본 규정의 적절한 적용에 대한 기여를 정기적으로 모니터링하고 평가하여야 한다. AI 사무국과 이사회는 실천 강령이 제53조 및 제55조에 규정된 의무를 다루는지 평가하고, 그 목표 달성을 정기적으로 모니터링하고 평가하여야 한다. 그들은 실천 강령의

obligations provided for in Articles 53 and 55, and shall regularly monitor and evaluate the achievement of their objectives. They shall publish their assessment of the adequacy of the codes of practice. The Commission may, by way of an implementing act, approve a code of practice and give it a general validity within the Union. That implementing act shall be adopted in accordance with the examination procedure referred to in Article 98(2).

적절성에 대한 평가를 공개하여야 한다. 집행위원회는 이행 법률을 통해 실천 강령을 승인하고 EU 내에서 일반적 유효성을 부여할 수 있다. 해당 이행 법률은 제98조 제2항에 언급된 심사 절차에 따라 채택되어야 한다.

7. The AI Office may invite all providers of general-purpose AI models to adhere to the codes of practice. For providers of general-purpose AI models not presenting systemic risks this adherence may be limited to the obligations provided for in Article 53, unless they declare explicitly their interest to join the full code.

7. AI 사무국은 모든 범용 AI 모델 제공자에게 실천 강령을 준수하도록 초청할 수 있다. 시스템 리스크를 나타내지 않는 범용 AI 모델 제공자의 경우, 이들이 전체 강령에 참여하겠다는 명시적 의사를 밝히지 않는 한 이 준수는 제53조에 규정된 의무로 제한될 수 있다.

8. The AI Office shall, as appropriate, also encourage and facilitate the review and adaptation of the codes of practice, in particular in light of emerging standards. The AI Office shall assist in the assessment of available standards.

8. AI 사무국은 또한 적절한 경우 특히 새로운 표준의 관점에서 실천 강령의 검토와 조정을 장려하고 촉진하여야 한다. AI 사무국은 이용 가능한 표준의 평가를 지원하여야 한다.

9. Codes of practice shall be ready at the latest by … [nine months from the date of entry into force of this Regulation]. The AI Office shall take the necessary steps, including inviting providers pursuant to paragraph 7. If, by … [12 months from the date of entry into force], a code of practice cannot be finalised, or if the AI Office deems it is not adequate following its assessment under paragraph 6 of this

9. 실천 강령은 늦어도 [본 규정의 발효일로부터 9개월] 이내에 준비되어야 한다. AI 사무국은 제7항에 따라 제공자를 초청하는 것을 포함하여 필요한 조치를 취하여야 한다. [본 규정의 발효일로부터 12개월] 이내에 실천 강령을 완성할 수 없거나, AI 사무국이 본 조 제6항에 따른 평가 후 적절하지 않다고 판단하는 경우, 집행위원회는 이행 법률을 통해 제53조 및 제55조에 규정된 의무의 이행을 위한 공통 규칙을 제공할 수 있으며,

Article, the Commission may provide, by means of implementing acts, common rules for the implementation of the obligations provided for in Articles 53 and 55, including the issues set out in paragraph 2 of this Article. Those implementing acts shall be adopted in accordance with the examination procedure referred to in Article 98(2).

이는 본 조 제2항에 명시된 사항을 포함한다. 해당 이행 법률은 제98조 제2항에 언급된 심사 절차에 따라 채택되어야 한다.

Chapter Ⅵ
Measures in Support of Innovation

제6장
혁신 지원을 위한 조치

Article 57 AI Regulatory Sandboxes

1. Member States shall ensure that their competent authorities establish at least one AI regulatory sandbox at national level, which shall be operational by … [24 months from the date of entry into force of this Regulation]. That sandbox may also be established jointly with the competent authorities of other Member States. The Commission may provide technical support, advice and tools for the establishment and operation of AI regulatory sandboxes. The obligation under the first subparagraph may also be fulfilled by participating in an existing sandbox in so far as that participation provides an equivalent level of national coverage for the participating Member States.

2. Additional AI regulatory sandboxes at regional or local level, or established jointly with the competent authorities of other Member States may also be established.

제57조 AI 규제 샌드박스(제안이유 138, 139, 142, 144, 145)

1. 회원국은 자국의 관할 당국이 국가 수준에서 최소 하나의 AI 규제 샌드박스를 설립하도록 보장하여야 하며, 이는 [본 규정의 발효일로부터 24개월] 이내에 운영되어야 한다. 해당 샌드박스는 다른 회원국의 관할 당국과 공동으로 설립될 수도 있다. 집행위원회는 AI 규제 샌드박스의 설립 및 운영을 위한 기술 지원, 조언 및 도구를 제공할 수 있다. 첫 번째 하위 조항의 의무는 참여 회원국에 대해 동등한 수준의 국가 보장을 제공하는 한, 기존 샌드박스에 참여함으로써 충족될 수 있다.

2. 지역 또는 지방 수준의 추가 AI 규제 샌드박스, 또는 다른 회원국의 관할 당국과 공동으로 설립된 샌드박스도 설립될 수 있다.

3. The European Data Protection Supervisor may also establish an AI regulatory sandbox for Union institutions, bodies, offices and agencies, and may exercise the roles and the tasks of national competent authorities in accordance with this Chapter.

3. 유럽데이터보호감독관도 EU 기관, 기구, 사무국 및 기관을 위한 AI 규제 샌드박스를 설립할 수 있으며, 본 장에 따라 국가 관할 당국의 역할과 임무를 수행할 수 있다.

4. Member States shall ensure that the competent authorities referred to in paragraphs 1 and 2 allocate sufficient resources to comply with this Article effectively and in a timely manner. Where appropriate, national competent authorities shall cooperate with other relevant authorities, and may allow for the involvement of other actors within the AI ecosystem. This Article shall not affect other regulatory sandboxes established under Union or national law. Member States shall ensure an appropriate level of cooperation between the authorities supervising those other sandboxes and the national competent authorities.

4. 회원국은 제1항 및 제2항에 언급된 관할 당국이 본 조를 효과적이고 시의적절하게 준수하기 위해 충분한 자원을 할당하도록 보장하여야 한다. 적절한 경우, 국가 관할 당국은 다른 관련 당국과 협력하여야 하며, AI 생태계 내의 다른 행위자들의 참여를 허용할 수 있다. 본 조는 EU 또는 국내법에 따라 설립된 다른 규제 샌드박스에 영향을 미치지 않는다. 회원국은 이러한 다른 샌드박스를 감독하는 당국과 국가 관할 당국 간의 적절한 수준의 협력을 보장하여야 한다.

5. AI regulatory sandboxes established under paragraph 1 shall provide for a controlled environment that fosters innovation and facilitates the development, training, testing and validation of innovative AI systems for a limited time before their being placed on the market or put into service pursuant to a specific sandbox plan agreed between the providers or prospective providers and the competent authority. Such sandboxes may include testing in real world conditions supervised therein.

5. 제1항에 따라 설립된 AI 규제 샌드박스는 혁신을 촉진하고 제공자 또는 예비제공자와 관할 당국 간에 합의된 특정 샌드박스 계획에 따라 시장에 출시되거나 서비스에 투입되기 전 제한된 시간 동안 혁신적인 AI 시스템의 개발, 학습, 테스트 및 검증을 용이하게 하는 통제된 환경을 제공하여야 한다. 이러한 샌드박스에는 그 안에서 감독되는 실제 환경 조건에서의 테스트가 포함될 수 있다.

6. Competent authorities shall provide, as

6. 관할 당국은 AI 규제 샌드박스 내에서

appropriate, guidance, supervision and support within the AI regulatory sandbox with a view to identifying risks, in particular to fundamental rights, health and safety, testing, mitigation measures, and their effectiveness in relation to the obligations and requirements of this Regulation and, where relevant, other Union and national law supervised within the sandbox.

7. Competent authorities shall provide providers and prospective providers participating in the AI regulatory sandbox with guidance on regulatory expectations and how to fulfil the requirements and obligations set out in this Regulation. Upon request of the provider or prospective provider of the AI system, the competent authority shall provide a written proof of the activities successfully carried out in the sandbox. The competent authority shall also provide an exit report detailing the activities carried out in the sandbox and the related results and learning outcomes. Providers may use such documentation to demonstrate their compliance with this Regulation through the conformity assessment process or relevant market surveillance activities. In this regard, the exit reports and the written proof provided by the national competent authority shall be taken positively into account by market surveillance authorities and notified bodies, with a view to accelerating conformity assessment procedures to a reasonable extent.

적절히 지침, 감독 및 지원을 제공하여 특히 기본권, 건강 및 안전에 대한 위험을 식별하고, 본 규정 및 관련되는 경우 샌드박스 내에서 감독되는 기타 EU 및 국내법의 의무와 요구사항과 관련된 테스트, 완화 조치 및 그 효과성을 확인하여야 한다.

7. 관할 당국은 AI 규제 샌드박스에 참여하는 제공자 및 예비 제공자에게 규제 기대사항과 본 규정에 명시된 요구사항 및 의무를 충족하는 방법에 대한 지침을 제공해야 한다. AI 시스템의 제공자 또는 예비 제공자의 요청에 따라, 관할 당국은 샌드박스에서 성공적으로 수행된 활동에 대한 서면 증거를 제공하여야 한다. 관할 당국은 또한 샌드박스에서 수행된 활동과 관련 결과 및 학습 결과물을 상세히 기술한 종료 보고서를 제공하여야 한다. 제공자는 이러한 문서를 적합성 평가 과정이나 관련 시장 감시 활동을 통해 본 규정 준수를 입증하는 데 사용할 수 있다. 이와 관련하여, 국가 관할 당국이 제공한 종료 보고서와 서면 증거는 적합성 평가 절차를 합리적인 범위 내에서 가속화하기 위해 시장 감시 당국과 인증기관에 의해 긍정적으로 고려되어야 한다.

8. Subject to the confidentiality provisions in Article 78, and with the agreement of the provider or prospective provider, the Commission and the Board shall be authorised to access the exit reports and shall take them into account, as appropriate, when exercising their tasks under this Regulation. If both the provider or prospective provider and the national competent authority explicitly agree, the exit report may be made publicly available through the single information platform referred to in this Article.

8. 제78조의 기밀 유지 조항에 따라, 그리고 제공자 또는 예비 제공자의 동의하에, 집행위원회와 이사회는 종료 보고서에 접근할 권한을 가지며 본 규정에 따른 업무를 수행할 때 이를 적절히 고려하여야 한다. 제공자 또는 예비 제공자와 국가 관할 당국이 모두 명시적으로 동의하는 경우, 종료 보고서는 본 조에 언급된 단일한 정보 플랫폼을 통해 공개될 수 있다.

9. The establishment of AI regulatory sandboxes shall aim to contribute to the following objectives:

9. AI 규제 샌드박스의 설립은 다음 목표에 기여하는 것을 목표로 하여야 한다:

(a) improving legal certainty to achieve regulatory compliance with this Regulation or, where relevant, other applicable Union and national law;

(a) 본 규정 또는 관련되는 경우 기타 적용 가능한 EU 및 국내법의 규제 준수를 달성하기 위한 법적 확실성 개선;

(b) supporting the sharing of best practices through cooperation with the authorities involved in the AI regulatory sandbox;

(b) AI 규제 샌드박스에 관련된 당국과의 협력을 통한 모범 사례 공유 지원;

(c) fostering innovation and competitiveness and facilitating the development of an AI ecosystem;

(c) AI 생태계의 혁신과 경쟁력 촉진 및 발전 촉진;

(d) contributing to evidence-based regulatory learning;

(d) 증거 기반 규제 학습에 기여;

(e) facilitating and accelerating access to the Union market for AI systems, in particular when provided by SMEs, including start-ups.

(e) 특히 중소기업 및 스타트업이 제공하는 AI 시스템의 EU 시장 접근 촉진 및 가속화.

10. National competent authorities shall ensure that, to the extent the innovative

10. 혁신적인 AI 시스템이 개인정보 처리를 포함하거나 '기타 국가 당국' 또는 '데이

AI systems involve the processing of personal data or otherwise fall under the supervisory remit of other national authorities or competent authorities providing or supporting access to data, the national data protection authorities and those other national or competent authorities are associated with the operation of the AI regulatory sandbox and involved in the supervision of those aspects to the extent of their respective tasks and powers.

터 접근을 제공하거나 지원하는 관할 당국'의 감독 범위에 속하는 경우, 국가 관할 당국은 국가 데이터 보호 당국 및 그러한 다른 국가 또는 관할 당국이 AI 규제 샌드박스의 운영에 연관되고 각자의 임무와 권한 범위 내에서 해당 측면의 감독에 관여하도록 보장하여야 한다.

11. The AI regulatory sandboxes shall not affect the supervisory or corrective powers of the competent authorities supervising the sandboxes, including at regional or local level. Any significant risks to health and safety and fundamental rights identified during the development and testing of such AI systems shall result in an adequate mitigation. National competent authorities shall have the power to temporarily or permanently suspend the testing process, or the participation in the sandbox if no effective mitigation is possible, and shall inform the AI Office of such decision. National competent authorities shall exercise their supervisory powers within the limits of the relevant law, using their discretionary powers when implementing legal provisions in respect of a specific AI regulatory sandbox project, with the objective of supporting innovation in AI in the Union.

11. AI 규제 샌드박스는 지역 또는 지방 수준을 포함하여 샌드박스를 감독하는 관할 당국의 감독 또는 시정조치 권한에 영향을 미치지 않아야 한다. 이러한 AI 시스템의 개발 및 테스트 중에 확인된 건강과 안전 및 기본권에 대한 중대한 위험은 적절한 완화 조치로 이어져야 한다. 국가 관할 당국은 효과적인 완화 조치가 불가능한 경우 테스트 과정 또는 샌드박스 참여를 일시적 또는 영구적으로 중단할 수 있는 권한을 가지며, 이러한 결정을 AI 사무국에 통보하여야 한다. 국가 관할 당국은 EU 내 AI 혁신을 지원한다는 목표로, 특정 AI 규제 샌드박스 프로젝트와 관련된 법적 조항을 이행할 때 재량권을 사용하여 관련 법률의 범위 내에서 감독 권한을 행사하여야 한다.

12. Providers and prospective providers participating in the AI regulatory sandbox shall remain liable under applicable Union and national liability

12. AI 규제 샌드박스에 참여하는 제공자 및 예비 제공자는 샌드박스 내에서 이루어지는 실험으로 인해 제3자에게 가해진 모든 손해에 대해 적용 가능한 유럽연합

law for any damage inflicted on third parties as a result of the experimentation taking place in the sandbox. However, provided that the prospective providers observe the specific plan and the terms and conditions for their participation and follow in good faith the guidance given by the national competent authority, no administrative fines shall be imposed by the authorities for infringements of this Regulation. Where other competent authorities responsible for other Union and national law were actively involved in the supervision of the AI system in the sandbox and provided guidance for compliance, no administrative fines shall be imposed regarding that law.

법 및 국내 책임법에 따라 책임을 져야 한다. 그러나 예비 제공자가 신의 성실 원칙에 따라 특정 계획과 참여 조건을 준수하고 국가 관할 당국이 제공한 지침을 따르는 경우, 당국은 본 규정 위반에 대해 행정 과징금을 부과해서는 안 된다. 다른 유럽연합법 및 국내법을 담당하는 다른 관할 당국이 샌드박스에서 AI 시스템의 감독에 적극적으로 관여하고 준수를 위한 지침을 제공한 경우, 해당 법률에 관해서는 역시 행정 과징금이 부과되지 않는다.

13. The AI regulatory sandboxes shall be designed and implemented in such a way that, where relevant, they facilitate cross-border cooperation between national competent authorities.

13. AI 규제 샌드박스는 관련되는 경우 국가 관할 당국 간의 국경 간 협력을 촉진하는 방식으로 설계 및 구현되어야 한다.

14. National competent authorities shall coordinate their activities and cooperate within the framework of the Board.

14. 국가 관할 당국은 이사회의 체계 내에서 활동을 조정하고 협력하여야 한다.

15. National competent authorities shall inform the AI Office and the Board of the establishment of a sandbox, and may ask them for support and guidance. The AI Office shall make publicly available a list of planned and existing sandboxes and keep it up to date in order to encourage more interaction in the AI regulatory sandboxes and cross-border cooperation.

15. 국가 관할 당국은 샌드박스 설립을 AI 사무국과 이사회에 알리고, 지원과 지침을 요청할 수 있다. AI 사무국은 AI 규제 샌드박스에서의 상호작용과 국경 간 협력을 더욱 장려하기 위해 계획 및 기존 샌드박스 목록을 공개적으로 제공하고 최신 상태로 유지하여야 한다.

16. National competent authorities shall submit annual reports to the AI Office

16. 국가 관할 당국은 AI 규제 샌드박스 설립 1년 후부터 종료 시까지 매년 AI 사

and to the Board, from one year after the establishment of the AI regulatory sandbox and every year thereafter until its termination, and a final report. Those reports shall provide information on the progress and results of the implementation of those sandboxes, including best practices, incidents, lessons learnt and recommendations on their setup and, where relevant, on the application and possible revision of this Regulation, including its delegated and implementing acts, and on the application of other Union law supervised by the competent authorities within the sandbox. The national competent authorities shall make those annual reports or abstracts thereof available to the public, online. The Commission shall, where appropriate, take the annual reports into account when exercising its tasks under this Regulation.

무국과 이사회에 연례 보고서를 제출하고, 최종 보고서를 제출하여야 한다. 이 보고서는 해당 샌드박스 구현의 진행 상황과 결과에 대한 정보를 제공하여야 하며, 모범 사례, 사고, 학습된 교훈, 설정에 대한 권고사항, 그리고 관련되는 경우 본 규정(위임 및 이행 법률 포함)의 적용 및 가능한 개정, 그리고 샌드박스 내에서 관할 당국이 감독하는 다른 EU 법의 적용에 대한 정보를 포함하여야 한다. 국가 관할 당국은 이러한 연례 보고서 또는 그 요약본을 온라인으로 공개하여야 한다. 집행위원회는 적절한 경우 본 규정에 따른 업무 수행 시 연례 보고서를 고려하여야 한다.

17. The Commission shall develop a single and dedicated interface containing all relevant information related to AI regulatory sandboxes to allow stakeholders to interact with AI regulatory sandboxes and to raise enquiries with competent authorities, and to seek nonbinding guidance on the conformity of innovative products, services, business models embedding AI technologies, in accordance with Article 62(1), point (c). The Commission shall proactively coordinate with national competent authorities, where relevant.

17. 집행위원회는 이해관계자가 AI 규제 샌드박스와 상호 소통하고 관할 당국에 문의를 제기하며, 제62조 제1항 (c)호에 따라 AI 기술을 포함하는 혁신적인 제품, 서비스, 비즈니스 모델의 적합성에 대한 구속력 없는 지침을 요청할 수 있도록 AI 규제 샌드박스와 관련된 모든 관련 정보를 포함하는 단일한 전용 인터페이스를 개발하여야 한다. 집행위원회는 관련되는 경우 AI 규제 샌드박스 운영에 대해 국가 관할 당국들과 적극적으로 조정하여야 한다.

Article 58 Detailed arrangements for and functioning of AI regulatory sandboxes

1. In order to avoid fragmentation across the Union, the Commission shall adopt implementing acts specifying the detailed arrangements for the establishment, development, implementation, operation and supervision of the AI regulatory sandboxes. The implementing acts shall include common principles on the following issues:

(a) eligibility and selection criteria for participation in the AI regulatory sandbox;

(b) procedures for the application, participation, monitoring, exiting from and termination of the AI regulatory sandbox, including the sandbox plan and the exit report;

(c) the terms and conditions applicable to the participants. Those implementing acts shall be adopted in accordance with the examination procedure referred to in Article 98(2).

2. The implementing acts referred to in paragraph 1 shall ensure:

(a) that AI regulatory sandboxes are open to any applying provider or prospective provider of an AI system who fulfils eligibility and selection criteria, which shall be transparent and fair, and that national competent authorities inform applicants of their decision within three months of the application;

제58조 AI 규제 샌드박스의 세부 운영사항 및 기능(제안이유 139, 142, 144, 145)

1. 유럽연합 역내 파편화를 방지하기 위해, 집행위원회는 AI 규제 샌드박스의 설립, 개발, 구현, 운영 및 감독에 대한 세부 준비사항을 명시하는 이행 법률을 채택하여야 한다. 이행 법률은 다음 사항에 대한 공통 원칙을 포함하여야 한다:

(a) AI 규제 샌드박스 참여를 위한 자격 및 선정 기준;

(b) AI 규제 샌드박스의 신청, 참여, 모니터링, 퇴출 및 종료 절차(샌드박스 계획 및 종료 보고서 포함);

(c) 참가자에게 적용되는 조건. 이러한 이행 법률은 제98조 제2항에 언급된 심사 절차에 따라 채택되어야 한다.

2. 제1항에 언급된 이행 법률은 다음을 보장하여야 한다:

(a) AI 규제 샌드박스가 자격 및 선정 기준을 충족하는 모든 AI 시스템의 신청 제공자 또는 예비 제공자에게 개방되어 있으며, 이 기준은 투명하고 공정하여야 하고, 국가 관할 당국은 신청 후 3개월 이내에 신청자에게 결정을 통보하여야 한다;

(b) that AI regulatory sandboxes allow broad and equal access and keep up with demand for participation; providers and prospective providers may also submit applications in partnerships with deployers and other relevant third parties;

(b) AI 규제 샌드박스가 광범위하고 평등한 접근을 허용하고 참여 수요를 충족시키며; 제공자 및 예비 제공자는 배치 책임자 및 기타 관련 제3자와 파트너십으로 신청할 수도 있다;

(c) that the detailed arrangements for, and conditions concerning AI regulatory sandboxes support, to the best extent possible, flexibility for national competent authorities to establish and operate their AI regulatory sandboxes;

(c) AI 규제 샌드박스에 관한 세부 준비사항 및 조건이 국가 관할 당국이 자체 AI 규제 샌드박스를 설립하고 운영할 수 있는 재량권을 최대한 지원한다;

(d) that access to the AI regulatory sandboxes is free of charge for SMEs, including start-ups, without prejudice to exceptional costs that national competent authorities may recover in a fair and proportionate manner;

(d) 중소기업(스타트업 포함)의 AI 규제 샌드박스 접근은 무료이다. 다만, 특별한 경우 국가 관할 당국이 공정하고 비례성을 해치지 않는 범위 내에서 예외적으로 비용을 청구할 수 있는 권리는 유지된다;

(e) that they facilitate providers and prospective providers, by means of the learning outcomes of the AI regulatory sandboxes, in complying with conformity assessment obligations under this Regulation and the voluntary application of the codes of conduct referred to in Article 95;

(e) AI 규제 샌드박스의 학습 결과물을 통해 제공자 및 예비 제공자가 본 규정에 따른 적합성 평가 의무를 준수하고 제95조에 언급된 실천 강령을 자발적으로 적용하는 데 도움을 준다;

(f) that AI regulatory sandboxes facilitate the involvement of other relevant actors within the AI ecosystem, such as notified bodies and standardisation organisations, SMEs, including start-ups, enterprises, innovators, testing and experimentation facilities, research and experimentation labs and European Digital Innovation Hubs, centres of excellence, individual researchers, in order to allow and facilitate cooperation

(f) AI 규제 샌드박스가 인증기관, 표준화 기구, 중소기업(스타트업 포함), 기업, 혁신가, 테스트 및 실험 시설, 연구 및 실험 연구소, 유럽 디지털 혁신 허브, 우수센터, 개별 연구원 등 AI 생태계 내의 다른 관련 행위자들의 참여를 촉진하여 공공 및 민간 부문과의 협력을 허용하고 촉진한다;

with the public and private sectors;

(g) that procedures, processes and administrative requirements for application, selection, participation and exiting the AI regulatory sandbox are simple, easily intelligible, and clearly communicated in order to facilitate the participation of SMEs, including start-ups, with limited legal and administrative capacities and are streamlined across the Union, in order to avoid fragmentation and that participation in an AI regulatory sandbox established by a Member State, or by the European Data Protection Supervisor is mutually and uniformly recognised and carries the same legal effects across the Union;

(g) AI 규제 샌드박스의 신청, 선정, 참여 및 퇴출을 위한 절차, 과정 및 행정 요구사항이 간단하고 쉽게 이해할 수 있으며 명확하게 전달되어 법적, 행정적 능력이 제한된 중소기업(스타트업 포함)의 참여를 촉진하고, 파편화를 막기 위해 유럽연합 역내에서 간소화하며, 회원국 또는 유럽 데이터 보호 감독관이 설립한 AI 규제 샌드박스 참여는 모든 회원국에 동등하게 인정되며, 유럽연합 전역에서 동일한 법적 효력을 갖는다;

(h) that participation in the AI regulatory sandbox is limited to a period that is appropriate to the complexity and scale of the project and that may be extended by the national competent authority;

(h) AI 규제 샌드박스 참여 기간은 프로젝트의 복잡성과 규모에 적합한 기간으로 제한되며, 국가 관할 당국에 의해 연장될 수 있다;

(i) that AI regulatory sandboxes facilitate the development of tools and infrastructure for testing, benchmarking, assessing and explaining dimensions of AI systems relevant for regulatory learning, such as accuracy, robustness and cybersecurity, as well as measures to mitigate risks to fundamental rights and society at large.

(i) AI 규제 샌드박스가 정확성, 견고성 및 사이버 보안과 같은 규제 학습과 관련된 AI 시스템의 차원을 테스트하고, 벤치마킹하고, 평가 및 설명하기 위한 도구 및 인프라의 개발을 촉진하며, 여기에 더해 기본권 및 사회 전반에 대한 위험을 완화하기 위한 조치를 촉진한다.

3. Prospective providers in the AI regulatory sandboxes, in particular SMEs and start-ups, shall be directed, where relevant, to pre-deployment services such as guidance on the

3. AI 규제 샌드박스의 예비 제공자들, 특히 중소기업 및 스타트업은, 관련되는 경우 본 규정의 이행에 대한 지침과 같은 사전 배치 서비스, 표준화 문서 및 인증, 테스트 및 실험 시설, 유럽 디지털

implementation of this Regulation, to other value-adding services such as help with standardisation documents and certification, testing and experimentation facilities, European Digital Innovation Hubs and centres of excellence.

혁신 허브 및 전문 센터와 같은 기타 부가 가치를 창출하는 서비스에 대한 안내를 받을 수 있어야 한다.

유럽연합 인공지능법

4. Where national competent authorities consider authorising testing in real world conditions supervised within the framework of an AI regulatory sandbox to be established under this Article, they shall specifically agree the terms and conditions of such testing and, in particular, the appropriate safeguards with the participants, with a view to protecting fundamental rights, health and safety. Where appropriate, they shall cooperate with other national competent authorities with a view to ensuring consistent practices across the Union.

4. 국가 관할 당국이 본 조에 따라 설립될 AI 규제 샌드박스의 체계 내에서 감독되는 실제 환경 조건에서의 테스트를 승인하는 것을 고려하는 경우, 해당 당국은 기본권, 건강 및 안전을 보호하기 위해 참가자들과 함께 해당 테스트 조건 및 특히 적절한 보호 조치에 대해 구체적으로 합의하여야 한다. 적절한 경우, 유럽연합 전역에서 일관된 관행을 보장하기 위해 다른 국가 관할 당국과 협력하여야 한다.

Article 59 Further Processing of Personal Data for Developing Certain AI Systems in the Public Interest in the AI Regulatory Sandbox

제59조 공익을 위한 특정 AI 시스템 개발을 위한 AI 규제 샌드박스에서의 개인정보 추가 처리(제안이유 140, 142, 144, 145)

1. In the AI regulatory sandbox, personal data lawfully collected for other purposes may be processed solely for the purpose of developing, training and testing certain AI systems in the sandbox when all of the following conditions are met:

1. AI 규제 샌드박스에서, 다른 목적으로 합법적으로 수집된 개인정보는 다음 조건이 모두 충족될 때 특정 AI 시스템의 개발, 학습 및 테스트 목적으로만 처리될 수 있다:

(a) AI systems shall be developed for safeguarding substantial public interest by a public authority or another natural or legal person and in one or more of

(a) AI 시스템은 공공 기관 또는 다른 자연인이나 법인에 의해 상당한 공익을 보호하기 위해 다음 중 하나 이상의 영역에서 개발되어야 한다:

the following areas:

(i) public safety and public health, including disease detection, diagnosis prevention, control and treatment and improvement of health care systems;

(ii) a high level of protection and improvement of the quality of the environment, protection of biodiversity, protection against pollution, green transition measures, climate change mitigation and adaptation measures;

(iii) energy sustainability;

(iv) safety and resilience of transport systems and mobility, critical infrastructure and networks;

(v) efficiency and quality of public administration and public services;

(b) the data processed are necessary for complying with one or more of the requirements referred to in Chapter III, Section 2 where those requirements cannot effectively be fulfilled by processing anonymised, synthetic or other non-personal data;

(c) there are effective monitoring mechanisms to identify if any high risks to the rights and freedoms of the data subjects, as referred to in Article 35 of Regulation (EU) 2016/679 and in Article 39 of Regulation (EU) 2018/1725, may arise during the sandbox experimentation, as well as response mechanisms to promptly mitigate those risks and, where necessary, stop the processing;

(i) 공공 안전 및 공중 보건(질병 탐지, 진단 예방, 통제 및 치료, 의료 시스템 개선 포함);

(ii) 높은 수준의 환경 보호 및 환경의 질 개선, 생물다양성 보호, 오염 방지, 녹색 전환 조치, 기후 변화 완화 및 적응 조치;

(iii) 에너지 지속 가능성;

(iv) 교통 시스템 및 이동 수단, 중요 인프라 및 네트워크의 안전 및 복원력;

(v) 공공 행정 및 공공 서비스의 효율성 및 품질;

(b) 처리되는 데이터가 제3장 제2절에 언급된 하나 이상의 요구사항을 준수하는 데 필요하며, 이러한 요구사항들이 익명화된 데이터, 합성된 데이터 또는 기타 비개인정보를 처리하는 것으로는 효과적으로 충족될 수 없는 경우;

(c) 샌드박스 실험 중에 규정 (EU) 2016/679의 제35조 및 규정 (EU) 2018/1725의 제39조에 언급된 바와 같이, 데이터 주체의 권리와 자유에 대한 높은 위험이 발생할 수 있는지 식별하기 위한 효과적인 모니터링 메커니즘이 있으며, 이러한 위험을 신속히 완화하고 필요한 경우, 처리를 중단하기 위한 대응 메커니즘이 있는 경우;

(d) any personal data to be processed in the context of the sandbox are in a functionally separate, isolated and protected data processing environment under the control of the prospective provider and only authorised persons have access to those data;

(d) 샌드박스 맥락에서 처리될 모든 개인정보는 예비 제공자의 통제 하에 기능적으로 분리되고 격리되며, 보호된 데이터 처리 환경에 있으며 권한이 있는 사람만이 해당 데이터에 접근할 수 있는 경우;

(e) providers can further share the originally collected data only in accordance with Union data protection law; any personal data created in the sandbox cannot be shared outside the sandbox;

(e) 제공자들은 유럽연합데이터보호법에 따라서만 원래 수집된 데이터를 추가로 공유할 수 있다; 샌드박스 내에서 생성된 모든 개인정보는 샌드박스 외부에서 공유될 수 없다;

(f) any processing of personal data in the context of the sandbox neither leads to measures or decisions affecting the data subjects nor does it affect the application of their rights laid down in Union law on the protection of personal data;

(f) 샌드박스 맥락에서의 모든 개인정보 처리는 데이터 주체에게 영향을 미치는 조치나 결정으로 이어지지 않으며 개인정보 보호에 관한 유럽연합법에 규정된 그들의 권리 적용에 영향을 미치지 않는 경우;

(g) any personal data processed in the context of the sandbox are protected by means of appropriate technical and organisational measures and deleted once the participation in the sandbox has terminated or the personal data has reached the end of its retention period;

(g) 샌드박스 맥락에서 처리된 모든 개인정보는 적절한 기술적 및 조직적 조치에 의해 보호되며 샌드박스 참여가 종료되거나 개인정보가 보존 기간의 끝에 도달하면 삭제된다;

(h) the logs of the processing of personal data in the context of the sandbox are kept for the duration of the participation in the sandbox, unless provided otherwise by Union or national law;

(h) 유럽연합법 또는 국내법에 달리 규정되지 않는 한, 샌드박스 맥락에서의 개인정보 처리 로그는 샌드박스 참여 기간 동안 보관된다;

(i) a complete and detailed description of the process and rationale behind the training, testing and validation of the AI system is kept together with the testing results as part of the technical documentation referred to in Annex IV;

(i) AI 시스템의 학습, 테스트 및 검증 과정과 그 근거에 대한 완전하고 상세한 설명은 부속서 IV에 언급된 기술 문서의 일부로 테스트 결과와 함께 보관된다;

(j) a short summary of the AI project developed in the sandbox, its objectives and expected results is published on the website of the competent authorities; this obligation shall not cover sensitive operational data in relation to the activities of law enforcement, border control, immigration or asylum authorities.

(j) 샌드박스에서 개발된 AI 프로젝트, 그 목표 및 예상 결과에 대한 간단한 요약이 관할 당국의 웹사이트에 게시된다; 이 의무는 법 집행, 국경 통제, 이민 또는 망명 당국의 활동과 관련된 민감한 운영 데이터를 포함하지 않는다.

2. For the purposes of the prevention, investigation, detection or prosecution of criminal offences or the execution of criminal penalties, including safeguarding against and preventing threats to public security, under the control and responsibility of law enforcement authorities, the processing of personal data in AI regulatory sandboxes shall be based on a specific Union or national law and subject to the same cumulative conditions as referred to in paragraph 1.

2. 형사 범죄의 예방, 조사, 탐지 또는 기소 또는 형사 처벌의 집행(공공 안전에 대한 위협으로부터의 보호 및 예방 포함)을 목적으로 하는 법 집행 당국의 통제 및 책임 하에 이뤄지는 AI 규제 샌드박스에서의 개인정보 처리는 특정 유럽연합법 또는 국내법에 근거하여야 하며 제1항에 언급된 것과 동일한 누적 조건의 적용을 받는다.

3. Paragraph 1 is without prejudice to Union or national law which excludes processing of personal data for other purposes than those explicitly mentioned in that law, as well as to Union or national law laying down the basis for the processing of personal data which is necessary for the purpose of developing, testing or training of innovative AI systems or any other legal basis, in compliance with Union law on the protection of personal data.

3. 제1항은 해당 법에 명시적으로 언급된 목적 이외의 목적으로 개인정보 처리를 제외하는 유럽연합법 또는 국내법, 그리고 혁신적인 AI 시스템의 개발, 테스트 또는 학습 목적에 필요한 개인정보 처리의 기반을 규정하는 유럽연합법 또는 국내법 또는 개인정보 보호에 관한 유럽연합법을 준수하는 다른 법적 근거를 침해하지 않는다.

Article 60 Testing of High-Risk AI Systems in Real World Conditions Outside AI Regulatory Sandboxes

1. Testing of high-risk AI systems in real world conditions outside AI regulatory sandboxes may be conducted by providers or prospective providers of high-risk AI systems listed in Annex III, in accordance with this Article and the real-world testing plan referred to in this Article, without prejudice to the prohibitions under Article 5. The Commission shall, by means of implementing acts, specify the detailed elements of the real-world testing plan. Those implementing acts shall be adopted in accordance with the examination procedure referred to in Article 98(2). This paragraph shall be without prejudice to Union or national law on the testing in real world conditions of high-risk AI systems related to products covered by Union harmonisation legislation listed in Annex I.

2. Providers or prospective providers may conduct testing of high-risk AI systems referred to in Annex III in real world conditions at any time before the placing on the market or the putting into service of the AI system on their own or in partnership with one or more deployers or prospective deployers.

3. The testing of high-risk AI systems in real world conditions under this Article shall be without prejudice to any ethical review that is required by

제60조 AI 규제 샌드박스 외부의 실제 환경 조건에서의 고위험 AI 시스템 테스트(제안이유 141, 142, 144, 145)

1. 부속서 III에 나열된 고위험 AI 시스템의 제공자 또는 예비 제공자는 제5조에 따른 금지 사항을 침해하지 않는 범위에서, 본 조 및 본 조에 언급된 실제 테스트 계획에 따라 AI 규제 샌드박스 외부의 실제 환경 조건에서 고위험 AI 시스템을 테스트할 수 있다. 집행위원회는 이행 법률을 통해 실제 테스트 계획의 세부 요소를 명시하여야 한다. 이러한 이행 법률은 제98조 제2항에 언급된 심사 절차에 따라 채택되어야 한다. 이 항은 부속서 I에 나열된 유럽연합 조화 법률이 적용되는 제품과 관련된 고위험 AI 시스템의 실제 환경 조건에서의 테스트에 관한 EU 또는 국내법을 침해하지 않는다.

2. 제공자 또는 예비 제공자는 AI 시스템을 시장에 출시하거나 서비스에 투입하기 전 언제든지 자체적으로 또는 하나 이상의 배치 책임자 또는 예비 배치 책임자와 파트너십을 통해 부속서 III에 언급된 고위험 AI 시스템을 실제 환경 조건에서 테스트할 수 있다.

3. 본 조에 따른 실제 환경 조건에서의 고위험 AI 시스템 테스트는 EU 또는 국내법에 의해 요구되는 윤리적 검토를 침해하지 않는다.

Union or national law.

4. Providers or prospective providers may conduct the testing in real world conditions only where all of the following conditions are met:

4. 제공자 또는 예비 제공자는 다음 조건이 모두 충족될 때만 실제 환경 조건에서 테스트를 수행할 수 있다:

(a) the provider or prospective provider has drawn up a real-world testing plan and submitted it to the market surveillance authority in the Member State where the testing in real world conditions is to be conducted;

(a) 제공자 또는 예비 제공자가 실제 테스트 계획을 수립하고 테스트가 수행될 회원국의 시장 감시 당국에 제출했을 때;

(b) the market surveillance authority in the Member State where the testing in real world conditions is to be conducted has approved the testing in real world conditions and the real-world testing plan; where the market surveillance authority has not provided an answer within 30 days, the testing in real world conditions and the real-world testing plan shall be understood to have been approved; where national law does not provide for a tacit approval, the testing in real world conditions shall remain subject to an authorisation;

(b) 테스트가 수행될 회원국의 시장 감시 당국이 실제 환경 조건 테스트와 실제 테스트 계획을 승인했을 때; 시장 감시 당국이 30일 이내에 답변을 제공하지 않은 경우, 실제 환경 조건 테스트와 실제 테스트 계획은 승인된 것으로 간주된다; 국내법이 묵시적 승인을 규정하지 않는 경우, 실제 환경 조건 테스트는 허가를 받아야 한다;

(c) the provider or prospective provider, with the exception of providers or prospective providers of high-risk AI systems referred to in points 1, 6 and 7 of Annex III in the areas of law enforcement, migration, asylum and border control management, and high-risk AI systems referred to in point 2 of Annex III has registered the testing in real world conditions in accordance with Article 71(4) with a Union-wide unique single identification

(c) 제공자 또는 예비 제공자가 (법 집행, 이민, 망명 및 국경 통제 관리 분야의 부속서 III의 제1, 제6, 제7호에 언급된 고위험 AI 시스템과 부속서 III의 제2호에 언급된 고위험 AI 시스템을 제외하고) 제71조 제4항에 따라 유럽연합 전역의 고유한 단일 식별 번호와 부속서 IX에 명시된 정보로 실제 환경 조건 테스트를 등록했을 때; 법 집행, 이민, 망명 및 국경 통제 관리 분야의 부속서 III의 제1, 제6, 제7호에 언급된 고위험 AI 시스템의 제공자 또는 예비 제공자가 제49

number and with the information specified in Annex IX; the provider or prospective provider of high-risk AI systems referred to in points 1, 6 and 7 of Annex III in the areas of law enforcement, migration, asylum and border control management, has registered the testing in real-world conditions in the secure non-public section of the EU database according to Article 49(4), point (d), with a Union-wide unique single identification number and with the information specified therein; the provider or prospective provider of high-risk AI systems referred to in point 2 of Annex III has registered the testing in real-world conditions in accordance with Article 49(5);

조 제4항 (d)호에 따라 유럽연합 데이터베이스의 보안 비공개 섹션에 유럽연합 전역의 고유한 단일 식별 번호와 그곳에 명시된 정보로 실제 환경 조건 테스트를 등록했을 때; 부속서 III의 제2호에 언급된 고위험 AI 시스템의 제공자 또는 예비 제공자가 제49조 제5항에 따라 실제 환경 조건 테스트를 등록했을 때;

(d) the provider or prospective provider conducting the testing in real world conditions is established in the Union or has appointed a legal representative who is established in the Union;

(d) 실제 환경 조건 테스트를 수행하는 제공자 또는 예비 제공자가 유럽연합 내에 설립되어 있거나 유럽연합 내에 설립된 법적 대리인을 지정했을 때;

(e) data collected and processed for the purpose of the testing in real world conditions shall be transferred to third countries only provided that appropriate and applicable safeguards under Union law are implemented;

(e) 실제 환경 조건 테스트 목적으로 수집 및 처리된 데이터는 유럽연합법에 따른 적절하고 적용 가능한 보호 조치가 구현된 경우에만 제3국으로 전송될 때;

(f) the testing in real world conditions does not last longer than necessary to achieve its objectives and in any case not longer than six months, which may be extended for an additional period of six months, subject to prior notification by the provider or prospective provider to the market surveillance authority,

(f) 실제 환경 조건 테스트가 그 목표를 달성하는 데 필요한 기간 이상으로 지속되지 않으며, 어떤 경우에도 6개월을 초과하지 않을 때(제공자 또는 예비 제공자가 시장 감시 당국에 사전 통보하고 연장 필요성에 대한 설명을 첨부하여 추가 6개월 연장 가능);

accompanied by an explanation of the need for such an extension;

(g) the subjects of the testing in real world conditions who are persons belonging to vulnerable groups due to their age or disability, are appropriately protected;

(g) 연령이나 장애로 인하여 취약 계층 집단에 속하는 실제 환경 조건 테스트 대상자가 적절히 보호될 때;

(h) where a provider or prospective provider organises the testing in real world conditions in cooperation with one or more deployers or prospective deployers, the latter have been informed of all aspects of the testing that are relevant to their decision to participate, and given the relevant instructions for use of the AI system referred to in Article 13; the provider or prospective provider and the deployer or prospective deployer shall conclude an agreement specifying their roles and responsibilities with a view to ensuring compliance with the provisions for testing in real world conditions under this Regulation and under other applicable Union and national law;

(h) 제공자 또는 예비 제공자가 하나 이상의 배치 책임자 또는 예비 배치 책임자와 협력하여 실제 환경 조건 테스트를 조직하는 경우, 후자가 참여 결정과 관련된 테스트의 모든 측면에 대해 통보받고 제13조에 언급된 AI 시스템 사용에 대한 관련 지침을 받았을 때; 제공자 또는 예비 제공자와 배치 책임자 또는 예비 배치 책임자는 본 규정 및 기타 적용 가능한 유럽연합법 및 국내법에 따른 실제 환경 조건 테스트 규정 준수를 보장하기 위해 그들의 역할과 책임을 명시하는 계약을 체결하여야 한다;

(i) the subjects of the testing in real world conditions have given informed consent in accordance with Article 61, or in the case of law enforcement, where the seeking of informed consent would prevent the AI system from being tested, the testing itself and the outcome of the testing in the real world conditions shall not have any negative effect on the subjects, and their personal data shall be deleted after the test is performed;

(i) 실제 환경 조건 테스트 대상자가 제61조에 따라 정보에 입각한 동의를 제공했을 때, 또는 법 집행의 경우 정보에 입각한 동의를 구하는 것이 AI 시스템 테스트를 방해할 경우, 테스트 자체와 실제 환경 조건 테스트의 결과가 대상자에게 부정적인 영향을 미치지 않고 그들의 개인정보가 테스트 수행 후 삭제될 때;

(j) the testing in real world conditions is

(j) 실제 환경 조건 테스트가 제공자 또는

effectively overseen by the provider or prospective provider, as well as by deployers or prospective deployers through persons who are suitably qualified in the relevant field and have the necessary capacity, training and authority to perform their tasks;

예비 제공자, 그리고 배치 책임자 또는 예비 배치 책임자에 의해 관련 분야에서 적절한 자격을 갖추고 필요한 능력, 훈련 및 권한을 가진 사람들을 통해 효과적으로 감독될 때;

(k) the predictions, recommendations or decisions of the AI system can be effectively reversed and disregarded.

(k) AI 시스템의 예측, 권장 사항 또는 결정을 효과적으로 되돌리고 무시할 수 있을 때.

5. Any subjects of the testing in real world conditions, or their legally designated representative, as appropriate, may, without any resulting detriment and without having to provide any justification, withdraw from the testing at any time by revoking their informed consent and may request the immediate and permanent deletion of their personal data. The withdrawal of the informed consent shall not affect the activities already carried out.

5. 실제 환경 조건 테스트의 모든 대상자 또는 적절한 경우 그들의 법적 대리인은 어떠한 불이익 없이 그리고 어떠한 정당화도 제공할 필요 없이 언제든지 정보에 입각한 동의를 철회함으로써 테스트에서 탈퇴할 수 있으며, 개인정보의 즉각적이고 영구적인 삭제를 요청할 수 있다. 정보에 입각한 동의의 철회는 이미 수행된 활동에 영향을 미치지 않는다.

6. In accordance with Article 75, Member States shall confer on their market surveillance authorities the powers of requiring providers and prospective providers to provide information, of carrying out unannounced remote or on-site inspections, and of performing checks on the conduct of the testing in real world conditions and the related high-risk AI systems. Market surveillance authorities shall use those powers to ensure the safe development of testing in real world conditions.

6. 제75조에 따라, 회원국은 시장 감시 당국에 제공자와 예비 제공자에게 정보를 요구하고, 예고 없는 원격 또는 현장 검사를 수행하며, 실제 환경 조건 테스트 수행과 관련 고위험 AI 시스템에 대한 점검을 수행할 수 있는 권한을 부여하여야 한다. 시장 감시 당국은 이러한 권한을 사용하여 실제 환경 조건 테스트의 안전한 개발을 보장하여야 한다.

7. Any serious incident identified in the course of the testing in real world conditions shall be reported to the

7. 실제 환경 조건 테스트 과정에서 식별된 모든 심각한 사고는 제73조에 따라 국가 시장 감시 당국에 보고되어야 한다. 제

national market surveillance authority in accordance with Article 73. The provider or prospective provider shall adopt immediate mitigation measures or, failing that, shall suspend the testing in real world conditions until such mitigation takes place, or otherwise terminate it. The provider or prospective provider shall establish a procedure for the prompt recall of the AI system upon such termination of the testing in real world conditions.

공자 또는 예비 제공자는 즉각적인 완화 조치를 취하거나, 그렇지 않은 경우 완화 조치가 이루어질 때까지 실제 환경 조건 테스트를 중단하거나 종료하여야 한다. 제공자 또는 예비 제공자는 실제 환경 조건 테스트 종료 시 AI 시스템을 신속히 회수하기 위한 절차를 수립하여야 한다.

8. Providers or prospective providers shall notify the national market surveillance authority in the Member State where the testing in real world conditions is to be conducted of the suspension or termination of the testing in real world conditions and of the final outcomes.

8. 제공자 또는 예비 제공자는 실제 환경 조건 테스트가 수행될 회원국의 국가 시장 감시 당국에 실제 환경 조건 테스트의 중단 또는 종료와 최종 결과물을 통보하여야 한다.

9. The provider or prospective provider shall be liable under applicable Union and national liability law for any damage caused in the course of their testing in real world conditions.

9. 제공자 또는 예비 제공자는 실제 환경 조건 테스트 과정에서 발생한 모든 손해에 대해 적용 가능한 유럽연합법 및 국내 책임법에 따라 책임을 진다.

Article 61 Informed consent to participate in testing in real world conditions outside AI regulatory sandboxes

제61조 AI 규제 샌드박스 외부의 실제 환경 조건에서의 테스트 참여에 대한 정보에 입각한 동의(제안이유 141, 142, 144, 145)

1. For the purpose of testing in real world conditions under Article 60, freely-given informed consent shall be obtained from the subjects of testing prior to their participation in such testing and after their having been duly informed with concise, clear, relevant, and understandable information regarding:

1. 제60조에 따른 실제 환경 조건 테스트를 위해, 테스트 대상자들로부터 주어진 정보에 입각한 자발적인 동의를 참여 전에 얻어야 하며, 해당 대상자들에게는 다음 사항에 관한 간결하고 명확하며 관련성 있고 이해하기 쉬운 정보를 적절히 제공한 후에 동의를 얻어야 한다:

(a) the nature and objectives of the testing in real world conditions and the possible inconvenience that may be linked to their participation;

(b) the conditions under which the testing in real world conditions is to be conducted, including the expected duration of the subject or subjects' participation;

(c) their rights, and the guarantees regarding their participation, in particular their right to refuse to participate in, and the right to withdraw from, testing in real world conditions at any time without any resulting detriment and without having to provide any justification;

(d) the arrangements for requesting the reversal or the disregarding of the predictions, recommendations or decisions of the AI system;

(e) the Union-wide unique single identification number of the testing in real world conditions in accordance with Article 60(4) point (c), and the contact details of the provider or its legal representative from whom further information can be obtained.

2. The informed consent shall be dated and documented and a copy shall be given to the subjects of testing or their legal representative.

Article 62 Measures for Providers and Deployers, in Particular SMEs, Including Start-Ups

1. Member States shall undertake the

(a) 실제 환경 조건 테스트의 성격과 목적, 그리고 참여와 관련될 수 있는 가능한 불편 사항;

(b) 실제 환경 조건 테스트가 수행될 조건(대상자의 예상 참여 기간 포함);

(c) 참여에 관한 권리와 보장 사항, 특히 참여를 거부할 권리 및 어떠한 불이익 없이 그리고 어떠한 정당화도 제공할 필요 없이 언제든지 실제 환경 조건 테스트에서 탈퇴할 권리;

(d) AI 시스템의 예측, 권장 사항 또는 결정의 취소 또는 무시를 요청하기 위한 준비 사항;

(e) 제60조 제4항 (c)호에 따른 실제 환경 조건 테스트의 EU 전역 고유 단일 식별 번호, 그리고 추가 정보를 얻을 수 있는 제공자 또는 그의 법적 대리인의 연락처 정보.

2. 정보에 입각한 동의는 날짜를 기입하고 문서화되어야 하며, 사본이 테스트 대상자 또는 그들의 법적 대리인에게 제공되어야 한다.

제62조 중소기업(스타트업 포함) 제공자 및 배치 책임자를 위한 조치(제안이유 142, 143, 144, 145)

1. 회원국은 다음과 같은 조치를 취하여야

following actions:

(a) provide SMEs, including start-ups, having a registered office or a branch in the Union, with priority access to the AI regulatory sandboxes, to the extent that they fulfil the eligibility conditions and selection criteria; the priority access shall not preclude other SMEs, including start-ups, other than those referred to in this paragraph from access to the AI regulatory sandbox, provided that they also fulfil the eligibility conditions and selection criteria;

(b) organise specific awareness raising and training activities on the application of this Regulation tailored to the needs of SMEs including start-ups, deployers and, as appropriate, local public authorities;

(c) utilise existing dedicated channels and where appropriate, establish new ones for communication with SMEs including start-ups, deployers, other innovators and, as appropriate, local public authorities to provide advice and respond to queries about the implementation of this Regulation, including as regards participation in AI regulatory sandboxes;

(d) facilitate the participation of SMEs and other relevant stakeholders in the standardisation development process.

2. The specific interests and needs of the SME providers, including start-ups, shall be taken into account when setting the fees for conformity

한다:

(a) 유럽연합 내에 등록 사무국 또는 지사를 둔 중소기업(스타트업 포함)에게 자격 조건과 선정 기준을 충족하는 한에서 AI 규제 샌드박스에 대한 우선 접근권을 제공한다; 이 우선 접근권은 본 항에서 언급된 중소기업 외의 다른 중소기업(스타트업 포함)이 자격 조건과 선정 기준을 충족하는 경우 AI 규제 샌드박스에 접근하는 것을 배제하지 않는다;

(b) 중소기업(스타트업 포함), 배치 책임자 및 적절한 경우 지방 공공 기관의 요구사항들에 맞춘 본 규정의 적용에 관한 특정 인식 제고 및 훈련 활동을 조직한다;

(c) 중소기업(스타트업 포함), 배치 책임자, 그 외의 혁신가 및 적절한 경우 지방 공공 기관과의 소통을 위한 기존의 전용 채널을 활용하고, 필요한 경우 새로운 채널을 개설하여 본 규정의 이행에 관한 조언을 제공하고 질의에 응답한다(AI 규제 샌드박스 참여와 관련된 사항 포함);

(d) 중소기업 및 기타 관련 이해관계자의 표준화 개발 과정 참여를 촉진한다.

2. 제43조에 따른 적합성 평가 수수료를 설정할 때 중소기업 제공자(스타트업 포함)의 특정 이해관계와 요구사항을 고려하여야 하며, 그들의 규모, 시장 규모 및

assessment under Article 43, reducing those fees proportionately to their size, market size and other relevant indicators.

기타 관련 지표에 비례하여 수수료를 감액하여야 한다.

3. The AI Office shall undertake the following actions:

3. AI 사무국은 다음과 같은 조치를 취하여야 한다:

(a) provide standardised templates for areas covered by this Regulation, as specified by the Board in its request;

(a) 이사회가 요청한 대로 본 규정이 다루는 영역에 대한 표준화된 템플릿을 제공한다;

(b) develop and maintain a single information platform providing easy to use information in relation to this Regulation for all operators across the Union;

(b) 유럽연합 전역의 모든 운영자를 위해 본 규정과 관련된 사용하기 쉬운 정보를 제공하는 단일 정보 플랫폼을 개발하고 유지한다;

(c) organise appropriate communication campaigns to raise awareness about the obligations arising from this Regulation;

(c) 본 규정에서 발생하는 의무에 대한 인식을 높이기 위한 적절한 커뮤니케이션 캠페인을 조직한다;

(d) evaluate and promote the convergence of best practices in public procurement procedures in relation to AI systems.

(d) AI 시스템과 관련된 공공 조달 절차의 모범 사례 수렴을 평가하고 촉진한다.

Article 63 Derogations for specific operators

제63조 특정 운영자에 대한 예외(제안이유 142, 144, 145, 146)

1. Microenterprises within the meaning of Recommendation 2003/361/EC may comply with certain elements of the quality management system required by Article 17 of this Regulation in a simplified manner, provided that they do not have partner enterprises or linked enterprises within the meaning of that Recommendation. For that purpose, the Commission shall develop guidelines on the elements of the quality management system which may be complied with in a simplified manner considering the needs of

1. 권고 2003/361/EC의 의미 내에서 영세 기업들은 본 규정의 제17조에서 요구하는 품질 관리 시스템의 특정 요소를 간소화된 방식으로 준수할 수 있다. 단, 해당 권고의 의미 내에서 파트너 기업이나 연계 기업이 없어야 한다. 이를 위해 위원회는 영세 기업들의 요구사항을 고려하여 간소화된 방식으로 준수할 수 있는 품질 관리 시스템의 요소에 대한 지침을 개발하여야 한다. 이는 고위험 AI 시스템에 대한 요구사항의 준수 필요성이나 보호 수준에 영향을 미치지 않아야 한다.

microenterprises, without affecting the level of protection or the need for compliance with the requirements in respect of high-risk AI systems.

2. Paragraph 1 of this Article shall not be interpreted as exempting those operators from fulfilling any other requirements or obligations laid down in this Regulation, including those established in Articles 9, 10, 11, 12, 13, 14, 15, 72 and 73.

2. 본 조의 제1항은 해당 운영자들이 본 규정에 명시된 다른 요구사항이나 의무(제9조, 제10조, 제11조, 제12조, 제13조, 제14조, 제15조, 제72조 및 제73조에 규정된 사항 포함)를 이행하는 것을 면제하는 것으로 해석되어서는 안 된다.

Chapter Ⅶ Governance

제7장 거버넌스

Section 1: Governance at Union Level

제1절 유럽연합 차원의 거버넌스

Article 64 AI Office

1. The Commission shall develop Union expertise and capabilities in the field of AI through the AI Office.

2. Member States shall facilitate the tasks entrusted to the AI Office, as reflected in this Regulation.

제64조 AI 사무국(제안이유 148)

1. 집행위원회는 AI 사무국을 통해 AI 분야에서 유럽연합의 전문성과 역량을 개발하여야 한다.

2. 회원국은 이 규정에 반영된 AI 사무국이 맡은 임무를 원활하게 수행할 수 있도록 지원하여야 한다.

Article 65 Establishment and Structure of the European Artificial Intelligence Board

1. A European Artificial Intelligence Board (the 'Board') is hereby established.

2. The Board shall be composed of one representative per Member State. The European Data Protection Supervisor shall participate as observer. The AI Office shall also attend the Board's

제65조 유럽 인공지능 이사회 설립 및 구조(제안이유 148, 149)

1. 유럽 인공지능 이사회(이하 '이사회')가 이로써 설립된다.

2. 이사회는 회원국당 1명의 대표로 구성된다. 유럽데이터보호감독관은 참관인으로 참여한다. AI 사무국도 투표에 참여하지 않고 이사회 회의에 참석한다. 다른 국가 및 유럽연합 당국, 기관 또는 전문가

meetings, without taking part in the votes. Other national and Union authorities, bodies or experts may be invited to the meetings by the Board on a case by case basis, where the issues discussed are of relevance for them.

들은 논의되는 사안이 그들과 관련이 있는 경우 사안별로 이사회의 초청을 받아 회의에 참석할 수 있다.

3. Each representative shall be designated by their Member State for a period of three years, renewable once.

3. 각 대표는 해당 회원국에 의해 3년 임기로 지명되며, 1회 연임할 수 있다.

4. Member States shall ensure that their representatives on the Board:

4. 회원국은 이사회의 대표들이 다음 사항을 충족하도록 보장하여야 한다:

(a) have the relevant competences and powers in their Member State so as to contribute actively to the achievement of the Board's tasks referred to in Article 66;

(a) 제66조에 언급된 이사회의 임무 달성에 적극적으로 기여할 수 있도록 해당 회원국에서 관련 역량과 권한을 가지고 있다;

(b) are designated as a single contact point vis-à-vis the Board and, where appropriate, taking into account Member States' needs, as a single contact point for stakeholders;

(b) 이사회에 대한 연락 창구를 일원화할 수 있도록 지정하며, 적절한 경우 회원국의 필요를 고려하여 이해관계자들을 위한 단일한 연락 창구로도 지정된다;

(c) are empowered to facilitate consistency and coordination between national competent authorities in their Member State as regards the implementation of this Regulation, including through the collection of relevant data and information for the purpose of fulfilling their tasks on the Board.

(c) 본 규정의 이행과 관련하여 해당 회원국의 국가 관할 당국 간의 일관성과 조정을 촉진할 권한이 있으며, 이는 이사회에서의 임무를 수행하기 위한 목적으로 관련 데이터와 정보를 수집하는 것을 포함한다.

5. The designated representatives of the Member States shall adopt the Board's rules of procedure by a two-thirds majority. The rules of procedure shall, in particular, lay down procedures for the selection process, the duration of

5. 회원국의 지명된 대표들은 3분의 2 다수결로 이사회의 절차 규칙을 채택하여야 한다. 절차 규칙은 특히 선출 과정, 의장의 임기 기간 및 임무 명세, 투표에 대한 상세한 규정, 그리고 이사회와 그 하위 그룹의 활동 조직에 대한 절차를 규

the mandate of, and specifications of the tasks of, the Chair, detailed arrangements for voting, and the organisation of the Board's activities and those of its sub-groups.

정하여야 한다.

6. The Board shall establish two standing sub-groups to provide a platform for cooperation and exchange among market surveillance authorities and notifying authorities about issues related to market surveillance and notified bodies respectively. The standing sub-group for market surveillance should act as the administrative cooperation group (ADCO) for this Regulation within the meaning of Article 30 of Regulation (EU) 2019/1020. The Board may establish other standing or temporary sub-groups as appropriate for the purpose of examining specific issues. Where appropriate, representatives of the advisory forum referred to in Article 67 may be invited to such sub-groups or to specific meetings of those subgroups as observers.

6. 이사회는 시장 감시 당국과 통보 당국 간의 협력과 교류를 위한 플랫폼을 제공하기 위해 각각 시장 감시와 통보 기관에 관련된 이슈들에 대한 두 개의 상설 하위 그룹을 설립한다. 시장 감시를 위한 상설 하위 그룹은 규정 (EU) 2019/1020의 제30조의 의미 내에서 본 규정을 위한 '행정 협력 그룹(ADCO)'으로 기능하여야 한다. 이사회는 특정 문제를 조사하기 위해 필요에 따라 다른 상설 또는 임시 하위 그룹을 설립할 수 있다. 적절한 경우, 제67조에 언급된 자문 포럼의 대표들이 이러한 하위 그룹이나 해당 하위 그룹의 특정 회의에 참관인으로 초청될 수 있다.

7. The Board shall be organised and operated so as to safeguard the objectivity and impartiality of its activities.

7. 이사회는 그 활동의 객관성과 공정성을 보장하도록 조직되고 운영되어야 한다.

8. The Board shall be chaired by one of the representatives of the Member States. The AI Office shall provide the secretariat for the Board, convene the meetings upon request of the Chair, and prepare the agenda in accordance with the tasks of the Board pursuant to this Regulation and its rules of

8. 이사회는 회원국 대표 중 한 명이 의장을 맡는다. AI 사무국은 이사회의 행정 조직을 지원하고, 의장의 요청에 따라 회의를 소집하며, 본 규정과 그 절차 규칙에 따른 이사회의 임무에 맞춰 의제를 준비한다.

procedure.

Article 66 Tasks of the Board

The Board shall advise and assist the Commission and the Member States in order to facilitate the consistent and effective application of this Regulation. To that end, the Board may in particular:

(a) contribute to the coordination among national competent authorities responsible for the application of this Regulation and, in cooperation with and subject to the agreement of the market surveillance authorities concerned, support joint activities of market surveillance authorities referred to in Article 74(11);

(b) collect and share technical and regulatory expertise and best practices among Member States;

(c) provide advice on the implementation of this Regulation, in particular as regards the enforcement of rules on general-purpose AI models;

(d) contribute to the harmonisation of administrative practices in the Member States, including in relation to the derogation from the conformity assessment procedures referred to in Article 46, the functioning of AI regulatory sandboxes, and testing in real world conditions referred to in Articles 57, 59 and 60;

(e) at the request of the Commission or on its own initiative, issue recommendations and written opinions on any relevant matters related to the

제66조 이사회의 임무(제안이유 148, 149)

이사회는 본 규정의 일관되고 효과적인 적용을 촉진하기 위해 집행위원회와 회원국들에게 조언하고 지원하여야 한다. 이를 위해 이사회는 특히 다음과 같은 일을 할 수 있다:

(a) 본 규정의 적용을 담당하는 국가 관할 당국들 간의 조정에 기여하고, 관련 시장 감시 당국의 동의를 전제로 이들과 협력하여 제74조 제11항에 언급된 시장 감시 당국들의 공동 활동을 지원한다;

(b) 회원국들 간에 기술적, 규제 관련 전문 지식과 모범 사례를 수집하고 공유한다;

(c) 본 규정의 이행에 관해 조언한다. 특히 범용 AI 모델에 관한 규칙의 집행에 관해 조언한다;

(d) 제46조에 언급된 적합성 평가 절차의 예외, AI 규제 샌드박스의 기능, 그리고 제57조, 제59조, 제60조에 언급된 실제 환경 조건에서의 테스트와 관련하여 회원국들의 행정 관행의 조화에 기여한다;

(e) 집행위원회의 요청에 따라 또는 자체 발의로, 본 규정의 이행 및 일관되고 효과적인 적용과 관련된 모든 관련 사항에 대해 권고 및 서면 의견을 발행한다. 이

implementation of this Regulation and to its consistent and effective application, including:

는 다음 사항을 포함한다:

(i) on the development and application of codes of conduct and codes of practice pursuant to this Regulation, as well as of the Commission's guidelines;

(i) 본 규정에 따른 실천 강령 및 실천 강령의 개발 및 적용, 그리고 집행위원회의 지침에 관한 사항;

(ii) the evaluation and review of this Regulation pursuant to Article 112, including as regards the serious incident reports referred to in Article 73, and the functioning of the EU database referred to in Article 71, the preparation of the delegated or implementing acts, and as regards possible alignments of this Regulation with the Union harmonisation legislation listed in Annex I;

(ii) 제112조에 따른 본 규정의 평가 및 검토. 이는 제73조에 언급된 심각한 사고 보고, 제71조에 언급된 EU 데이터베이스의 기능, 위임 또는 이행 법률의 준비, 그리고 본 규정과 부속서 I에 나열된 EU 조화 법률 간의 잠재적 조정에 관한 사항을 포함한다;

(iii) on technical specifications or existing standards regarding the requirements set out in Chapter III, Section 2;

(iii) 제III장 제2절에 명시된 요구사항에 관한 기술 명세 또는 기존 표준에 관한 사항;

(iv) on the use of harmonised standards or common specifications referred to in Articles 40 and 41;

(iv) 제40조 및 41조에 언급된 조화 표준 또는 공통 규격의 사용에 관한 사항;

(v) trends, such as European global competitiveness in AI, the uptake of AI in the Union, and the development of digital skills;

(v) AI 분야에서의 유럽의 글로벌 경쟁력, EU 내 AI 도입, 디지털 기술 개발 등의 동향;

(vi) trends on the evolving typology of AI value chains, in particular on the resulting implications in terms of accountability;

(vi) 진화하는 AI 가치 사슬 유형의 동향, 특히 책임성 측면에서의 결과적 영향;

(vii) on the potential need for amendment

(vii) 제7조에 따른 부속서 III의 잠재적

to Annex III in accordance with Article 7, and on the potential need for possible revision of Article 5 pursuant to Article 112, taking into account relevant available evidence and the latest developments in technology;

개정 필요성 및 제112조에 따른 제5조의 잠재적 개정 필요성. 이는 관련 가용 증거와 최신 기술 발전을 고려한다;

(f) support the Commission in promoting AI literacy, public awareness and understanding of the benefits, risks, safeguards and rights and obligations in relation to the use of AI systems;

(f) AI 리터러시(이해역량), 공공 인식, AI 시스템 사용과 관련된 이익, 위험, 보호장치, 권리 및 의무에 대한 이해 증진을 위한 집행위원회의 활동을 지원한다;

(g) facilitate the development of common criteria and a shared understanding among market operators and competent authorities of the relevant concepts provided for in this Regulation, including by contributing to the development of benchmarks;

(g) 벤치마크 개발에 기여하는 등의 방법으로 시장 운영자와 관할 당국 간에 본 규정에서 제공하는 관련 개념에 대한 공통 기준과 공유된 이해의 발전을 촉진한다;

(h) cooperate, as appropriate, with other Union institutions, bodies, offices and agencies, as well as relevant Union expert groups and networks, in particular in the fields of product safety, cybersecurity, competition, digital and media services, financial services, consumer protection, data and fundamental rights protection;

(h) 적절한 경우, 제품 안전, 사이버 보안, 경쟁, 디지털 및 미디어 서비스, 금융 서비스, 소비자 보호, 데이터 및 기본권 보호 분야의 다른 EU 기관, 기구, 사무국 및 기관, 그리고 관련 EU 전문가 그룹 및 네트워크와 협력한다;

(i) contribute to effective cooperation with the competent authorities of third countries and with international organisations;

(i) 제3국의 관할 당국 및 국제 기구와의 효과적인 협력에 기여 한다;

(j) assist national competent authorities and the Commission in developing the organisational and technical expertise required for the implementation of this Regulation, including by contributing to

(j) 본 규정의 이행에 필요한 조직적, 기술적 전문성을 개발하는 데 있어 국가 관할 당국과 집행위원회를 지원한다. 이는 본 규정의 이행에 관여하는 회원국 직원의 훈련 필요성 평가에 기여하는 것을

the assessment of training needs for staff of Member States involved in implementing this Regulation;

포함한다;

(k) assist the AI Office in supporting national competent authorities in the establishment and development of AI regulatory sandboxes, and facilitate cooperation and information-sharing among AI regulatory sandboxes;

(k) AI 규제 샌드박스의 설립 및 개발에 있어 국가 관할 당국을 지원하는 AI 사무국을 돕고, AI 규제 샌드박스 간의 협력과 정보 공유를 촉진한다;

(l) contribute to, and provide relevant advice on, the development of guidance documents;

(l) 지침 문서의 개발에 기여하고 관련 조언을 제공한다;

(m) advise the Commission in relation to international matters on AI;

(m) AI와 관련된 국제 문제에 대해 집행위원회에 조언한다;

(n) provide opinions to the Commission on the qualified alerts regarding general-purpose AI models;

(n) 범용 AI 모델에 관한 적격 경고에 대해 집행위원회에 의견을 제공한다;

(o) receive opinions by the Member States on qualified alerts regarding general-purpose AI models, and on national experiences and practices on the monitoring and enforcement of AI systems, in particular systems integrating the general-purpose AI models.

(o) 범용 AI 모델에 관한 적격 경고, 그리고 AI 시스템(특히 범용 AI 모델을 통합한 시스템)의 모니터링 및 집행에 관한 국가 경험과 관행에 대한 회원국들의 의견을 받는다.

Article 67 Advisory Forum

제67조 자문 포럼(제안이유 148, 150)

1. An advisory forum shall be established to provide technical expertise and advise the Board and the Commission, and to contribute to their tasks under this Regulation.

1. 이사회와 집행위원회에 기술적 전문지식을 제공하고 조언하며, 본 규정에 따른 그들의 임무 수행에 기여하기 위해 자문 포럼이 설립되어야 한다.

2. The membership of the advisory forum shall represent a balanced selection of stakeholders, including industry, start-ups, SMEs, civil society and

2. 자문 포럼의 구성원은 산업계, 스타트업, 중소기업, 시민 사회 및 학계를 포함하여 이해관계자들이 균형 있게 포함되도록 선정되어야 한다. 자문 포럼의 구성

academia. The membership of the advisory forum shall be balanced with regard to commercial and non-commercial interests and, within the category of commercial interests, with regard to SMEs and other undertakings.

은 상업적 이해관계와 비상업적 이해관계 간에 균형을 이루어야 하며, 그리고 상업적 이해관계 범주 내에서는 중소기업과 다른 기업 간에 균형을 이루어야 한다.

3. The Commission shall appoint the members of the advisory forum, in accordance with the criteria set out in paragraph 2, from amongst stakeholders with recognised expertise in the field of AI.

3. 집행위원회는 제2항에 명시된 기준에 따라 AI 분야에서 인정받는 전문성을 가진 이해관계자들 중에서 자문 포럼의 구성원을 임명하여야 한다.

4. The term of office of the members of the advisory forum shall be two years, which may be extended by up to no more than four years.

4. 자문 포럼 구성원의 임기는 2년이며, 최대 4년까지 연장될 수 있다.

5. The Fundamental Rights Agency, ENISA, the European Committee for Standardization (CEN), the European Committee for Electrotechnical Standardization (CENELEC), and the European Telecommunications Standards Institute (ETSI) shall be permanent members of the advisory forum.

5. 기본권 기구(FRA), 유럽 네트워크 정보보안청(ENISA), 유럽 표준화 위원회(CEN), 유럽 전기기술 표준화 위원회(CENELEC), 유럽 전기통신 표준 협회(ETSI)는 자문 포럼의 상임 구성원이 되어야 한다.

6. The advisory forum shall draw up its rules of procedure. It shall elect two co-chairs from among its members, in accordance with criteria set out in paragraph 2. The term of office of the co-chairs shall be two years, renewable once.

6. 자문 포럼은 자체 절차 규칙을 수립하여야 한다. 제2항에 명시된 기준에 따라 구성원 중에서 두 명의 공동 의장을 선출하여야 한다. 공동 의장의 임기는 2년이며, 1회 연임할 수 있다.

7. The advisory forum shall hold meetings at least twice a year. The advisory forum may invite experts and other stakeholders to its meetings.

7. 자문 포럼은 최소 연 2회 회의를 개최하여야 한다. 자문 포럼은 전문가와 다른 이해관계자들을 회의에 초청할 수 있다.

8. The advisory forum may prepare opinions, recommendations and written contributions at the request of the Board or the Commission.

8. 자문 포럼은 이사회나 집행위원회의 요청에 따라 의견, 권고사항 및 서면 기여를 준비할 수 있다.

9. The advisory forum may establish standing or temporary sub-groups as appropriate for the purpose of examining specific questions related to the objectives of this Regulation.

9. 자문 포럼은 본 규정의 목적과 관련된 특정 질문을 검토하기 위해 필요에 따라 상설 또는 임시 하위 그룹을 설립할 수 있다.

10. The advisory forum shall prepare an annual report on its activities. That report shall be made publicly available.

10. 자문 포럼은 자신의 활동에 대한 연례 보고서를 준비하여야 한다. 이 보고서는 공개적으로 이용 가능하여야 한다.

Article 68 Scientific Panel of Independent Experts

제68조 독립 전문가 과학 패널(제안이유 148, 151)

1. The Commission shall, by means of an implementing act, make provisions on the establishment of a scientific panel of independent experts (the 'scientific panel') intended to support the enforcement activities under this Regulation. That implementing act shall be adopted in accordance with the examination procedure referred to in Article 98(2).

1. 집행위원회는 이행 법률을 통해 본 규정에 따른 집행 활동을 지원하기 위한 독립 전문가 과학 패널(이하 '과학 패널')의 설립에 관한 규정을 마련하여야 한다. 이 이행 법률은 제98조 제2항에 언급된 심사 절차에 따라 채택되어야 한다.

2. The scientific panel shall consist of experts selected by the Commission on the basis of up-to-date scientific or technical expertise in the field of AI necessary for the tasks set out in paragraph 3, and shall be able to demonstrate meeting all of the following conditions:

2. 과학 패널은 제3항에 명시된 임무에 필요한 AI 분야의 최신 과학적 또는 기술적 전문성을 바탕으로 집행위원회가 선정한 전문가들로 구성되며, 다음 조건을 모두 충족함을 입증할 수 있어야 한다:

(a) having particular expertise and competence and scientific or technical expertise in the field of AI;

(a) AI 분야에서 특별한 전문성과 능력, 과학적 또는 기술적 전문지식을 보유하고 있음;

(b) independence from any provider of AI

(b) AI 시스템 또는 범용 AI 모델의 어떤

systems or general-purpose AI models;

제공자로부터도 독립적임;

(c) an ability to carry out activities diligently, accurately and objectively. The Commission, in consultation with the Board, shall determine the number of experts on the panel in accordance with the required needs and shall ensure fair gender and geographical representation.

(c) 성실하고 정확하며 객관적으로 활동을 수행할 수 있는 능력이 있음. 집행위원회는 이사회와 협의하여 필요에 따라 패널의 전문가 수를 결정하고 공정한 성별 및 지리적 대표성을 보장하여야 한다.

3. The scientific panel shall advise and support the AI Office, in particular with regard to the following tasks:

3. 과학 패널은 특히 다음 임무와 관련하여 AI 사무국에 조언하고 지원하여야 한다:

(a) supporting the implementation and enforcement of this Regulation as regards general-purpose AI models and systems, in particular by:

(a) 범용 AI 모델 및 시스템과 관련하여 본 규정의 이행 및 집행을 지원하는 것. 특히 다음과 같은 방법으로:

(i) alerting the AI Office of possible systemic risks at Union level of general-purpose AI models, in accordance with Article 90;

(i) 제90조에 따라 범용 AI 모델의 유럽연합 차원의 잠재적 시스템 리스크에 대해 AI 사무국에 경고;

(ii) contributing to the development of tools and methodologies for evaluating capabilities of general-purpose AI models and systems, including through benchmarks;

(ii) 벤치마크를 통한 것을 포함하여 범용 AI 모델 및 시스템의 능력을 평가하기 위한 도구와 방법론 개발에 기여;

(iii) providing advice on the classification of general-purpose AI models with systemic risk;

(iii) 시스템 리스크가 있는 범용 AI 모델의 분류에 대한 조언 제공;

(iv) providing advice on the classification of various general-purpose AI models and systems;

(iv) 다양한 범용 AI 모델 및 시스템의 분류에 대한 조언 제공;

(v) contributing to the development of tools and templates;

(v) 도구 및 템플릿 개발에 기여;

(b) supporting the work of market

(b) 요청 시 시장 감시 당국의 업무 지원;

surveillance authorities, at their request;

(c) supporting cross-border market surveillance activities as referred to in Article 74(11), without prejudice to the powers of market surveillance authorities;

(c) 시장 감시 당국의 권한을 침해하지 않는 범위 내에서 제74조 제11항에 언급된 국경 간 시장 감시 활동 지원;

(d) supporting the AI Office in carrying out its duties in the context of the Union safeguard procedure pursuant to Article 81.

(d) 제81조에 따른 유럽연합 안전장치 절차의 맥락에서 AI 사무국이 의무를 수행하는 것을 지원.

4. The experts on the scientific panel shall perform their tasks with impartiality and objectivity, and shall ensure the confidentiality of information and data obtained in carrying out their tasks and activities. They shall neither seek nor take instructions from anyone when exercising their tasks under paragraph 3. Each expert shall draw up a declaration of interests, which shall be made publicly available. The AI Office shall establish systems and procedures to actively manage and prevent potential conflicts of interest.

4. 과학 패널의 전문가들은 공정성과 객관성을 가지고 임무를 수행하여야 하며, 임무와 활동 수행 중 얻은 정보와 데이터의 기밀성을 보장하여야 한다. 그들은 제3항에 따른 임무를 수행할 때 누구로부터도 지시를 구하거나 받아서는 안 된다. 각 전문가는 이해관계 선언서를 작성하여야 하며, 이는 공개적으로 이용 가능하여야 한다. AI 사무국은 잠재적 이해충돌을 적극적으로 관리하고 방지하기 위한 시스템과 절차를 수립하여야 한다.

5. The implementing act referred to in paragraph 1 shall include provisions on the conditions, procedures and detailed arrangements for the scientific panel and its members to issue alerts, and to request the assistance of the AI Office for the performance of the tasks of the scientific panel.

5. 제1항에 언급된 이행 법률은 과학 패널과 그 구성원이 경고를 발행하고, 과학 패널의 임무 수행을 위해 AI 사무국의 지원을 요청하기 위한 조건, 절차 및 상세한 준비 사항에 관한 규정을 포함하여야 한다.

Article 69 Access to the Pool of Experts by the Member States

제69조 회원국의 전문가 풀 접근(제안이유 151, 148)

1. Member States may call upon experts of the scientific panel to support their

1. 회원국은 본 규정에 따른 집행 활동을 지원하기 위해 과학 패널의 전문가들을

enforcement activities under this Regulation.

요청할 수 있다.

2. The Member States may be required to pay fees for the advice and support provided by the experts. The structure and the level of fees as well as the scale and structure of recoverable costs shall be set out in the implementing act referred to in Article 68(1), taking into account the objectives of the adequate implementation of this Regulation, cost-effectiveness and the necessity of ensuring effective access to experts for all Member States.

2. 회원국은 전문가들이 제공하는 조언과 지원에 대해 수수료를 지불해야 할 수 있다. 수수료의 구조와 수준, 그리고 회수 가능한 비용의 규모와 구조는 제68조 제1항에 언급된 이행 법률에 명시되어야 한다. 이는 본 규정의 적절한 이행 목표, 비용 효율성, 그리고 모든 회원국이 전문가에게 효과적으로 접근할 수 있도록 보장할 필요성을 고려해야 한다.

3. The Commission shall facilitate timely access to the experts by the Member States, as needed, and ensure that the combination of support activities carried out by Union AI testing support pursuant to Article 84 and experts pursuant to this Article is efficiently organised and provides the best possible added value.

3. 집행위원회는 필요에 따라 회원국이 전문가에게 시기적절하게 접근할 수 있도록 촉진하여야 하며, 제84조에 따른 유럽연합 AI 테스트 지원과 본 조에 따른 전문가들이 수행하는 지원 활동의 조합이 효율적으로 조직되고 최선의 부가가치를 제공하도록 보장하여야 한다.

Section 2: National Competent Authorities

제2절 국가 관할 당국

Article 70 Designation of National Competent Authorities and Single Point of Contact

제70조 국가 관할 당국 및 단일 연락처의 지정(제안이유 148, 153, 154)

1. Each Member State shall establish or designate as national competent authorities at least one notifying authority and at least one market surveillance authority for the purposes of this Regulation. Those national competent authorities shall exercise their powers independently, impartially and without bias so as to safeguard the

1. 각 회원국은 본 규정의 목적을 위해 최소 하나의 통보 당국과 최소 하나의 시장 감시 당국을 국가 관할 당국으로 설립 또는 지정하여야 한다. 이러한 국가 관할 당국은 그들의 활동과 임무의 객관성을 보장하고 본 규정의 적용과 이행을 보장하기 위해 독립적이고 공정하며 편견 없이 권한을 행사하여야 한다. 이들 당국의 구성원은 그들의 의무와 양립할

objectivity of their activities and tasks, and to ensure the application and implementation of this Regulation. The members of those authorities shall refrain from any action incompatible with their duties. Provided that those principles are observed, such activities and tasks may be performed by one or more designated authorities, in accordance with the organisational needs of the Member State.

수 없는 어떠한 행동도 삼가야 한다. 이러한 원칙이 준수되는 한, 해당 활동과 임무는 회원국의 조직적 필요에 따라 하나 이상의 지정된 당국에 의해 수행될 수 있다.

2. Member States shall communicate to the Commission the identity of the notifying authorities and the market surveillance authorities and the tasks of those authorities, as well as any subsequent changes thereto. Member States shall make publicly available information on how competent authorities and single points of contact can be contacted, through electronic communication means by… [12 months from the date of entry into force of this Regulation]. Member States shall designate a market surveillance authority to act as the single point of contact for this Regulation, and shall notify the Commission of the identity of the single point of contact. The Commission shall make a list of the single points of contact publicly available.

2. 회원국은 통보 당국과 시장 감시 당국의 신원과 해당 당국의 임무, 그리고 이후의 모든 변경 사항을 집행위원회에 통보하여야 한다. 회원국은 [본 규정의 발효일로부터 12개월]까지 전자 통신 수단을 통해 관할 당국과 단일 연락처로 연락할 수 있는 방법에 대한 정보를 공개적으로 이용 가능하게 하여야 한다. 회원국은 본 규정에 대한 단일 연락처 역할을 할 시장 감시 당국을 지정하고, 단일 연락처 수신 주체의 신원을 집행위원회에 통보하여야 한다. 집행위원회는 단일 연락처 목록을 공개적으로 이용 가능하게 하여야 한다.

3. Member States shall ensure that their national competent authorities are provided with adequate technical, financial and human resources, and with infrastructure to fulfil their tasks effectively under this Regulation. In particular, the national competent authorities shall have a sufficient

3. 회원국은 국가 관할 당국이 본 규정에 따른 임무를 효과적으로 수행하기 위해 적절한 기술적, 재정적, 인적 자원과 인프라를 제공받도록 보장하여야 한다. 특히, 국가 관할 당국은 AI 기술, 데이터 및 데이터 컴퓨팅, 개인정보 보호, 사이버 보안, 기본권, 건강 및 안전 위험, 그리고 기존 표준 및 법적 요구사항에 대

number of personnel permanently available whose competences and expertise shall include an in-depth understanding of AI technologies, data and data computing, personal data protection, cybersecurity, fundamental rights, health and safety risks and knowledge of existing standards and legal requirements. Member States shall assess and, if necessary, update competence and resource requirements referred to in this paragraph on an annual basis.

한 심층적인 이해를 포함하는 역량과 전문성을 갖춘 충분한 수의 인력을 영구적으로 확보하여야 한다. 회원국은 이 항에 언급된 역량 및 자원 요구사항을 매년 평가하고 필요한 경우 업데이트하여야 한다.

4. National competent authorities shall take appropriate measures to ensure an adequate level of cybersecurity.

4. 국가 관할 당국은 적절한 수준의 사이버 보안을 보장하기 위한 적절한 조치를 취하여야 한다.

5. When performing their tasks, the national competent authorities shall act in accordance with the confidentiality obligations set out in Article 78.

5. 임무 수행 시, 국가 관할 당국은 제78조에 명시된 기밀 유지 의무에 따라 행동하여야 한다.

6. By ⋯ [one year from the date of entry into force of this Regulation], and once every two years thereafter, Member States shall report to the Commission on the status of the financial and human resources of the national competent authorities, with an assessment of their adequacy. The Commission shall transmit that information to the Board for discussion and possible recommendations.

6. [본 규정의 발효일로부터 1년]까지, 그리고 그 이후 2년마다 회원국은 국가 관할 당국의 재정 및 인적 자원 상태에 대해 적정성 평가와 함께 집행위원회에 보고하여야 한다. 집행위원회는 해당 정보를 이사회에 전달하여 논의하고 가능한 권고사항을 만들도록 하여야 한다.

7. The Commission shall facilitate the exchange of experience between national competent authorities.

7. 집행위원회는 국가 관할 당국 간의 경험 교류를 촉진하여야 한다.

8. National competent authorities may provide guidance and advice on the implementation of this Regulation, in

8. 국가 관할 당국은 적절한 경우 이사회와 집행위원회의 지침과 조언을 고려하여, 특히 중소기업(스타트업 포함)에게 본

particular to SMEs including start-ups, taking into account the guidance and advice of the Board and the Commission, as appropriate. Whenever national competent authorities intend to provide guidance and advice with regard to an AI system in areas covered by other Union law, the national competent authorities under that Union law shall be consulted, as appropriate.

규정의 이행에 관한 지침과 조언을 제공할 수 있다. 국가 관할 당국이 다른 유럽연합법이 적용되는 영역의 AI 시스템에 대해 지침과 조언을 제공하고자 하는 경우, 해당 유럽연합법에 따른 국가 관할 당국과 적절히 협의하여야 한다.

9. Where Union institutions, bodies, offices or agencies fall within the scope of this Regulation, the European Data Protection Supervisor shall act as the competent authority for their supervision.

9. 유럽연합 기관, 기구, 사무국 또는 기관이 본 규정의 적용 범위에 해당하는 경우, 유럽데이터보호감독관이 그들의 감독을 위한 관할 당국 역할을 하여야 한다.

Chapter Ⅷ
EU Database for High-Risk AI Systems

제8장
고위험 AI 시스템에 대한 유럽연합 데이터베이스

Article 71 EU Database for High-Risk AI Systems Listed in Annex III

제71조 부속서 III에 나열된 고위험 AI 시스템에 대한 유럽연합 데이터베이스(제안이유 131)

1. The Commission shall, in collaboration with the Member States, set up and maintain an EU database containing information referred to in paragraphs 2 and 3 of this Article concerning high-risk AI systems referred to in Article 6(2) which are registered in accordance with Articles 49 and 60 and AI systems that are not considered as high-risk pursuant to Article 6(3) and which are registered in accordance with Article 6(4) and Article 49. When setting the functional specifications of such database, the Commission shall consult the relevant experts, and when updating the

1. 집행위원회는 회원국들과 협력하여 제49조와 제60조에 따라 등록된 제6조 제2항에 언급된 고위험 AI 시스템과 제6조 제3항에 따라 고위험으로 간주되지 않고 제6조 제4항 및 제49조에 따라 등록된 AI 시스템에 관한 본 조의 제2항 및 제3항에 언급된 정보를 포함하는 유럽연합 데이터베이스를 설정하고 유지하여야 한다. 이러한 데이터베이스의 기능적 사양을 설정할 때 집행위원회는 관련 전문가와 협의하여야 하며, 기능적 사양을 업데이트할 때는 이사회와 협의하여야 한다.

functional specifications of such database, the Commission shall consult the Board.

2. The data listed in Sections A and B of Annex VIII shall be entered into the EU database by the provider or, where applicable, by the authorised representative.

2. 부속서 VIII의 섹션 A와 B에 나열된 데이터는 제공자 또는 해당되는 경우 공인 대리인에 의해 유럽연합 데이터베이스에 입력되어야 한다.

3. The data listed in Section C of Annex VIII shall be entered into the EU database by the deployer who is, or who acts on behalf of, a public authority, agency or body, in accordance with Article 49(3) and (4).

3. 부속서 VIII의 섹션 C에 나열된 데이터는 제49조 제3항 및 제4항에 따라 공공 당국, 기관 또는 단체인 배치 책임자 또는 이를 대신하여 행동하는 배치 책임자에 의해 유럽연합 데이터베이스에 입력되어야 한다.

4. With the exception of the section referred to in Article 49(4) and Article 60(4), point (c), the information contained in the EU database registered in accordance with Article 49 shall be accessible and publicly available in a user-friendly manner. The information should be easily navigable and machine-readable. The information registered in accordance with Article 60 shall be accessible only to market surveillance authorities and the Commission, unless the prospective provider or provider has given consent for also making the information accessible the public.

4. 제49조 제4항 및 제60조 제4항 (c)호에 언급된 섹션을 제외하고, 제49조에 따라 등록된 유럽연합 데이터베이스에 포함된 정보는 사용자 친화적인 방식으로 접근 가능하고 공개적으로 이용 가능하여야 한다. 정보는 쉽게 탐색 가능하고 기계 판독이 가능하여야 한다. 제60조에 따라 등록된 정보는 예비 제공자 또는 제공자가 정보를 공개적으로 접근 가능하게 하는 것에 동의하지 않는 한 시장 감시 당국과 집행위원회만 접근할 수 있다.

5. The EU database shall contain personal data only in so far as necessary for collecting and processing information in accordance with this Regulation. That information shall include the names and contact details of natural persons who are responsible for registering the system and have the legal authority to represent the provider or the deployer,

5. 유럽연합 데이터베이스는 본 규정에 따라 정보를 수집하고 처리하는 데 필요한 범위 내에서만 개인정보를 포함하여야 한다. 해당 정보는 시스템 등록을 담당하고 제공자 또는 해당되는 경우 배치 책임자를 법적으로 대표할 권한이 있는 자연인의 이름과 연락처를 포함하여야 한다.

as applicable.

6. The Commission shall be the controller of the EU database. It shall make available to providers, prospective providers and deployers adequate technical and administrative support. The EU database shall comply with the applicable accessibility requirements.

6. 집행위원회는 유럽연합 데이터베이스의 관리자가 되어야 한다. 집행위원회는 제공자, 예비 제공자 및 배치 책임자에게 적절한 기술적 및 행정적 지원을 제공하여야 한다. 유럽연합 데이터베이스는 적용 가능한 접근성 요구사항을 준수하여야 한다.

Chapter IX
Post-Market Monitoring, Information Sharing, Market Surveillance

제9장
시장 출시 후 모니터링, 정보 공유, 시장 감시

Section 1: Post-Market Monitoring

제1절 시장 출시 후 모니터링

Article 72 Post-Market Monitoring by Providers and Post-Market Monitoring Plan for High-Risk AI Systems

제72조 제공자의 시장 출시 후 모니터링 및 고위험 AI 시스템에 대한 시장 출시 후 모니터링 계획(제안이유 155)

1. Providers shall establish and document a post-market monitoring system in a manner that is proportionate to the nature of the AI technologies and the risks of the high-risk AI system.

1. 제공자는 AI 기술의 특성과 고위험 AI 시스템의 위험에 비례하는 방식으로 시장 출시 후 모니터링 시스템을 수립하고 문서화하여야 한다.

2. The post-market monitoring system shall actively and systematically collect, document and analyse relevant data which may be provided by deployers or which may be collected through other sources on the performance of high-risk AI systems throughout their lifetime, and which allow the provider to evaluate the continuous compliance of AI systems with the requirements set out in Chapter III, Section 2. Where relevant, post-market monitoring shall include an analysis of the interaction with other AI systems. This

2. 시장 출시 후 모니터링 시스템은 배치 책임자가 제공하거나 다른 출처를 통해 수집될 수 있는 고위험 AI 시스템의 수명 전반에 걸친 성능에 관한 관련 데이터를 적극적이고 체계적으로 수집, 문서화 및 분석하여야 하며, 이를 통해 제공자가 AI 시스템이 제III장 제2절에 명시된 요구사항을 지속적으로 준수하는지 평가할 수 있도록 하여야 한다. 관련되는 경우, 시장 출시 후 모니터링은 다른 AI 시스템과의 상호작용 분석을 포함하여야 한다. 이 의무는 법 집행 당국인 배치 책임자의 민감한 운영 데이터를 포함하지 않는다.

obligation shall not cover sensitive operational data of deployers which are law enforcement authorities.

3. The post-market monitoring system shall be based on a post-market monitoring plan. The post-market monitoring plan shall be part of the technical documentation referred to in Annex IV. The Commission shall adopt an implementing act laying down detailed provisions establishing a template for the post-market monitoring plan and the list of elements to be included in the plan by … [18 months after the entry into force of this Regulation]. That implementing act shall be adopted in accordance with the examination procedure referred to in Article 98(2).

3. 시장 출시 후 모니터링 시스템은 시장 출시 후 모니터링 계획에 기반하여야 한다. 시장 출시 후 모니터링 계획은 부속서 IV에 언급된 기술 문서의 일부여야 한다. 집행위원회는 [본 규정의 발효일로부터 18개월 후]까지 시장 출시 후 모니터링 계획의 템플릿과 계획에 포함될 요소 목록을 수립하는 상세한 규정을 명시하는 이행 법률을 채택하여야 한다. 해당 이행 법률은 제98조 제2항에 언급된 심사 절차에 따라 채택되어야 한다.

4. For high-risk AI systems covered by the Union harmonisation legislation listed in Section A of Annex I, where a post-market monitoring system and plan are already established under that legislation, in order to ensure consistency, avoid duplications and minimise additional burdens, providers shall have a choice of integrating, as appropriate, the necessary elements described in paragraphs 1, 2 and 3 using the template referred in paragraph 3 into systems and plans already existing under that legislation, provided that it achieves an equivalent level of protection. The first subparagraph of this paragraph shall also apply to high-risk AI systems referred to in point 5 of Annex III placed on the market or put into service by financial institutions that are subject to

4. 부속서 I의 A절에 나열된 유럽연합 조화 법률이 적용되는 고위험 AI 시스템의 경우, 해당 법률에 따라 시장 출시 후 모니터링 시스템과 계획이 이미 수립되어 있다면, 일관성을 보장하고 중복을 피하며 추가 부담을 최소화하기 위해, 제공자는 제3항에 언급된 템플릿을 사용하여 제1항, 제2항 및 제3항에 설명된 필요한 요소를 해당 법률에 따라 이미 존재하는 시스템 및 계획에 적절히 통합하는 것을 선택할 수 있다. 단, 이는 동등한 수준의 보호를 달성하는 경우에 한한다. 본 항의 첫 번째 하위 조항은 내부 거버넌스, 체계 또는 프로세스에 관한 유럽연합금융서비스법에 따른 요구사항의 적용을 받는 금융 기관이 시장에 출시하거나 서비스에 투입한 부속서 III의 5호에 언급된 고위험 AI 시스템에도 적용된다.

requirements under Union financial services law regarding their internal governance, arrangements or processes.

Section 2: Sharing of Information on Serious Incidents

제2절 심각한 사고에 관한 정보 공유

Article 73 Reporting of Serious Incidents

제73조 심각한 사고 보고(제안이유 155)

1. Providers of high-risk AI systems placed on the Union market shall report any serious incident to the market surveillance authorities of the Member States where that incident occurred.

1. 유럽연합 시장에 출시된 고위험 AI 시스템의 제공자는 사고가 발생한 회원국의 시장 감시 당국에 모든 심각한 사고를 보고하여야 한다.

2. The report referred to in paragraph 1 shall be made immediately after the provider has established a causal link between the AI system and the serious incident or the reasonable likelihood of such a link, and, in any event, not later than 15 days after the provider or, where applicable, the deployer, becomes aware of the serious incident. The period for the reporting referred to in the first subparagraph shall take account of the severity of the serious incident.

2. 제1항에 언급된 보고는 제공자가 AI 시스템과 심각한 사고 사이의 인과관계 또는 그러한 연관성의 합리적 가능성을 확립한 직후에, 그리고 어떤 경우에도 제공자 또는 해당되는 경우 배치 책임자가 심각한 사고를 인지한 후 15일 이내에 이루어져야 한다. 첫 번째 하위 조항에 언급된 보고 기간은 심각한 사고의 심각성을 고려하여야 한다.

3. Notwithstanding paragraph 2 of this Article, in the event of a widespread infringement or a serious incident as defined in Article 3, point (49) (b), the report referred to in paragraph 1 of this Article shall be provided immediately, and not later than two days after the provider or, where applicable, the deployer becomes aware of that incident.

3. 본 조의 제2항에도 불구하고, 제3조 제49항 (b)호에 정의된 광범위한 침해 또는 심각한 사고의 경우, 본 조 제1항에 언급된 보고는 즉시, 그리고 제공자 또는 해당되는 경우 배치 책임자가 해당 사고를 인지한 후 2일 이내에 제공되어야 한다.

4. Notwithstanding paragraph 2, in the

4. 제2항에도 불구하고, 사람의 사망 사건

event of the death of a person, the report shall be provided immediately after the provider or the deployer has established, or as soon as it suspects, a causal relationship between the high-risk AI system and the serious incident, but not later than 10 days after the date on which the provider or, where applicable, the deployer becomes aware of the serious incident.

의 경우, 제공자 또는 배치 책임자가 고위험 AI 시스템과 심각한 사고 사이의 인과관계를 확인하거나 의심하는 즉시, 그러나 제공자 또는 해당되는 경우 배치 책임자가 심각한 사고를 인지한 날로부터 10일 이내에 보고서를 제출하여야 한다.

5. Where necessary to ensure timely reporting, the provider or, where applicable, the deployer, may submit an initial report that is incomplete, followed by a complete report.

5. 적시 보고를 보장하기 위해 필요한 경우, 제공자 또는 해당되는 경우 배치 책임자는 불완전한 초기 보고를 제출한 후 완전한 보고를 이어서 제출할 수 있다.

6. Following the reporting of a serious incident pursuant to paragraph 1, the provider shall, without delay, perform the necessary investigations in relation to the serious incident and the AI system concerned. This shall include a risk assessment of the incident, and corrective action. The provider shall cooperate with the competent authorities, and where relevant with the notified body concerned, during the investigations referred to in the first subparagraph, and shall not perform any investigation which involves altering the AI system concerned in a way which may affect any subsequent evaluation of the causes of the incident, prior to informing the competent authorities of such action.

6. 제1항에 따른 심각한 사고 보고 후, 제공자는 지체 없이 해당 심각한 사고와 관련 AI 시스템에 대한 필요한 조사를 수행하여야 한다. 이는 사고에 대한 위험 평가와 시정 조치를 포함한다. 제공자는 첫 번째 하위 조항에 언급된 조사 동안 관할 당국, 그리고 관련되는 경우 해당 인증기관과 협력하여야 하며, 관할 당국에 그러한 조치를 알리기 전에 사고 원인의 후속 평가에 영향을 줄 수 있는 방식으로 관련 AI 시스템을 변경하는 조사를 수행해서는 안 된다.

7. Upon receiving a notification related to a serious incident referred to in Article 3, point (49)(c), the relevant market surveillance authority shall inform the

7. 제3조 제49항 (c)호에 언급된 심각한 사고와 관련된 통보를 받은 관련 시장 감시 당국은 제77조 제1항에 언급된 국가 공공 당국 또는 기관에 알려야 한다. 집

national public authorities or bodies referred to in Article 77(1). The Commission shall develop dedicated guidance to facilitate compliance with the obligations set out in paragraph 1 of this Article. That guidance shall be issued by … [12 months after the entry into force of this Regulation], and shall be assessed regularly.

행위원회는 본 조 제1항에 명시된 의무 준수를 용이하게 하기 위한 전용 지침을 개발하여야 한다. 해당 지침은 [본 규정의 발효일로부터 12개월]까지 발행되어야 하며 정기적으로 평가되어야 한다.

8. The market surveillance authority shall take appropriate measures, as provided for in Article 19 of Regulation (EU) 2019/1020, within seven days from the date it received the notification referred to in paragraph 1 of this Article, and shall follow the notification procedures as provided in that Regulation.

8. 시장 감시 당국은 본 조 제1항에 언급된 통보를 받은 날로부터 7일 이내에 규정 (EU) 2019/1020의 제19조에 규정된 대로 적절한 조치를 취하여야 하며, 해당 규정에 규정된 통보 절차를 따라야 한다.

9. For high-risk AI systems referred to in Annex III that are placed on the market or put into service by providers that are subject to Union legislative instruments laying down reporting obligations equivalent to those set out in this Regulation, the notification of serious incidents shall be limited to those referred to in Article 3, point (49)(c).

9. 본 규정에 명시된 것과 동등한 보고 의무를 규정하는 EU 법률 문서의 적용을 받는 제공자가 시장에 출시하거나 서비스에 투입한 부속서 III에 언급된 고위험 AI 시스템의 경우, 심각한 사고의 통보는 제3조 제49항 (c)호에 언급된 사고로 제한된다.

10. For high-risk AI systems which are safety components of devices, or are themselves devices, covered by Regulations (EU) 2017/745 and (EU) 2017/746, the notification of serious incidents shall be limited to those referred to in Article 3, point (49)(c) of this Regulation, and shall be made to the national competent authority chosen for that purpose by the Member States where the incident occurred.

10. 규정 (EU) 2017/745 및 (EU) 2017/746의 적용을 받는 장치의 안전 구성요소이거나 그 자체가 해당 장치인 고위험 AI 시스템의 경우, 심각한 사고의 통보는 본 규정의 제3조 제49항 (c)호에 언급된 사고로 제한되며, 사고가 발생한 회원국이 그 목적으로 선택한 국가 관할 당국에 이루어져야 한다.

11. National competent authorities shall immediately notify the Commission of any serious incident, whether or not they have taken action on it, in accordance with Article 20 of Regulation (EU) 2019/1020.

11. 국가 관할 당국은 규정 (EU) 2019/1020의 제20조에 따라, 조치를 취했는지 여부와 관계없이 모든 심각한 사고를 즉시 집행위원회에 통보하여야 한다.

Section 3: Enforcement

제3절 집행

Article 74 Market Surveillance and Control of AI Systems in the Union Market

제74조 유럽연합 시장에서의 AI 시스템 시장 감시 및 통제(제안이유 156)

1. Regulation (EU) 2019/1020 shall apply to AI systems covered by this Regulation. For the purposes of the effective enforcement of this Regulation:

1. 규정 (EU) 2019/1020은 본 규정이 적용되는 AI 시스템에 적용된다. 본 규정의 효과적인 집행을 위해:

(a) any reference to an economic operator under Regulation (EU) 2019/1020 shall be understood as including all operators identified in Article 2(1) of this Regulation;

(a) 규정 (EU) 2019/1020에 따른 경제 운영자에 대한 모든 언급은 본 규정의 제2조 제1항에 명시된 모든 운영자를 포함하는 것으로 이해되어야 한다;

(b) any reference to a product under Regulation (EU) 2019/1020 shall be understood as including all AI systems falling within the scope of this Regulation.

(b) 규정 (EU) 2019/1020에 따른 제품에 대한 모든 언급은 본 규정의 적용 범위에 해당하는 모든 AI 시스템을 포함하는 것으로 이해되어야 한다.

2. As part of their reporting obligations under Article 34(4) of Regulation (EU) 2019/1020, the market surveillance authorities shall report annually to the Commission and relevant national competition authorities any information identified in the course of market surveillance activities that may be of potential interest for the application of Union law on competition rules. They shall also annually report to the

2. 규정 (EU) 2019/1020의 제34조 제4항에 따른 보고 의무의 일환으로, 시장 감시 당국은 시장 감시 활동 과정에서 확인된 EU 경쟁법 규칙의 적용과 관련하여 잠재적 관심사가 될 수 있는 모든 정보를 매년 집행위원회와 관련 국가 경쟁 당국에 보고하여야 한다. 또한 해당 연도 동안 발생한 금지된 관행의 사용과 취해진 조치에 대해 매년 집행위원회에 보고하여야 한다.

Commission about the use of prohibited practices that occurred during that year and about the measures taken.

3. For high-risk AI systems related to products covered by the Union harmonisation legislation listed in Section A of Annex I, the market surveillance authority for the purposes of this Regulation shall be the authority responsible for market surveillance activities designated under those legal acts. By derogation from the first subparagraph, and in appropriate circumstances, Member States may designate another relevant authority to act as a market surveillance authority, provided they ensure coordination with the relevant sectoral market surveillance authorities responsible for the enforcement of the Union harmonisation legislation listed in Annex I.

3. 부속서 I의 A절에 나열된 유럽연합 조화 법률이 적용되는 제품과 관련된 고위험 AI 시스템의 경우, 본 규정의 목적상 시장 감시 당국은 해당 법률에 따라 지정된 시장 감시 활동을 담당하는 당국이어야 한다. 첫 번째 하위 조항의 예외로, 적절한 상황에서 회원국은 부속서 I에 나열된 유럽연합 조화 법률의 집행을 담당하는 관련 부문별 시장 감시 당국과의 조정을 보장하는 조건으로 다른 관련 당국을 시장 감시 당국으로 지정할 수 있다.

4. The procedures referred to in Articles 79 to 83 of this Regulation shall not apply to AI systems related to products covered by the Union harmonisation legislation listed in section A of Annex I, where such legal acts already provide for procedures ensuring an equivalent level of protection and having the same objective. In such cases, the relevant sectoral procedures shall apply instead.

4. 본 규정의 제79조부터 제83조까지 언급된 절차는 부속서 I의 A절에 나열된 유럽연합 조화 법률이 적용되는 제품과 관련된 AI 시스템에는 적용되지 않는다. 단, 해당 법률이 이미 동등한 수준의 보호를 보장하고 동일한 목적을 가진 절차를 제공하는 경우에 한한다. 이러한 경우, 관련 부문별 절차가 대신 적용된다.

5. Without prejudice to the powers of market surveillance authorities under Article 14 of Regulation (EU) 2019/1020, for the purpose of ensuring the effective enforcement of this Regulation, market surveillance authorities may exercise the powers referred to in

5. 규정 (EU) 2019/1020의 제14조에 따른 시장 감시 당국의 권한을 침해하지 않고, 본 규정의 효과적인 집행을 보장하기 위해 시장 감시 당국은 적절한 경우 해당 규정의 제14조 제4항 (d)호 및 (j)호에 언급된 권한을 원격으로 행사할 수 있다.

Article 14(4), points (d) and (j), of that Regulation remotely, as appropriate.

6. For high-risk AI systems placed on the market, put into service, or used by financial institutions regulated by Union financial services law, the market surveillance authority for the purposes of this Regulation shall be the relevant national authority responsible for the financial supervision of those institutions under that legislation in so far as the placing on the market, putting into service, or the use of the AI system is in direct connection with the provision of those financial services.

6. 유럽연합금융서비스법에 의해 규제되는 금융 기관이 시장에 출시, 서비스에 투입, 또는 사용하는 고위험 AI 시스템의 경우, 본 규정의 목적상 시장 감시 당국은 해당 법률에 따라 이러한 기관의 금융 감독을 담당하는 관련 국가 당국이어야 한다. 단, AI 시스템의 시장 출시, 서비스 투입, 또는 사용이 해당 금융 서비스 제공과 직접적으로 연관된 경우에 한한다.

7. By way of derogation from paragraph 6, in appropriate circumstances, and provided that coordination is ensured, another relevant authority may be identified by the Member State as market surveillance authority for the purposes of this Regulation. National market surveillance authorities supervising regulated credit institutions regulated under Directive 2013/36/EU, which are participating in the Single Supervisory Mechanism established by Regulation (EU) No 1024/2013, should report, without delay, to the European Central Bank any information identified in the course of their market surveillance activities that may be of potential interest for the prudential supervisory tasks of the European Central Bank specified in that Regulation.

7. 제6항의 예외로, 적절한 상황에서, 그리고 조정이 보장되는 조건으로, 회원국은 본 규정의 목적상 다른 관련 당국을 시장 감시 당국으로 지정할 수 있다. 규정 (EU) No 1024/2013에 의해 설립된 단일 감독 메커니즘에 참여하는 지침 2013/36/EU에 따라 규제되는 신용 기관을 감독하는 국가 시장 감시 당국은 시장 감시 활동 과정에서 확인된 정보 중 해당 규정에 명시된 유럽중앙은행의 건전성 감독 업무와 잠재적으로 관련될 수 있는 모든 정보를 지체 없이 유럽중앙은행에 보고하여야 한다.

8. For high-risk AI systems listed in point 1 of Annex III to this Regulation, in so far as the systems are used for law

8. 본 규정의 부속서 III의 1호에 나열된 고위험 AI 시스템 중 법 집행, 국경 관리, 사법 및 민주주의 목적으로 사용되는 시

enforcement purposes, border management and justice and democracy, and for high-risk AI systems listed in points 6, 7 and 8 of Annex III to this Regulation, Member States shall designate as market surveillance authorities for the purposes of this Regulation either the competent data protection supervisory authorities under Regulation (EU) 2016/679 or Directive (EU) 2016/680, or any other authority designated pursuant to the same conditions laid down in Articles 41 to 44 of Directive (EU) 2016/680. Market surveillance activities shall in no way affect the independence of judicial authorities, or otherwise interfere with their activities when acting in their judicial capacity.

스템과 부속서 III의 제6호, 제7호, 제8호에 나열된 고위험 AI 시스템의 경우, 회원국은 본 규정의 목적상 시장 감시 당국으로 규정 (EU) 2016/679 또는 지침 (EU) 2016/680에 따른 권한 있는 데이터 보호 감독 당국 또는 지침 (EU) 2016/680의 제41조부터 제44조까지에 규정된 동일한 조건에 따라 지정된 다른 당국을 지정하여야 한다. 시장 감시 활동은 사법 당국의 독립성에 어떠한 방식으로도 영향을 미치거나 사법 능력으로 행동할 때 그들의 활동을 방해해서는 안 된다.

9. Where Union institutions, bodies, offices or agencies fall within the scope of this Regulation, the European Data Protection Supervisor shall act as their market surveillance authority, except in relation to the Court of Justice of the European Union acting in its judicial capacity.

9. 유럽연합 기관, 기구, 사무국 또는 기관이 본 규정의 적용 범위에 해당하는 경우, 유럽 데이터 보호 감독관이 사법 능력으로 행동하는 유럽연합 법원과 관련된 경우를 제외하고 그들의 시장 감시 당국으로 행동하여야 한다.

10. Member States shall facilitate coordination between market surveillance authorities designated under this Regulation and other relevant national authorities or bodies which supervise the application of Union harmonisation legislation listed in Annex I, or in other Union law, that might be relevant for the high-risk AI systems referred to in Annex III.

10. 회원국은 본 규정에 따라 지정된 시장 감시 당국과 부속서 I에 나열된 유럽연합 조화 법률 또는 부속서 III에 언급된 고위험 AI 시스템과 관련될 수 있는 다른 EU 법의 적용을 감독하는 다른 관련 국가 당국 또는 기관 간의 조정을 촉진하여야 한다.

11. Market surveillance authorities and the Commission shall be able to propose joint activities, including joint

11. 시장 감시 당국과 집행위원회는 규정 (EU) 2019/1020의 제9조에 따라 두 개 이상의 회원국에서 심각한 위험을 제기

investigations, to be conducted by either market surveillance authorities or market surveillance authorities jointly with the Commission, that have the aim of promoting compliance, identifying non-compliance, raising awareness or providing guidance in relation to this Regulation with respect to specific categories of high-risk AI systems that are found to present a serious risk across two or more Member States in accordance with Article 9 of Regulation (EU) 2019/1020. The AI Office shall provide coordination support for joint investigations.

하는 것으로 판명된 특정 범주의 고위험 AI 시스템과 관련하여 본 규정의 준수를 촉진, 비준수 식별, 인식 제고 또는 지침 제공을 목적으로 하는 공동 활동을 제안할 수 있다. 이러한 활동은 시장 감시 당국 또는 시장 감시 당국과 집행위원회가 공동으로 수행할 수 있다. AI 사무국은 공동 조사에 대한 조정 지원을 제공하여야 한다.

12. Without prejudice to the powers provided for under Regulation (EU) 2019/1020, and where relevant and limited to what is necessary to fulfil their tasks, the market surveillance authorities shall be granted full access by providers to the documentation as well as the training, validation and testing data sets used for the development of high-risk AI systems, including, where appropriate and subject to security safeguards, through application programming interfaces (API) or other relevant technical means and tools enabling remote access.

12. 규정 (EU) 2019/1020에 따라 제공된 권한을 침해하지 않고, 관련되고 그들의 임무를 수행하는 데 필요한 경우에 한하여, 시장 감시 당국은 고위험 AI 시스템 개발에 사용된 문서와 학습, 검증 및 테스트 데이터셋에 대한 완전한 접근 권한을 제공자로부터 부여받아야 한다. 이는 적절한 경우 및 보안 안전장치를 전제로, 원격 접근을 가능하게 하는 '응용프로그램 프로그래밍 인터페이스(API)' 또는 기타 관련 기술적 수단 및 도구를 통해 이루어질 수 있다.

13. Market surveillance authorities shall be granted access to the source code of the high-risk AI system upon a reasoned request and only when both of the following conditions are fulfilled:

13. 시장 감시 당국은 합리적인 요청이 있고 다음 두 가지 조건이 모두 충족되는 경우에만 고위험 AI 시스템의 소스 코드에 대한 접근 권한을 부여받아야 한다:

(a) access to source code is necessary to assess the conformity of a high-risk AI system with the requirements set out in

(a) 소스 코드에 대한 접근이 제III장 제2절에 명시된 요구사항에 대한 고위험 AI 시스템의 적합성을 평가하는 데 필요한

Chapter III, Section 2; and,

경우; 그리고,

(b) testing or auditing procedures and verifications based on the data and documentation provided by the provider have been exhausted or proved insufficient.

(b) 제공자가 제공한 데이터와 문서를 기반으로 한 테스트 또는 감사 절차 및 검증이 모두 소진되었거나 불충분한 것으로 입증된 경우.

14. Any information or documentation obtained by market surveillance authorities shall be treated in accordance with the confidentiality obligations set out in Article 78.

14. 시장 감시 당국이 획득한 모든 정보 또는 문서는 제78조에 명시된 기밀 유지 의무에 따라 처리되어야 한다.

Article 75 Mutual Assistance, Market Surveillance and Control of General Purpose AI Systems

제75조 범용 AI 시스템에 대한 상호 지원, 시장 감시 및 통제(제안이유 161)

1. Where an AI system is based on a general-purpose AI model, and the model and the system are developed by the same provider, the AI Office shall have powers to monitor and supervise compliance of that AI system with obligations under this Regulation. To carry out its monitoring and supervision tasks, the AI Office shall have all the powers of a market surveillance authority provided for in this Section and Regulation (EU) 2019/1020.

1. AI 시스템이 범용 AI 모델을 기반으로 하고, 해당 모델과 시스템이 동일한 제공자에 의해 개발된 경우, AI 사무국은 본 규정에 따른 의무에 대한 해당 AI 시스템의 준수를 모니터링하고 감독할 권한을 가진다. 모니터링 및 감독 업무를 수행하기 위해 AI 사무국은 본 절과 규정 (EU) 2019/1020에 규정된 시장 감시 당국의 모든 권한을 가진다.

2. Where the relevant market surveillance authorities have sufficient reason to consider general-purpose AI systems that can be used directly by deployers for at least one purpose that is classified as high-risk pursuant to this Regulation to be non-compliant with the requirements laid down in this Regulation, they shall cooperate with the AI Office to carry out compliance evaluations, and shall inform the Board and other market

2. 관련 시장 감시 당국이 본 규정에 따라 고위험으로 분류된, 최소 하나의 목적으로 배치 책임자가 직접 사용할 수 있는 범용 AI 시스템이 본 규정에 명시된 요구사항을 준수하지 않는다고 판단할 만한 충분한 이유가 있는 경우, 그들은 AI 사무국과 협력하여 준수 평가를 수행하여야 하며, 이에 따라 이사회와 다른 시장 감시 당국에 알려야 한다.

surveillance authorities accordingly.

3. Where a market surveillance authority is unable to conclude its investigation of the high-risk AI system because of its inability to access certain information related to the general-purpose AI model despite having made all appropriate efforts to obtain that information, it may submit a reasoned request to the AI Office, by which access to that information shall be enforced. In that case, the AI Office shall supply to the applicant authority without delay, and in any event within 30 days, any information that the AI Office considers to be relevant in order to establish whether a high-risk AI system is non-compliant. Market surveillance authorities shall safeguard the confidentiality of the information that they obtain in accordance with Article 78 of this Regulation. The procedure provided for in Chapter VI of Regulation (EU) 2019/1020 shall apply mutatis mutandis.

3. 시장 감시 당국이 해당 정보를 얻기 위해 모든 적절한 노력을 했음에도 불구하고, 범용 AI 모델과 관련된 특정 정보에 접근할 수 없어 고위험 AI 시스템에 대한 조사를 완료할 수 없는 경우, AI 사무국에 합리적인 요청을 제출할 수 있으며, 이를 통해 해당 정보에 대한 접근이 강제될 수 있다. 이 경우, AI 사무국은 고위험 AI 시스템의 의무 불이행 여부를 판단하는 데 관련이 있다고 여겨지는 모든 정보를 지체 없이, 어떤 경우에도 30일 이내에 신청 당국에 제공하여야 한다. 시장 감시 당국은 본 규정의 제78조에 따라 획득한 정보의 기밀성을 보호하여야 한다. 규정 (EU) 2019/1020의 제VI장에 규정된 절차가 준용된다.

Article 76 Supervision of Testing in Real World Conditions by Market Surveillance Authorities

제76조 시장 감시 당국에 의한 실제 환경 조건에서의 테스트 감독

1. Market surveillance authorities shall have competences and powers to ensure that testing in real world conditions is in accordance with this Regulation.

1. 시장 감시 당국은 실제 환경 조건에서의 테스트가 본 규정에 따라 수행되도록 보장하기 위한 권한과 권력을 가진다.

2. Where testing in real world conditions is conducted for AI systems that are supervised within an AI regulatory sandbox under Article 58, the market surveillance authorities shall verify the compliance with Article 60 as part of their supervisory role for the AI

2. 제58조에 따른 AI 규제 샌드박스 내에서 감독되는 AI 시스템에 대해 실제 환경 조건에서의 테스트가 수행되는 경우, 시장 감시 당국은 AI 규제 샌드박스에 대한 감독 역할의 일환으로 제60조의 준수를 확인하여야 한다. 이러한 당국은 적절한 경우 제60조 제4항의 (f)호 및 (g)

regulatory sandbox. Those authorities may, as appropriate, allow the testing in real world conditions to be conducted by the provider or prospective provider, in derogation from the conditions set out in Article 60(4), points (f) and (g).

호에 명시된 조건의 예외로, 제공자 또는 예비 제공자가 실제 환경 조건 테스트를 수행하도록 허용할 수 있다.

3. Where a market surveillance authority has been informed by the prospective provider, the provider or any third party of a serious incident or has other grounds for considering that the conditions set out in Articles 60 and 61 are not met, it may take either of the following decisions on its territory, as appropriate:

3. 시장 감시 당국이 예비 제공자, 제공자 또는 제3자로부터 심각한 사고에 대해 통보받았거나 제60조 및 제61조에 명시된 조건이 충족되지 않았다고 판단할 만한 다른 근거가 있는 경우, 해당 당국은 자신의 영토에서 적절히 다음 중 하나의 결정을 내릴 수 있다:

(a) to suspend or terminate the testing in real world conditions;

(a) 실제 환경 조건에서의 테스트를 중단 또는 종료할 것;

(b) to require the provider or prospective provider and the deployer or prospective deployer to modify any aspect of the testing in real world conditions.

(b) 제공자 또는 예비 제공자와 배치 책임자 또는 예비 배치 책임자에게 실제 환경 조건 테스트의 모든 측면을 수정하도록 요구할 것.

4. Where a market surveillance authority has taken a decision referred to in paragraph 3 of this Article, or has issued an objection within the meaning of Article 60(4), point (b), the decision or the objection shall indicate the grounds therefor and how the provider or prospective provider can challenge the decision or objection.

4. 시장 감시 당국이 본 조의 제3항에 언급된 결정을 내렸거나 제60조 제4항 (b)호의 의미 내에서 이의를 제기한 경우, 해당 결정 또는 이의는 그 근거와 제공자 또는 예비 제공자가 해당 결정 또는 이의에 어떻게 이의를 제기할 수 있는지를 명시하여야 한다.

5. Where applicable, where a market surveillance authority has taken a decision referred to in paragraph 3, it shall communicate the grounds therefor to the market surveillance authorities of other Member States in which the AI system has been tested in accordance

5. 해당되는 경우, 시장 감시 당국이 제3항에 언급된 결정을 내렸을 때, 해당 당국은 테스트 계획에 따라 AI 시스템이 테스트된 다른 회원국의 시장 감시 당국에 그 근거를 전달하여야 한다.

with the testing plan.

Article 77 Powers of Authorities Protecting Fundamental Rights

1. National public authorities or bodies which supervise or enforce the respect of obligations under Union law protecting fundamental rights, including the right to non-discrimination, in relation to the use of high-risk AI systems referred to in Annex III shall have the power to request and access any documentation created or maintained under this Regulation in accessible language and format when access to that documentation is necessary for effectively fulfilling their mandates within the limits of their jurisdiction. The relevant public authority or body shall inform the market surveillance authority of the Member State concerned of any such request.

2. By … [three months after the entry into force of this Regulation], each Member State shall identify the public authorities or bodies referred to in paragraph 1 and make a list of them publicly available. Member States shall notify the list to the Commission and to the other Member States, and shall keep the list up to date.

3. Where the documentation referred to in paragraph 1 is insufficient to ascertain whether an infringement of obligations under Union law protecting fundamental rights has occurred, the public authority or body referred to in paragraph 1 may make a reasoned request to the market surveillance authority, to organise testing

제77조 기본권 보호 당국의 권한(제안이유 157)

1. 부속서 III에 언급된 고위험 AI 시스템의 사용과 관련하여 차별금지권을 포함한 기본권을 보호하는 유럽연합법에 따른 의무의 존중을 감독하거나 집행하는 국가 공공 당국 또는 기관은, 그들의 권한을 효과적으로 수행하는 데 필요한 경우 본 규정에 따라 작성 또는 유지되는 모든 문서에 접근 가능한 언어와 형식으로 요청하고 접근할 수 있는 권한을 가진다. 관련 공공 당국 또는 기관은 이러한 요청에 대해 해당 회원국의 시장 감시 당국에 알려야 한다.

2. [본 규정의 발효일로부터 3개월 후]까지 각 회원국은 제1항에 언급된 공공 당국 또는 기관을 식별하고 그 목록을 공개적으로 이용 가능하게 하여야 한다. 회원국은 이 목록을 집행위원회와 다른 회원국에 통보하여야 하며, 목록을 최신 상태로 유지하여야 한다.

3. 제1항에 언급된 문서가 유럽연합법에 따른 기본권 보호 의무 위반이 발생했는지 확인하기에 불충분한 경우, 제1항에서 언급된 공공 당국 또는 기관은 시장 감시 당국에 기술적 수단을 통해 고위험 AI 시스템의 테스트를 조직하도록 합리적인 요청을 할 수 있다. 시장 감시 당국은 요청 후 합리적인 시간 내에 요청

of the high-risk AI system through technical means. The market surveillance authority shall organise the testing with the close involvement of the requesting public authority or body within a reasonable time following the request.

한 공공 당국이나 기관의 긴밀한 참여하에 테스트를 실시하여야 한다.

4. Any information or documentation obtained by the national public authorities or bodies referred to in paragraph 1 of this Article pursuant to this Article shall be treated in accordance with the confidentiality obligations set out in Article 78.

4. 본 조에 따라 본 조의 제1항에 언급된 국가 공공 당국 또는 기관이 획득한 모든 정보 또는 문서는 제78조에 명시된 기밀 유지 의무에 따라 처리되어야 한다.

Article 78 Confidentiality

제78조 기밀성(제안이유 167)

1. The Commission, market surveillance authorities and notified bodies and any other natural or legal person involved in the application of this Regulation shall, in accordance with Union or national law, respect the confidentiality of information and data obtained in carrying out their tasks and activities in such a manner as to protect, in particular:

1. 집행위원회, 시장 감시 당국, 인증기관 및 본 규정의 적용에 관여하는 기타 자연인 또는 법인은 유럽연합 또는 국내법에 따라 그들의 임무와 활동 수행 중 얻은 정보와 데이터의 기밀성을 존중하여야 하며, 특히 다음 사항을 보호하여야 한다:

(a) the intellectual property rights and confidential business information or trade secrets of a natural or legal person, including source code, except in the cases referred to in Article 5 of Directive (EU) 2016/943 of the European Parliament and of the Council[57];

(a) 자연인 또는 법인의 지적재산권과 기밀 비즈니스 정보 또는 영업 비밀(소스 코드 포함). 단, 유럽 의회 및 이사회 지침 (EU) 2016/943의 제5조에 언급된 경우는 제외;

(b) the effective implementation of this Regulation, in particular for the purposes of inspections, investigations or audits;

(b) 검사, 조사 또는 감사 목적을 포함한 본 규정의 효과적인 이행;

(c) public and national security interests;

(c) 공공 및 국가안보 이익;

(d) the conduct of criminal or administrative

(d) 형사 또는 행정 절차의 수행;

proceedings;

(e) information classified pursuant to Union or national law.

2. The authorities involved in the application of this Regulation pursuant to paragraph 1 shall request only data that is strictly necessary for the assessment of the risk posed by AI systems and for the exercise of their powers in accordance with this Regulation and with Regulation (EU) 2019/1020. They shall put in place adequate and effective cybersecurity measures to protect the security and confidentiality of the information and data obtained, and shall delete the data collected as soon as it is no longer needed for the purpose for which it was obtained, in accordance with applicable Union or national law.

3. Without prejudice to paragraphs 1 and 2, information exchanged on a confidential basis between the national competent authorities or between national competent authorities and the Commission shall not be disclosed without prior consultation of the originating national competent authority and the deployer when high-risk AI systems referred to in point 1, 6 or 7 of Annex III are used by law enforcement, border control, immigration or asylum authorities and when such disclosure would jeopardise public and national security interests. This exchange of information shall not cover sensitive operational data in relation to the activities of law enforcement, border

(e) 유럽연합법 또는 국내법에 따라 분류된 정보.

2. 제1항에 따라 본 규정의 적용에 관여하는 당국은 AI 시스템이 제기하는 위험 평가와 본 규정 및 규정 (EU) 2019/1020에 따른 권한 행사에 엄격히 필요한 데이터만을 요청하여야 한다. 그들은 획득한 정보와 데이터의 보안과 기밀성을 보호하기 위한 적절하고 효과적인 사이버 보안 조치를 마련하여야 하며, 적용 가능한 유럽연합법 또는 국내법에 따라 획득 목적에 더 이상 필요하지 않게 되면 수집된 데이터를 삭제하여야 한다.

3. 제1항과 제2항을 침해하지 않는 범위에서, 국가 관할 당국들 사이 또는 국가 관할 당국과 집행위원회 간에 기밀로 교환된 정보는, 부속서 III의 제1호, 제6호 또는 제7호에 언급된 고위험 AI 시스템이 법 집행, 국경 통제, 이민 또는 망명 당국에 의해 사용되고 그러한 공개가 공공 및 국가안보 이익을 위태롭게 할 경우, 정보를 제공한 국가 관할 당국과 배치 책임자의 사전 협의 없이 공개되어서는 안 된다. 이러한 정보 교환은 법 집행, 국경 통제, 이민 또는 망명 당국의 활동과 관련된 민감한 운영 데이터를 포함하지 않는다. 법 집행, 이민 또는 망명 당국이 부속서 III의 제1호, 제6호 또는 제7호에 언급된 고위험 AI 시스템의 제공자인 경우, 부속서 IV에 언급된 기술 문서는 해당 당국이 보관하여야 한다. 해

control, immigration or asylum authorities. When the law enforcement, immigration or asylum authorities are providers of high-risk AI systems referred to in point 1, 6 or 7 of Annex III, the technical documentation referred to in Annex IV shall remain within the premises of those authorities. Those authorities shall ensure that the market surveillance authorities referred to in Article 74(8) and (9), as applicable, can, upon request, immediately access the documentation or obtain a copy thereof. Only staff of the market surveillance authority holding the appropriate level of security clearance shall be allowed to access that documentation or any copy thereof.

당 당국은 제74조 제8항 및 제9항에 언급된 시장 감시 당국이 요청 시 즉시 문서에 접근하거나 사본을 얻을 수 있도록 보장하여야 한다. 적절한 수준의 보안 허가를 받은 시장 감시 당국 직원만이 해당 문서나 그 사본에 접근할 수 있다.

4. Paragraphs 1, 2 and 3 shall not affect the rights or obligations of the Commission, Member States and their relevant authorities, as well as those of notified bodies, with regard to the exchange of information and the dissemination of warnings, including in the context of cross-border cooperation, nor shall they affect the obligations of the parties concerned to provide information under criminal law of the Member States.

4. 제1항, 제2항, 제3항은 국경 간 협력의 맥락을 포함하여 정보 교환 및 경고 전파와 관련된 집행위원회, 회원국 및 그들의 관련 당국, 그리고 인증기관의 권리나 의무에 영향을 미치지 않으며, 회원국의 형사법에 따라 정보를 제공해야 하는 관련 당사자의 의무에도 영향을 미치지 않는다.

5. The Commission and Member States may exchange, where necessary and in accordance with relevant provisions of international and trade agreements, confidential information with regulatory authorities of third countries with which they have concluded bilateral or multilateral confidentiality arrangements guaranteeing an adequate level of

5. 집행위원회와 회원국은 필요한 경우 그리고 관련 국제 및 무역 협정 조항에 따라, 적절한 수준의 기밀성을 보장하는 양자 또는 다자간 기밀 협정을 체결한 제3국의 규제 당국과 기밀 정보를 교환할 수 있다.

confidentiality.

Article 79 Procedure for Dealing with AI Systems Presenting a Risk at National Level

1. AI systems presenting a risk shall be understood as a "product presenting a risk" as defined in Article 3, point 19 of Regulation (EU) 2019/1020, in so far as they present risks to the health or safety, or to fundamental rights, of persons.

2. Where the market surveillance authority of a Member State has sufficient reason to consider an AI system to present a risk as referred to in paragraph 1 of this Article, it shall carry out an evaluation of the AI system concerned in respect of its compliance with all the requirements and obligations laid down in this Regulation. Particular attention shall be given to AI systems presenting a risk to vulnerable groups. Where risks to fundamental rights are identified, the market surveillance authority shall also inform and fully cooperate with the relevant national public authorities or bodies referred to in Article 77(1). The relevant operators shall cooperate as necessary with the market surveillance authority and with the other national public authorities or bodies referred to in Article 77(1). Where, in the course of that evaluation, the market surveillance authority or, where applicable the market surveillance authority in cooperation with the national public authority referred to in Article 77(1), finds that the AI system does

제79조 국가 차원에서 위험을 제기하는 AI 시스템 처리 절차

1. 위험을 제기하는 AI 시스템은, 개인의 건강이나 안전, 또는 기본권에 대한 위험을 제기하는 한, 규정 (EU) 2019/1020의 제3조 19호에 정의된 "위험을 초래하는 제품"으로 이해되어야 한다.

2. 회원국의 시장 감시 당국이, AI 시스템이 본 조 제1항에 언급된 위험을 제기한다고 판단할 만한 충분한 이유가 있는 경우, 해당 당국은 본 규정에 명시된 모든 요구사항과 의무에 대한 해당 AI 시스템의 준수 여부를 평가하여야 한다. 취약 계층에 위험을 제기하는 AI 시스템에 특별한 주의를 기울여야 한다. 기본권에 대한 위험이 식별된 경우, 시장 감시 당국은 제77조 제1항에 언급된 관련 국가 공공 당국 또는 기관에 알리고 이들과 전적으로 협력해야 한다. 관련 운영자는 필요에 따라 시장 감시 당국 및 제77조 제1항에 언급된 다른 국가 공공 당국 또는 기관과 협력하여야 한다. 해당 평가 과정에서 시장 감시 당국 또는 해당되는 경우 제77조 제1항에 언급된 국가 공공 당국과 협력하는 시장 감시 당국이 AI 시스템이 본 규정에 명시된 요구사항과 의무를 준수하지 않는다고 판단하는 경우, 해당 당국은 지체 없이 관련 운영자에게 AI 시스템을 규정 준수 상태로 만들거나, 시장에서 철수시키거나, 시장 감시 당국이 정한 기간 내에 (어떤 경우에도 15 영업일 이내 또는 관련 유럽연합 조화 법률에 규정된 대로) 리콜하도록 요구하는 등 모든 적절한 시정 조치를 취하도록 요구하여야 한다.

not comply with the requirements and obligations laid down in this Regulation, it shall without undue delay require the relevant operator to take all appropriate corrective actions to bring the AI system into compliance, to withdraw the AI system from the market, or to recall it within a period the market surveillance authority may prescribe, and in any event within the shorter of 15 working days, or as provided for in the relevant Union harmonisation legislation. The market surveillance authority shall inform the relevant notified body accordingly. Article 18 of Regulation (EU) 2019/1020 shall apply to the measures referred to in the second subparagraph of this paragraph.

시장 감시 당국은 이에 따라 관련 인증기관에 알려야 한다. 규정 (EU) 2019/1020의 제18조가 본 항의 두 번째 하위조항에 언급된 조치에 적용된다.

3. Where the market surveillance authority considers that the non-compliance is not restricted to its national territory, it shall inform the Commission and the other Member States without undue delay of the results of the evaluation and of the actions which it has required the operator to take.

3. 시장 감시 당국이, AI 시스템의 의무 불이행이 자국 영토에 국한되지 않는다고 판단하는 경우, 해당 당국은 평가 결과와 운영자에게 취하도록 요구한 조치에 대해 지체 없이 집행위원회와 다른 회원국에 알려야 한다.

4. The operator shall ensure that all appropriate corrective action is taken in respect of all the AI systems concerned that it has made available on the Union market.

4. 운영자는 유럽연합 시장에서 이용 가능하게 한 모든 관련 AI 시스템에 대해 모든 적절한 시정 조치가 취해지도록 보장하여야 한다.

5. Where the operator of an AI system does not take adequate corrective action within the period referred to in paragraph 2, the market surveillance authority shall take all appropriate provisional measures to prohibit or restrict the AI system's being made available on its

5. AI 시스템의 운영자가 제2항에 언급된 기간 내에 적절한 시정 조치를 취하지 않는 경우, 시장 감시 당국은 해당 AI 시스템의 자국 시장 내 이용 가능성 또는 서비스 투입을 금지하거나 제한하거나, 해당 시장에서 제품 또는 독립형 AI 시스템을 철수시키거나 리콜하는 등 모

national market or put into service, to withdraw the product or the standalone AI system from that market or to recall it. That authority shall without undue delay notify the Commission and the other Member States of those measures.

든 적절한 임시 조치를 취하여야 한다. 해당 당국은 이러한 조치에 대해 지체 없이 집행위원회와 다른 회원국에 통보하여야 한다.

6. The notification referred to in paragraph 5 shall include all available details, in particular the information necessary for the identification of the non-compliant AI system, the origin of the AI system and the supply chain, the nature of the non-compliance alleged and the risk involved, the nature and duration of the national measures taken and the arguments put forward by the relevant operator. In particular, the market surveillance authorities shall indicate whether the non-compliance is due to one or more of the following:

6. 제5항에 언급된 통보는 모든 가용한 세부 정보, 특히 의무 불이행 AI 시스템의 식별에 필요한 정보, AI 시스템의 출처와 공급망, 지적된 위반 사항의 성격과 관련 위험, 취해진 국가 조치의 성격과 기간, 그리고 관련 운영자가 제시한 주장을 포함하여야 한다. 특히, 시장 감시 당국은 의무 불이행이 다음 중 하나 이상으로 인한 것인지 표시하여야 한다:

(a) non-compliance with the prohibition of the AI practices referred to in Article 5;

(a) 제5조에 언급된 AI 관행 금지 사항을 준수하지 않은 경우;

(b) a failure of a high-risk AI system to meet requirements set out in Chapter III, Section 2;

(b) 고위험 AI 시스템이 제III장 제2절에 명시된 요구사항을 충족하지 못한 경우;

(c) shortcomings in the harmonised standards or common specifications referred to in Articles 40 and 41 conferring a presumption of conformity;

(c) 적합성 추정을 부여하는 제40조 및 제41조에 언급된 조화 표준 또는 공통 규격의 결함;

(d) non-compliance with Article 50.

(d) 제50조를 준수하지 않은 경우.

7. The market surveillance authorities other than the market surveillance authority of the Member State initiating the procedure shall, without undue delay, inform the Commission and the other Member States of any measures

7. 절차를 개시한 회원국의 시장 감시 당국을 제외한 다른 시장 감시 당국은 채택된 모든 조치와 해당 AI 시스템의 규정 위반과 관련하여 자신들이 보유한 모든 추가 정보에 대해 부당한 지체 없이 집행위원회와 다른 회원국들에게 통보하여

adopted and of any additional information at their disposal relating to the non-compliance of the AI system concerned, and, in the event of disagreement with the notified national measure, of their objections.

야 한다. 또한, 통보된 국가 조치에 동의하지 않는 경우, 그들의 이의 사항에 대해서도 통보해야 한다.

8. Where, within three months of receipt of the notification referred to in paragraph 5 of this Article, no objection has been raised by either a market surveillance authority of a Member State or by the Commission in respect of a provisional measure taken by a market surveillance authority of another Member State, that measure shall be deemed justified. This shall be without prejudice to the procedural rights of the concerned operator in accordance with Article 18 of Regulation (EU) 2019/1020. The three-month period referred to in this paragraph shall be reduced to 30 days in the event of non-compliance with the prohibition of the AI practices referred to in Article 5 of this Regulation.

8. 본 조 제5항에 언급된 통보를 받은 후 3개월 이내에 회원국의 시장 감시 당국이나 집행위원회가 다른 회원국의 시장 감시 당국이 취한 임시 조치에 대해 이의를 제기하지 않은 경우, 해당 조치는 정당화된 것으로 간주된다. 이는 규정(EU) 2019/1020의 제18조에 따른 관련 운영자의 절차적 권리를 침해하지 않는다. 본 항에 언급된 3개월 기간은 본 규정의 제5조에 언급된 AI 관행 금지의 비준수의 경우 30일로 단축된다.

9. The market surveillance authorities shall ensure that appropriate restrictive measures are taken in respect of the product or the AI system concerned, such as withdrawal of the product or the AI system from their market, without undue delay.

9. 시장 감시 당국은 해당 제품 또는 AI 시스템에 대해 시장에서의 제품 또는 AI 시스템 철수와 같은 적절한 제한 조치가 지체 없이 취해지도록 보장하여야 한다.

Article 80 Procedure for Dealing with AI Systems Classified by the Provider as a Not High-Risk in Application of Annex III

제80조 부속서 III 적용에 있어 제공자에 의해 고위험으로 분류되지 않은 AI 시스템 처리 절차

1. Where a market surveillance authority has sufficient reason to consider that an

1. 시장 감시 당국이 제6조 제3항에 따라 제공자가 고위험이 아니라고 분류한 AI

AI system classified by the provider as non-high-risk pursuant to Article 6(3) is indeed high-risk, the market surveillance authority shall carry out an evaluation of the AI system concerned in respect of its classification as a high-risk AI system based on the conditions set out in Article 6(3) and the Commission guidelines.

시스템이 실제로는 고위험이라고 판단할 만한 충분한 이유가 있는 경우, 시장 감시 당국은 제6조 제3항에 명시된 조건과 집행위원회 지침에 기반하여 해당 AI 시스템의 고위험 AI 시스템으로서의 분류에 대해 평가를 수행하여야 한다.

2. Where, in the course of that evaluation, the market surveillance authority finds that the AI system concerned is high-risk, it shall without undue delay require the relevant provider to take all necessary actions to bring the AI system into compliance with the requirements and obligations laid down in this Regulation, as well as take appropriate corrective action within a period the market surveillance authority may prescribe.

2. 해당 평가 과정에서 시장 감시 당국이 해당 AI 시스템이 고위험이라고 판단하는 경우, 해당 당국은 지체 없이 관련 제공자에게 본 규정에 명시된 요구사항과 의무를 준수하도록 AI 시스템을 수정하고, 시장 감시 당국이 정한 기간 내에 적절한 시정 조치를 취하도록 요구하여야 한다.

3. Where the market surveillance authority considers that the use of the AI system concerned is not restricted to its national territory, it shall inform the Commission and the other Member States without undue delay of the results of the evaluation and of the actions which it has required the provider to take.

3. 시장 감시 당국이 해당 AI 시스템의 사용이 자국 영토에 국한되지 않는다고 판단하는 경우, 해당 당국은 평가 결과와 제공자에게 취하도록 요구한 조치에 대해 지체 없이 집행위원회와 다른 회원국에 알려야 한다.

4. The provider shall ensure that all necessary action is taken to bring the AI system into compliance with the requirements and obligations laid down in this Regulation. Where the provider of an AI system concerned does not bring the AI system into compliance with those requirements and obligations within the period referred to in

4. 제공자는 AI 시스템을 본 규정에 명시된 요구사항과 의무를 준수하도록 하기 위해 필요한 모든 조치가 취해지도록 보장하여야 한다. 해당 AI 시스템의 제공자가 본 조 제2항에 언급된 기간 내에 이러한 요구사항과 의무를 준수하도록 AI 시스템을 수정하지 않는 경우, 제공자는 제99조에 따라 과징금의 대상이 된다.

paragraph 2 of this Article, the provider shall be subject to fines in accordance with Article 99.

5. The provider shall ensure that all appropriate corrective action is taken in respect of all the AI systems concerned that it has made available on the Union market.

5. 제공자는 유럽연합 시장에서 이용 가능하게 한 모든 관련 AI 시스템에 대해 모든 적절한 시정 조치가 취해지도록 보장하여야 한다.

6. Where the provider of the AI system concerned does not take adequate corrective action within the period referred to in paragraph 2 of this Article, Article 79(5) to (9) shall apply.

6. 해당 AI 시스템의 제공자가 본 조 제2항에 언급된 기간 내에 적절한 시정 조치를 취하지 않는 경우, 제79조 제5항부터 제9항이 적용된다.

7. Where, in the course of the evaluation pursuant to paragraph 1 of this Article, the market surveillance authority establishes that the AI system was misclassified by the provider as non-high-risk in order to circumvent the application of requirements in Chapter III, Section 2, the provider shall be subject to fines in accordance with Article 99.

7. 본 조 제1항에 따른 평가 과정에서 시장감시 당국이 제공자가 제III장 제2절의 요구사항 적용을 회피하기 위해 AI 시스템을 의도적으로 '비(非)고위험'으로 잘못 분류했다고 판단하는 경우, 제공자는 제99조에 따라 과징금의 대상이 된다.

8. In exercising their power to monitor the application of this Article, and in accordance with Article 11 of Regulation (EU) 2019/1020, market surveillance authorities may perform appropriate checks, taking into account in particular information stored in the EU database referred to in Article 71 of this Regulation.

8. 본 조의 적용을 모니터링하는 권한을 행사함에 있어, 그리고 규정 (EU) 2019/1020의 제11조에 따라, 시장 감시 당국은 특히 본 규정의 제71조에 언급된 EU 데이터베이스에 저장된 정보를 고려하여 적절한 점검을 수행할 수 있다.

Article 81 Union Safeguard Procedure

제81조 유럽연합 세이프가드 절차

1. Where, within three months of receipt of the notification referred to in Article 79(5), or within 30 days in the case of

1. 제79조 제5항에 언급된 통보를 받은 후 3개월 이내에, 또는 제5조에 언급된 AI 관행 금지 위반의 경우 30일 이내에, 한

non-compliance with the prohibition of the AI practices referred to in Article 5, objections are raised by the market surveillance authority of a Member State to a measure taken by another market surveillance authority, or where the Commission considers the measure to be contrary to Union law, the Commission shall without undue delay enter into consultation with the market surveillance authority of the relevant Member State and the operator or operators, and shall evaluate the national measure. On the basis of the results of that evaluation, the Commission shall, within six months, or within 60 days in the case of non-compliance with the prohibition of the AI practices referred to in Article 5, starting from the notification referred to in Article 79(5), decide whether the national measure is justified and shall notify its decision to the market surveillance authority of the Member State concerned. The Commission shall also inform all other market surveillance authorities of its decision.

회원국의 시장 감시 당국이 다른 시장 감시 당국이 취한 조치에 대해 이의를 제기하거나, 집행위원회가 해당 조치가 유럽연합법에 위배된다고 판단하는 경우, 집행위원회는 부당한 지체 없이 관련 회원국의 시장 감시 당국 및 운영자와 협의를 시작하고 해당 국가의 조치를 평가하여야 한다. 이 평가 결과를 바탕으로, 집행위원회는 제79조 제5항에 언급된 통보로부터 6개월 이내에, 또는 제5조에 언급된 AI 관행 금지 위반의 경우 60일 이내에, 해당 국가의 조치가 정당화되는지 여부를 결정하고 해당 결정을 관련 회원국의 시장 감시 당국에 통보하여야 한다. 집행위원회는 또한 모든 다른 시장 감시 당국에 이 결정을 알려야 한다.

2. Where the Commission considers the measure taken by the relevant Member State to be justified, all Member States shall ensure that they take appropriate restrictive measures in respect of the AI system concerned, such as requiring the withdrawal of the AI system from their market without undue delay, and shall inform the Commission accordingly. Where the Commission considers the national measure to be unjustified, the Member State concerned shall withdraw the measure and shall inform the

2. 집행위원회가 관련 회원국이 취한 조치가 정당화된다고 판단하는 경우, 모든 회원국은 해당 AI 시스템에 대해 시장에서의 즉각적인 철수 요구와 같은 적절한 제한 조치를 취하도록 보장하고 이를 위원회에 알려야 한다. 집행위원회가 국가 조치가 정당화되지 않는다고 판단하는 경우, 해당 회원국은 조치를 철회하고 이를 집행위원회에 알려야 한다.

Commission accordingly.

3. Where the national measure is considered justified and the non-compliance of the AI system is attributed to shortcomings in the harmonised standards or common specifications referred to in Articles 40 and 41 of this Regulation, the Commission shall apply the procedure provided for in Article 11 of Regulation (EU) No 1025/2012.

3. 국가의 조치가 정당화되고 AI 시스템의 규정 위반이 본 규정의 제40조 및 제41조에 언급된 조화 표준 또는 공통 규격의 결함에 기인하는 것으로 판단되는 경우, 집행위원회는 규정 (EU) No 1025/2012의 제11조에 규정된 절차를 적용하여야 한다.

Article 82 Compliant AI Systems Which Present a Risk

1. Where, having performed an evaluation under Article 79, after consulting the relevant national public authority referred to in Article 77(1), the market surveillance authority of a Member State finds that although a high-risk AI system complies with this Regulation, it nevertheless presents a risk to the health or safety of persons, to fundamental rights, or to other aspects of public interest protection, it shall require the relevant operator to take all appropriate measures to ensure that the AI system concerned, when placed on the market or put into service, no longer presents that risk without undue delay, within a period it may prescribe.

2. The provider or other relevant operator shall ensure that corrective action is taken in respect of all the AI systems concerned that it has made available on the Union market within the timeline prescribed by the market surveillance authority of the Member State referred to in paragraph 1.

제82조 규정을 준수하지만 위험성이 있는 AI 시스템

1. 제79조에 따른 평가를 수행하고 제77조 제1항에 언급된 관련 국가 공공 당국과 협의한 후, 회원국의 시장 감시 당국이 고위험 AI 시스템이 본 규정을 준수함에도 불구하고 개인의 건강이나 안전, 기본권 또는 공익 보호의 다른 측면에 위험을 제기한다고 판단하는 경우, 해당 당국은 관련 운영자에게 해당 AI 시스템이 시장에 출시되거나 서비스에 투입될 때 더 이상 그러한 위험을 제기하지 않도록 보장하기 위해 모든 적절한 조치를 취하도록 요구하여야 한다. 이는 당국이 정한 기간 내에 지체 없이 이루어져야 한다.

2. 제공자 또는 기타 관련 운영자는 제1항에 언급된 회원국의 시장 감시 당국이 정한 기간 내에 유럽연합 시장에서 이용 가능하게 한 모든 관련 AI 시스템에 대해 시정 조치가 취해지도록 보장하여야 한다.

3. The Member States shall immediately inform the Commission and the other Member States of a finding under paragraph 1. That information shall include all available details, in particular the data necessary for the identification of the AI system concerned, the origin and the supply chain of the AI system, the nature of the risk involved and the nature and duration of the national measures taken.

3. 회원국은 제1항에 따른 발견 사항을 즉시 집행위원회와 다른 회원국에 알려야 한다. 이 정보에는 모든 가용한 세부 사항, 특히 해당 AI 시스템의 식별에 필요한 데이터, AI 시스템의 출처와 공급망, 관련된 위험의 성격, 그리고 취해진 국가 조치의 성격과 기간이 포함되어야 한다.

4. The Commission shall without undue delay enter into consultation with the Member States concerned and the relevant operators, and shall evaluate the national measures taken. On the basis of the results of that evaluation, the Commission shall decide whether the measure is justified and, where necessary, propose other appropriate measures.

4. 집행위원회는 지체 없이 관련 회원국 및 관련 운영자와 협의를 시작하고, 취해진 국가 조치를 평가하여야 한다. 이 평가 결과를 바탕으로, 집행위원회는 해당 조치가 정당화되는지 여부를 결정하고, 필요한 경우 다른 적절한 조치를 제안하여야 한다.

5. The Commission shall immediately communicate its decision to the Member States concerned and to the relevant operators. It shall also inform the other Member States.

5. 집행위원회는 즉시 그 결정을 관련 회원국과 관련 운영자에게 전달하여야 한다. 또한 다른 회원국에도 알려야 한다.

Article 83 Formal Non-Compliance

제83조 형식적인 규정 위반

1. Where the market surveillance authority of a Member State makes one of the following findings, it shall require the relevant provider to put an end to the non-compliance concerned, within a period it may prescribe:

1. 회원국의 시장 감시 당국이 다음 중 하나를 발견하는 경우, 해당 당국은 관련 제공자에게 관련 위반 사항을 당국이 정한 기간 내에 종료하도록 요구하여야 한다:

(a) the CE marking has been affixed in violation of Article 48;

(a) CE 마크 표시가 제48조를 위반하여 부착된 경우;

(b) the CE marking has not been affixed;

(b) CE 마크 표시가 부착되지 않은 경우;

(c) the EU declaration of conformity referred to in Article 47 has not been drawn up;

(d) the EU declaration of conformity referred to in Article 47 has not been drawn up correctly;

(e) the registration in the EU database referred to in Article 71 has not been carried out;

(f) where applicable, no authorised representative has been appointed;

(g) technical documentation is not available.

2. Where the non-compliance referred to in paragraph 1 persists, the market surveillance authority of the Member State concerned shall take appropriate and proportionate measures to restrict or prohibit the high-risk AI system being made available on the market or to ensure that it is recalled or withdrawn from the market without delay.

Article 84 Union AI Testing Support Structures

1. The Commission shall designate one or more Union AI testing support structures to perform the tasks listed under Article 21(6) of Regulation (EU) 2019/1020 in the area of AI.

2. Without prejudice to the tasks referred to in paragraph 1, Union AI testing support structures shall also provide independent technical or scientific advice at the request of the Board, the Commission, or of market surveillance

(c) 제47조에 언급된 유럽연합 적합성 선언이 작성되지 않은 경우;

(d) 제47조에 언급된 유럽연합 적합성 선언이 올바르게 작성되지 않은 경우;

(e) 제71조에 언급된 유럽연합 데이터베이스에 등록이 이루어지지 않은 경우;

(f) 해당되는 경우, 공인 대리인이 지정되지 않은 경우;

(g) 기술 문서를 이용할 수 없는 경우.

2. 제1항에 언급된 위반 사항이 지속되는 경우, 해당 회원국의 시장 감시 당국은 고위험 AI 시스템의 시장 출시를 제한하거나 금지하거나, 지체 없이 시장에서 회수 또는 철수되도록 보장하기 위해 적절하고 비례적인 조치를 취하여야 한다.

제84조 유럽연합 AI 테스트 지원 구조 (제안이유 152)

1. 집행위원회는 AI 분야에서 규정 (EU) 2019/1020의 제21조 제6항에 나열된 업무를 수행하기 위해 하나 이상의 유럽연합 AI 테스트 지원 구조를 지정하여야 한다.

2. 제1항에 언급된 업무를 침해하지 않는 범위에서, 유럽연합 AI 테스트 지원 구조는 이사회, 집행위원회 또는 시장 감시 당국의 요청에 따라 독립적인 기술적 또는 과학적 자문을 제공하여야 한다.

authorities.

Section 4: Remedies

제4절 구제 수단

Article 85 Right to Lodge a Complaint with a Market Surveillance Authority

Without prejudice to other administrative or judicial remedies, any natural or legal person having grounds to consider that there has been an infringement of the provisions of this Regulation may submit complaints to the relevant market surveillance authority. In accordance with Regulation (EU) 2019/1020, such complaints shall be taken into account for the purpose of conducting market surveillance activities, and shall be handled in line with the dedicated procedures established therefor by the market surveillance authorities.

제85조 시장 감시 당국에 민원을 제기할 권리(제안이유 170)

다른 행정적 또는 사법적 구제 수단을 침해하지 않는 범위에서, 본 규정의 조항이 위반되었다고 판단할 근거가 있는 모든 자연인 또는 법인은 관련 시장 감시 당국에 민원을 제출할 수 있다. 규정 (EU) 2019/1020에 따라, 이러한 민원은 시장 감시 활동 수행을 위해 고려되어야 하며, 시장 감시 당국이 이를 위해 수립한 전용 절차에 따라 처리되어야 한다.

Article 86 A Right to Explanation of Individual Decision-Making

1. Any affected person subject to a decision which is taken by the deployer on the basis of the output from a high-risk AI system listed in Annex III, with the exception of systems listed under point 2 thereof, and which produces legal effects or similarly significantly affects that person in a way that they consider to have an adverse impact on their health, safety or fundamental rights shall have the right to obtain from the deployer clear and meaningful explanations of the role of the AI system in the decision-making procedure and the main elements of the decision taken.

제86조 개별 의사 결정에 대한 설명을 들을 권리(제안이유 171)

1. 부속서 III에 나열된 고위험 AI 시스템(그 중 2항에 나열된 시스템 제외)의 출력 결과물을 기반으로 배치 책임자가 내린 결정의 대상이 되는 모든 영향을 받는 사람은, 해당 결정이 법적 효력을 발생시키거나 그 사람의 건강, 안전 또는 기본권에 부정적인 영향을 미치는 방식으로 유사하게 중대한 영향을 미친다고 판단하는 경우, 의사 결정 절차에서 AI 시스템의 역할과 내려진 결정의 주요 요소에 대한 명확하고 의미 있는 설명을 배치 책임자로부터 얻을 권리가 있다.

2. Paragraph 1 shall not apply to the use of AI systems for which exceptions from, or restrictions to, the obligation under that paragraph follow from Union or national law in compliance with Union law.

2. 제1항은 유럽연합법 또는 유럽연합법을 준수하는 국내법에 따라 해당 항의 의무에 대한 예외 또는 제한이 따르는 AI 시스템의 사용에는 적용되지 않는다.

3. This Article shall apply only to the extent that the right referred to in paragraph 1 is not otherwise provided for under Union law.

3. 본 조는 제1항에 언급된 권리가 유럽연합법에 따라 달리 규정되지 않는 범위에서만 적용된다.

Article 87 Reporting of Breaches and Protection of Reporting Persons

제87조 위반 신고 및 신고자 보호(제안이유 172)

Directive (EU) 2019/1937 shall apply to the reporting of infringements of this Regulation and the protection of persons reporting such infringements.

지침 (EU) 2019/1937은 본 규정의 위반 신고 및 그러한 위반을 신고하는 사람들의 보호에 적용된다.

Section 5: Supervision, Investigation, Enforcement and Monitoring in Respect of Providers of General Purpose AI Models

제5절 범용 AI 모델 제공자에 대한 감독, 조사, 집행 및 모니터링

Article 88 Enforcement of Obligations on Providers of General Purpose AI Models

제88조 범용 AI 모델 제공자의 의무 집행 (제안이유 162)

1. The Commission shall have exclusive powers to supervise and enforce Chapter V, taking into account the procedural guarantees under Article 94. The Commission shall entrust the implementation of these tasks to the AI Office, without prejudice to the powers of organisation of the Commission and the division of competences between Member States and the Union based on the Treaties.

1. 집행위원회는 제94조에 따른 절차적 보장을 고려하여 제V장을 감독하고 집행할 배타적 권한을 가진다. 집행위원회는 이러한 업무의 이행을 AI 사무국에 위임하되, 집행위원회의 조직 권한과 조약에 기반한 회원국과 유럽연합 간의 권한 분배를 침해하지 않는다.

2. Without prejudice to Article 75(3),

2. 제75조 제3항을 침해하지 않는 범위에

market surveillance authorities may request the Commission to exercise the powers laid down in this Section, where that is necessary and proportionate to assist with the fulfilment of their tasks under this Regulation.

서, 시장 감시 당국은 본 규정에 따른 그들의 업무 수행을 지원하는 데 필요하고 적정한 수준인 경우, 집행위원회에 본 절에 규정된 권한을 행사하도록 요청할 수 있다.

Article 89 Monitoring Actions

제89조 모니터링 조치(제안이유 164)

1. For the purpose of carrying out the tasks assigned to it under this Section, the AI Office may take the necessary actions to monitor the effective implementation and compliance with this Regulation by providers of general-purpose AI models, including their adherence to approved codes of practice.

1. 본 절에 따라 할당된 업무를 수행하기 위해, AI 사무국은 승인된 실천 강령 준수를 포함하여 범용 AI 모델 제공자들의 본 규정의 효과적인 이행 및 준수를 모니터링하는 데 필요한 조치를 취할 수 있다.

2. Downstream providers shall have the right to lodge a complaint alleging an infringement of this Regulation. A complaint shall be duly reasoned and indicate at least:

2. 하위 공급망 제공자는 본 규정 위반을 주장하는 민원을 제기할 권리가 있다. 민원은 적절히 근거가 있어야 하며 최소한 다음을 포함하여야 한다:

(a) the point of contact of the provider of the general-purpose AI model concerned;

(a) 관련 범용 AI 모델 제공자의 연락처;

(b) a description of the relevant facts, the provisions of this Regulation concerned, and the reason why the downstream provider considers that the provider of the general-purpose AI model concerned infringed this Regulation;

(b) 관련 사실, 관련 본 규정 조항에 대한 설명, 그리고 하위 공급망 제공자가 관련 범용 AI 모델 제공자가 본 규정을 위반했다고 판단하는 이유;

(c) any other information that the downstream provider that sent the request considers relevant, including, where appropriate, information gathered on its own initiative.

(c) 요청을 보낸 하위 공급망 제공자가 관련 있다고 판단하는 기타 정보(적절한 경우, 자체적으로 수집한 정보 포함).

Article 90 Alerts of Systemic Risks by the Scientific Panel

1. The scientific panel may provide a qualified alert to the AI Office where it has reason to suspect that:

(a) a general-purpose AI model poses concrete identifiable risk at Union level; or,

(b) a general-purpose AI model meets the conditions referred to in Article 51.

2. Upon such qualified alert, the Commission, through the AI Office and after having informed the Board, may exercise the powers laid down in this Section for the purpose of assessing the matter. The AI Office shall inform the Board of any measure according to Articles 91 to 94.

3. A qualified alert shall be duly reasoned and indicate at least:

(a) the point of contact of the provider of the general-purpose AI model with systemic risk concerned;

(b) a description of the relevant facts and the reasons for the alert by the scientific panel;

(c) any other information that the scientific panel considers to be relevant, including, where appropriate, information gathered on its own initiative.

Article 91 Power to Request Documentation and Information

1. The Commission may request the

제90조 과학 패널의 시스템 리스크 경고
(제안이유 163)

1. 과학 패널은 다음을 의심할 만한 이유가 있는 경우 AI 사무국에 전문가 검증을 거친 경고를 제공할 수 있다:

(a) 범용 AI 모델이 EU 차원에서 구체적으로 식별 가능한 위험을 제기하는 경우; 또는,

(b) 범용 AI 모델이 제51조에 언급된 조건을 충족하는 경우.

2. 이러한 전문가 검증을 거친 경고에 따라, 집행위원회는 AI 사무국을 통해, 그리고 이사회에 통보한 후, 해당 사안을 평가하기 위해 본 절에 규정된 권한을 행사할 수 있다. AI 사무국은 제91조부터 제94조에 따른 모든 조치를 이사회에 알려야 한다.

3. 전문가 검증을 거친 경고는 적절히 근거가 있어야 하며 최소한 다음을 포함하여야 한다:

(a) 시스템 리스크가 있는 관련 범용 AI 모델 제공자의 연락처;

(b) 관련 사실과 과학 패널의 경고 이유에 대한 설명;

(c) 과학 패널이 관련 있다고 판단하는 기타 정보(적절한 경우, 자체적으로 수집한 정보 포함).

제91조 문서 및 정보 요청 권한
(제안이유 164)

1. 집행위원회는 해당 범용 AI 모델의 제공

provider of the general-purpose AI model concerned to provide the documentation drawn up by the provider in accordance with Articles 53 and 55, or any additional information that is necessary for the purpose of assessing compliance of the provider with this Regulation.

자에게 제53조 및 제55조에 따라 제공자가 작성한 문서나 본 규정 준수 여부를 평가하는 데 필요한 추가 정보를 제공하도록 요청할 수 있다.

2. Before sending the request for information, the AI Office may initiate a structured dialogue with the provider of the general-purpose AI model.

2. 정보 요청을 보내기 전에, AI 사무국은 범용 AI 모델의 제공자와 체계를 갖춘 대화를 시작할 수 있다.

3. Upon a duly substantiated request from the scientific panel, the Commission may issue a request for information to a provider of a general-purpose AI model, where the access to information is necessary and proportionate for the fulfilment of the tasks of the scientific panel under Article 68(2).

3. 과학 패널의 적절한 근거가 있는 요청에 따라, 집행위원회는 제68조 제2항에 따른 과학 패널의 임무 수행에 필요하고 비례적인 경우 범용 AI 모델의 제공자에게 정보 요청을 발행할 수 있다.

4. The request for information shall state the legal basis and the purpose of the request, specify what information is required, set a period within which the information is to be provided, and indicate the fines provided for in Article 101 for supplying incorrect, incomplete or misleading information.

4. 정보 요청서에는 요청의 법적 근거와 목적, 필요한 정보의 명세, 정보 제공 기한, 그리고 부정확하거나 불완전하거나 오해의 소지가 있는 정보 제공에 대한 제101조의 과징금을 명시하여야 한다.

5. The provider of the general-purpose AI model concerned, or its representative shall supply the information requested. In the case of legal persons, companies or firms, or where the provider has no legal personality, the persons authorised to represent them by law or by their statutes, shall supply the information requested on behalf of the provider of the general-purpose AI model concerned.

5. 해당 범용 AI 모델의 제공자 또는 그 대리인은 요청된 정보를 제공하여야 한다. 법인, 회사 또는 기업의 경우, 또는 제공자가 법인격이 없는 경우, 법률 또는 정관에 의해 그들을 대표할 권한이 있는 사람들이 해당 범용 AI 모델 제공자를 대신하여 요청된 정보를 제공하여야 한다. 적법하게 권한을 부여받은 변호사가 그들의 고객을 대신하여 정보를 제공할 수 있다. 그러나 제공된 정보가 불완전

Lawyers duly authorised to act may supply information on behalf of their clients. The clients shall nevertheless remain fully responsible if the information supplied is incomplete, incorrect or misleading.

하거나 부정확하거나 오해의 소지가 있는 경우, 고객은 여전히 전적인 책임을 져야만 한다.

Article 92 Power to Conduct Evaluations

제92조 평가 수행 권한(제안이유 164)

1. The AI Office, after consulting the Board, may conduct evaluations of the general-purpose AI model concerned:

1. AI 사무국은 이사회와 협의 후 해당 범용 AI 모델에 대한 평가를 수행할 수 있다:

(a) to assess compliance of the provider with obligations under this Regulation, where the information gathered pursuant to Article 91 is insufficient; or,

(a) 제91조에 따라 수집된 정보가 불충분한 경우, 제공자의 본 규정 의무 준수 여부를 평가하기 위해; 또는,

(b) to investigate systemic risks at Union level of general-purpose AI models with systemic risk, in particular following a qualified alert from the scientific panel in accordance with Article 90(1), point (a).

(b) 특히 제90조 제1항 (a)호에 따른 과학 패널의 자격 있는 경고 후, 시스템 리스크가 있는 범용 AI 모델의 유럽연합 차원의 시스템 리스크를 조사하기 위해.

2. The Commission may decide to appoint independent experts to carry out evaluations on its behalf, including from the scientific panel established pursuant to Article 68. Independent experts appointed for this task shall meet the criteria outlined in Article 68(2).

2. 집행위원회는 자신을 대신하여 평가를 수행할 독립 전문가를 임명할 수 있으며, 여기에는 제68조에 따라 설립된 과학 패널의 전문가도 포함될 수 있다. 이 임무를 위해 임명된 독립 전문가는 제68조 제2항에 명시된 기준을 충족하여야 한다.

3. For the purposes of paragraph 1, the Commission may request access to the general-purpose AI model concerned through APIs or further appropriate technical means and tools, including source code.

3. 제1항의 목적을 위해, 집행위원회는 API 또는 기타 적절한 기술적 수단과 도구를 통해 해당 범용 AI 모델에 대한 접근을 요청할 수 있으며, 여기에는 소스 코드도 포함된다.

4. The request for access shall state the legal basis, the purpose and reasons of the request and set the period within

4. 접근 요청서에는 요청의 법적 근거, 목적 및 이유, 접근이 제공되어야 하는 기간, 그리고 접근 제공 실패에 대한 제

which the access is to be provided, and the fines provided for in Article 101 for failure to provide access.

101조의 과징금을 명시하여야 한다.

5. The providers of the general-purpose AI model concerned or its representative shall supply the information requested. In the case of legal persons, companies or firms, or where the provider has no legal personality, the persons authorised to represent them by law or by their statutes, shall provide the access requested on behalf of the provider of the general-purpose AI model concerned.

5. 해당 범용 AI 모델의 제공자 또는 그 대리인은 요청된 정보를 제공하여야 한다. 법인, 회사 또는 기업의 경우, 또는 제공자가 법인격이 없는 경우, 법률 또는 정관에 의해 그들을 대표할 권한이 있는 사람들이 해당 범용 AI 모델 제공자를 대신하여 요청된 접근을 제공하여야 한다.

6. The Commission shall adopt implementing acts setting out the detailed arrangements and the conditions for the evaluations, including the detailed arrangements for involving independent experts, and the procedure for the selection thereof. Those implementing acts shall be adopted in accordance with the examination procedure referred to in Article 98(2).

6. 집행위원회는 독립 전문가의 참여를 위한 세부 준비 사항을 포함하여 평가를 위한 세부 준비 사항과 조건, 그리고 그들의 선정 절차를 명시하는 이행 법률을 채택하여야 한다. 이러한 이행 법률은 제98조 제2항에 언급된 심사 절차에 따라 채택되어야 한다.

7. Prior to requesting access to the general-purpose AI model concerned, the AI Office may initiate a structured dialogue with the provider of the general-purpose AI model to gather more information on the internal testing of the model, internal safeguards for preventing systemic risks, and other internal procedures and measures the provider has taken to mitigate such risks.

7. 해당 범용 AI 모델에 대한 접근을 요청하기 전에, AI 사무국은 모델의 내부 테스트, 시스템 리스크 방지를 위한 내부 안전장치, 그리고 제공자가 그러한 리스크를 완화하기 위해 취한 기타 내부 절차와 조치에 대한 더 많은 정보를 수집하기 위해 범용 AI 모델의 제공자와 구조화된 대화를 시작할 수 있다.

Article 93 Power to Request Measures

제93조 조치 요청 권한(제안이유 164)

1. Where necessary and appropriate, the Commission may request providers to:

1. 필요하고 적절한 경우, 집행위원회는 제공자에게 다음을 요청할 수 있다:

(a) take appropriate measures to comply

(a) 제53조 및 제54조에 명시된 의무를 준

with the obligations set out in Articles 53 and 54;

(b) implement mitigation measures, where the evaluation carried out in accordance with Article 92 has given rise to serious and substantiated concern of a systemic risk at Union level;

(c) restrict the making available on the market, withdraw or recall the model.

2. Before a measure is requested, the AI Office may initiate a structured dialogue with the provider of the general-purpose AI model.

3. If, during the structured dialogue referred to in paragraph 2, the provider of the general-purpose AI model with systemic risk offers commitments to implement mitigation measures to address a systemic risk at Union level, the Commission may, by decision, make those commitments binding and declare that there are no further grounds for action.

Article 94 Procedural Rights of Economic Operators of the General Purpose AI Model

Article 18 of Regulation (EU) 2019/1020 shall apply mutatis mutandis to the providers of the general-purpose AI model, without prejudice to more specific procedural rights provided for in this Regulation.

수하기 위한 적절한 조치를 취할 것;

(b) 제92조에 따라 수행된 평가에서 유럽연합 차원의 시스템 리스크에 대한 심각하고 실질적인 우려가 제기된 경우, 완화 조치를 실행할 것;

(c) 시장 출시를 제한하거나, 모델을 철수 또는 리콜할 것.

2. 조치를 요청하기 전에, AI 사무국은 범용 AI 모델의 제공자와 체계를 갖춘 대화를 시작할 수 있다.

3. 제2항에 언급된 구조화된 대화 중에 시스템 리스크가 있는 범용 AI 모델의 제공자가 유럽연합 차원의 시스템 리스크를 해결하기 위한 완화 조치를 실행하겠다는 약속을 제안하는 경우, 집행위원회는 결정을 통해 이러한 약속을 구속력 있게 만들고 추가 조치의 근거가 없음을 선언할 수 있다.

제94조 범용 AI 모델 경제적 운영 주체들의 절차적 권리(제안이유 164)

규정 (EU) 2019/1020의 제18조는 본 규정에서 제공하는 더 구체적인 절차적 권리를 침해하지 않는 범위에서 범용 AI 모델의 제공자에게 준용된다.

Chapter X
Codes of Conduct and Guidelines

Article 95 Codes of Conduct for Voluntary Application of Specific Requirements

1. The AI Office and the Member States shall encourage and facilitate the drawing up of codes of conduct, including related governance mechanisms, intended to foster the voluntary application to AI systems, other than high-risk AI systems, of some or all of the requirements set out in Chapter III, Section 2 taking into account the available technical solutions and industry best practices allowing for the application of such requirements.

2. The AI Office and the Member States shall facilitate the drawing up of codes of conduct concerning the voluntary application, including by deployers, of specific requirements to all AI systems, on the basis of clear objectives and key performance indicators to measure the achievement of those objectives, including elements such as, but not limited to:

(a) applicable elements provided for in Union ethical guidelines for trustworthy AI;

(b) assessing and minimising the impact of AI systems on environmental sustainability, including as regards energy-efficient programming and techniques for the efficient design, training and use of AI;

제10장
실천 강령 및 가이드라인

제95조 특정 요구사항의 자발적 적용을 위한 실천 강령(제안이유 165, 166)

1. AI 사무국과 회원국은 고위험 AI 시스템 이외의 AI 시스템에 대해 제III장 제2절에 명시된 요구사항의 일부 또는 전부를 자발적으로 적용하도록 촉진하는 실천 강령(관련 거버넌스 메커니즘 포함)의 작성을 장려하고 촉진하여야 한다. 이는 해당 요구사항의 적용을 가능하게 하는 이용 가능한 기술적 해결책과 업계 모범 사례를 고려하여야 한다.

2. AI 사무국과 회원국은 명확한 목표와 해당 목표 달성을 측정하기 위한 주요 성과 지표를 기반으로, 배치 책임자를 포함한 모든 AI 시스템에 대한 특정 요구사항의 자발적 적용에 관한 실천 강령의 작성을 촉진하여야 한다. 이는 다음과 같은 요소를 포함하되 이에 국한되지는 않는다:

(a) 신뢰할 수 있는 AI를 위한 유럽연합 윤리 지침에서 제공하는 적용 가능한 요소;

(b) 에너지 효율적인 프로그래밍 및 AI의 효율적인 설계, 학습, 사용을 위한 기술을 포함하여 환경 지속 가능성에 대한 AI 시스템의 영향 평가 및 최소화;

(c) promoting AI literacy, in particular that of persons dealing with the development, operation and use of AI;

(d) facilitating an inclusive and diverse design of AI systems, including through the establishment of inclusive and diverse development teams and the promotion of stakeholders' participation in that process;

(e) assessing and preventing the negative impact of AI systems on vulnerable persons or groups of vulnerable persons, including as regards accessibility for persons with a disability, as well as on gender equality.

3. Codes of conduct may be drawn up by individual providers or deployers of AI systems or by organisations representing them or by both, including with the involvement of any interested stakeholders and their representative organisations, including civil society organisations and academia. Codes of conduct may cover one or more AI systems taking into account the similarity of the intended purpose of the relevant systems.

4. The AI Office and the Member States shall take into account the specific interests and needs of SMEs, including start-ups, when encouraging and facilitating the drawing up of codes of conduct.

Article 96 Guidelines from the Commission on the Implementation of this Regulation

1. The Commission shall develop guidelines

(c) 특히 AI의 개발, 운영 및 사용을 다루는 사람들의 AI 리터러시(이해역량) 증진;

(d) 포용적이고 다양한 개발팀의 구성과 이 과정에서의 이해관계자 참여 촉진을 통한 AI 시스템의 포용적이고 다양한 설계 촉진;

(e) 장애인의 접근성과 성평등을 포함하여 취약한 개인이나 취약 집단에 대한 AI 시스템의 부정적 영향 평가 및 예방.

3. 실천 강령은 개별 AI 시스템 제공자나 배치 책임자, 또는 이들을 대표하는 조직, 또는 양자에 의해 작성될 수 있으며, 시민 사회 단체와 학계를 포함한 모든 이해관계자와 그들의 대표 조직의 참여를 포함할 수 있다. 실천 강령은 관련 시스템의 의도된 목적의 유사성을 고려하여 하나 이상의 AI 시스템을 다룰 수 있다.

4. AI 사무국과 회원국은 실천 강령의 작성을 장려하고 촉진할 때 스타트업을 포함한 중소기업의 특정 이해관계와 요구사항을 고려하여야 한다.

제96조 본 규정의 이행에 관한 집행위원회의 지침

1. 집행위원회는 본 규정의 실제 이행에 관

on the practical implementation of this Regulation, and in particular on:

한 지침을 개발하여야 하며, 특히 다음 사항에 대해 개발하여야 한다:

(a) the application of the requirements and obligations referred to in Articles 8 to 15 and in Article 25;

(a) 제8조부터 제15조까지 및 제25조에 언급된 요구사항 및 의무의 적용;

(b) the prohibited practices referred to in Article 5;

(b) 제5조에 언급된 금지된 관행;

(c) the practical implementation of the provisions related to substantial modification;

(c) 중대한 수정과 관련된 조항의 실제 이행;

(d) the practical implementation of transparency obligations laid down in Article 50;

(d) 제50조에 명시된 투명성 의무의 실제 이행;

(e) detailed information on the relationship of this Regulation with the Union harmonisation legislation listed in Annex I, as well as with other relevant Union law, including as regards consistency in their enforcement;

(e) 부속서 I에 나열된 유럽연합 조화 법률 및 기타 관련 유럽연합법과 본 규정의 관계에 대한 상세 정보(집행의 일관성 포함);

(f) the application of the definition of an AI system as set out in Article 3, point (1). When issuing such guidelines, the Commission shall pay particular attention to the needs of SMEs including start-ups, of local public authorities and of the sectors most likely to be affected by this Regulation. The guidelines referred to in the first subparagraph of this paragraph shall take due account of the generally acknowledged state of the art on AI, as well as of relevant harmonised standards and common specifications that are referred to in Articles 40 and 41, or of those harmonised standards or technical specifications that are set out pursuant

(f) 제3조 제1항에 명시된 AI 시스템 정의의 적용. 이러한 지침을 발행할 때, 위원회는 스타트업을 포함한 중소기업, 지방 공공 당국, 그리고 본 규정의 영향을 받을 가능성이 가장 높은 부문의 요구에 특별한 주의를 기울여야 한다. 본 항의 첫 번째 하위 조항에 언급된 지침은 AI에 대해 일반적으로 인정된 최신 기술 수준, 그리고 제40조 및 제41조에 언급된 관련 조화 표준 및 공통 규격, 또는 EU 조화 법에 따라 설정된 조화 표준 또는 기술 규격을 충분히 고려하여야 한다.

to Union harmonisation law.

2. At the request of the Member States or the AI Office, or on its own initiative, the Commission shall update guidelines previously adopted when deemed necessary.

2. 회원국이나 AI 사무국의 요청에 따라, 또는 자체 발의로, 집행위원회는 필요하다고 판단될 때 이전에 채택된 지침을 업데이트하여야 한다.

Chapter XI
Delegation of Power and Committee Procedure

제11장
권한 위임 및 위원회 절차

Article 97 Exercise of the Delegation

1. The power to adopt delegated acts is conferred on the Commission subject to the conditions laid down in this Article.

2. The power to adopt delegated acts referred to in Article 6(6) and (7), Article 7(1) and (3), Article 11(3), Article 43(5) and (6), Article 47(5), Article 51(3), Article 52(4) and Article 53(5) and (6) shall be conferred on the Commission for a period of five years from … Thu, 02 May 2024 23:26:47 +0000. The Commission shall draw up a report in respect of the delegation of power not later than nine months before the end of the five-year period. The delegation of power shall be tacitly extended for periods of an identical duration, unless the European Parliament or the Council opposes such extension not later than three months before the end of each period.

3. The delegation of power referred to in Article 6(6) and (7), Article 7(1) and

제97조 권한 위임의 행사(제안이유 173)

1. 위임 법률을 채택할 권한은 본 조에 규정된 조건에 따라 집행위원회에 부여된다.

2. 제6조 제6항 및 제7항, 제7조 제1항 및 제3항, 제11조 제3항, 제43조 제5항 및 제6항, 제47조 제5항, 제51조 제3항, 제52조 제4항, 제53조 제5항 및 제6항에 언급된 위임 법률을 채택할 권한은 2024년 5월 2일부터 5년 동안 집행위원회에 부여된다. 집행위원회는 5년의 기간이 끝나기 최소 9개월 전에 권한 위임에 관한 보고서를 작성하여야 한다. 유럽 의회나 이사회가 각 기간이 끝나기 최소 3개월 전에 연장에 반대하지 않는 한, 권한 위임은 동일한 기간 동안 묵시적으로 연장된다.

3. 제6조 제6항 및 제7항, 제7조 제1항 및 제3항, 제11조 제3항, 제43조 제5항 및

(3), Article 11(3), Article 43(5) and (6), Article 47(5), Article 51(3), Article 52(4) and Article 53(5) and (6) may be revoked at any time by the European Parliament or by the Council. A decision of revocation shall put an end to the delegation of power specified in that decision. It shall take effect the day following that of its publication in the Official Journal of the European Union or at a later date specified therein. It shall not affect the validity of any delegated acts already in force.

제6항, 제47조 제5항, 제51조 제3항, 제52조 제4항, 제53조 제5항 및 제6항에 언급된 권한 위임은 유럽 의회나 이사회에 의해 언제든지 철회될 수 있다. 철회 결정은 해당 결정에 명시된 권한 위임을 종료시킨다. 이는 유럽연합 공식 저널에 게재된 다음 날 또는 그 결정에 명시된 이후 날짜에 효력이 발생한다. 이는 이미 발효 중인 위임 법률의 유효성에 영향을 미치지 않는다.

4. Before adopting a delegated act, the Commission shall consult experts designated by each Member State in accordance with the principles laid down in the Interinstitutional Agreement of 13 April 2016 on Better Law-Making.

4. 위임 법률을 채택하기 전에, 집행위원회는 '2016년 4월 13일의 더 나은 법 제정에 관한 기관 간 협정의 원칙'에 따라 각 회원국이 지정한 전문가와 협의하여야 한다.

5. As soon as it adopts a delegated act, the Commission shall notify it simultaneously to the European Parliament and to the Council.

5. 집행위원회는 위임 법률을 채택하는 즉시 유럽 의회와 이사회에 동시에 통보하여야 한다.

6. Any delegated act adopted pursuant to Article 6(6) or (7), Article 7(1) or (3), Article 11(3), Article 43(5) or (6), Article 47(5), Article 51(3), Article 52(4) or Article 53(5) or (6) shall enter into force only if no objection has been expressed by either the European Parliament or the Council within a period of three months of notification of that act to the European Parliament and the Council or if, before the expiry of that period, the European Parliament and the Council have both informed the Commission that they will not

6. 제6조 제6항 또는 제7항, 제7조 제1항 또는 제3항, 제11조 제3항, 제43조 제5항 또는 제6항, 제47조 제5항, 제51조 제3항, 제52조 제4항, 제53조 제5항 또는 제6항에 따라 채택된 위임 법률은 유럽 의회와 이사회에 해당 법률이 통보된 후 3개월 이내에 유럽 의회나 이사회가 이의를 제기하지 않거나, 이 기간이 만료되기 전에 유럽 의회와 이사회가 모두 집행위원회에 이의를 제기하지 않을 것임을 알린 경우에만 발효된다. 유럽 의회나 이사회의 발의로 이 기간은 3개월 연장될 수 있다.

object. That period shall be extended by three months at the initiative of the European Parliament or of the Council.

Article 98 Committee Procedure

1. The Commission shall be assisted by a committee. That committee shall be a committee within the meaning of Regulation (EU) No 182/2011.

2. Where reference is made to this paragraph, Article 5 of Regulation (EU) No 182/2011 shall apply.

제98조 위원회 절차(제안이유 175)

1. 집행위원회는 전문가위원회의 지원을 받는다. 해당 전문가위원회는 규정 (EU) No 182/ 2011의 의미 내에서의 위원회이다.

2. 이 항에 참조가 있을 경우, 규정 (EU) No 182/2011의 제5조가 적용된다.

Chapter XII
Confidentiality and Penalties

제12장
기밀성 및 처벌

Article 99 Penalties

1. In accordance with the terms and conditions laid down in this Regulation, Member States shall lay down the rules on penalties and other enforcement measures, which may also include warnings and non-monetary measures, applicable to infringements of this Regulation by operators, and shall take all measures necessary to ensure that they are properly and effectively implemented, thereby taking into account the guidelines issued by the Commission pursuant to Article 96. The penalties provided for shall be effective, proportionate and dissuasive. They shall take into account the interests of SMEs, including start-ups, and their economic viability.

2. The Member States shall, without delay and at the latest by the date of entry

제99조 처벌(제안이유 168)

1. 회원국은 본 규정의 조건에 따라 운영자의 본 규정 위반에 적용되는 처벌 및 기타 집행 조치에 관한 규칙을 수립하여야 하며, 이는 경고와 비금전적 조치를 포함할 수 있다. 회원국은 이러한 규칙이 제96조에 따라 집행위원회가 발행한 지침을 고려하여 적절하고 효과적으로 이행되도록 보장하기 위해 필요한 모든 조치를 취하여야 한다. 규정된 처벌은 효과적이고, 비례적이며, 억제력이 있어야 한다. 이는 스타트업을 포함한 중소기업의 이익과 그들의 경제적 생존 가능성을 고려하여야 한다.

2. 회원국은 제1항에 언급된 처벌 및 기타 집행 조치에 관한 규칙을 지체 없이, 늦

into application, notify the Commission of the rules on penalties and of other enforcement measures referred to in paragraph 1, and shall notify it, without delay, of any subsequent amendment to them.

어도 적용 시작일까지 집행위원회에 통보하여야 하며, 이후 수정 사항에 대해서도 지체 없이 통보하여야 한다.

3. Non-compliance with the prohibition of the AI practices referred to in Article 5 shall be subject to administrative fines of up to 35 000 000 EUR or, if the offender is an undertaking, up to 7% of its total worldwide annual turnover for the preceding financial year, whichever is higher.

3. 제5조에 언급된 AI 관행 금지의 위반은 최대 35,000,000 유로 또는 위반자가 기업인 경우 전년도 전 세계 연간 매출액의 최대 7% 중 더 높은 금액의 행정 과징금이 부과된다.

4. Non-compliance with any of the following provisions related to operators or notified bodies, other than those laid down in Articles 5, shall be subject to administrative fines of up to 15 000 000 EUR or, if the offender is an undertaking, up to 3 % of its total worldwide annual turnover for the preceding financial year, whichever is higher:

4. 제5조에 규정된 것 외에, 운영자 또는 인증 기관과 관련된 다음 조항의 위반은 최대 15,000,000 유로 또는 위반자가 기업인 경우 전년도 전 세계 연간 매출액의 최대 3% 중 더 높은 금액의 행정 과징금이 부과된다:

(a) obligations of providers pursuant to Article 16;

(a) 제16조에 따른 제공자의 의무;

(b) obligations of authorised representatives pursuant to Article 22;

(b) 제22조에 따른 공인 대리인의 의무;

(c) obligations of importers pursuant to Article 23;

(c) 제23조에 따른 수입업자의 의무;

(d) obligations of distributors pursuant to Article 24;

(d) 제24조에 따른 유통업자의 의무;

(e) obligations of deployers pursuant to Article 26;

(e) 제26조에 따른 배치 책임자의 의무;

(f) requirements and obligations of notified

(f) 제31조, 제33조 제1항, 제3항, 제4항 또

bodies pursuant to Article 31, Article 33(1), (3) and (4) or Article 34;

는 제34조에 따른 인증기관의 요구사항 및 의무;

(g) transparency obligations for providers and deployers pursuant to Article 50.

(g) 제50조에 따른 제공자 및 배치 책임자의 투명성 의무.

5. The supply of incorrect, incomplete or misleading information to notified bodies or national competent authorities in reply to a request shall be subject to administrative fines of up to 7 500 000 EUR or, if the offender is an undertaking, up to 1 % of its total worldwide annual turnover for the preceding financial year, whichever is higher.

5. 인증기관 또는 국가 관할 당국의 요청에 대해 부정확하거나 불완전하거나 오해의 소지가 있는 정보를 제공하는 경우, 최대 7,500,000 유로 또는 위반자가 기업인 경우 전년도 전 세계 연간 매출액의 최대 1% 중 더 높은 금액의 행정 과징금이 부과된다.

6. In the case of SMEs, including start-ups, each fine referred to in this Article shall be up to the percentages or amount referred to in paragraphs 3, 4 and 5, whichever thereof is lower.

6. 스타트업을 포함한 중소기업의 경우, 본 조에 언급된 각 과징금은 제3항, 제4항, 제5항에 언급된 비율 또는 금액 중 더 낮은 것으로 한다.

7. When deciding whether to impose an administrative fine and when deciding on the amount of the administrative fine in each individual case, all relevant circumstances of the specific situation shall be taken into account and, as appropriate, regard shall be given to the following:

7. 행정 과징금 부과 여부 및 각 개별 사례에서의 행정 과징금 금액을 결정할 때, 특정 상황의 모든 관련 사정을 고려하여야 하며, 적절한 경우 다음 사항을 고려하여야 한다:

(a) the nature, gravity and duration of the infringement and of its consequences, taking into account the purpose of the AI system, as well as, where appropriate, the number of affected persons and the level of damage suffered by them;

(a) 위반의 성격, 심각성, 지속 기간 및 그 결과, AI 시스템의 목적, 그리고 적절한 경우 영향을 받은 사람의 수와 그들이 입은 피해 수준;

(b) whether administrative fines have already been applied by other market surveillance authorities to the same

(b) 동일한 위반에 대해 다른 시장 감시 당국이 이미 동일한 운영자에게 행정 과징금을 적용했는지 여부;

operator for the same infringement;

(c) whether administrative fines have already been applied by other authorities to the same operator for infringements of other Union or national law, when such infringements result from the same activity or omission constituting a relevant infringement of this Regulation;

(c) 본 규정의 관련 위반을 구성하는 동일한 활동 또는 누락으로 인한 다른 유럽연합법 또는 국내법 위반에 대해 다른 당국이 이미 동일한 운영자에게 행정 과징금을 적용했는지 여부;

(d) the size, the annual turnover and market share of the operator committing the infringement;

(d) 위반을 저지른 운영자의 규모, 연간 매출액 및 시장 점유율;

(e) any other aggravating or mitigating factor applicable to the circumstances of the case, such as financial benefits gained, or losses avoided, directly or indirectly, from the infringement;

(e) 위반으로 인해 직접 또는 간접적으로 얻은 금전적 이익이나 회피한 손실과 같은 사례의 상황에 적용 가능한 기타 가중 또는 경감 요인;

(f) the degree of cooperation with the national competent authorities, in order to remedy the infringement and mitigate the possible adverse effects of the infringement;

(f) 위반을 시정하고 위반의 잠재적 부작용을 완화하기 위한 국가 관할 당국과의 협력 정도;

(g) the degree of responsibility of the operator taking into account the technical and organisational measures implemented by it;

(g) 운영자가 이행한 기술적 및 조직적 조치를 고려한 운영자의 책임 정도;

(h) the manner in which the infringement became known to the national competent authorities, in particular whether, and if so to what extent, the operator notified the infringement;

(h) 국가 관할 당국이 위반 사실을 알게 된 방식, 특히 운영자가 위반 사실을 통보했는지 여부와 그 정도;

(i) the intentional or negligent character of the infringement;

(i) 위반의 의도적 또는 과실적 성격;

(j) any action taken by the operator to mitigate the harm suffered by the affected persons.

(j) 영향을 받은 사람들이 입은 피해를 완화하기 위해 운영자가 취한 조치.

8. Each Member State shall lay down rules on to what extent administrative fines may be imposed on public authorities and bodies established in that Member State.

8. 각 회원국은 해당 회원국에 설립된 공공 당국 및 기관에 행정 과징금을 부과할 수 있는 범위에 대한 규칙을 수립하여야 한다.

9. Depending on the legal system of the Member States, the rules on administrative fines may be applied in such a manner that the fines are imposed by competent national courts or by other bodies, as applicable in those Member States. The application of such rules in those Member States shall have an equivalent effect.

9. 회원국의 법률 체계에 따라, 행정 과징금에 관한 규칙은 관할 국가 법원 또는 해당 회원국에 적용 가능한 다른 기관에 의해 과징금이 부과되는 방식으로 적용될 수 있다. 이러한 규칙의 적용은 해당 회원국에서 동등한 효과를 가져야 한다.

10. The exercise of powers under this Article shall be subject to appropriate procedural safeguards in accordance with Union and national law, including effective judicial remedies and due process.

10. 본 조에 따른 권한의 행사는 효과적인 사법적 구제와 적법 절차를 포함하여 유럽연합법 및 국내법에 따른 적절한 절차적 안전장치의 적용을 받는다.

11. Member States shall, on an annual basis, report to the Commission about the administrative fines they have issued during that year, in accordance with this Article, and about any related litigation or judicial proceedings.

11. 회원국은 본 조에 따라 해당 연도에 부과한 행정 과징금과 관련 소송 또는 사법 절차에 대해 매년 집행위원회에 보고하여야 한다.

Article 100 Administrative Fines on Union Institutions, Agencies and Bodies

제100조 유럽연합 기관, 기구 및 부서에 대한 행정 과징금(제안이유 168)

1. The European Data Protection Supervisor may impose administrative fines on Union institutions, bodies, offices and agencies falling within the scope of this Regulation. When deciding whether to impose an administrative fine and when deciding on the amount of the administrative fine in each individual

1. 유럽데이터보호감독관은 본 규정의 적용 범위에 해당하는 유럽연합 기관, 기구, 사무국 및 기관에 행정 과징금을 부과할 수 있다. 행정 과징금 부과 여부 및 각 개별 사례에서의 행정 과징금 금액을 결정할 때, 특정 상황의 모든 관련 사정을 고려하여야 하며, 다음 사항에 적절한 주의를 기울여야 한다:

case, all relevant circumstances of the specific situation shall be taken into account and due regard shall be given to the following:

(a) the nature, gravity and duration of the infringement and of its consequences, taking into account the purpose of the AI system concerned, as well as, where appropriate, the number of affected persons and the level of damage suffered by them;

(a) 해당 AI 시스템의 목적을 고려하여, 위반의 성격, 심각성, 지속 기간 및 그 결과, 그리고 적절한 경우 영향을 받은 사람의 수와 그들이 입은 피해 수준;

(b) the degree of responsibility of the Union institution, body, office or agency, taking into account technical and organisational measures implemented by them;

(b) 유럽연합 기관, 기구, 사무국 또는 기관이 이행한 기술적 및 조직적 조치를 고려한 책임 정도;

(c) any action taken by the Union institution, body, office or agency to mitigate the damage suffered by affected persons;

(c) 영향을 받은 사람들이 입은 피해를 완화하기 위해 유럽연합 기관, 기구, 사무국 또는 기관이 취한 조치;

(d) the degree of cooperation with the European Data Protection Supervisor in order to remedy the infringement and mitigate the possible adverse effects of the infringement, including compliance with any of the measures previously ordered by the European Data Protection Supervisor against the Union institution, body, office or agency concerned with regard to the same subject matter;

(d) 위반을 시정하고 위반의 잠재적 부작용을 완화하기 위한 유럽 데이터 보호 감독관과의 협력 정도. 이는 동일한 사안에 대해 유럽데이터보호감독관이 해당 유럽연합 기관, 기구, 사무국 또는 기관에 대해 이전에 명령한 조치의 준수를 포함한다;

(e) any similar previous infringements by the Union institution, body, office or agency;

(e) 유럽연합 기관, 기구, 사무국 또는 기관의 유사한 이전 위반 사례;

(f) the manner in which the infringement became known to the European Data Protection Supervisor, in particular

(f) 유럽데이터보호감독관이 위반 사실을 알게 된 방식, 특히 유럽연합 기관, 기구, 사무국 또는 기관이 위반 사실을 통

whether, and if so to what extent, the Union institution, body, office or agency notified the infringement;

보했는지 여부와 그 정도;

(g) the annual budget of the Union institution, body, office or agency.

(g) 유럽연합 기관, 기구, 사무국 또는 기관의 연간 예산.

2. Non-compliance with the prohibition of the AI practices referred to in Article 5 shall be subject to administrative fines of up to EUR 1 500 000.

2. 제5조에 언급된 AI 관행 금지의 위반은 최대 1,500,000 유로의 행정 과징금이 부과된다.

3. The non-compliance of the AI system with any requirements or obligations under this Regulation, other than those laid down in Articles 5, shall be subject to administrative fines of up to EUR 750 000.

3. 제5조에 규정된 것 외에, 본 규정에 따른 AI 시스템의 요구사항 또는 의무 위반은 최대 750,000 유로의 행정 과징금이 부과된다.

4. Before taking decisions pursuant to this Article, the European Data Protection Supervisor shall give the Union institution, body, office or agency which is the subject of the proceedings conducted by the European Data Protection Supervisor the opportunity of being heard on the matter regarding the possible infringement. The European Data Protection Supervisor shall base his or her decisions only on elements and circumstances on which the parties concerned have been able to comment. Complainants, if any, shall be associated closely with the proceedings.

4. 본 조에 따른 결정을 내리기 전에, 유럽데이터 보호 감독관은 자신이 수행하는 절차의 대상인 유럽연합 기관, 기구, 사무국 또는 기관에게 가능한 위반에 관한 사안에 대해 의견을 청취할 기회를 제공하여야 한다. 유럽데이터보호감독관은 관련 당사자들이 의견을 제시할 수 있었던 요소와 상황에 대해서만 결정의 근거로 삼아야 한다. 민원인이 있는 경우, 해당 절차에 긴밀히 연관되어야 한다.

5. The rights of defence of the parties concerned shall be fully respected in the proceedings. They shall be entitled to have access to the European Data Protection Supervisor's file, subject to the legitimate interest of individuals or undertakings in the protection of their

5. 관련 당사자들의 방어권은 절차에서 충분히 존중되어야 한다. 그들은 유럽데이터보호감독관의 파일에 접근할 권리가 있으며, 이는 개인이나 기업의 개인정보 또는 영업 비밀 보호에 대한 정당한 이익을 조건으로 한다.

personal data or business secrets.

6. Funds collected by imposition of fines in this Article shall contribute to the general budget of the Union. The fines shall not affect the effective operation of the Union institution, body, office or agency fined.

6. 본 조에 따른 과징금 부과로 징수된 자금은 유럽연합의 일반 예산에 기여하여야 한다. 과징금은 과징금을 부과받은 유럽연합 기관, 기구, 사무국 또는 기관의 효과적인 운영에 영향을 미치지 않아야 한다.

7. The European Data Protection Supervisor shall, on an annual basis, notify the Commission of the administrative fines it has imposed pursuant to this Article and of any litigation or judicial proceedings it has initiated.

7. 유럽데이터보호감독관은 본 조에 따라 부과한 행정 과징금과 자신이 개시한 소송 또는 사법 절차에 대해 매년 집행위원회에 통보하여야 한다.

Article 101 Fines for Providers of General Purpose AI Models

제101조 범용 AI 모델 제공자에 대한 과징금(제안이유 169)

1. The Commission may impose on providers of general-purpose AI models fines not exceeding 3 % of their annual total worldwide turnover in the preceding financial year or EUR 15 000 000, whichever is higher., when the Commission finds that the provider intentionally or negligently:

1. 집행위원회는 범용 AI 모델 제공자가 의도적으로 또는 과실로 다음과 같은 행위를 한 것으로 판단할 경우, 전년도 연간 전 세계 매출액의 3% 또는 15,000,000 유로 중 더 높은 금액을 초과하지 않는 과징금을 부과할 수 있다:

(a) infringed the relevant provisions of this Regulation;

(a) 본 규정의 관련 조항을 위반한 경우;

(b) failed to comply with a request for a document or for information pursuant to Article 91, or supplied incorrect, incomplete or misleading information;

(b) 제91조에 따른 문서 또는 정보 요청을 준수하지 않았거나, 부정확하거나 불완전하거나 오해의 소지가 있는 정보를 제공한 경우;

(c) failed to comply with a measure requested under Article 93;

(c) 제93조에 따라 요청된 조치를 준수하지 않은 경우;

(d) failed to make available to the Commission access to the general-purpose AI model or general-purpose AI model with systemic risk with a

(d) 제92조에 따른 평가를 수행하기 위해 범용 AI 모델 또는 시스템 리스크가 있는 범용 AI 모델에 대한 접근을 집행위원회에 제공하지 않은 경우. 과징금 또

view to conducting an evaluation pursuant to Article 92. In fixing the amount of the fine or periodic penalty payment, regard shall be had to the nature, gravity and duration of the infringement, taking due account of the principles of proportionality and appropriateness. The Commission shall also into account commitments made in accordance with Article 93(3) or made in relevant codes of practice in accordance with Article 56.

는 이행강제금을 정할 때, 비례성과 적절성의 원칙을 적절히 고려하여 위반의 성격, 심각성 및 지속 기간을 고려하여야 한다. 집행위원회는 또한 제93조 제3항에 따른 약속이나 제56조에 따른 관련 실천 강령에서 한 약속을 고려하여야 한다.

2. Before adopting the decision pursuant to paragraph 1, the Commission shall communicate its preliminary findings to the provider of the general-purpose AI model and give it an opportunity to be heard.

2. 제1항에 따른 결정을 채택하기 전에, 집행위원회는 범용 AI 모델 제공자에게 예비 조사 결과를 통보하고 의견을 청취할 기회를 제공하여야 한다.

3. Fines imposed in accordance with this Article shall be effective, proportionate and dissuasive.

3. 본 조에 따라 부과된 과징금은 효과적이고, 비례적이며, 억제력이 있어야 한다.

4. Information on fines imposed under this Article shall also be communicated to the Board as appropriate.

4. 본 조에 따라 부과된 과징금에 대한 정보는 적절한 경우 이사회에도 전달되어야 한다.

5. The Court of Justice of the European Union shall have unlimited jurisdiction to review decisions of the Commission fixing a fine under this Article. It may cancel, reduce or increase the fine imposed.

5. 유럽연합 사법재판소는 본 조에 따라 집행위원회가 정한 과징금 결정을 검토할 무제한 관할권을 가진다. 법원은 부과된 과징금을 취소, 감액 또는 증액할 수 있다.

6. The Commission shall adopt implementing acts containing detailed arrangements and procedural safeguards for proceedings in view of the possible adoption of decisions pursuant to paragraph 1 of this Article. Those implementing acts shall be adopted in accordance with the

6. 집행위원회는 본 조 제1항에 따른 결정의 가능한 채택을 위한 절차에 대한 상세한 준비 사항과 절차적 안전장치를 포함하는 이행 법률을 채택하여야 한다. 이러한 이행 법률은 제98조 제2항에 언급된 심사 절차에 따라 채택되어야 한다.

examination procedure referred to in Article 98(2).

Chapter XIII Final Provisions

제13장 최종 규정

Article 102 Amendment to Regulation (EC) No 300/2008

In Article 4(3) of Regulation (EC) No 300/2008, the following subparagraph is added: 'When adopting detailed measures related to technical specifications and procedures for approval and use of security equipment concerning Artificial Intelligence systems within the meaning of Regulation (EU) 2024/… of the European Parliament and of the Council, the requirements set out in Chapter III, Section 2, of that Regulation shall be taken into account.

제102조 규정 (EC) No 300/2008의 개정 (제안이유 49)

규정 (EC) No 300/2008의 제4조 제3항에 다음 하위 조항이 추가된다: '유럽 의회 및 이사회의 규정 (EU) 2024/…의 의미 내에서 인공지능 시스템과 관련된 보안 장비의 승인 및 사용을 위한 기술 사양 및 절차에 관한 상세한 조치를 채택할 때, 해당 규정의 제III장 제2절에 명시된 요구사항을 고려하여야 한다.'

Article 103 Amendment to Regulation (EU) No 167/2013

In Article 17(5) of Regulation (EU) No 167/2013, the following subparagraph is added: 'When adopting delegated acts pursuant to the first subparagraph concerning artificial intelligence systems which are safety components within the meaning of Regulation (EU) 2024/… of the European Parliament and of the Council[*]+, the requirements set out in Chapter III, Section 2, of that Regulation shall be taken into account.

제103조 규정 (EU) No 167/2013의 개정 (제안이유 49)

규정 (EU) No 167/2013의 제17조 제5항에 다음 하위 조항이 추가된다: '유럽 의회 및 이사회의 규정 (EU) 2024/…의 의미 내에서 안전 구성요소인 AI 시스템에 관한 첫 번째 부속항에 따른 위임 법률을 채택할 때, 해당 규정의 제III장 제2절에 명시된 요구사항을 고려하여야 한다.'

Article 104 Amendment to Regulation (EU) No 168/2013

In Article 22(5) of Regulation (EU) No 168/2013, the following subparagraph is

제104조 규정 (EU) No 168/2013의 개정 (제안이유 49)

규정 (EU) No 168/2013의 제22조 제5항에 다음 하위 조항이 추가된다: '유럽 의회 및

added: 'When adopting delegated acts pursuant to the first subparagraph concerning Artificial Intelligence systems which are safety components within the meaning of Regulation (EU) 2024/··· of the European Parliament and of the Council[*]+, the requirements set out in Chapter III, Section 2, of that Regulation shall be taken into account.

이사회의 규정 (EU) 2024/···의 의미 내에서 안전 구성요소인 인공지능 시스템에 관한 첫 번째 하위 조항에 따른 위임 법률을 채택할 때, 해당 규정의 제III장 제2절에 명시된 요구사항을 고려하여야 한다.'

Article 105 Amendment to Directive 2014/90/EU

In Article 8 of Directive 2014/90/EU, the following paragraph is added: '5. For Artificial Intelligence systems which are safety components within the meaning of Regulation (EU) 2024/··· of the European Parliament and of the Council[*]+, when carrying out its activities pursuant to paragraph 1 and when adopting technical specifications and testing standards in accordance with paragraphs 2 and 3, the Commission shall take into account the requirements set out in Chapter III, Section 2, of that Regulation.

제105조 지침 2014/90/EU의 개정 (제안이유 49)

지침 2014/90/EU의 제8조에 다음 항이 추가된다: '5. 유럽 의회 및 이사회의 규정 (EU) 2024/···의 의미 내에서 안전 구성요소인 인공지능 시스템에 대해, 제1항에 따른 활동을 수행할 때 및 제2항과 제3항에 따라 기술 사양 및 테스트 표준을 채택할 때, 집행위원회는 해당 규정의 제III장 제2절에 명시된 요구사항을 고려하여야 한다.'

Article 106 Amendment to Directive (EU) 2016/797

In Article 5 of Directive (EU) 2016/797, the following paragraph is added: '12. When adopting delegated acts pursuant to paragraph 1 and implementing acts pursuant to paragraph 11 concerning Artificial Intelligence systems which are safety components within the meaning of Regulation (EU) 2024/··· of the European Parliament and of the Council[*]+, the requirements set out in Chapter III, Section 2, of that Regulation shall be taken into account.

제106조 지침 (EU) 2016/797의 개정 (제안이유 49)

지침 (EU) 2016/797의 제5조에 다음 항이 추가된다: '12. 유럽 의회 및 이사회의 규정 (EU) 2024/···의 의미 내에서 안전 구성요소인 인공지능 시스템에 관한 제1항에 따른 위임 법률 및 제11항에 따른 이행 법률을 채택할 때, 해당 규정의 제III장 제2절에 명시된 요구사항을 고려하여야 한다.'

Article 107 Amendment to Regulation (EU) 2018/858

In Article 5 of Regulation (EU) 2018/858 the following paragraph is added: '4. When adopting delegated acts pursuant to paragraph 3 concerning Artificial Intelligence systems which are safety components within the meaning of Regulation (EU) 2024/··· of the European Parliament and of the Council[*]+, the requirements set out in Chapter III, Section 2, of that Regulation shall be taken into account.

제107조 규정 (EU) 2018/858의 개정 (제안이유 49)

규정 (EU) 2018/858의 제5조에 다음 항이 추가된다: '4. 유럽 의회 및 이사회의 규정 (EU) 2024/···의 의미 내에서 안전 구성요소인 AI 시스템에 관한 제3항에 따른 위임 법률을 채택할 때, 해당 규정의 제III장 제2절에 명시된 요구사항을 고려하여야 한다.'

Article 108 Amendment to Regulation (EU) 2018/1139

Regulation (EU) 2018/1139 is amended as follows:

(1) in Article 17, the following paragraph is added: '3. Without prejudice to paragraph 2, when adopting implementing acts pursuant to paragraph 1 concerning Artificial Intelligence systems which are safety components within the meaning of Regulation (EU) 2024/··· of the European Parliament and of the Council[*]+, the requirements set out in Chapter III, Section 2, of that Regulation shall be taken into account.

(2) in Article 19, the following paragraph is added: '4. When adopting delegated acts pursuant to paragraphs 1 and 2 concerning Artificial Intelligence systems which are safety components within the meaning of Regulation (EU) 2024/···++, the requirements set out in Chapter III, Section 2, of that Regulation shall be taken into account.';

제108조 규정 (EU) 2018/1139의 개정 (제안이유 49)

규정 (EU) 2018/1139는 다음과 같이 개정된다:

(1) 제17조에 다음 항이 추가된다: '3. 제2항을 침해하지 않고, 유럽 의회 및 이사회의 규정 (EU) 2024/···의 의미 내에서 안전 구성요소인 인공지능 시스템에 관한 제1항에 따른 이행 법률을 채택할 때, 해당 규정의 제III장 제2절에 명시된 요구사항을 고려하여야 한다.'

(2) 제19조에 다음 항이 추가된다: '4. 유럽 의회 및 이사회의 규정 (EU) 2024/···의 의미 내에서 안전 구성요소인 인공지능 시스템에 관한 제1항 및 제2항에 따른 위임 법률을 채택할 때, 해당 규정의 제III장 제2절에 명시된 요구사항을 고려하여야 한다.'

(3) in Article 43, the following paragraph is added: '4. When adopting implementing acts pursuant to paragraph 1 concerning Artificial Intelligence systems which are safety components within the meaning of Regulation (EU) 2024/…+, the requirements set out in Chapter III, Section 2, of that Regulation shall be taken into account.';

(3) 제43조에 다음 항이 추가된다: '4. 유럽 의회 및 이사회의 규정 (EU) 2024/…의 의미 내에서 안전 구성요소인 인공지능 시스템에 관한 제1항에 따른 이행 법률을 채택할 때, 해당 규정의 제III장 제2절에 명시된 요구사항을 고려하여야 한다.'

(4) in Article 47, the following paragraph is added: '3. When adopting delegated acts pursuant to paragraphs 1 and 2 concerning Artificial Intelligence systems which are safety components within the meaning of Regulation (EU) 2024/…+, the requirements set out in Chapter III, Section 2, of that Regulation shall be taken into account.';

(4) 제47조에 다음 항이 추가된다: '3. 유럽 의회 및 이사회의 규정 (EU) 2024/…의 의미 내에서 안전 구성요소인 인공지능 시스템에 관한 제1항 및 제2항에 따른 위임 법률을 채택할 때, 해당 규정의 제III장 제2절에 명시된 요구사항을 고려하여야 한다.'

(5) in Article 57, the following subparagraph is added: 'When adopting those implementing acts concerning Artificial Intelligence systems which are safety components within the meaning of Regulation (EU) 2024/…+, the requirements set out in Chapter III, Section 2, of that Regulation shall be taken into account.';

(5) 제57조에 다음 하위 조항이 추가된다: '유럽 의회 및 이사회의 규정 (EU) 2024/…의 의미 내에서 안전 구성요소인 인공지능 시스템에 관한 이러한 이행 법률을 채택할 때, 해당 규정의 제III장 제2절에 명시된 요구사항을 고려하여야 한다.'

(6) in Article 58, the following paragraph is added: '3. When adopting delegated acts pursuant to paragraphs 1 and 2 concerning Artificial Intelligence systems which are safety components within the meaning of Regulation (EU) 2024/…+, the requirements set out in Chapter III, Section 2, of that Regulation shall be taken into account.'.

(6) 제58조에 다음 항이 추가된다: '3. 유럽 의회 및 이사회의 규정 (EU) 2024/…의 의미 내에서 안전 구성요소인 AI 시스템에 관한 제1항 및 제2항에 따른 위임 법률을 채택할 때, 해당 규정의 제III장 제2절에 명시된 요구사항을 고려하여야 한다.'

Article 109 Amendment to Regulation (EU) 2019/2144

In Article 11 of Regulation (EU) 2019/2144, the following paragraph is added: '3. When adopting the implementing acts pursuant to paragraph 2, concerning artificial intelligence systems which are safety components within the meaning of Regulation (EU) 2024/··· of the European Parliament and of the Council[*]++, the requirements set out in Chapter III, Section 2, of that Regulation shall be taken into account.

제109조 규정 (EU) 2019/2144의 수정 (제안이유 49)

규정 (EU) 2019/2144의 제11조에 다음 항이 추가된다: '3. 유럽 의회 및 이사회의 규정 (EU) 2024/···의 의미 내에서 안전 구성요소인 AI 시스템에 관한 제2항에 따른 이행 법률을 채택할 때, 해당 규정의 제III장 제2절에 명시된 요구사항을 고려하여야 한다.'

Article 110 Amendment to Directive (EU) 2020/1828

In Annex I to Directive (EU) 2020/1828 of the European Parliament and of the Council[58], the following point is added: '(68) Regulation (EU) 2024/··· of the European Parliament and of the Council of ··· + laying down harmonised rules on artificial intelligence and amending Regulations (EC) No 300/2008, (EU) No 167/2013, (EU) No 168/2013, (EU) 2018/858, (EU) 2018/1139 and (EU) 2019/2144 and Directives 2014/90/EU, (EU) 2016/797 and (EU) 2020/1828 (Artificial Intelligence Act) (OJ L, ···, ELI: ···)'.

제110조 지침 (EU) 2020/1828의 수정 (제안이유 49)

유럽 의회 및 이사회의 지침 (EU) 2020/1828의 부속서 I에 다음 항목이 추가된다: '(68) 인공지능에 대한 조화된 규칙을 규정하고 규정 (EC) No 300/2008, (EU) No 167/2013, (EU) No 168/2013, (EU) 2018/858, (EU) 2018/1139 및 (EU) 2019/2144와 지침 2014/90/EU, (EU) 2016/797 및 (EU) 2020/1828을 개정하는 유럽 의회 및 이사회의 ··· 규정 (EU) 2024/··· (인공지능법) (OJ L, ···, ELI: ···)'.

Article 111 AI Systems Already Placed on the Market or put into Service

1. Without prejudice to the application of Article 5 as referred to in Article 113(3), point (a), AI systems which are components of the large-scale IT systems established by the legal acts listed in

제111조 이미 시장에 출시되었거나 서비스에 투입된 AI 시스템(제안이유 177)

1. 제113조 제3항 (a)호에 언급된 제5조의 적용을 침해하지 않고, 부속서 X에 나열된 법률에 의해 설립된 대규모 IT 시스템의 구성요소인 AI 시스템 중 [본 규정의 발효일로부터 36개월] 이전에 시장에

Annex X that have been placed on the market or put into service before … [36 months from the date of entry into force of this Regulation] shall be brought into compliance with this Regulation by 31 December 2030. The requirements laid down in this Regulation shall be taken into account in the evaluation of each large-scale IT system established by the legal acts listed in Annex X to be undertaken as provided for in those legal acts and where those legal acts are replaced or amended.

출시되거나 서비스에 투입된 것은 2030년 12월 31일까지 본 규정을 준수하도록 하여야 한다. 본 규정에 명시된 요구사항은 부속서 X에 나열된 법률에 의해 설립된 각 대규모 IT 시스템의 평가에서 고려되어야 하며, 이는 해당 법률에 규정된 대로 수행되어야 하고 해당 법률이 대체되거나 개정될 때도 적용된다.

2. Without prejudice to the application of Article 5 as referred to in Article 113(3), point (a), this Regulation shall apply to operators of high-risk AI systems, other than the systems referred to in paragraph 1 of this Article, that have been placed on the market or put into service before … [24 months from the date of entry into force of this Regulation], only if, as from that date, those systems are subject to significant changes in their designs. In any case, the providers and deployers of high-risk AI systems intended to be used by public authorities shall take the necessary steps to comply with the requirements and obligations of this Regulation by …[six years from the date of entry into force of this Regulation].

2. 제113조 제3항 (a)호에 언급된 제5조의 적용을 침해하지 않고, 본 규정은 본 조의 제1항에 언급된 시스템 이외의 고위험 AI 시스템의 운영자에 대해, [본 규정의 발효일로부터 24개월] 이전에 시장에 출시되거나 서비스에 투입된 경우, 해당 날짜부터 그 시스템의 설계에 중대한 변경이 있는 경우에만 적용된다. 어떤 경우든, 공공 기관이 사용하도록 의도된 고위험 AI 시스템의 제공자와 배치책임자는 [본 규정의 발효일로부터 6년]까지 본 규정의 요구사항과 의무를 준수하기 위해 필요한 조치를 취하여야 한다.

3. Providers of general-purpose AI models that have been placed on the market before … [12 months from the date of entry into force of this Regulation] shall take the necessary steps in order to comply with the obligations laid down in this Regulation by … [36

3. [본 규정의 발효일로부터 12개월] 이전에 시장에 출시된 범용 AI 모델의 제공자는 [본 규정의 발효일로부터 36개월]까지 본 규정에 명시된 의무를 준수하기 위해 필요한 조치를 취하여야 한다.

months from the date of entry into force of this Regulation].

Article 112 Evaluation and Review

1. The Commission shall assess the need for amendment of the list set out in Annex III and of the list of prohibited AI practices laid down in Article 5, once a year following the entry into force of this Regulation, and until the end of the period of the delegation of power laid down in Article 97. The Commission shall submit the findings of that assessment to the European Parliament and the Council.

2. By ⋯ [four years from the date of entry into force of this Regulation] and every four years thereafter, the Commission shall evaluate and report to the European Parliament and to the Council on the following:

(a) the need for amendments extending existing area headings or adding new area headings in Annex III;

(b) amendments to the list of AI systems requiring additional transparency measures in Article 50;

(c) amendments enhancing the effectiveness of the supervision and governance system.

3. By ⋯ [five years from the date of entry into force of this Regulation] and every four years thereafter, the Commission shall submit a report on the evaluation and review of this Regulation to the European Parliament and to the Council. The report shall include an assessment

제112조 평가 및 검토(제안이유 174)

1. 집행위원회는 본 규정의 발효일 이후 매년, 그리고 제97조에 규정된 권한 위임 기간이 종료될 때까지 부속서 III에 명시된 목록과 제5조에 규정된 금지된 AI 관행 목록의 개정 필요성을 평가하여야 한다. 집행위원회는 해당 평가의 결과를 유럽 의회와 이사회에 제출하여야 한다.

2. [본 규정의 발효일로부터 4년] 이후 매 4년마다 집행위원회는 다음 사항을 평가하고 유럽 의회와 이사회에 보고하여야 한다:

(a) 부속서 III의 기존 영역 제목 확장 또는 새로운 영역 제목 추가의 필요성

(b) 제50조의 추가 투명성 조치가 필요한 AI 시스템 목록에 대한 개정

(c) 감독 및 거버넌스 시스템의 효과성을 향상시키기 위한 개정

3. [본 규정의 발효일로부터 5년] 이후 매 4년마다 집행위원회는 본 규정의 평가 및 검토에 대한 보고서를 유럽 의회와 이사회에 제출하여야 한다. 보고서는 집행 구조와 식별된 단점을 해결하기 위한 EU 기관의 필요성에 대한 평가를 포함하여야 한다. 필요한 경우, 해당 보고서

with regard to the structure of enforcement and the possible need for a Union agency to resolve any identified shortcomings. On the basis of the findings, that report shall, where appropriate, be accompanied by a proposal for amendment of this Regulation. The reports shall be made public.

에는 본 규정의 개정 제안이 포함되어야 한다. 보고서는 공개되어야 한다.

4. The reports referred to in paragraph 2 shall pay specific attention to the following:

4. 제2항에 언급된 보고서는 다음 사항에 특별히 주목하여야 한다:

(a) the status of the financial, technical and human resources of the national competent authorities in order to effectively perform the tasks assigned to them under this Regulation;

(a) 본 규정에 따라 할당된 업무를 효과적으로 수행하기 위한 국가 관할 당국의 재정, 기술 및 인적 자원 상태;

(b) the state of penalties, in particular administrative fines as referred to in Article 99(1), applied by Member States for infringements of this Regulation;

(b) 회원국이 본 규정 위반에 대해 적용한 제재, 특히 제99조 제1항에 언급된 행정 과징금;

(c) adopted harmonised standards and common specifications developed to support this Regulation;

(c) 본 규정을 지원하기 위해 개발된 조화 표준 및 공통 규격;

(d) the number of undertakings that enter the market after the entry into application of this Regulation, and how many of them are SMEs.

(d) 본 규정의 적용 시작 이후 시장에 진입한 기업의 수와 그 중 중소기업의 수.

5. By … [four years from the date of entry into force of this Regulation)], the Commission shall evaluate the functioning of the AI Office, whether the AI Office has been given sufficient powers and competences to fulfil its tasks, and whether it would be relevant and needed for the proper implementation

5. [본 규정의 발효일로부터 4년] 이후, 집행위원회는 AI 사무국의 기능, AI 사무국이 업무 수행을 위한 충분한 권한과 능력을 부여받았는지 여부, 그리고 본 규정의 적절한 이행과 집행을 위해 AI 사무국과 그 집행 권한을 업그레이드하고 자원을 늘리는 것이 관련되고 필요한지 여부를 평가하여야 한다. 집행위원회

and enforcement of this Regulation to upgrade the AI Office and its enforcement competences and to increase its resources. The Commission shall submit a report on its evaluation to the European Parliament and to the Council.

는 평가 보고서를 유럽 의회와 이사회에 제출하여야 한다.

6. By … [four years from the date of entry into force of this Regulation)] and every four years thereafter, the Commission shall submit a report on the review of the progress on the development of standardisation deliverables on the energy-efficient development of general-purpose AI models, and asses the need for further measures or actions, including binding measures or actions. The report shall be submitted to the European Parliament and to the Council, and it shall be made public.

6. [본 규정의 발효일로부터 4년] 이후 매 4년 마다 집행위원회는 범용 AI 모델의 '에너지 효율적' 개발에 관한 표준화 산출물 개발 진행 상황 검토에 대한 보고서를 제출하고, 추가 조치나 행동(구속력 있는 조치나 행동 포함)의 필요성을 평가하여야 한다. 보고서는 유럽 의회와 이사회에 제출되어야 하며, 공개되어야 한다.

7. By … [four years from the date of entry into force of this Regulation] and every three years thereafter, the Commission shall evaluate the impact and effectiveness of voluntary codes of conduct to foster the application of the requirements set out in Chapter III, Section 2 for AI systems other than high-risk AI systems and possibly other additional requirements for AI systems other than high-risk AI systems, including as regards environmental sustainability.

7. [본 규정의 발효일로부터 4년] 이후 매 3년마다 집행위원회는 고위험 AI 시스템 이외의 AI 시스템에 대해 제III장 제2절에 명시된 요구사항과 가능한 기타 추가 요구사항(환경 지속가능성 포함)의 적용을 촉진하기 위한 자발적 실천 강령의 영향과 효과성을 평가하여야 한다.

8. For the purposes of paragraphs 1 to 7, the Board, the Member States and national competent authorities shall provide the Commission with information upon its request and without undue delay.

8. 제1항부터 제7항까지의 목적을 위해, 이사회, 회원국 및 국가 관할 당국은 집행위원회의 요청에 따라 지체 없이 정보를 제공하여야 한다.

9. In carrying out the evaluations and reviews referred to in paragraphs 1 to

9. 제1항부터 제7항까지의 평가 및 검토를 수행할 때, 집행위원회는 이사회, 유럽

7, the Commission shall take into account the positions and findings of the Board, of the European Parliament, of the Council, and of other relevant bodies or sources.

의회 및 이사회 및 기타 관련 기관이나 출처의 입장과 결과를 고려하여야 한다.

10. The Commission shall, if necessary, submit appropriate proposals to amend this Regulation, in particular taking into account developments in technology, the effect of AI systems on health and safety, and on fundamental rights, and in light of the state of progress in the information society.

10. 집행위원회는 필요한 경우 본 규정을 개정하기 위한 적절한 제안을 제출하여야 하며, 특히 기술 발전, AI 시스템이 건강과 안전, 그리고 기본권에 미치는 영향, 그리고 정보 사회의 진행 상태를 고려하여야 한다.

11. To guide the evaluations and reviews referred to in paragraphs 1 to 7 of this Article, the AI Office shall undertake to develop an objective and participative methodology for the evaluation of risk levels based on the criteria outlined in the relevant Articles and the inclusion of new systems in:

11. 본 조 제1항부터 제7항에서 언급된 평가 및 검토를 안내하기 위하여, AI 사무국은 관련 조항에 명시된 기준과 아래 열거된 사항 속의 신규 시스템을 포함시키는 것을 기반으로 위험 수준 평가를 위한 객관적이고, 참여적인 방법론을 개발하는 것에 착수하여야 한다.

(a) the list set out in Annex III, including the extension of existing area headings or the addition of new area headings in that Annex;

(a) 부속서 III에 명시된 목록(기존 영역 제목의 확장 또는 새로운 영역 제목의 추가 포함);

(b) the list of prohibited practices set out in Article 5; and

(b) 제5조에 명시된 금지된 관행 목록;

(c) the list of AI systems requiring additional transparency measures pursuant to Article 50.

(c) 제50조에 따라 추가 투명성 조치가 필요한 AI 시스템 목록.

12. Any amendment to this Regulation pursuant to paragraph 10, or relevant delegated or implementing acts, which concerns sectoral Union harmonisation legislation listed in Section B of Annex I shall take into account the regulatory

12. 제10항에 따른 본 규정의 개정이나 관련 위임 법률 또는 이행 법률이 부속서 I의 섹션 B에 나열된 분야별 EU 조화 법률과 관련된 경우, 각 분야의 규제 특수성과 그 안에 설립된 기존의 거버넌스, 적합성 평가 및 집행 메커니즘과 당

specificities of each sector, and the existing governance, conformity assessment and enforcement mechanisms and authorities established therein.

국을 고려하여야 한다.

13. By … [seven years from the date of entry into force of this Regulation], the Commission shall carry out an assessment of the enforcement of this Regulation and shall report on it to the European Parliament, the Council and the European Economic and Social Committee, taking into account the first years of application of this Regulation. On the basis of the findings, that report shall, where appropriate, be accompanied by a proposal for amendment of this Regulation with regard to the structure of enforcement and the need for a Union agency to resolve any identified shortcomings.

13. [본 규정의 발효일로부터 7년] 이후, 집행위원회는 본 규정의 집행에 대한 평가를 수행하고 본 규정 적용의 첫 몇 년을 고려하여 유럽 의회, 이사회 및 유럽 경제사회위원회에 보고하여야 한다. 필요한 경우, 해당 보고서에는 집행 구조와 식별된 단점을 해결하기 위한 유럽연합 기관의 필요성에 관한 본 규정의 개정 제안이 포함되어야 한다.

Article 113 Entry into Force and Application

This Regulation shall enter into force on the twentieth day following that of its publication in the Official Journal of the European Union. It shall apply from … [24 months from the date of entry into force of this Regulation]. However:

(a) Chapters I and II shall apply from … [six months from the date of entry into force of this Regulation];

(b) Chapter III Section 4, Chapter V, Chapter VII and Chapter XII and Article 78 shall apply from … [12 months from the date of entry into force of this Regulation], with the exception of Article 101;

제113조 발효 및 적용(제안이유 178, 179)

본 규정은 유럽연합 관보에 게재된 날로부터 20일 후에 발효된다. 본 규정은 ... [본 규정 발효일로부터 24개월] 후부터 적용된다. 다만:

(a) 제1장 및 제2장은 … [본 규정 발효일로부터 6개월] 후부터 적용된다;

(b) 제3장 제4절, 제5장, 제7장, 제12장 및 제78조는 … [본 규정 발효일로부터 12개월] 후부터 적용된다. 단, 제101조는 제외한다;

(c) Article 6(1) and the corresponding obligations in this Regulation shall apply from … [36 months from the date of entry into force of this Regulation].

(c) 제6조 제1항 및 본 규정의 관련 의무사항들은 … [본 규정 발효일로부터 36개월] 후부터 적용된다.

Annexes
부속서

Annexes(부속서)

Annex I
List of Union Harmonisation Legislation

Section A List of Union harmonisation legislation based on the New Legislative Framework

1. Directive 2006/42/EC of the European Parliament and of the Council of 17 May 2006 on machinery, and amending Directive 95/16/EC (OJ L 157, 9.6.2006, p. 24) [as repealed by the Machinery Regulation];
2. Directive 2009/48/EC of the European Parliament and of the Council of 18 June 2009 on the safety of toys (OJ L 170, 30.6.2009, p. 1);
3. Directive 2013/53/EU of the European Parliament and of the Council of 20 November 2013 on recreational craft and personal watercraft and repealing Directive 94/25/EC (OJ L 354, 28.12.2013, p. 90);
4. Directive 2014/33/EU of the European Parliament and of the Council of 26 February 2014 on the harmonisation of the laws of the Member States relating to lifts and safety components for lifts (OJ L 96, 29.3.2014, p. 251);
5. Directive 2014/34/EU of the European Parliament and of the Council of 26 February 2014 on the harmonisation of the laws of the Member States relating to equipment and protective systems

부속서 I
유럽연합 조화 법률 목록(제안이유 47, 49, 50, 51)

A절 – 새로운 입법 프레임워크를 기반으로 한 유럽연합 조화 법률 목록

1. 기계류에 관한, 그리고 지침 95/16/EC를 개정하는 2006년 5월 17일 유럽 의회 및 이사회의 지침 2006/42/EC (OJ L 157, 9.6.2006, p. 24) [기계류 규정에 의해 폐지됨];
2. 장난감의 안전성에 관한 2009년 6월 18일 유럽 의회 및 이사회의 지침 2009/48/EC (OJ L 170, 30.6.2009, p. 1);
3. 레저용 선박 및 개인용 수상 선박에 관한, 그리고 지침 94/25/EC를 폐지하는 2013년 11월 20일 유럽 의회 및 이사회의 지침 2013/53/EU (OJ L 354, 28.12.2013, p. 90);
4. 엘리베이터 및 엘리베이터용 안전 부품과 관련된 회원국 법률의 조화에 관한 2014년 2월 26일 유럽 의회 및 이사회의 지침 2014/33/EU (OJ L 96, 29.3.2014, p. 251);
5. 잠재적 폭발 환경에서 사용하기 위한 장비 및 보호 시스템과 관련된 회원국 법률의 조화에 관한 2014년 2월 26일 유럽 의회 및 이사회의 지침 2014/34/EU (OJ L 96, 29.3.2014, p. 309);

intended for use in potentially explosive atmospheres (OJ L 96, 29.3.2014, p. 309);

6. Directive 2014/53/EU of the European Parliament and of the Council of 16 April 2014 on the harmonisation of the laws of the Member States relating to the making available on the market of radio equipment and repealing Directive 1999/5/EC (OJ L 153, 22.5.2014, p. 62);

6. 무선 장비의 시장 출시와 관련된 회원국 법률의 조화에 관한, 그리고 지침 1999/5/EC를 폐지하는 2014년 4월 16일 유럽 의회 및 이사회의 지침 2014/53/EU (OJ L 153, 22.5.2014, p. 62);

7. Directive 2014/68/EU of the European Parliament and of the Council of 15 May 2014 on the harmonisation of the laws of the Member States relating to the making available on the market of pressure equipment (OJ L 189, 27.6.2014, p. 164);

7. 압력 장비의 시장 출시와 관련된 회원국 법률의 조화에 관한 2014년 5월 15일 유럽 의회 및 이사회의 지침 2014/68/EU (OJ L 189, 27.6.2014, p. 164);

8. Regulation (EU) 2016/424 of the European Parliament and of the Council of 9 March 2016 on cableway installations and repealing Directive 2000/9/EC (OJ L 81, 31.3.2016, p. 1);

8. 케이블웨이 설비에 관한, 그리고 지침 2000/9/EC를 폐지하는 2016년 3월 9일 유럽 의회 및 이사회의 규정 (EU) 2016/424 (OJ L 81, 31.3.2016, p. 1);

9. Regulation (EU) 2016/425 of the European Parliament and of the Council of 9 March 2016 on personal protective equipment and repealing Council Directive 89/686/EEC (OJ L 81, 31.3.2016, p. 51);

9. 개인 보호 장비에 관한, 그리고 이사회 지침 89/686/EEC를 폐지하는 2016년 3월 9일 유럽 의회 및 이사회의 규정 (EU) 2016/425 (OJ L 81, 31.3.2016, p. 51);

10. Regulation (EU) 2016/426 of the European Parliament and of the Council of 9 March 2016 on appliances burning gaseous fuels and repealing Directive 2009/142/EC (OJ L 81, 31.3.2016, p. 99);

10. 가스 연료를 사용하는 기기에 관한, 그리고 지침 2009/142/EC를 폐지하는 2016년 3월 9일 유럽 의회 및 이사회의 규정 (EU) 2016/426 (OJ L 81, 31.3.2016, p. 99);

11. Regulation (EU) 2017/745 of the European Parliament and of the Council of 5 April 2017 on medical devices,

11. 의료기기에 관한, 지침 2001/83/EC, 규정 (EC) No 178/2002 및 규정 (EC) No 1223/2009를 개정하는, 그리고 이사회

amending Directive 2001/83/EC, Regulation (EC) No 178/2002 and Regulation (EC) No 1223/2009 and repealing Council Directives 90/385/EEC and 93/42/EEC (OJ L 117, 5.5.2017, p. 1);

지침 90/385/EEC 및 93/42/EEC를 폐지하는 2017년 4월 5일 유럽 의회 및 이사회의 규정 (EU) 2017/745 (OJ L 117, 5.5.2017, p. 1);

12. Regulation (EU) 2017/746 of the European Parliament and of the Council of 5 April 2017 on in vitro diagnostic medical devices and repealing Directive 98/79/EC and Commission Decision 2010/227/EU (OJ L 117, 5.5.2017, p. 176).

12. 체외 진단 의료기기에 관한, 그리고 지침 98/79/EC 및 집행위원회 결정 2010/227/EU를 폐지하는 2017년 4월 5일 유럽 의회 및 이사회의 규정 (EU) 2017/746 (OJ L 117, 5.5.2017, p. 176).

Section B List of other Union harmonisation legislation

B절 – 기타 유럽연합 조화 법률 목록

13. Regulation (EC) No 300/2008 of the European Parliament and of the Council of 11 March 2008 on common rules in the field of civil aviation security and repealing Regulation (EC) No 2320/2002 (OJ L 97, 9.4.2008, p. 72);

13. 민간 항공 보안 분야의 공통 규칙에 관한, 그리고 규정 (EC) No 2320/2002를 폐지하는 2008년 3월 11일 유럽 의회 및 이사회의 규정 (EC) No 300/2008 (OJ L 97, 9.4.2008, p. 72);

14. Regulation (EU) No 168/2013 of the European Parliament and of the Council of 15 January 2013 on the approval and market surveillance of two-or three-wheel vehicles and quadricycles (OJ L 60, 2.3.2013, p. 52);

14. 이륜 또는 삼륜 차량 및 사륜 차량의 승인 및 시장 감시에 관한 2013년 1월 15일 유럽 의회 및 이사회의 규정 (EU) No 168/2013 (OJ L 60, 2.3.2013, p. 52);

15. Regulation (EU) No 167/2013 of the European Parliament and of the Council of 5 February 2013 on the approval and market surveillance of agricultural and forestry vehicles (OJ L 60, 2.3.2013, p. 1);

15. 농업 및 임업 차량의 승인 및 시장 감시에 관한 2013년 2월 5일 유럽 의회 및 이사회의 규정 (EU) No 167/2013 (OJ L 60, 2.3.2013, p. 1);

16. Directive 2014/90/EU of the European Parliament and of the Council of 23 July 2014 on marine equipment and

16. 해양 장비에 관한, 그리고 이사회 지침 96/98/EC를 폐지하는 2014년 7월 23일 유럽 의회 및 이사회의 지침 2014/90/

repealing Council Directive 96/98/EC (OJ L 257, 28.8.2014, p. 146);

EU (OJ L 257, 28.8.2014, p. 146);

17. Directive (EU) 2016/797 of the European Parliament and of the Council of 11 May 2016 on the interoperability of the rail system within the European Union (OJ L 138, 26.5.2016, p. 44);

17. 유럽연합 내 철도 시스템의 상호 운용성에 관한 2016년 5월 11일 유럽 의회 및 이사회의 지침 (EU) 2016/797 (OJ L 138, 26.5.2016, p. 44);

18. Regulation (EU) 2018/858 of the European Parliament and of the Council of 30 May 2018 on the approval and market surveillance of motor vehicles and their trailers, and of systems, components and separate technical units intended for such vehicles, amending Regulations (EC) No 715/2007 and (EC) No 595/2009 and repealing Directive 2007/46/EC (OJ L 151, 14.6.2018, p. 1);

18. 자동차 및 그 트레일러, 그리고 그러한 차량을 위한 시스템, 구성품 및 별도 기술 장치의 승인 및 시장 감시에 관한, 규정 (EC) No 715/2007 및 (EC) No 595/2009를 개정하는, 그리고 지침 2007/46/EC를 폐지하는 2018년 5월 30일 유럽 의회 및 이사회의 규정 (EU) 2018/858 (OJ L 151, 14.6.2018, p. 1);

19. Regulation (EU) 2019/2144 of the European Parliament and of the Council of 27 November 2019 on type-approval requirements for motor vehicles and their trailers, and systems, components and separate technical units intended for such vehicles, as regards their general safety and the protection of vehicle occupants and vulnerable road users, amending Regulation (EU) 2018/858 of the European Parliament and of the Council and repealing Regulations (EC) No 78/2009, (EC) No 79/2009 and (EC) No 661/2009 of the European Parliament and of the Council and Commission Regulations (EC) No 631/2009, (EU) No 406/2010, (EU) No 672/2010, (EU) No 1003/2010, (EU) No 1005/2010, (EU) No 1008/2010, (EU) No 1009/2010, (EU) No 19/2011, (EU) No 109/2011,

19. 자동차 및 그 트레일러, 그리고 그러한 차량을 위한 시스템, 구성품 및 별도 기술 장치의 형식 승인 요건에 관한, 그들의 일반 안전 및 차량 탑승자와 취약한 도로 이용자의 보호와 관련하여, 유럽 의회 및 이사회의 규정 (EU) 2018/858을 개정하고 유럽 의회 및 이사회의 규정 (EC) No 78/2009, (EC) No 79/2009 및 (EC) No 661/2009와 집행위원회 규정 (EC) No 631/2009, (EU) No 406/2010, (EU) No 672/2010, (EU) No 1003/2010, (EU) No 1005/2010, (EU) No 1008/2010, (EU) No 1009/2010, (EU) No 19/2011, (EU) No 109/2011, (EU) No 458/2011, (EU) No 65/2012, (EU) No 130/2012, (EU) No 347/2012, (EU) No 351/2012, (EU) No 1230/2012 및 (EU) 2015/166을 폐지하는 2019년 11월 27일 유럽 의회 및 이사회의 규정 (EU) 2019/2144 (OJ L 325, 16.12.2019,

(EU) No 458/2011, (EU) No 65/2012, (EU) No 130/2012, (EU) No 347/2012, (EU) No 351/2012, (EU) No 1230/2012 and (EU) 2015/166 (OJ L 325, 16.12.2019, p. 1);

p. 1);

20. Regulation (EU) 2018/1139 of the European Parliament and of the Council of 4 July 2018 on common rules in the field of civil aviation and establishing a European Union Aviation Safety Agency, and amending Regulations (EC) No 2111/2005, (EC) No 1008/2008, (EU) No 996/2010, (EU) No 376/2014 and Directives 2014/30/EU and 2014/53/EU of the European Parliament and of the Council, and repealing Regulations (EC) No 552/2004 and (EC) No 216/2008 of the European Parliament and of the Council and Council Regulation (EEC) No 3922/91 (OJ L 212, 22.8.2018, p. 1), in so far as the design, production and placing on the market of aircrafts referred to in Article 2(1), points (a) and (b) thereof, where it concerns unmanned aircraft and their engines, propellers, parts and equipment to control them remotely, are concerned.

20. 민간 항공 분야의 공통 규칙에 관한, 유럽연합 항공안전청을 설립하는, 규정 (EC) No 2111/2005, (EC) No 1008/2008, (EU) No 996/2010, (EU) No 376/2014 및 유럽 의회 및 이사회의 지침 2014/30/EU와 2014/53/EU를 개정하는, 그리고 유럽 의회 및 이사회의 규정 (EC) No 552/2004 및 (EC) No 216/2008과 이사회 규정 (EEC) No 3922/91을 폐지하는 2018년 7월 4일 유럽 의회 및 이사회의 규정 (EU) 2018/1139 (OJ L 212, 22.8.2018, p. 1). 이는 해당 규정의 제2조 제1항 (a)호 및 (b)호에서 언급된 항공기의 설계, 생산 및 시장 출시와 관련하여, 무인 항공기와 그 엔진, 프로펠러, 부품 및 이를 원격으로 제어하기 위한 장비에 관련된 경우에 한하여 적용된다.

Annex Ⅱ
List of Criminal Offences Referred to in Article 5(1), First Subparagraph, Point (h)(iii)

부속서 Ⅱ
제5조 제1항 첫 번째 하위 조항 (h)호 (iii)에서 언급된 범죄 목록(제안이유 33)

Criminal offences referred to in Article 5(1), first subparagraph, point (h)(iii):

- terrorism,
- trafficking in human beings,

다음은 제5조 제1항 첫 번째 하위항, 항목 (h)호 (iii)에 언급된 범죄:

- 테러리즘,
- 인신매매,

- sexual exploitation of children, and child pornography,	- 아동 성 착취 및 아동 포르노그래피,
- illicit trafficking in narcotic drugs or psychotropic substances,	- 마약 또는 향정신성 물질의 불법 거래,
- illicit trafficking in weapons, munitions or explosives,	- 무기, 탄약 또는 폭발물의 불법 거래,
- murder, grievous bodily injury,	- 살인, 중상해,
- illicit trade in human organs or tissue,	- 인체 장기 또는 조직의 불법 거래,
- illicit trafficking in nuclear or radioactive materials,	- 핵 물질 또는 방사성 물질의 불법 거래,
- kidnapping, illegal restraint or hostage-taking	- 납치, 불법 감금 또는 인질극,
- crimes within the jurisdiction of the International Criminal Court,	- 국제형사재판소 관할 범죄,
- unlawful seizure of aircraft or ships,	- 항공기 또는 선박의 불법 납치,
- rape,	- 강간,
- environmental crime,	- 환경 범죄,
- organised or armed robbery,	- 조직적 또는 무장 강도,
- sabotage,	- 사보타주,
- participation in a criminal organisation involved in one or more of the offences listed above.	- 위에 나열된 범죄 중 하나 이상에 관여하는 범죄 조직 참여.
Annex III	**부속서 III**
High-Risk AI Systems Referred to in Article 6(2)	**제6조 제2항에서 언급된 고위험 AI 시스템**(제안이유 48, 52, 54, 55, 56, 57, 58, 59, 60, 61, 62, 63)
High-risk AI systems pursuant to Article 6(2) are the AI systems listed in any of the following areas:	제6조 제2항에 따른 고위험 AI 시스템은 다음 영역 중 하나에 나열된 AI 시스템이다:
1. Biometrics, in so far as their use is	1. 생체 인식, 관련 유럽연합 또는 국내법

permitted under relevant Union or national law:

에 따라 사용이 허용되는 한에서:

(a) remote biometric identification systems. This shall not include AI systems intended to be used for biometric verification the sole purpose of which is to confirm that a specific natural person is the person he or she claims to be;

(a) 원격 생체 인식 식별 시스템. 특정 자연인이 주장하는 본인임을 확인하는 것이 유일한 목적인 생체 인식 확인에 사용되는 AI 시스템은 제외;

(b) AI systems intended to be used for biometric categorisation, according to sensitive or protected attributes or characteristics based on the inference of those attributes or characteristics;

(b) 민감하거나 보호되는 속성이나 특성에 따라, 또는 이러한 속성이나 특성의 추론에 기반하여 생체 인식 분류에 사용하기 위한 AI 시스템;

(c) AI systems intended to be used for emotion recognition.

(c) 감정 인식에 사용하기 위한 AI 시스템.

2. Critical infrastructure: AI systems intended to be used as safety components in the management and operation of critical digital infrastructure, road traffic, or in the supply of water, gas, heating or electricity.

2. 핵심 기반시설: 핵심 디지털 기반시설, 도로 교통, 또는 수도, 가스, 난방 또는 전기 공급의 관리 및 운영에 있어 안전 구성요소로 사용하기 위한 AI 시스템.

3. Education and vocational training:

3. 교육 및 직업 훈련:

(a) AI systems intended to be used to determine access or admission or to assign natural persons to educational and vocational training institutions at all levels;

(a) 모든 수준의 교육 및 직업 훈련 기관에 대한 접근이나 입학을 결정하거나 자연인을 배정하는 데 사용하기 위한 AI 시스템;

(b) AI systems intended to be used to evaluate learning outcomes, including when those outcomes are used to steer the learning process of natural persons in educational and vocational training institutions at all levels;

(b) 학습 결과를 평가하는 데 사용하기 위한 AI 시스템(해당 결과가 모든 수준의 교육 및 직업 훈련 기관에서 자연인의 학습 과정을 지도하는 데 사용되는 경우 포함);

(c) AI systems intended to be used for

(c) 모든 수준의 교육 및 직업 훈련 기관의

the purpose of assessing the appropriate level of education that an individual will receive or will be able to access, in the context of or within educational and vocational training institutions at all levels;

맥락에서 또는 그 내에서 개인이 받게 될, 또는 접근할 수 있는 적절한 교육 수준을 평가하는 목적으로 사용하기 위한 AI 시스템;

(d) AI systems intended to be used for monitoring and detecting prohibited behaviour of students during tests in the context of or within educational and vocational training institutions at all levels.

(d) 모든 수준의 교육 및 직업 훈련 기관의 맥락에서 또는 그 내에서, 시험 중 학생들의 금지된 행동을 모니터링하고 탐지하는 데 사용하기 위한 AI 시스템.

4. Employment, workers management and access to self-employment:

4. 고용, 근로자 관리 및 자영업에 대한 접근:

(a) AI systems intended to be used for the recruitment or selection of natural persons, in particular to place targeted job advertisements, to analyse and filter job applications, and to evaluate candidates;

(a) 자연인의 채용 또는 선발에 사용하기 위한 AI 시스템. 특히 맞춤형 구인 광고를 게재하고, 구직 신청서를 분석 및 필터링하며, 지원자를 평가하는 데 사용한다;

(b) AI systems intended to be used to make decisions affecting terms of work-related relationships, the promotion or termination of work-related contractual relationships, to allocate tasks based on individual behaviour or personal traits or characteristics or to monitor and evaluate the performance and behaviour of persons in such relationships.

(b) 업무 관련 관계의 조건에 영향을 미치는 결정을 내리거나, 업무 관련 계약 관계의 승진 또는 종료, 개인의 행동이나 개인적 특성에 기반한 업무 할당, 또는 그러한 관계에 있는 사람들의 성과와 행동을 모니터링하고 평가하는 데 사용하기 위한 AI 시스템.

5. Access to and enjoyment of essential private services and essential public services and benefits:

5. 필수적인 민간 서비스와 필수적인 공공 서비스 및 혜택에 대한 접근과 향유:

(a) AI systems intended to be used by public authorities or on behalf of public authorities to evaluate the eligibility of natural persons for essential public

(a) 공공 당국이 또는 공공 당국을 대신하여 자연인의 필수적인 공공 지원 혜택 및 서비스(의료 서비스 포함) 수급 자격을 평가하거나, 그러한 혜택 및 서비스

assistance benefits and services, including healthcare services, as well as to grant, reduce, revoke, or reclaim such benefits and services;

를 부여, 축소, 취소 또는 회수하는 데 사용하기 위한 AI 시스템;

(b) AI systems intended to be used to evaluate the creditworthiness of natural persons or establish their credit score, with the exception of AI systems used for the purpose of detecting financial fraud;

(b) 자연인의 신용도를 평가하거나 신용 점수를 책정하는 데 사용하기 위한 AI 시스템. 단, 금융 사기 탐지 목적으로 사용되는 AI 시스템은 제외한다;

(c) AI systems intended to be used for risk assessment and pricing in relation to natural persons in the case of life and health insurance;

(c) 생명 및 건강 보험의 경우 자연인과 관련된 위험 평가 및 가격 책정에 사용하기 위한 AI 시스템;

(d) AI systems intended to evaluate and classify emergency calls by natural persons or to be used to dispatch, or to establish priority in the dispatching of, emergency first response services, including by police, firefighters and medical aid, as well as of emergency healthcare patient triage systems.

(d) 자연인의 비상 호출을 평가 및 분류하거나, 경찰, 소방관 및 의료 지원을 포함한 응급 구조 서비스의 파견 또는 파견 우선순위를 정하는 데 사용하기 위한 AI 시스템. 응급 의료 환자 분류 시스템도 포함한다.

6. Law enforcement, in so far as their use is permitted under relevant Union or national law:

6. 법 집행, 관련 유럽연합 또는 국내법에 따라 사용이 허용되는 한에서:

(a) AI systems intended to be used by or on behalf of law enforcement authorities, or by Union institutions, bodies, offices or agencies in support of law enforcement authorities or on their behalf to assess the risk of a natural person becoming the victim of criminal offences;

(a) 법 집행 당국이 또는 그들을 대신하여, 또는 유럽연합 기관, 기구, 사무국 또는 대행기관이 법 집행 당국을 지원하거나 그들을 대신하여 자연인이 범죄의 피해자가 될 위험을 평가하는 데 사용하기 위한 AI 시스템;

(b) AI systems intended to be used by or on behalf of law enforcement authorities or by Union institutions, bodies, offices

(b) 법 집행 당국이 또는 그들을 대신하여, 또는 유럽연합 기관, 기구, 사무국 또는 대행기관이 법 집행 당국을 지원하여 거

or agencies in support of law enforcement authorities as polygraphs or similar tools;

짓말 탐지기 또는 유사한 도구로 사용하기 위한 AI 시스템;

(c) AI systems intended to be used by or on behalf of law enforcement authorities, or by Union institutions, bodies, offices or agencies, in support of law enforcement authorities to evaluate the reliability of evidence in the course of the investigation or prosecution of criminal offences;

(c) 법 집행 당국이 또는 그들을 대신하여, 또는 유럽연합 기관, 기구, 사무국 또는 대행기관이 법 집행 당국을 지원하여 형사 범죄의 수사 또는 기소 과정에서 증거의 신뢰성을 평가하는 데 사용하기 위한 AI 시스템;

(d) AI systems intended to be used by law enforcement authorities or on their behalf or by Union institutions, bodies, offices or agencies in support of law enforcement authorities for assessing the risk of a natural person offending or re-offending not solely on the basis of the profiling of natural persons as referred to in Article 3(4) of Directive (EU) 2016/680, or to assess personality traits and characteristics or past criminal behaviour of natural persons or groups;

(d) 법 집행 당국이 또는 그들을 대신하여, 또는 유럽연합 기관, 기구, 사무국 또는 대행기관이 법 집행 당국을 지원하여 지침 (EU) 2016/680의 제3조 제4항에 언급된 자연인의 프로파일링만을 기반으로 하지 않고 자연인의 범죄 또는 재범 위험을 평가하거나, 자연인 또는 집단의 성격 특성 및 특징 또는 과거 범죄 행위를 평가하는 데 사용하기 위한 AI 시스템;

(e) AI systems intended to be used by or on behalf of law enforcement authorities or by Union institutions, bodies, offices or agencies in support of law enforcement authorities for the profiling of natural persons as referred to in Article 3(4) of Directive (EU) 2016/680 in the course of the detection, investigation or prosecution of criminal offences.

(e) 법 집행 당국이 또는 그들을 대신하여, 또는 유럽연합 기관, 기구, 사무국 또는 대행기관이 법 집행 당국을 지원하여 형사 범죄의 탐지, 수사 또는 기소 과정에서 지침 (EU) 2016/680의 제3조 제4항에 언급된 자연인의 프로파일링에 사용하기 위한 AI 시스템.

7. Migration, asylum and border control management, in so far as their use is permitted under relevant Union or national law:

7. 이민, 망명 및 국경 관리, 관련 유럽연합 또는 국내법에 따라 사용이 허용되는 한에서:

(a) AI systems intended to be used by or on behalf of competent public authorities

(a) 관할 공공 당국이 또는 그들을 대신하여, 또는 유럽연합 기관, 기구, 사무국

or by Union institutions, bodies, offices or agencies as polygraphs or similar tools;

또는 대행기관이 거짓말 탐지기 또는 유사한 도구로 사용하기 위한 AI 시스템;

(b) AI systems intended to be used by or on behalf of competent public authorities or by Union institutions, bodies, offices or agencies to assess a risk, including a security risk, a risk of irregular migration, or a health risk, posed by a natural person who intends to enter or who has entered into the territory of a Member State;

(b) 관할 공공 당국이 또는 그들을 대신하여, 또는 유럽연합 기관, 기구, 사무국 또는 대행기관이 회원국 영토에 입국하려고 하거나 이미 입국한 자연인이 제기하는 위험(보안 위험, 불법 이민 위험 또는 건강 위험 포함)을 평가하는 데 사용하기 위한 AI 시스템;

(c) AI systems intended to be used by or on behalf of competent public authorities or by Union institutions, bodies, offices or agencies to assist competent public authorities for the examination of applications for asylum, visa or residence permits and for associated complaints with regard to the eligibility of the natural persons applying for a status, including related assessments of the reliability of evidence;

(c) 관할 공공 당국이 또는 그들을 대신하여, 또는 유럽연합 기관, 기구, 사무국 또는 대행기관이 망명, 비자 또는 거주허가 신청 및 관련 불만 사항을 심사하는 데 있어 관할 공공 당국을 지원하기 위해 사용하기 위한 AI 시스템. 이는 지위를 신청하는 자연인의 자격과 관련된 평가를 포함하며, 증거의 신뢰성에 대한 관련 평가도 포함한다;

(d) AI systems intended to be used by or on behalf of competent public authorities, or by Union institutions, bodies, offices or agencies, in the context of migration, asylum or border control management, for the purpose of detecting, recognising or identifying natural persons, with the exception of the verification of travel documents.

(d) 관할 공공 당국이 또는 그들을 대신하여, 또는 유럽연합 기관, 기구, 사무국 또는 대행기관이 이민, 망명 또는 국경관리의 맥락에서 자연인을 탐지, 인식 또는 식별하기 위한 목적으로 사용하기 위한 AI 시스템. 단, 여행 문서의 확인은 제외한다.

8. Administration of justice and democratic processes:

8. 사법 행정 및 민주적 과정:

(a) AI systems intended to be used by a judicial authority or on their behalf to assist a judicial authority in researching

(a) 사법 당국이 또는 그들을 대신하여 사실과 법률을 연구하고 해석하며 구체적인 사실 관계에 법률을 적용하는 데 사

and interpreting facts and the law and in applying the law to a concrete set of facts, or to be used in a similar way in alternative dispute resolution;

법 당국을 지원하기 위해 사용하거나, 대안적 분쟁 해결에서 유사한 방식으로 사용하기 위한 AI 시스템;

(b) AI systems intended to be used for influencing the outcome of an election or referendum or the voting behaviour of natural persons in the exercise of their vote in elections or referenda. This does not include AI systems to the output of which natural persons are not directly exposed, such as tools used to organise, optimise or structure political campaigns from an administrative or logistical point of view.

(b) 선거나 국민투표의 결과에 영향을 미치거나 선거 또는 국민투표에서 자연인의 투표 행위에 영향을 미치기 위해 사용하기 위한 AI 시스템. 이는 자연인이 직접 노출되지 않는 AI 시스템은 포함하지 않는다. 예를 들어, 행정적 또는 물류적 관점에서 정치 캠페인을 조직, 최적화 또는 구조화하는 데 사용되는 도구 등이다.

Annex Ⅳ
Technical Documentation Referred to in Article 11(1)

부속서 Ⅳ
제11조 제1항에서 언급된 기술문서

The technical documentation referred to in Article 11(1) shall contain at least the following information, as applicable to the relevant AI system:

제11조 제1항에서 언급한 기술 문서는 관련 AI 시스템에 적용 가능한 다음 정보를 최소한 포함하여야 한다:

1. A general description of the AI system including:

1. AI 시스템에 대한 일반적 설명으로 다음 사항 포함한다:

(a) its intended purpose, the name of the provider and the version of the system reflecting its relation to previous versions;

(a) 의도된 목적, 제공자 이름, 이전 버전과의 관계를 반영한 시스템 버전;

(b) how the AI system interacts with, or can be used to interact with, hardware or software, including with other AI systems, that are not part of the AI system itself, where applicable;

(b) 해당 시, AI 시스템이 자체 일부가 아닌 하드웨어나 소프트웨어(다른 AI 시스템 포함)와 상호 작용하는 방식 또는 상호 작용에 사용될 수 있는 방식;

(c) the versions of relevant software or

(c) 관련 소프트웨어 또는 펌웨어의 버전

firmware, and any requirements related to version updates;

및 버전 업데이트 관련 요구사항;

(d) the description of all the forms in which the AI system is placed on the market or put into service, such as software packages embedded into hardware, downloads, or APIs;

(d) 하드웨어 내장 소프트웨어 패키지, 다운로드, API 등 AI 시스템이 시장에 출시되거나 서비스에 투입되는 모든 형태 설명;

(e) the description of the hardware on which the AI system is intended to run;

(e) AI 시스템 실행 대상 하드웨어 설명;

(f) where the AI system is a component of products, photographs or illustrations showing external features, the marking and internal layout of those products;

(f) AI 시스템이 제품 구성요소인 경우, 해당 제품의 외부 특징, 표시, 내부 레이아웃을 보여주는 사진 또는 삽화;

(g) a basic description of the user-interface provided to the deployer;

(g) 배치 책임자에게 제공되는 사용자 인터페이스 기본 설명;

(h) instructions for use for the deployer, and a basic description of the user-interface provided to the deployer, where applicable;

(h) 해당 시, 배치 책임자용 사용 지침 및 제공되는 사용자 인터페이스 기본 설명;

2. A detailed description of the elements of the AI system and of the process for its development, including:

2. AI 시스템의 요소 및 그 개발 과정을 상세히 기술할 것. 이는 다음을 포함한다.

(a) the methods and steps performed for the development of the AI system, including, where relevant, recourse to pre-trained systems or tools provided by third parties and how those were used, integrated or modified by the provider;

(a) AI 시스템의 개발에 수행된 방법 및 단계에 대한 설명으로서, 제공자가 제3자가 제공한 사전학습된 시스템 또는 도구를 사용한 경우, 그 사용방식·통합방식·수정방식을 모두 포함.

(b) the design specifications of the system, namely the general logic of the AI system and of the algorithms; the key design choices including the rationale and assumptions made, including with

(b) 시스템 설계 사양. AI 시스템과 알고리즘의 일반 논리, 주요 설계 선택사항(대상 사용자 관련 근거와 가정 포함), 주요 분류 선택사항, 시스템 최적화 대상 및 매개변수 관련성, 예상 출력 및 출력 품

regard to persons or groups of persons in respect of who, the system is intended to be used; the main classification choices; what the system is designed to optimise for, and the relevance of the different parameters; the description of the expected output and output quality of the system; the decisions about any possible trade-off made regarding the technical solutions adopted to comply with the requirements set out in Chapter III, Section 2;

질 설명, 제3장 제2절 요구사항 준수를 위한 기술적 해결책 관련 절충안 결정 등;

(c) the description of the system architecture explaining how software components build on or feed into each other and integrate into the overall processing; the computational resources used to develop, train, test and validate the AI system;

(c) 시스템 아키텍처 설명. 소프트웨어 구성 요소 간 관계 및 전체 처리 과정 통합 방식, AI 시스템 개발, 학습, 테스트, 검증에 사용된 컴퓨팅 자원;

(d) where relevant, the data requirements in terms of datasheets describing the training methodologies and techniques and the training data sets used, including a general description of these data sets, information about their provenance, scope and main characteristics; how the data was obtained and selected; labelling procedures (e.g. for supervised learning), data cleaning methodologies (e.g. outliers detection);

(d) 관련 시, 학습 방법론, 기술, 사용 데이터셋 설명 데이터시트, 데이터셋 일반 설명, 출처, 범위, 주요 특성 정보, 데이터 획득 및 선택 방법, 라벨링 절차, 데이터 정제 방법론 등;

(e) assessment of the human oversight measures needed in accordance with Article 14, including an assessment of the technical measures needed to facilitate the interpretation of the outputs of AI systems by the deployers, in accordance with Article 13(3), point (d);

(e) 제14조에 따른 인간의 관리·감독 조치 평가. 제13조 제3항 (d)호에 따라 배치 책임자의 AI 시스템 출력 해석 지원에 필요한 기술적 조치 평가 포함;

(f) where applicable, a detailed description

(f) 해당 시, AI 시스템 및 성능의 사전 결

of pre-determined changes to the AI system and its performance, together with all the relevant information related to the technical solutions adopted to ensure continuous compliance of the AI system with the relevant requirements set out in Chapter III, Section 2;

정 변경사항 상세 설명. 제3장 제2절 관련 요구사항의 지속적 준수를 위한 기술적 해결책 관련 정보 포함;

(g) the validation and testing procedures used, including information about the validation and testing data used and their main characteristics; metrics used to measure accuracy, robustness and compliance with other relevant requirements set out in Chapter III, Section 2, as well as potentially discriminatory impacts; test logs and all test reports dated and signed by the responsible persons, including with regard to predetermined changes as referred to under point (f);

(g) 사용된 검증 및 테스트 절차. 사용된 검증 및 테스트 데이터와 주요 특성 정보, 정확성, 견고성, 기타 관련 요구사항 준수 측정 지표, 잠재적 차별 영향 포함. 책임자 서명 및 날짜 기입한 테스트 로그 및 모든 테스트 보고서((f)호 언급 사전 결정 변경사항 포함);

(h) cybersecurity measures put in place;

(h) 구현된 사이버 보안 조치;

3. Detailed information about the monitoring, functioning and control of the AI system, in particular with regard to: its capabilities and limitations in performance, including the degrees of accuracy for specific persons or groups of persons on which the system is intended to be used and the overall expected level of accuracy in relation to its intended purpose; the foreseeable unintended outcomes and sources of risks to health and safety, fundamental rights and discrimination in view of the intended purpose of the AI system; the human oversight measures needed in accordance with Article 14, including the technical measures put in place to facilitate the

3. AI 시스템의 모니터링, 기능 및 제어에 관한 상세 정보. 특히 다음 사항을 포함한다: 성능의 능력 및 한계에 관한 정보. 시스템이 사용되도록 의도된 특정 개인 또는 집단에 대한 정확도 수준과 의도된 목적과 관련한 전반적인 예상 정확도 수준을 포함한다; AI 시스템의 의도된 목적을 고려할 때 예측 가능한 의도치 않은 결과물들과 건강 및 안전, 기본권, 차별에 대한 위험 요인; 제14조에 따라 필요한 인간의 관리·감독 조치, 배치 책임자의 AI 시스템 산출물의 해석을 용이하게 하기 위해 구현된 기술적 조치를 포함한다. 적절한 경우, 입력 데이터에 대한 사양.

interpretation of the outputs of AI systems by the deployers; specifications on input data, as appropriate;	
4. A description of the appropriateness of the performance metrics for the specific AI system;	4. 특정 AI 시스템에 대한 성능 지표의 적절성 설명;
5. A detailed description of the risk management system in accordance with Article 9;	5. 제9조에 따른 위험 관리 시스템 상세 설명;
6. A description of relevant changes made by the provider to the system through its lifecycle;	6. 수명 주기 동안 제공자가 시스템에 가한 관련 변경사항 설명;
7. A list of the harmonised standards applied in full or in part the references of which have been published in the Official Journal of the European Union; where no such harmonised standards have been applied, a detailed description of the solutions adopted to meet the requirements set out in Chapter III, Section 2, including a list of other relevant standards and technical specifications applied;	7. 전체 또는 부분적으로 적용된 조화 표준 목록(유럽연합 관보에 게재된 참조 포함). 이러한 조화 표준이 적용되지 않은 경우, 제3장 제2절의 요구사항을 충족하기 위해 채택된 해결책 상세 설명(적용된 기타 관련 표준 및 기술 사양 목록 포함);
8. A copy of the EU declaration of conformity referred to in Article 47;	8. 제47조에서 언급한 EU 적합성 선언서 사본;
9. A detailed description of the system in place to evaluate the AI system performance in the post-market phase in accordance with Article 72, including the post-market monitoring plan referred to in Article 72(3).	9. 제72조에 따른 시장 출시 후 단계에서 AI 시스템 성능 평가를 위한 시스템 상세 설명. 제72조 제3항에서 언급한 시장 출시 후 모니터링 계획 포함.

Annex V
EU Declaration of Conformity

The EU declaration of conformity referred to in Article 47, shall contain all of the following information:

1. AI system name and type and any additional unambiguous reference allowing the identification and traceability of the AI system;
2. The name and address of the provider or, where applicable, of their authorised representative;
3. A statement that the EU declaration of conformity referred to in Article 47 is issued under the sole responsibility of the provider;
4. A statement that the AI system is in conformity with this Regulation and, if applicable, with any other relevant Union law that provides for the issuing of the EU declaration of conformity referred to in Article 47;
5. Where an AI system involves the processing of personal data, a statement that that AI system complies with Regulations (EU) 2016/679 and (EU) 2018/1725 and Directive (EU) 2016/680;
6. References to any relevant harmonised standards used or any other common specification in relation to which conformity is declared;
7. Where applicable, the name and identification number of the notified body, a description of the conformity assessment procedure performed, and

부속서 V
EU 적합성 선언서

제47조에서 언급한 EU 적합성 선언은 다음 정보를 모두 포함하여야 한다:

1. AI 시스템의 명칭 및 유형, 그리고 AI 시스템의 식별과 추적을 가능하게 하는 추가적인 명확한 참조 정보;
2. 제공자의 이름 및 주소, 또는 해당되는 경우 그들의 공인 대리인의 이름 및 주소;
3. 제47조에서 언급한 EU 적합성 선언이 제공자의 단독 책임 하에 발행되었다는 진술;
4. AI 시스템이 본 규정을 준수한다는 진술, 그리고 해당되는 경우 제47조에서 언급한 EU 적합성 선언서 발행을 규정하는 기타 관련 유럽연합 법률을 준수한다는 진술;
5. AI 시스템이 개인정보 처리를 포함하는 경우, 해당 AI 시스템이 규정 (EU) 2016/679, (EU) 2018/1725 및 지침 (EU) 2016/680을 준수한다는 진술;
6. 사용된 관련 조화 표준 또는 적합성이 선언된 기타 공통 사양에 대한 참조;
7. 해당되는 경우, 인증 기관의 이름 및 식별 번호, 수행된 적합성 평가 절차에 대한 설명, 발행된 인증서의 식별 정보;

identification of the certificate issued;

8. The place and date of issue of the declaration, the name and function of the person who signed it, as well as an indication for, or on behalf of whom, that person signed, a signature.

8. 선언서의 발행 장소 및 날짜, 서명한 사람의 이름과 직함, 그리고 누구를 위해 또는 누구를 대신하여 해당 인물이 서명했는지에 대한 표시, 서명.

Annex Ⅵ
Conformity Assessment Procedure Based on Internal Control

부속서 VI
내부 통제에 기반한 적합성 평가 절차

1. The conformity assessment procedure based on internal control is the conformity assessment procedure based on points 2, 3 and 4.

1. 내부 통제에 기반한 적합성 평가 절차는 제2, 제3, 제4항에 기반한 적합성 평가 절차이다.

2. The provider verifies that the established quality management system is in compliance with the requirements of Article 17.

2. 제공자는 수립된 품질 관리 시스템이 제17조의 요구사항을 준수하는지 확인한다.

3. The provider examines the information contained in the technical documentation in order to assess the compliance of the AI system with the relevant essential requirements set out in Chapter III, Section 2.

3. 제공자는 기술 문서에 포함된 정보를 검토하여 AI 시스템이 제3장 제2절에 명시된 관련 필수 요구사항을 준수하는지 평가한다.

4. The provider also verifies that the design and development process of the AI system and its post-market monitoring as referred to in Article 72 is consistent with the technical documentation

4. 제공자는 또한 AI 시스템의 설계 및 개발 과정과 제72조에서 언급한 시장 출시 후 모니터링이 기술 문서와 일치하는지 확인한다.

Annex VII
Conformity Based on Assessment of Quality Management System and Assessment of Technical Documentation

부속서 VII
품질 관리 시스템 및 기술 문서 평가에 기반한 적합성 평가

1. Introduction

Conformity based on an assessment of the quality management system and an assessment of the technical documentation is the conformity assessment procedure based on points 2 to 5.

1. 서론

품질 관리 시스템 평가와 기술 문서 평가에 기반한 적합성은 제2항에서 제5항에 기반한 적합성 평가 절차이다.

2. Overview

The approved quality management system for the design, development and testing of AI systems pursuant to Article 17 shall be examined in accordance with point 3 and shall be subject to surveillance as specified in point 5. The technical documentation of the AI system shall be examined in accordance with point 4.

2. 개요

제17조에 따른 AI 시스템의 설계, 개발 및 테스트를 위한 승인된 품질 관리 시스템은 제3항에 따라 검토되며, 제5항에 명시된 대로 감시의 대상이 된다. AI 시스템의 기술 문서는 제4항에 따라 검토된다.

3. Quality management system

3.1. The application of the provider shall include:

(a) the name and address of the provider and, if the application is lodged by an authorised representative, also their name and address;

(b) the list of AI systems covered under the same quality management system;

(c) the technical documentation for each AI system covered under the same quality management system;

3. 품질 관리 시스템

3.1. 제공자의 신청에는 다음이 포함되어야 한다:

(a) 제공자의 이름과 주소, 그리고 신청이 공인 대리인에 의해 제출된 경우 그들의 이름과 주소;

(b) 동일한 품질 관리 시스템 하에 포함된 AI 시스템 목록;

(c) 동일한 품질 관리 시스템 하에 포함된 각 AI 시스템에 대한 기술 문서;

(d) the documentation concerning the quality management system which shall cover all the aspects listed under Article 17;

(d) 제17조에 나열된 모든 측면을 다루는 품질 관리 시스템에 관한 문서;

(e) a description of the procedures in place to ensure that the quality management system remains adequate and effective;

(e) 품질 관리 시스템이 적절하고 효과적으로 유지되도록 보장하기 위한 현행 절차에 대한 설명;

(f) a written declaration that the same application has not been lodged with any other notified body.

(f) 동일한 신청이 다른 인증 기관에 제출되지 않았다는 서면 선언.

3.2. The quality management system shall be assessed by the notified body, which shall determine whether it satisfies the requirements referred to in Article 17. The decision shall be notified to the provider or its authorised representative. The notification shall contain the conclusions of the assessment of the quality management system and the reasoned assessment decision.

3.2. 품질 관리 시스템은 인증 기관이 평가하며, 이는 제17조에서 언급된 요구사항을 충족하는지 결정하여야 한다. 결정 사항은 제공자 또는 그의 공인 대리인에게 통보된다. 통보에는 품질 관리 시스템 평가의 결론과 근거가 있는 평가 결정이 포함되어야 한다.

3.3. The quality management system as approved shall continue to be implemented and maintained by the provider so that it remains adequate and efficient.

3.3. 승인된 품질 관리 시스템은 적절하고 효율적으로 유지되도록 제공자가 계속 이행하고 유지하여야 한다.

3.4. Any intended change to the approved quality management system or the list of AI systems covered by the latter shall be brought to the attention of the notified body by the provider. The proposed changes shall be examined by the notified body, which shall decide whether the modified quality management system continues to satisfy the requirements referred to in point 3.2 or whether a reassessment is necessary. The notified body shall notify the provider of its decision. The notification

3.4. 승인된 품질 관리 시스템 또는 후자가 다루는 AI 시스템 목록에 대한 모든 의도된 변경 사항은 제공자가 인증 기관에 알려야 한다. 제안된 변경 사항은 인증 기관이 검토하며, 수정된 품질 관리 시스템이 3.2항에서 언급된 요구사항을 계속 충족하는지 또는 재평가가 필요한지 결정하여야 한다. 인증 기관은 제공자에게 결정 사항을 통보한다. 통보에는 변경 사항 검토의 결론과 근거가 있는 평가 결정이 포함된다.

shall contain the conclusions of the examination of the changes and the reasoned assessment decision.

4. Control of the technical documentation.

4.1. In addition to the application referred to in point 3, an application with a notified body of their choice shall be lodged by the provider for the assessment of the technical documentation relating to the AI system which the provider intends to place on the market or put into service and which is covered by the quality management system referred to under point 3.

4.2. The application shall include:

(a) the name and address of the provider;

(b) a written declaration that the same application has not been lodged with any other notified body;

(c) the technical documentation referred to in Annex IV.

4.3. The technical documentation shall be examined by the notified body. Where relevant, and limited to what is necessary to fulfil its tasks, the notified body shall be granted full access to the training, validation, and testing data sets used, including, where appropriate and subject to security safeguards, through API or other relevant technical means and tools enabling remote access.

4.4. In examining the technical documentation, the notified body may require that the provider supply further evidence or carry out further tests so

4. 기술 문서의 통제

4.1 제3항에서 언급한 신청 외에도, 제공자는 시장에 출시하거나 서비스에 투입하려는 AI 시스템과 관련된 기술 문서 평가를 위해 자신이 선택한 인증 기관에 신청서를 제출하여야 한다. 이 AI 시스템은 제3항에서 언급한 품질 관리 시스템의 적용을 받는다.

4.2. 신청서에는 다음이 포함되어야 한다:

(a) 제공자의 이름과 주소;

(b) 동일한 신청이 다른 인증 기관에 제출되지 않았다는 서면 선언;

(c) 부속서 IV에서 언급한 기술 문서.

4.3. 기술 문서는 인증 기관이 검토하여야 한다. 관련이 있고 그 업무를 수행하는데 필요한 경우에 한하여, 인증 기관은 사용된 학습, 검증 및 테스트 데이터셋에 대한 전체 접근 권한을 부여받아야 한다. 이는 적절한 경우 보안 안전장치를 전제로, API 또는 원격 접근을 가능하게 하는 기타 관련 기술적 수단 및 도구를 통해 이루어진다.

4.4. 기술 문서를 검토할 때, 인증 기관은 제3장 제2절에 명시된 요구사항에 대한 AI 시스템의 적합성을 적절히 평가할 수 있도록 제공자에게 추가 증거를 제공하

as to enable a proper assessment of the conformity of the AI system with the requirements set out in Chapter III, Section 2. Where the notified body is not satisfied with the tests carried out by the provider, the notified body shall itself directly carry out adequate tests, as appropriate.

거나 추가 테스트를 수행하도록 요구할 수 있다. 인증 기관이 제공자가 수행한 테스트에 만족하지 않는 경우, 인증 기관은 적절한 테스트를 직접 수행하여야 한다.

4.5. Where necessary to assess the conformity of the high-risk AI system with the requirements set out in Chapter III, Section 2, after all other reasonable means to verify conformity have been exhausted and have proven to be insufficient, and upon a reasoned request, the notified body shall also be granted access to the training and trained models of the AI system, including its relevant parameters. Such access shall be subject to existing Union law on the protection of intellectual property and trade secrets.

4.5. 제3장 제2절에 명시된 요구사항에 대한 고위험 AI 시스템의 적합성을 평가하기 위해 필요한 경우, 적합성 검증을 위한 다른 모든 합리적인 수단이 소진되고 불충분한 것으로 판명된 후, 그리고 근거 있는 요청에 따라, 인증 기관은 AI 시스템의 학습 및 학습된 모델에 대한 접근 권한도 부여받는다. 이는 관련 매개변수를 포함한다. 이러한 접근은 지적재산권 및 영업 비밀 보호에 관한 기존 유럽연합 법률의 적용을 받는다.

4.6. The decision of the notified body shall be notified to the provider or its authorised representative. The notification shall contain the conclusions of the assessment of the technical documentation and the reasoned assessment decision. Where the AI system is in conformity with the requirements set out in Chapter III, Section 2, the notified body shall issue a Union technical documentation assessment certificate. The certificate shall indicate the name and address of the provider, the conclusions of the examination, the conditions (if any) for its validity and the data necessary for the identification of the AI system. The certificate and its annexes shall contain all relevant information to allow the

4.6. 인증 기관의 결정은 제공자 또는 그의 공인 대리인에게 통보되어야 한다. 통보에는 기술 문서 평가의 결론과 근거가 있는 평가 결정이 포함되어야 한다. AI 시스템이 제3장 제2절에 명시된 요구사항을 준수하는 경우, 인증 기관은 유럽연합 기술 문서 평가 인증서를 발행하여야 한다. 인증서에는 제공자의 이름과 주소, 검토 결론, 유효성 조건(있는 경우) 및 AI 시스템 식별에 필요한 데이터가 표시되어야 한다. 인증서와 그 부속서에는 AI 시스템의 적합성을 평가하고, 해당되는 경우 사용 중인 AI 시스템을 제어할 수 있도록 하는 모든 관련 정보가 포함되어야 한다. AI 시스템이 제3장 제2절에 명시된 요구사항을 준수하지 않는 경우, 인증 기관은 유럽연합 기술 문서 평가 인증서 발행을 거부하고 이를

conformity of the AI system to be evaluated, and to allow for control of the AI system while in use, where applicable. Where the AI system is not in conformity with the requirements set out in Chapter III, Section 2, the notified body shall refuse to issue a Union technical documentation assessment certificate and shall inform the applicant accordingly, giving detailed reasons for its refusal. Where the AI system does not meet the requirement relating to the data used to train it, retraining of the AI system will be needed prior to the application for a new conformity assessment. In this case, the reasoned assessment decision of the notified body refusing to issue the Union technical documentation assessment certificate shall contain specific considerations on the quality data used to train the AI system, in particular on the reasons for non-compliance.

신청자에게 알리며, 거부에 대한 상세한 이유를 제공하여야 한다. AI 시스템이 학습에 사용된 데이터와 관련된 요구사항을 충족하지 않는 경우, 새로운 적합성 평가 신청 전에 AI 시스템의 재학습이 필요하다. 이 경우, 유럽연합 기술 문서 평가 인증서 발행을 거부하는 인증기관의 근거 있는 평가 결정에는 AI 시스템 학습에 사용된 품질 데이터에 대한 구체적인 고려사항, 특히 비(非)준수 이유가 포함되어야 한다.

4.7. Any change to the AI system that could affect the compliance of the AI system with the requirements or its intended purpose shall be assessed by the notified body which issued the Union technical documentation assessment certificate. The provider shall inform such notified body of its intention to introduce any of the abovementioned changes, or if it otherwise becomes aware of the occurrence of such changes. The intended changes shall be assessed by the notified body, which shall decide whether those changes require a new conformity assessment in accordance with Article 43(4) or whether they could be addressed by means of a

4.7. AI 시스템의 요구사항 준수 또는 의도된 목적에 영향을 미칠 수 있는 AI 시스템의 모든 변경은 유럽연합 기술 문서 평가 인증서를 발행한 인증 기관이 평가하여야 한다. 제공자는 상기 언급된 변경을 도입할 의도가 있거나 그러한 변경이 발생했음을 알게 된 경우 해당 인증기관에 이를 알려야 한다. 인증 기관은 의도된 변경을 평가하고, 이러한 변경이 제43조 제4항에 따른 새로운 적합성 평가를 요구하는지 또는 유럽연합 기술 문서 평가 인증서에 대한 보충으로 해결할 수 있는지 결정하여야 한다. 후자의 경우, 인증 기관은 변경을 평가하고 제공자에게 결정을 통보하며, 변경이 승인된 경우 제공자에게 유럽연합 기술 문서 평가 인증서에 대한 보완 문서를 제공하여

supplement to the Union technical documentation assessment certificate. In the latter case, the notified body shall assess the changes, notify the provider of its decision and, where the changes are approved, issue to the provider a supplement to the Union technical documentation assessment certificate.

야 한다.

5. Surveillance of the approved quality management system.

5. 승인된 품질 관리 시스템의 감시

5.1. The purpose of the surveillance carried out by the notified body referred to in Point 3 is to make sure that the provider duly complies with the terms and conditions of the approved quality management system.

5.1. 3항에서 언급한 인증 기관이 수행하는 감시의 목적은 제공자가 승인된 품질 관리 시스템의 조건을 적절히 준수하는지 확인하는 것이다.

5.2. For assessment purposes, the provider shall allow the notified body to access the premises where the design, development, testing of the AI systems is taking place. The provider shall further share with the notified body all necessary information.

5.2. 평가 목적을 위해, 제공자는 인증 기관이 AI 시스템의 설계, 개발, 테스트가 이루어지는 장소에 접근할 수 있도록 허용하여야 한다. 또한 더 나아가 제공자는 모든 필요한 정보를 인증 기관과 공유하여야 한다.

5.3. The notified body shall carry out periodic audits to make sure that the provider maintains and applies the quality management system and shall provide the provider with an audit report. In the context of those audits, the notified body may carry out additional tests of the AI systems for which a Union technical documentation assessment certificate was issued.

5.3. 인증 기관은 제공자가 품질 관리 시스템을 유지하고 적용하는지 확인하기 위해 정기적인 감사를 수행하여야 하며, 제공자에게 감사 보고서를 제공하여야 한다. 이러한 감사의 맥락에서, 인증 기관은 유럽연합 기술 문서 평가 인증서가 발행된 AI 시스템에 대해 추가 테스트를 수행할 수 있다.

Annex Ⅷ

Information to be Submitted upon the Registration of High-Risk AI Systems in Accordance with Article 49

Section A Information to be submitted by providers of high-risk AI systems in accordance with Article 49(1)

The following information shall be provided and thereafter kept up to date with regard to high-risk AI systems to be registered in accordance with Article 49(1):

1. The name, address and contact details of the provider;
2. Where submission of information is carried out by another person on behalf of the provider, the name, address and contact details of that person;
3. The name, address and contact details of the authorised representative, where applicable;
4. The AI system trade name and any additional unambiguous reference allowing the identification and traceability of the AI system;
5. A description of the intended purpose of the AI system and of the components and functions supported through this AI system;
6. A basic and concise description of the information used by the system (data, inputs) and its operating logic;
7. The status of the AI system (on the market, or in service; no longer placed

부속서 VIII

제49조에 따른 고위험 AI 시스템 등록 시 제출할 정보

A절 – 제49조 제1항에 따라 고위험 AI 시스템 제공자가 제출해야 하는 정보

제49조 제1항에 따라 등록해야 할 고위험 AI 시스템과 관련하여 다음 정보를 제공하고 이후 최신 상태로 유지하여야 한다:

1. 제공자의 이름, 주소 및 연락처;
2. 제공자를 대신하여 다른 사람이 정보를 제출하는 경우, 해당 인물의 이름, 주소 및 연락처;
3. 해당되는 경우, 공인 대리인의 이름, 주소 및 연락처;
4. AI 시스템의 상품명 및 AI 시스템의 식별과 추적을 가능하게 하는 추가적인 명확한 참조 정보;
5. AI 시스템의 의도된 목적과 이 AI 시스템을 통해 지원되는 구성요소 및 기능에 대한 설명;
6. 시스템이 사용하는 정보(데이터, 입력)와 그 작동 논리에 대한 기본적이고 간결한 설명;
7. AI 시스템의 상태(시장 출시 중 또는 서비스 중; 더 이상 시장에 출시되지 않음/

on the market/in service, recalled);

서비스 중단, 리콜됨);

8. The type, number and expiry date of the certificate issued by the notified body and the name or identification number of that notified body, where applicable;

8. 해당되는 경우, 인증 기관이 발행한 인증서의 유형, 번호 및 만료일, 그리고 해당 인증 기관의 이름 또는 식별 번호;

9. A scanned copy of the certificate referred to in point 8, where applicable;

9. 해당되는 경우, 8항에서 언급한 인증서의 스캔 사본;

10. Any Member States in which the AI system has been placed on the market, put into service or made available in the Union;

10. AI 시스템이 유럽연합 내에서 시장에 출시되었거나, 서비스에 투입되었거나, 이용 가능하게 된 회원국;

11. A copy of the EU declaration of conformity referred to in Article 47;

11. 제47조에서 언급한 EU 적합성 선언의 사본;

12. Electronic instructions for use; this information shall not be provided for high-risk AI systems in the areas of law enforcement or migration, asylum and border control management referred to in Annex III, points 1, 6 and 7;

12. 전자 사용 설명서; 이 정보는 부속서 III의 제1, 제6, 제7항에서 언급한 법 집행 또는 이민, 망명 및 국경 관리 분야의 고위험 AI 시스템에 대해서는 제공되지 않는다.

13. A URL for additional information (optional).

13. 추가 정보를 위한 URL (선택사항)

Section B Information to be submitted by providers of high-risk AI systems in accordance with Article 49(2)

B절 – 제49조 제2항에 따라 고위험 AI 시스템 제공자가 제출해야 하는 정보

The following information shall be provided and thereafter kept up to date with regard to AI systems to be registered in accordance with Article 49(2):

제49조 제2항에 따라 등록해야 할 AI 시스템과 관련하여 다음 정보를 제공하고 이후 최신 상태로 유지하여야 한다:

1. The name, address and contact details of the provider;

1. 제공자의 이름, 주소 및 연락처

2. Where submission of information is carried out by another person on behalf

2. 제공자를 대신하여 다른 사람이 정보를 제출하는 경우, 해당 인물의 이름, 주소

of the provider, the name, address and contact details of that person;

및 연락처

3. The name, address and contact details of the authorised representative, where applicable;

3. 해당되는 경우, 공인 대리인의 이름, 주소 및 연락처

4. The AI system trade name and any additional unambiguous reference allowing the identification and traceability of the AI system;

4. AI 시스템의 상품명 및 AI 시스템의 식별과 추적을 가능하게 하는 추가적인 명확한 참조 정보

5. A description of the intended purpose of the AI system;

5. AI 시스템의 의도된 목적에 대한 설명

6. The condition or conditions under Article 6(3) based on which the AI system is considered to be not-high-risk;

6. AI 시스템이 고위험으로 간주되지 않는 제6조 제3항에 따른 조건

7. A short summary of the grounds on which the AI system is considered to be not-highrisk in application of the procedure under Article 6(3);

7. 제6조 제3항의 절차 적용에 따라 AI 시스템이 고위험으로 간주되지 않는 근거에 대한 간략한 요약;

8. The status of the AI system (on the market, or in service; no longer placed on the market/in service, recalled);

8. AI 시스템의 상태(시장 출시 중 또는 서비스 중; 더 이상 시장에 출시되지 않음/서비스 중단, 리콜됨);

9. Any Member States in which the AI system has been placed on the market, put into service or made available in the Union.

9. AI 시스템이 유럽연합 내에서 시장에 출시되었거나, 서비스에 투입되었거나, 이용 가능하게 된 회원국.

Section C Information to be submitted by deployers of high-risk AI systems in accordance with Article 49(3)

C절 – 제49조 제3항에 따라 고위험 AI 시스템 배치 책임자가 제출해야 할 정보

The following information shall be provided and thereafter kept up to date with regard to high-risk AI systems to be registered in accordance with Article 49:

제49조에 따라 등록해야 할 고위험 AI 시스템과 관련하여 다음 정보를 제공하고 이후 최신 상태로 유지하여야 한다:

1. The name, address and contact details

1. 배치 책임자의 이름, 주소 및 연락처;

of the deployer;

2. The name, address and contact details of the person submitting information on behalf of the deployer;

2. 배치 책임자를 대신하여 정보를 제출하는 사람의 이름, 주소 및 연락처;

3. The URL of the entry of the AI system in the EU database by its provider;

3. 제공자가 EU 데이터베이스에 등록한 AI 시스템 항목의 URL;

4. A summary of the findings of the fundamental rights impact assessment conducted in accordance with Article 27;

4. 제27조에 따라 수행된 기본권 영향 평가의 결과 요약;

5. A summary of the data protection impact assessment carried out in accordance with Article 35 of Regulation (EU) 2016/679 or Article 27 of Directive (EU) 2016/680 as specified in Article 26(8) of this Regulation, where applicable.

5. 해당되는 경우, 본 규정의 제26조 제8항에 명시된 대로 규정 (EU) 2016/679의 제35조 또는 지침 (EU) 2016/680의 제27조에 따라 수행된 데이터 보호 영향 평가의 요약.

Annex IX

Information to be Submitted upon the Registration of High-Risk AI Systems Listed in Annex III in Relation to Testing in Real World Conditions in Accordance with Article 60

부속서 IX

제60조에 따른 실제 환경 조건 테스트와 관련하여 부속서 III에 열거된 고위험 AI 시스템 등록 시 제출할 정보

The following information shall be provided and thereafter kept up to date with regard to testing in real world conditions to be registered in accordance with Article 60:

제60조에 따라 등록해야 할 실제 환경 테스트와 관련하여 다음 정보를 제공하고 이후 최신 상태로 유지하여야 한다:

1. A Union-wide unique single identification number of the testing in real world conditions;

1. 실제 환경 테스트에 대한 유럽연합 전체의 고유한 단일 식별 번호;

2. The name and contact details of the provider or prospective provider and of

2. 실제 환경 테스트에 참여하는 제공자 또는 예비 제공자와 배치 책임자의 이름

the deployers involved in the testing in real world conditions;

및 연락처;

3. A brief description of the AI system, its intended purpose, and other information necessary for the identification of the system;

3. AI 시스템에 대한 간략한 설명, 의도된 목적 및 시스템 식별에 필요한 기타 정보;

4. A summary of the main characteristics of the plan for testing in real world conditions;

4. 실제 환경 테스트 계획의 주요 특성 요약;

5. Information on the suspension or termination of the testing in real world conditions.

5. 실제 환경 테스트의 중단 또는 종료에 관한 정보.

Annex X

Union Legislation on Large-Scale IT Systems in the Area of Freedom, Security and Justice

부속서 X

자유, 안보 및 정의 영역의 대규모 IT 시스템에 관한 유럽연합 법률

1. Schengen Information System

1. 쉥겐 정보 시스템

(a) Regulation (EU) 2018/1860 of the European Parliament and of the Council of 28 November 2018 on the use of the Schengen Information System for the return of illegally staying third-country nationals (OJ L 312, 7.12.2018, p. 1).

(a) 불법 체류 제3국 국민의 송환을 위한 쉥겐 정보 시스템 사용에 관한 2018년 11월 28일 유럽 의회 및 이사회의 규정 (EU) 2018/1860 (OJ L 312, 7.12.2018, p. 1).

(b) Regulation (EU) 2018/1861 of the European Parliament and of the Council of 28 November 2018 on the establishment, operation and use of the Schengen Information System (SIS) in the field of border checks, and amending the Convention implementing the Schengen Agreement, and amending and repealing Regulation (EC) No 1987/2006 (OJ L 312, 7.12.2018,

(b) 국경 검문 분야에서의 '쉥겐 정보 시스템(SIS)'의 설립, 운영 및 사용에 관한, 그리고 쉥겐 협정 이행 협약을 개정하고 규정 (EC) No 1987/2006을 개정 및 폐지하는 2018년 11월 28일 유럽 의회 및 이사회의 규정 (EU) 2018/1861 (OJ L 312, 7.12.2018, p. 14).

p. 14).

(c) Regulation (EU) 2018/1862 of the European Parliament and of the Council of 28 November 2018 on the establishment, operation and use of the Schengen Information System (SIS) in the field of police cooperation and judicial cooperation in criminal matters, amending and repealing Council Decision 2007/533/JHA, and repealing Regulation (EC) No 1986/2006 of the European Parliament and of the Council and Commission Decision 2010/261/EU (OJ L 312, 7.12.2018, p. 56).

(c) 경찰 협력 및 형사 사법 협력 분야에서의 '쉥겐 정보 시스템(SIS)'의 설립, 운영 및 사용에 관한, 그리고 이사회 결정 2007/533/JHA를 개정 및 폐지하고, 유럽 의회 및 이사회의 규정 (EC) No 1986/2006과 집행위원회 결정 2010/261/EU를 폐지하는 2018년 11월 28일 유럽 의회 및 이사회의 규정 (EU) 2018/1862 (OJ L 312, 7.12.2018, p. 56).

2. Visa Information System

2. 비자 정보 시스템

(a) Regulation (EU) 2021/1133 of the European Parliament and of the Council of 7 July 2021 amending Regulations (EU) No 603/2013, (EU) 2016/794, (EU) 2018/1862, (EU) 2019/816 and (EU) 2019/818 as regards the establishment of the conditions for accessing other EU information systems for the purposes of the Visa Information System (OJ L 248, 13.7.2021, p. 1).

(a) 비자 정보 시스템 목적으로 다른 EU 정보 시스템에 접근하기 위한 조건 설정에 관한 규정 (EU) No 603/2013, (EU) 2016/794, (EU) 2018/1862, (EU) 2019/816 및 (EU) 2019/818을 개정하는 2021년 7월 7일 유럽 의회 및 이사회의 규정 (EU) 2021/1133 (OJ L 248, 13.7.2021, p. 1).

(b) Regulation (EU) 2021/1134 of the European Parliament and of the Council of 7 July 2021 amending Regulations (EC) No 767/2008, (EC) No 810/2009, (EU) 2016/399, (EU) 2017/2226, (EU) 2018/1240, (EU) 2018/1860, (EU) 2018/1861, (EU) 2019/817 and (EU) 2019/1896 of the European Parliament and of the Council and repealing Council Decisions 2004/512/EC and 2008/633/JHA, for the purpose of reforming the Visa Information System (OJ L 248, 13.7.2021, p. 11).

(b) 비자 정보 시스템 개혁을 위해 규정 (EC) No 767/2008, (EC) No 810/2009, (EU) 2016/399, (EU) 2017/2226, (EU) 2018/1240, (EU) 2018/1860, (EU) 2018/1861, (EU) 2019/817 및 (EU) 2019/1896을 개정하고 이사회 결정 2004/512/EC 및 2008/633/JHA를 폐지하는 2021년 7월 7일 유럽 의회 및 이사회의 규정 (EU) 2021/1134 (OJ L 248, 13.7.2021, p. 11).

3. Eurodac Regulation (EU) 2024/… of the European Parliament and of the Council on the establishment of 'Eurodac' for the comparison of biometric data in order to effectively apply Regulations (EU) …/… and (EU) …/… of the European Parliament and of the Council and Council Directive 2001/55/EC and to identify illegally staying third-country nationals and stateless persons and on requests for the comparison with Eurodac data by Member States' law enforcement authorities and Europol for law enforcement purposes, amending Regulations (EU) 2018/1240 and (EU) 2019/818 of the European Parliament and of the Council and repealing Regulation (EU) No 603/2013 of the European Parliament and of the Council[+].

3. Eurodac 규정 (EU) 2024/… 유럽 의회 및 이사회의 규정 (EU) …/… 및 (EU) …/…와 이사회 지침 2001/55/EC를 효과적으로 적용하기 위한 생체 데이터 비교를 위한 'Eurodac' 설립에 관한, 그리고 불법 체류 제3국 국민 및 무국적자를 식별하고 회원국 법 집행 당국 및 Europol의 법 집행 목적의 Eurodac 데이터 비교 요청에 관한, 그리고 유럽 의회 및 이사회의 규정 (EU) 2018/1240 및 (EU) 2019/818을 개정하고 유럽 의회 및 이사회의 규정 (EU) No 603/2013을 폐지하는 규정[+].

4. Entry/Exit System Regulation (EU) 2017/2226 of the European Parliament and of the Council of 30 November 2017 establishing an Entry/Exit System (EES) to register entry and exit data and refusal of entry data of third-country nationals crossing the external borders of the Member States and determining the conditions for access to the EES for law enforcement purposes, and amending the Convention implementing the Schengen Agreement and Regulations (EC) No 767/2008 and (EU) No 1077/2011 (OJ L 327, 9.12.2017, p. 20).

4. 입국/출국 시스템 회원국의 외부 국경을 통과하는 제3국 국민의 입국 및 출국 데이터와 입국 거부 데이터를 등록하기 위한 입국/출국 시스템(EES) 설립에 관한, 그리고 법 집행 목적으로 EES에 접근하기 위한 조건을 결정하고, 쉥겐 협정 이행 협약과 규정 (EC) No 767/2008 및 (EU) No 1077/2011을 개정하는 2017년 11월 30일 유럽 의회 및 이사회의 규정 (EU) 2017/2226 (OJ L 327, 9.12.2017, p. 20).

5. European Travel Information and Authorisation System

5. 유럽 여행 정보 및 승인 시스템

(a) Regulation (EU) 2018/1240 of the

(a) 유럽 여행 정보 및 승인 시스템(ETIAS)

European Parliament and of the Council of 12 September 2018 establishing a European Travel Information and Authorisation System (ETIAS) and amending Regulations (EU) No 1077/2011, (EU) No 515/2014, (EU) 2016/399, (EU) 2016/1624 and (EU) 2017/2226 (OJ L 236, 19.9.2018, p. 1).

설립에 관한, 그리고 규정 (EU) No 1077/2011, (EU) No 515/2014, (EU) 2016/399, (EU) 2016/1624 및 (EU) 2017/2226을 개정하는 2018년 9월 12일 유럽 의회 및 이사회의 규정 (EU) 2018/1240 (OJ L 236, 19.9.2018, p. 1).

(b) Regulation (EU) 2018/1241 of the European Parliament and of the Council of 12 September 2018 amending Regulation (EU) 2016/794 for the purpose of establishing a European Travel Information and Authorisation System (ETIAS) (OJ L 236, 19.9.2018, p. 72).

(b) 유럽 여행 정보 및 승인 시스템(ETIAS) 설립을 위해 규정 (EU) 2016/794를 개정하는 2018년 9월 12일 유럽 의회 및 이사회의 규정 (EU) 2018/1241 (OJ L 236, 19.9.2018, p. 72).

6. European Criminal Records Information System on third-country nationals and stateless persons

6. 제3국 국민 및 무국적자에 대한 유럽 범죄 기록 정보 시스템

Regulation (EU) 2019/816 of the European Parliament and of the Council of 17 April 2019 establishing a centralised system for the identification of Member States holding conviction information on third-country nationals and stateless persons (ECRISTCN) to supplement the European Criminal Records Information System and amending Regulation (EU) 2018/1726 (OJ L 135, 22.5.2019, p. 1).

제3국 국민 및 무국적자에 대한 유죄 판결 정보를 보유한 회원국을 식별하기 위한 중앙 시스템(ECRIS－TCN) 설립에 관한, 그리고 유럽 범죄 기록 정보 시스템을 보완하고 규정 (EU) 2018/1726을 개정하는 2019년 4월 17일 유럽 의회 및 이사회의 규정 (EU) 2019/816 (OJ L 135, 22.5.2019, p. 1).

7. Interoperability

7. 상호운용성

(a) Regulation (EU) 2019/817 of the European Parliament and of the Council of 20 May 2019 on establishing a framework for interoperability between EU information systems in the field of borders and visa and amending Regulations (EC) No 767/2008, (EU)

(a) 국경 및 비자 분야의 EU 정보 시스템 간 상호운용성 프레임워크 설립에 관한, 그리고 유럽 의회 및 이사회의 규정 (EC) No 767/2008, (EU) 2016/399, (EU) 2017/2226, (EU) 2018/1240, (EU) 2018/1726 및 (EU) 2018/1861과 이사회 결정 2004/512/EC 및 2008/633/JHA를 개정

2016/399, (EU) 2017/2226, (EU) 2018/1240, (EU) 2018/1726 and (EU) 2018/1861 of the European Parliament and of the Council and Council Decisions 2004/512/EC and 2008/633/JHA (OJ L 135, 22.5.2019, p. 27).

하는 2019년 5월 20일 유럽 의회 및 이사회의 규정 (EU) 2019/817 (OJ L 135, 22.5.2019, p. 27).

(b) Regulation (EU) 2019/818 of the European Parliament and of the Council of 20 May 2019 on establishing a framework for interoperability between EU information systems in the field of police and judicial cooperation, asylum and migration and amending Regulations (EU) 2018/1726, (EU) 2018/1862 and (EU) 2019/816 (OJ L 135, 22.5.2019, p. 85).

(b) 경찰 및 사법 협력, 망명 및 이민 분야의 EU 정보 시스템 간 상호운용성 프레임워크 설립에 관한, 그리고 규정 (EU) 2018/1726, (EU) 2018/1862 및 (EU) 2019/816을 개정하는 2019년 5월 20일 유럽 의회 및 이사회의 규정 (EU) 2019/818 (OJ L 135, 22.5.2019, p. 85).

[+] OJ: Please insert in the text the number of the Regulation contained in document PE-CONS 15/24 (2016/0132 (COD)) and insert the number, date, title and OJ reference of that Regulation in the footnote.

[+] OJ: 문서 PE−CONS 15/24 (2016/0132 (COD))에 포함된 규정의 번호를 본문에 삽입하고, 해당 규정의 번호, 날짜, 제목 및 OJ 참조를 각주에 삽입하시기 바랍니다.

Annex XI

Technical Documentation Referred to in Article 53(1), Point (a) - Technical Documentation for Providers of General-Purpose AI Models

부속서 XI

제53조 제1항 (a)호에서 언급된 기술문서−범용 AI 모델 공급자를 위한 기술문서(제안이유 101)

Section 1 Information to be provided by all providers of general-purpose AI models

1절 − 모든 범용 AI 모델 제공자가 제공해야 할 정보

The technical documentation referred to in Article 53(1), point (a) shall contain at least the following information as appropriate to the size and risk profile of the model:

제53조 제1항 (a)호에서 언급된 기술 문서는 모델의 규모와 위험 프로필에 따라 적절하게 최소한 다음 정보를 포함하여야 한다:

1. A general description of the general-

1. 범용 AI 모델에 대한 일반적 설명. 다음

purpose AI model including:

사항 포함:

(a) the tasks that the model is intended to perform and the type and nature of AI systems in which it can be integrated;

(a) 모델이 수행하도록 의도된 작업 및 통합될 수 있는 AI 시스템의 유형과 특성;

(b) the acceptable use policies applicable;

(b) 적용 가능한 허용 사용 정책;

(c) the date of release and methods of distribution;

(c) 출시 날짜 및 배포 방법;

(d) the architecture and number of parameters;

(d) 아키텍처 및 매개변수 수;

(e) the modality (e.g. text, image) and format of inputs and outputs;

(e) 입력 및 출력의 모달리티(예: 텍스트, 이미지) 및 형식;

(f) the licence.

(f) 라이선스.

2. A detailed description of the elements of the model referred to in point 1, and relevant information of the process for the development, including the following elements:

2. 1항에서 언급된 모델 요소에 대한 상세 설명 및 개발 과정에 관한 관련 정보. 다음 요소 포함:

(a) the technical means (e.g. instructions of use, infrastructure, tools) required for the general-purpose AI model to be integrated in AI systems;

(a) 범용 AI 모델을 AI 시스템에 통합하는 데 필요한 기술적 수단(예: 사용 지침, 인프라, 도구);

(b) the design specifications of the model and training process, including training methodologies and techniques, the key design choices including the rationale and assumptions made; what the model is designed to optimise for and the relevance of the different parameters, as applicable;

(b) 모델 및 학습 과정의 설계 사양. 학습 방법론 및 기술, 근거 및 가정을 포함한 주요 설계 선택 사항, 모델이 최적화하도록 설계된 대상 및 해당되는 경우 다양한 매개변수의 관련성 포함;

(c) information on the data used for training, testing and validation, where applicable, including the type and provenance of data and curation methodologies (e.g. cleaning, filtering

(c) 해당되는 경우, 학습, 테스트 및 검증에 사용된 데이터에 관한 정보. 데이터 유형 및 출처, 큐레이션 방법론(예: 정제, 필터링 등), 데이터 포인트 수, 범위 및 주요 특성 포함. 데이터 획득 및 선택

etc), the number of data points, their scope and main characteristics; how the data was obtained and selected as well as all other measures to detect the unsuitability of data sources and methods to detect identifiable biases, where applicable;

방법, 그리고 해당되는 경우 데이터 소스의 부적합성을 탐지하고 식별 가능한 편향을 탐지하기 위한 기타 모든 조치;

(d) the computational resources used to train the model (e.g. number of floating point operations), training time, and other relevant details related to the training;

(d) 모델 학습에 사용된 컴퓨팅 자원(예: 부동소수점 연산 수), 학습 시간 및 학습과 관련된 기타 관련 세부 사항;

(e) known or estimated energy consumption of the model. With regard to point (e), where the energy consumption of the model is unknown, the energy consumption may be based on information about computational resources used.

(e) 모델의 알려진 또는 추정된 에너지 소비량. (e)호와 관련하여, 모델의 에너지 소비량을 알 수 없는 경우, 에너지 소비량은 사용된 컴퓨팅 자원에 대한 정보를 기반으로 할 수 있음.

Section 2 Additional information to be provided by providers of general-purpose AI models with systemic risk

2절 – 시스템 리스크가 있는 범용 AI 모델 제공자가 추가로 제공해야 할 정보

1. A detailed description of the evaluation strategies, including evaluation results, on the basis of available public evaluation protocols and tools or otherwise of other evaluation methodologies. Evaluation strategies shall include evaluation criteria, metrics and the methodology on the identification of limitations.

1. 이용 가능한 공개 평가 프로토콜 및 도구 또는 기타 평가 방법론을 기반으로 한 평가 전략에 대한 상세 설명. 평가 결과 포함. 평가 전략은 평가 기준, 지표 및 한계 식별 방법론을 포함해야 함.

2. Where applicable, a detailed description of the measures put in place for the purpose of conducting internal and/or external adversarial testing (e.g., red teaming), model adaptations, including

2. 해당되는 경우, 내부 및/또는 외부 적대적 테스트(예: 레드 팀 테스트) 수행, 정렬 및 미세 조정을 포함한 모델 적응을 위해 마련된 조치에 대한 상세 설명.

alignment and fine-tuning.

3. Where applicable, a detailed description of the system architecture explaining how software components build or feed into each other and integrate into the overall processing.

3. 해당되는 경우, 소프트웨어 구성 요소가 서로를 구축하거나 공급하는 방식 및 전체 처리 과정에 통합되는 방식을 설명하는 시스템 아키텍처에 대한 상세 설명.

Annex XII

Transparency Information Referred to in Article 53(1), Point (b) - Technical Documentation for Providers of General-Purpose AI Models to Downstream Providers that Integrate the Model into Their AI System

부속서 XII

제53조 제1항 (b)호에서 언급된 투명성 정보-AI 시스템에 모델을 통합하는 하위 공급망 제공자를 위한 범용 AI 모델 제공자의 기술문서(제안이유 101)

The information referred to in Article 53(1), point (b) shall contain at least the following:

제53조 제1항 (b)호에서 언급된 정보는 최소한 다음을 포함하여야 한다:

1. A general description of the general-purpose AI model including:

1. 범용 AI 모델에 대한 일반적 설명. 다음 사항 포함:

(a) the tasks that the model is intended to perform and the type and nature of AI systems into which it can be integrated;

(a) 모델이 수행하도록 의도된 작업 및 통합될 수 있는 AI 시스템의 유형과 특성;

(b) the acceptable use policies applicable;

(b) 적용 가능한 허용 사용 정책;

(c) the date of release and methods of distribution;

(c) 출시 날짜 및 배포 방법;

(d) how the model interacts, or can be used to interact, with hardware or software that is not part of the model itself, where applicable;

(d) 해당되는 경우, 모델이 모델 자체의 일부가 아닌 하드웨어나 소프트웨어와 상호 작용하는 방식 또는 상호 작용에 사용될 수 있는 방식;

(e) the versions of relevant software related to the use of the general-purpose AI model, where applicable;

(e) 해당되는 경우, 범용 AI 모델 사용과 관련된 관련 소프트웨어의 버전;

(f) the architecture and number of parameters;

(f) 아키텍처 및 매개변수 수;

(g) the modality (e.g., text, image) and format of inputs and outputs;

(g) 입력 및 출력의 양식(예: 텍스트, 이미지) 및 형식;

(h) the licence for the model.

(h) 모델의 라이선스.

2. A description of the elements of the model and of the process for its development, including:

2. 모델의 요소 및 개발 과정에 대한 설명. 다음 사항 포함:

(a) the technical means (e.g., instructions for use, infrastructure, tools) required for the general-purpose AI model to be integrated into AI systems;

(a) 범용 AI 모델을 AI 시스템에 통합하는 데 필요한 기술적 수단(예: 사용 지침, 인프라, 도구);

(b) the modality (e.g., text, image, etc.) and format of the inputs and outputs and their maximum size (e.g., context window length, etc.);

(b) 입력 및 출력의 양식(예: 텍스트, 이미지 등) 및 형식, 그리고 최대 크기(예: 컨텍스트 윈도우 길이 등);

(c) information on the data used for training, testing and validation, where applicable, including the type and provenance of data and curation methodologies.

(c) 해당되는 경우, 학습, 테스트 및 검증에 사용된 데이터에 관한 정보. 데이터 유형 및 출처, 큐레이션 방법론 포함;

Annex XIII

Criteria for the Designation of General Purpose AI models with Systemic Risk Referred to in Article 51

부속서 XIII

제51조에서 언급된 시스템 리스크가 있는 범용 AI 모델의 지정 기준(제안이유 111)

For the purpose of determining that a general-purpose AI model has capabilities or an impact equivalent to those set out in Article 51(1), point (a), the Commission shall take into account the following criteria:

제51조 제1항 (a)호에 명시된 것과 동등한 능력 또는 영향력을 가진 범용 AI 모델임을 결정하기 위해, 집행위원회는 다음 기준을 고려하여야 한다:

(a) the number of parameters of the model;

(a) 모델의 매개변수 수;

(b) the quality or size of the data set, for example measured through tokens;

(b) 데이터셋의 품질 또는 크기(예: 토큰을 통해 측정);

(c) the amount of computation used for training the model, measured in floating point operations or indicated by a combination of other variables such as estimated cost of training, estimated time required for the training, or estimated energy consumption for the training;

(c) 모델 학습에 사용된 연산량. 부동소수점 연산으로 측정하거나 추정 학습 비용, 추정 학습 소요 시간, 또는 추정 학습 에너지 소비량과 같은 다른 변수의 조합으로 표시;

(d) the input and output modalities of the model, such as text to text (large language models), text to image, multi-modality, and the state of the art thresholds for determining high-impact capabilities for each modality, and the specific type of inputs and outputs (e.g. biological sequences);

(d) 모델의 입력 및 출력 양식. 예를 들어 텍스트 대 텍스트(대규모 언어 모델), 텍스트 대 이미지, 멀티 모달리티 등. 각 모달리티에 대한 고영향 능력을 결정하기 위한 최신 기술 임계값, 그리고 입력 및 출력의 특정 유형(예: 생물학적 서열);

(e) the benchmarks and evaluations of capabilities of the model, including considering the number of tasks without additional training, adaptability to learn new, distinct tasks, its level of autonomy and scalability, the tools it has access to;

(e) 모델 능력의 벤치마크 및 평가. 추가 학습 없이 수행 가능한 작업 수, 새롭고 구별되는 작업을 학습할 수 있는 적응성, 자율성 및 확장성 수준, 접근 가능한 도구 등을 고려;

(f) whether it has a high impact on the internal market due to its reach, which shall be presumed when it has been made available to at least 10 000 registered business users established in the Union;

(f) 도달 범위로 인해 내부 시장에 미치는 영향이 큰지 여부. 유럽연합 내에 설립된 최소 10,000명의 등록된 비즈니스 사용자가 이용 가능한 경우 이를 추정;

(g) the number of registered end-users.

(g) 등록된 최종 사용자 수.

Recitals
제안이유

1	2	3	4	5	6	7	8	9	10	11	12
13	14	15	16	17	18	19	20	21	22	23	24
25	26	27	28	29	30	31	32	33	34	35	36
37	38	39	40	41	42	43	44	45	46	47	48
49	50	51	52	53	54	55	56	57	58	59	60
61	62	63	64	65	66	67	68	69	70	71	72
73	74	75	76	77	78	79	80	81	82	83	84
85	86	87	88	89	90	91	92	93	94	95	96
97	98	99	100	101	102	103	104	105	106	107	108
109	110	111	112	113	114	115	116	117	118	119	120
121	122	123	124	125	126	127	128	129	130	131	132
133	134	135	136	137	138	139	140	141	142	143	144
145	146	147	148	149	150	151	152	153	154	155	156
157	158	159	160	161	162	163	164	165	166	167	168
169	170	171	172	173	174	175	176	177	178	179	180

Recitals(제안이유)

Recital 1 **(Article1: Subject Matter)**	**제안이유 1** **(제1조: 목적)**
The purpose of this Regulation is to improve the functioning of the internal market by laying down a uniform legal framework in particular for the development, the placing on the market, the putting into service and the use of artificial intelligence systems (AI systems) in the Union, in accordance with Union values, to promote the uptake of human centric and trustworthy artificial intelligence (AI) while ensuring a high level of protection of health, safety, fundamental rights as enshrined in the Charter of Fundamental Rights of the European Union (the 'Charter'), including democracy, the rule of law and environmental protection, to protect against the harmful effects of AI systems in the Union, and to support innovation. This Regulation ensures the free movement, cross-border, of AI-based goods and services, thus preventing Member States from imposing restrictions on the development, marketing and use of AI systems, unless explicitly authorised by this Regulation.	본 규정의 목적은 유럽연합(EU)의 가치에 따라 특히 유럽연합 내 인공지능 시스템(AI 시스템)의 개발, 시장 출시, 서비스 투입 및 사용에 대한 통일된 법적 프레임워크를 수립함으로써 내부 시장의 기능을 개선하고, 유럽연합 기본권 헌장(이하, '헌장')에 명시된 건강, 안전, 기본권(민주주의, 법치주의 및 환경 보호 포함)에 대한 높은 수준의 보호를 보장하면서 인간 중심적이고 신뢰할 수 있는 인공지능(AI)의 채택을 촉진하며, 유럽연합 내 AI 시스템의 유해한 영향으로부터 보호하고, 혁신을 지원하는 것이다. 본 규정은 AI 기반 상품과 서비스의 자유로운 이동과 국경간 이동을 보장하며, 이로써 회원국들이 본 규정에 의해 명시적으로 허가된 경우를 제외하고 AI 시스템의 개발, 마케팅 및 사용에 대한 제한을 부과하는 것을 방지한다.
Recital 2 **(Article1: Subject Matter)**	**제안이유 2** **(제1조: 목적)**
This Regulation should be applied in accordance with the values of the Union enshrined as in the Charter, facilitating the protection of natural persons, undertakings, democracy, the rule of law and	본 규정은 헌장에 명시된 유럽연합(EU)의 가치에 따라 적용되어야 하며, 이를 통해 자연인, 기업, 민주주의, 법치주의 및 환경 보호를 촉진하는 동시에 혁신과 고용을 증진하고 유럽연합(EU)을 신뢰할 수 있는 AI

environmental protection, while boosting innovation and employment and making the Union a leader in the uptake of trustworthy AI.

도입의 리더로 만들어야 한다.

Recital 3
(Article1: Subject Matter)
(Article5: Prohibited AI Practices)

제안이유 3
(제1조: 목적)
(제5조: 금지되는 AI 관행)

AI systems can be easily deployed in a large variety of sectors of the economy and many parts of society, including across borders, and can easily circulate throughout the Union. Certain Member States have already explored the adoption of national rules to ensure that AI is trustworthy and safe and is developed and used in accordance with fundamental rights obligations. Diverging national rules may lead to the fragmentation of the internal market and may decrease legal certainty for operators that develop, import or use AI systems. A consistent and high level of protection throughout the Union should therefore be ensured in order to achieve trustworthy AI, while divergences hampering the free circulation, innovation, deployment and the uptake of AI systems and related products and services within the internal market should be prevented by laying down uniform obligations for operators and guaranteeing the uniform protection of overriding reasons of public interest and of rights of persons throughout the internal market on the basis of Article 114 of the Treaty on the Functioning of the European Union (TFEU). To the extent that this Regulation contains specific rules on the protection of individuals with regard to the processing of personal data concerning restrictions of

AI 시스템은 경제의 다양한 부문과 사회의 많은 부분에서 국경을 넘어 쉽게 배치될 수 있으며, 유럽연합(EU) 전역에서 쉽게 유통될 수 있다. 특정 회원국들은 이미 AI가 신뢰할 수 있고 안전하며 기본권 의무에 따라 개발되고 사용되도록 보장하기 위한 국가 규칙의 채택을 검토해왔다.

상이한 국가 규칙들은 역내 시장의 분열을 초래할 수 있으며, AI 시스템을 개발, 수입 또는 사용하는 운영자들의 법적 확실성을 감소시킬 수 있다. 따라서, 신뢰할 수 있는 AI를 달성하기 위해 유럽연합 전역에서 일관되고 높은 수준의 보호가 보장되어야 하며, 운영자에 대한 통일된 의무를 규정하고 '유럽연합 운영에 관한 조약(TFEU)' 제114조에 기초하여 역내 시장 전반에 걸쳐 공익상 중대한 사유와 개인의 권리에 대한 통일된 보호를 보장함으로써, 내부 시장 내에서 AI 시스템과 관련 제품 및 서비스의 자유로운 유통, 혁신, 배치 및 도입을 저해하는 차이를 방지해야 한다.

본 규정이 법 집행 목적의 원격 생체 인식을 위한 AI 시스템 사용 제한, 법 집행 목적의 자연인 위험 평가를 위한 AI 시스템 사용, 그리고 법 집행 목적의 생체 인식 분

the use of AI systems for remote biometric identification for the purpose of law enforcement, of the use of AI systems for risk assessments of natural persons for the purpose of law enforcement and of the use of AI systems of biometric categorisation for the purpose of law enforcement, it is appropriate to base this Regulation, in so far as those specific rules are concerned, on Article 16 TFEU. In light of those specific rules and the recourse to Article 16 TFEU, it is appropriate to consult the European Data Protection Board.

류를 위한 AI 시스템 사용과 관련하여 개인정보 처리에 관한 개인 보호에 대한 특별 규칙을 포함하는 한, 이러한 특별 규칙과 관련하여 본 규정을 TFEU 제16조에 근거하는 것이 적절하다. 이러한 특별 규칙과 TFEU 제16조의 적용을 고려할 때, 유럽데이터보호이사회와 협의하는 것이 적절하다.

Recital 4

AI is a fast evolving family of technologies that contributes to a wide array of economic, environmental and societal benefits across the entire spectrum of industries and social activities. By improving prediction, optimising operations and resource allocation, and personalising digital solutions available for individuals and organisations, the use of AI can provide key competitive advantages to undertakings and support socially and environmentally beneficial outcomes, for example in healthcare, agriculture, food safety, education and training, media, sports, culture, infrastructure management, energy, transport and logistics, public services, security, justice, resource and energy efficiency, environmental monitoring, the conservation and restoration of biodiversity and ecosystems and climate change mitigation and adaptation.

제안이유 4

AI는 산업과 사회 활동 전반에 걸쳐 광범위한 경제적, 환경적, 사회적 이점에 기여하는 빠르게 진화하는 기술군이다. AI의 사용은 예측을 개선하고, 운영 및 자원 할당을 최적화하며, 개인과 조직이 이용할 수 있는 디지털 솔루션을 개인화함으로써 기업에 핵심적인 경쟁 우위를 제공할 수 있고, 다음과 같은 분야에서 사회적, 환경적으로 유익한 결과를 지원할 수 있다:

예를 들어, 의료, 농업, 식품 안전, 교육 및 훈련, 미디어, 스포츠, 문화, 인프라 관리, 에너지, 운송 및 물류, 공공 서비스, 보안, 사법, 자원 및 에너지 효율성, 환경 모니터링, 생물다양성 및 생태계의 보존과 복원, 그리고 기후변화 완화 및 적응.

Recital 5	제안이유 5
At the same time, depending on the circumstances regarding its specific application, use, and level of technological development, AI may generate risks and cause harm to public interests and fundamental rights that are protected by Union law. Such harm might be material or immaterial, including physical, psychological, societal or economic harm.	동시에, AI는 그 특정 적용, 사용 및 기술 발전 수준과 관련된 상황에 따라 위험을 발생시킬 수 있으며, 유럽연합법에 의해 보호되는 공익과 기본권에 위해를 끼칠 수 있다. 이러한 위해는 물리적, 심리적, 사회적 또는 경제적 위해를 포함하여 그 형태는 유형 또는 무형일 수 있다.
Recital 6 **(Article1: Subject Matter)**	제안이유 6 (제1조: 목적)
Given the major impact that AI can have on society and the need to build trust, it is vital for AI and its regulatory framework to be developed in accordance with Union values as enshrined in Article 2 of the Treaty on European Union (TEU), the fundamental rights and freedoms enshrined in the Treaties and, pursuant to Article 6 TEU, the Charter. As a pre-requisite, AI should be a human-centric technology. It should serve as a tool for people, with the ultimate aim of increasing human well-being.	AI가 사회에 미칠 수 있는 중대한 영향과 신뢰를 구축해야 할 필요성을 고려할 때, AI와 그 규제 프레임워크는 유럽연합조약(TEU) 제2조에 명시된 유럽연합의 가치, 조약들에 명시된 기본권과 자유, 그리고 TEU 제6조에 따른 헌장에 부합하도록 개발되는 것이 매우 중요하다. 전제 조건으로서, AI는 인간 중심의 기술이어야 한다. AI는 궁극적으로 인간의 복지를 증진하는 것을 목표로 하여 사람들을 위한 도구로서 기능해야 한다.
Recital 7 **(Article1: Subject Matter)**	제안이유 7 (제1조: 목적)
In order to ensure a consistent and high level of protection of public interests as regards health, safety and fundamental rights, common rules for high-risk AI systems should be established. Those rules should be consistent with the Charter, non-discriminatory and in line with the Union's international trade commitments. They should also take into account the European Declaration on Digital Rights	건강, 안전 및 기본권과 관련된 공익의 일관되고 높은 수준의 보호를 보장하기 위해, 고위험 AI 시스템에 대한 공통 규칙이 수립되어야 한다. 이러한 규칙은 헌장과 일치하고, 차별적이지 않으며, 유럽연합이 국제 무역에서 준수하기로 약속한 의무사항들에 부합해야 한다. 또한 이 규칙들은 디지털 10년을 위한 유럽 디지털 권리 및 원칙 선언과 '인공지능 고

and Principles for the Digital Decade and the Ethics guidelines for trustworthy AI of the High-Level Expert Group on Artificial Intelligence (AI HLEG).

위전문가그룹(AI HLEG)'의 신뢰할 수 있는 AI를 위한 윤리 지침을 고려해야 한다.

Recital 8
(Article1: Subject Matter)

제안이유 8
(제1조: 목적)

A Union legal framework laying down harmonised rules on AI is therefore needed to foster the development, use and uptake of AI in the internal market that at the same time meets a high level of protection of public interests, such as health and safety and the protection of fundamental rights, including democracy, the rule of law and environmental protection as recognised and protected by Union law. To achieve that objective, rules regulating the placing on the market, the putting into service and the use of certain AI systems should be laid down, thus ensuring the smooth functioning of the internal market and allowing those systems to benefit from the principle of free movement of goods and services. Those rules should be clear and robust in protecting fundamental rights, supportive of new innovative solutions, enabling a European ecosystem of public and private actors creating AI systems in line with Union values and unlocking the potential of the digital transformation across all regions of the Union. By laying down those rules as well as measures in support of innovation with a particular focus on small and medium enterprises (SMEs), including startups, this Regulation supports the objective of promoting the European human-centric approach to AI and being a global leader in the development of secure,

따라서 역내 시장에서 AI의 개발, 사용 및 도입을 촉진하면서 동시에 유럽연합 법률에 의해 인정되고 보호되는 건강과 안전, 그리고 민주주의, 법치주의, 환경 보호를 포함한 기본권의 보호와 같은 공익의 높은 수준의 보호를 충족하는 AI에 대한 조화로운 규칙을 정하는 유럽연합의 법률 프레임워크가 필요하다. 이러한 목적을 달성하기 위해, 특정 AI 시스템의 시장 출시, 서비스 개시 및 사용을 규제하는 규칙들이 수립되어야 하며, 이를 통해 역내 시장의 원활한 기능을 보장하고 해당 시스템들이 상품과 서비스의 자유로운 이동 원칙의 혜택을 받을 수 있도록 해야 한다.

이러한 규칙들은 기본권 보호에 있어 명확하고 견고해야 하며, 새로운 혁신적 솔루션을 지원하고, 유럽연합의 가치에 부합하는 AI 시스템을 만드는 공공 및 민간 행위자들의 유럽 생태계를 가능하게 하며, EU 전 지역에 걸친 디지털 전환의 잠재력을 실현할 수 있도록 해야 한다.

본 규정은 이러한 규칙들과 스타트업을 포함한 중소기업(SMEs)에 특별히 초점을 맞춘 혁신 지원 조치들을 수립함으로써, 유럽이사회가 언급한 바와 같이 AI에 대한 유럽의 인간 중심적 접근방식을 촉진하고 안전하고 신뢰할 수 있으며 윤리적인 AI 개발의 세계적 선도자가 되려는 목표를 지원하며, 유럽의회가 특별히 요청한 바와 같이 윤리

trustworthy and ethical AI as stated by the European Council[5], and it ensures the protection of ethical principles, as specifically requested by the European Parliament[6].

적 원칙의 보호를 보장한다.

Recital 9
(Article 2: Scope)

제안이유 9
(제2조: 범위)

Harmonised rules applicable to the placing on the market, the putting into service and the use of high-risk AI systems should be laid down consistently with Regulation (EC) No 765/2008 of the European Parliament and of the Council[7], Decision No 768/2008/EC of the European Parliament and of the Council[8] and Regulation (EU) 2019/1020 of the European Parliament and of the Council[9] (New Legislative Framework). The harmonised rules laid down in this Regulation should apply across sectors and, in line with the New Legislative Framework, should be without prejudice to existing Union law, in particular on data protection, consumer protection, fundamental rights, employment, and protection of workers, and product safety, to which this Regulation is complementary. As a consequence, all rights and remedies provided for by such Union law to consumers, and other persons on whom AI systems may have a negative impact, including as regards the compensation of possible damages pursuant to Council Directive 85/374/EEC[10] remain unaffected and fully applicable. Furthermore, in the context of employment and protection of workers, this Regulation should therefore not affect Union law on social policy and national labour law, in compliance with Union law, concerning

고위험 AI 시스템의 시장 출시, 서비스 개시 및 사용에 적용되는 조화로운 규칙들은 유럽 의회와 이사회의 규정 (EC) No 765/2008, 결정 No 768/2008/EC, 그리고 규정 (EU) 2019/1020(새로운 입법 프레임워크)과 일관되게 수립되어야 한다. 본 규정에서 수립된 조화로운 규칙들은 모든 부문에 걸쳐 적용되어야 하며, 새로운 입법 프레임워크에 따라 본 규정이 보완하는 개인 정보 보호, 소비자 보호, 기본권, 고용 및 근로자 보호, 제품 안전에 관한 기존 EU법을 침해하지 않아야 한다.

결과적으로, 이사회 지침 85/374/EEC에 따른 가능한 손해 배상을 포함하여, AI 시스템이 부정적 영향을 미칠 수 있는 소비자 및 기타 개인에게 해당 유럽연합법이 제공하는 모든 권리와 구제책은 영향을 받지 않고 완전히 적용된다.

또한, 고용 및 근로자 보호의 맥락에서 본 규정은 산업 안전 보건과 고용주와 근로자 간의 관계를 포함한 고용 및 근로 조건에 관한 유럽연합법에 부합하는 유럽연합 사회 정책법과 국가 노동법에 영향을 미치지 않

employment and working conditions, including health and safety at work and the relationship between employers and workers. This Regulation should also not affect the exercise of fundamental rights as recognised in the Member States and at Union level, including the right or freedom to strike or to take other action covered by the specific industrial relations systems in Member States as well as the right to negotiate, to conclude and enforce collective agreements or to take collective action in accordance with national law. This Regulation should not affect the provisions aiming to improve working conditions in platform work laid down in a Directive of the European Parliament and of the Council on improving working conditions in platform work. Moreover, this Regulation aims to strengthen the effectiveness of such existing rights and remedies by establishing specific requirements and obligations, including in respect of the transparency, technical documentation and record-keeping of AI systems. Furthermore, the obligations placed on various operators involved in the AI value chain under this Regulation should apply without prejudice to national law, in compliance with Union law, having the effect of limiting the use of certain AI systems where such law falls outside the scope of this Regulation or pursues legitimate public interest objectives other than those pursued by this Regulation. For example, national labour law and law on the protection of minors, namely persons below the age of 18, taking into account the UNCRC General Comment No 25 (2021) on children's rights in relation to

아야 한다. 본 규정은 또한 회원국의 특정 노사관계 시스템에서 다루는 파업권이나 기타 행동의 자유를 포함하여, 회원국과 유럽연합 차원에서 인정되는 기본권의 행사, 그리고 국가법에 따른 단체협약의 협상, 체결, 시행 또는 단체행동을 취할 권리에도 영향을 미치지 않아야 한다. 본 규정은 플랫폼 노동의 근로조건 개선에 관한 유럽의회와 이사회 지침에 규정된 플랫폼 노동의 근로조건 개선을 위한 조항들에도 영향을 미치지 않아야 한다.

더욱이, 본 규정은 AI 시스템의 투명성, 기술 문서화 및 기록 보관에 관한 특정 요구사항과 의무를 수립함으로써 이러한 기존의 권리와 구제책의 효과성을 강화하는 것을 목표로 한다. 또한, 본 규정에 따른 AI 가치사슬에 관련된 다양한 운영자들에 대한 의무는 본 규정의 범위를 벗어나거나 본 규정이 추구하는 것과 다른 정당한 공익적 목적을 추구하는 경우, 유럽연합법에 부합하는 국가법을 침해하지 않고 적용되어야 한다.

예를 들어, 디지털 환경에서의 아동 권리에 관한 UNCRC 일반논평 25호(2021)를 고려하여, AI 시스템에 특정되지 않고 다른 정당한 공익적 목적을 추구하는 한, 18세 미만 미성년자 보호에 관한 국가 노동법과 법률은 본 규정의 영향을 받지 않아야 한다.

the digital environment, insofar as they are not specific to AI systems and pursue other legitimate public interest objectives, should not be affected by this Regulation.

Recital 10 **(Article 2: Scope)**	**제안이유 10 (제2조: 범위)**
The fundamental right to the protection of personal data is safeguarded in particular by Regulations (EU) 2016/679[11] and (EU) 2018/1725[12] of the European Parliament and of the Council and Directive (EU) 2016/680 of the European Parliament and of the Council[13]. Directive 2002/58/EC of the European Parliament and of the Council[14] additionally protects private life and the confidentiality of communications, including by way of providing conditions for any storing of personal and non-personal data in, and access from, terminal equipment. Those Union legal acts provide the basis for sustainable and responsible data processing, including where data sets include a mix of personal and non-personal data.	개인 정보 보호에 대한 기본권은 특히 유럽의회와 이사회의 규정 (EU) 2016/679와 (EU) 2018/1725, 그리고 지침 (EU) 2016/680에 의해 보장된다. 유럽의회와 이사회의 지침 2002/58/EC는 단말 장비에서의 개인 및 비개인 데이터의 저장과 접근에 대한 조건을 제공하는 것을 포함하여, 사생활과 통신의 기밀성을 추가로 보호한다. 이러한 유럽연합 법률들은 데이터셋이 개인 및 비개인 데이터의 혼합을 포함하는 경우를 포함하여, 지속 가능하고 책임 있는 데이터 처리의 기반을 제공한다.
This Regulation does not seek to affect the application of existing Union law governing the processing of personal data, including the tasks and powers of the independent supervisory authorities competent to monitor compliance with those instruments. It also does not affect the obligations of providers and deployers of AI systems in their role as data controllers or processors stemming from Union or national law on the protection of personal data in so far as the design, the development or the use of AI systems involves the processing of personal data.	본 규정은 해당 법률의 준수를 모니터링할 권한이 있는 독립 감독 당국의 업무와 권한을 포함하여, 개인 정보 처리를 규율하는 기존 유럽연합법의 적용에 영향을 미치려 하지 않는다. 또한 AI 시스템의 설계, 개발 또는 사용이 개인 정보 처리를 수반하는 한, 개인 정보 보호에 관한 유럽연합법 또는 국가법에서 비롯되는 데이터 컨트롤러 또는 프로세서로서의 AI 시스템 제공자와 배치 책임자의 의무에도 영향을 미치지 않는다.
It is also appropriate to clarify that data	또한 데이터 주체가 프로파일링을 포함한

subjects continue to enjoy all the rights and guarantees awarded to them by such Union law, including the rights related to solely automated individual decision-making, including profiling. Harmonised rules for the placing on the market, the putting into service and the use of AI systems established under this Regulation should facilitate the effective implementation and enable the exercise of the data subjects' rights and other remedies guaranteed under Union law on the protection of personal data and of other fundamental rights.

전적으로 자동화된 개별 의사결정과 관련된 권리를 포함하여, 그러한 유럽연합 법률에 의해 그들에게 부여된 모든 권리와 보장을 계속해서 누린다는 점을 명확히 하는 것이 적절하다. 본 규정에 따라 수립된 AI 시스템의 시장 출시, 서비스 개시 및 사용에 대한 조화로운 규칙들은 개인 정보 보호와 기타 기본권 보호에 관한 유럽연합법에 따라 보장된 정보주체의 권리와 기타 구제책의 효과적인 이행을 촉진하고 그 행사를 가능하게 해야 한다.

Recital 11
(Article 2: Scope)

This Regulation should be without prejudice to the provisions regarding the liability of providers of intermediary services as set out in Regulation (EU) 2022/2065 of the European Parliament and of the Council[15].

제안이유 11
(제2조: 범위)

본 규정은 유럽 의회와 이사회의 규정 (EU) 2022/2065(디지털 서비스법)에 규정된 중개 서비스 제공자의 책임에 관한 조항들을 침해하지 않아야 한다.

Recital 12
(Article 3: Definitions)

The notion of 'AI system' in this Regulation should be clearly defined and should be closely aligned with the work of international organisations working on AI to ensure legal certainty, facilitate international convergence and wide acceptance, while providing the flexibility to accommodate the rapid technological developments in this field. Moreover, the definition should be based on key characteristics of AI systems that distinguish it from simpler traditional software systems or programming approaches and should not cover systems that are based on the rules defined solely

제안이유 12
(제3조: 정의)

본 규정에서 'AI 시스템'의 개념은 명확하게 정의되어야 하며, 법적 확실성을 보장하고 국제적 의견 수렴과 광범위한 수용을 촉진하면서도 이 분야의 급속한 기술 발전을 수용할 수 있는 유연성을 제공하기 위해 AI 관련 국제기구들의 작업과 긴밀히 연계되어야 한다.

더욱이, 이 정의는 AI 시스템을 더 단순한 전통적 소프트웨어 시스템이나 프로그래밍 접근방식과 구별하는 핵심 특성에 기반해야 하며, 자연인에 의해서만 정의된 규칙에 기반하여 작업을 자동으로 실행하는 시스템은 포함하지 않아야 한다.

by natural persons to automatically execute operations. A key characteristic of AI systems is their capability to infer. This capability to infer refers to the process of obtaining the outputs, such as predictions, content, recommendations, or decisions, which can influence physical and virtual environments, and to a capability of AI systems to derive models or algorithms, or both, from inputs or data. The techniques that enable inference while building an AI system include machine learning approaches that learn from data how to achieve certain objectives, and logic- and knowledge-based approaches that infer from encoded knowledge or symbolic representation of the task to be solved. The capacity of an AI system to infer transcends basic data processing by enabling learning, reasoning or modelling. The term 'machine-based' refers to the fact that AI systems run on machines. The reference to explicit or implicit objectives underscores that AI systems can operate according to explicit defined objectives or to implicit objectives. The objectives of the AI system may be different from the intended purpose of the AI system in a specific context. For the purposes of this Regulation, environments should be understood to be the contexts in which the AI systems operate, whereas outputs generated by the AI system reflect different functions performed by AI systems and include predictions, content, recommendations or decisions. AI systems are designed to operate with varying levels of autonomy, meaning that they have some degree of independence of

AI 시스템의 핵심 특징은 추론 능력이다. 이 추론 능력은 물리적 및 가상 환경에 영향을 미칠 수 있는 예측, 콘텐츠, 추천 또는 결정과 같은 산출물을 얻는 과정을 의미하며, 입력이나 데이터로부터 모델이나 알고리즘 또는 둘 다를 도출해내는 AI 시스템의 능력을 의미한다.

AI 시스템을 구축하는 동안 추론을 가능하게 하는 기술에는 데이터로부터 특정 목표를 달성하는 방법을 학습하는 머신러닝 접근방식과, 해결해야 할 과제의 인코딩된 지식이나 상징적 표현으로부터 추론하는 논리 및 지식 기반 접근방식이 포함된다. AI 시스템의 추론 능력은 학습, 추론 또는 모델링을 가능하게 함으로써 기본적인 데이터 처리를 넘어선다.

'기계 기반'이라는 용어는 AI 시스템이 기계에서 실행된다는 사실을 의미한다. 명시적 또는 암묵적 목표에 대한 언급은 AI 시스템이 명시적으로 정의된 목표나 암묵적 목표에 따라 작동할 수 있음을 강조한다. AI 시스템의 목표는 특정 맥락에서 AI 시스템의 의도된 목적과 다를 수 있다.

본 규정의 목적상, 환경은 AI 시스템이 작동하는 맥락으로 이해되어야 하며, AI 시스템이 생성하는 산출물은 예측, 콘텐츠, 추천 또는 결정을 포함하는 AI 시스템이 수행하는 다양한 기능을 반영한다.

AI 시스템은 인간의 개입으로부터 어느 정도의 독립성과 인간의 개입 없이 작동할 수 있는 능력을 의미하는 다양한 수준의 자율성으로 작동하도록 설계된다. 배치 후 AI actions from human involvement and of capabilities to operate without human intervention. The adaptiveness that an AI system could exhibit after deployment, refers to self-learning capabilities, allowing the system to change while in use. AI systems can be used on a stand-alone basis or as a component of a product, irrespective of whether the system is physically integrated into the product (embedded) or serves the functionality of the product without being integrated therein (non-embedded).

시스템이 보일 수 있는 적응성은 시스템이 사용 중에 변화할 수 있게 하는 자가 학습 능력을 의미한다.

AI 시스템은 시스템이 제품에 물리적으로 통합되어 있는지(임베디드) 또는 통합되지 않고 제품의 기능을 제공하는지(비(非)임베디드)와 관계없이 독립형으로 또는 제품의 구성요소로 사용될 수 있다.

Recital 13
(Article 3: Definitions)

The notion of 'deployer' referred to in this Regulation should be interpreted as any natural or legal person, including a public authority, agency or other body, using an AI system under its authority, except where the AI system is used in the course of a personal non-professional activity. Depending on the type of AI system, the use of the system may affect persons other than the deployer.

제안이유 13
(제3조: 정의)

본 규정에서 언급된 '배치 책임자(deployer)'의 개념은 개인적 비전문적 활동 과정에서 AI 시스템이 사용되는 경우를 제외하고, 자신의 권한 하에서 AI 시스템을 사용하는 공공 당국, 기관 또는 기타 기구를 포함한 모든 자연인 또는 법인으로 해석되어야 한다. AI 시스템의 유형에 따라, 시스템의 사용은 배치 책임자 이외의 사람들에게 영향을 미칠 수 있다.

Recital 14
(Article 3: Definitions)

The notion of 'biometric data' used in this Regulation should be interpreted in light of the notion of biometric data as defined in Article 4, point (14) of Regulation (EU) 2016/679, Article 3, point (18) of Regulation (EU) 2018/1725 and Article 3, point (13) of Directive (EU) 2016/680. Biometric data can allow for the authentication, identification or categorisation of natural persons and for the recognition of emotions of natural

제안이유 14
(제3조: 정의)

본 규정에서 사용된 '생체 인식 데이터(biometric data)'의 개념은 규정 (EU) 2016/679의 제4조 제14호, 규정 (EU) 2018/1725의 제3조 제18호, 그리고 지침 (EU) 2016/680의 제3조 제13호에서 정의된 생체 인식 데이터의 개념에 비추어 해석되어야 한다. 생체 인식 데이터는 자연인의 인증, 식별 또는 분류와 자연인의 감정 인식을 가능하게 할 수 있다.

persons.

Recital 15
(Article 3: Definitions)

The notion of 'biometric identification' referred to in this Regulation should be defined as the automated recognition of physical, physiological and behavioural human features such as the face, eye movement, body shape, voice, prosody, gait, posture, heart rate, blood pressure, odour, keystrokes characteristics, for the purpose of establishing an individual's identity by comparing biometric data of that individual to stored biometric data of individuals in a reference database, irrespective of whether the individual has given its consent or not. This excludes AI systems intended to be used for biometric verification, which includes authentication, whose sole purpose is to confirm that a specific natural person is the person he or she claims to be and to confirm the identity of a natural person for the sole purpose of having access to a service, unlocking a device or having security.

제안이유 15
(제3조: 정의)

본 규정에서 언급된 '생체 인식 식별'의 개념은 개인이 동의를 했는지 여부와 관계없이, 해당 개인의 생체 인식 데이터를 참조 데이터베이스에 저장된 개인들의 생체 인식 데이터와 비교함으로써 개인의 신원을 확립하기 위한 목적으로, 얼굴, 눈동자 움직임, 신체 형태, 목소리, 운율, 걸음걸이, 자세, 심박수, 혈압, 냄새, 키보드 입력 특성과 같은 신체적, 생리적 및 행동적 인간 특징을 자동으로 인식하는 것으로 정의되어야 한다. 이는 특정 자연인이 자신이 주장하는 사람이 맞다는 것을 확인하고 서비스에 대한 접근, 기기 잠금 해제 또는 보안을 위한 유일한 목적으로 자연인의 신원을 확인하는 것을 유일한 목적으로 하는 인증을 포함하는 생체 인식 식별에 사용하기 위한 AI 시스템은 제외한다.

Recital 16
(Article 3: Definitions)

The notion of 'biometric categorisation' referred to in this Regulation should be defined as assigning natural persons to specific categories on the basis of their biometric data. Such specific categories can relate to aspects such as sex, age, hair colour, eye colour, tattoos, behavioural or personality traits, language, religion, membership of a national minority, sexual or political orientation. This does not include biometric categorisation systems

제안이유 16
(제3조: 정의)

본 규정에서 언급된 '생체 인식 분류'의 개념은 생체 인식 데이터를 기반으로 자연인을 특정 범주에 할당하는 것으로 정의되어야 한다. 이러한 특정 범주는 성별, 나이, 머리카락의 색상, 눈동자의 색상, 문신, 행동 또는 성격 특성, 언어, 종교, 소수 민족 소속 여부, 성적 지향이나 정치적 성향과 같은 측면과 관련될 수 있다.

여기에는 다른 상업적 서비스와 본질적으로 연결된 순전히 부수적인 기능인 생체 인식

that are a purely ancillary feature intrinsically linked to another commercial service, meaning that the feature cannot, for objective technical reasons, be used without the principal service, and the integration of that feature or functionality is not a means to circumvent the applicability of the rules of this Regulation.

분류 시스템은 포함되지 않는다. 즉, 객관적인 기술적 이유로 인해 해당 기능을 주요 서비스 없이는 사용할 수 없으며, 그러한 기능이나 기능성의 통합이 본 규정의 규칙의 적용을 회피하기 위한 수단이 아닌 경우를 의미한다.

For example, filters categorising facial or body features used on online marketplaces could constitute such an ancillary feature as they can be used only in relation to the principal service which consists in selling a product by allowing the consumer to preview the display of the product on him or herself and help the consumer to make a purchase decision. Filters used on online social network services which categorise facial or body features to allow users to add or modify pictures or videos could also be considered to be ancillary feature as such filter cannot be used without the principal service of the social network services consisting in the sharing of content online.

예를 들어, 온라인 마켓플레이스에서 사용되는 얼굴이나 신체 특징을 분류하는 필터는 이러한 부수적 기능을 구성할 수 있다. 이는 소비자가 자신의 모습에 제품 디스플레이를 미리 대보고 구매 결정을 내리는 데 도움을 주는 방식으로 제품을 판매하는 것으로 구성되는 주요 서비스와 관련해서만 사용될 수 있기 때문이다.
온라인 소셜 네트워크 서비스에서 사용되는 필터로서 사용자가 사진이나 동영상을 추가하거나 수정할 수 있도록 얼굴이나 신체 특징을 분류하는 필터도 부수적 기능으로 간주될 수 있다. 이러한 필터는 온라인에서 콘텐츠를 공유하는 것으로 구성되는 소셜 네트워크 서비스의 주요 서비스 없이는 사용될 수 없기 때문이다.

Recital 17 (Article 3: Definitions)

제안이유 17 (제3조: 정의)

The notion of 'remote biometric identification system' referred to in this Regulation should be defined functionally, as an AI system intended for the identification of natural persons without their active involvement, typically at a distance, through the comparison of a person's biometric data with the biometric data contained in a reference database, irrespectively of the particular technology, processes or types of biometric data used.

본 규정에서 언급된 '원격 생체 식별 시스템'의 개념은 기능적으로 정의되어야 하며, 사용된 특정 기술, 프로세스 또는 생체 인식 데이터의 유형과 관계없이, 참조 데이터베이스에 포함된 생체 인식 데이터와 개인의 생체 인식 데이터를 비교함으로써, 일반적으로 원거리에서 개인의 적극적인 참여 없이 자연인을 식별하기 위한 AI 시스템으로 정의되어야 한다.

Such remote biometric identification

이러한 원격 생체 식별 시스템은 일반적으로

systems are typically used to perceive multiple persons or their behaviour simultaneously in order to facilitate significantly the identification of natural persons without their active involvement. This excludes AI systems intended to be used for biometric verification, which includes authentication, the sole purpose of which is to confirm that a specific natural person is the person he or she claims to be and to confirm the identity of a natural person for the sole purpose of having access to a service, unlocking a device or having security access to premises. That exclusion is justified by the fact that such systems are likely to have a minor impact on fundamental rights of natural persons compared to the remote biometric identification systems which may be used for the processing of the biometric data of a large number of persons without their active involvement. In the case of 'real-time' systems, the capturing of the biometric data, the comparison and the identification occur all instantaneously, near-instantaneously or in any event without a significant delay. In this regard, there should be no scope for circumventing the rules of this Regulation on the 'real-time' use of the AI systems concerned by providing for minor delays. 'Real-time' systems involve the use of 'live' or 'near-live' material, such as video footage, generated by a camera or other device with similar functionality. In the case of 'post' systems, in contrast, the biometric data has already been captured and the comparison and identification occur only after a significant delay. This involves material, such as pictures or video

자연인의 적극적인 참여 없이 식별을 상당히 용이하게 하기 위해 다수의 사람이나 그들의 행동을 동시에 인식하는 데 사용된다.

이는 특정 자연인이 자신이 주장하는 사람이 맞다는 것을 확인하고 서비스에 대한 접근, 기기 잠금 해제 또는 시설에 대한 보안 접근을 위한 유일한 목적으로 자연인의 신원을 확인하는 것을 유일한 목적으로 하는 인증을 포함하는 생체 인식 식별에 사용하기 위한 AI 시스템은 제외한다.

이러한 제외는 이러한 시스템들이 다수의 사람들의 생체 인식 데이터를 그들의 적극적인 참여 없이 처리하는 데 사용될 수 있는 원격 생체 인식 식별 시스템들과 비교했을 때 자연인의 기본권에 미치는 영향이 미미할 가능성이 있다는 사실로 정당화된다.

'실시간' 시스템의 경우, 생체 인식 데이터의 캡처, 비교 및 식별이 모두 즉각적으로, 거의 즉각적으로, 또는 어떤 경우든 상당한 지연 없이 발생한다. 이와 관련하여, 경미한 지연을 제공함으로써 해당 AI 시스템의 '실시간' 사용에 대한 본 규정의 규칙을 회피할 여지가 없어야 한다. '실시간' 시스템은 카메라나 유사한 기능을 가진 다른 장치에 의해 생성된 동영상 영상과 같은 '라이브' 또는 '라이브에 가까운' 자료의 사용을 포함한다.

반면, '사후' 시스템의 경우, 생체 인식 데이터가 이미 캡처되었으며 비교와 식별은 상당한 지연 후에만 발생한다. 이는 CCTV 카메라나 개인 장치에 의해 생성된 사진이나 동영상 영상과 같은 자료를 포함하며, 이는 해당 자연인과 관련하여 시스템을 사용하기

footage generated by closed circuit television cameras or private devices, which has been generated before the use of the system in respect of the natural persons concerned.	전에 생성된 것이다.
Recital 18 **(Article 3: Definitions)**	**제안이유 18 (제3조: 정의)**
The notion of 'emotion recognition system' referred to in this Regulation should be defined as an AI system for the purpose of identifying or inferring emotions or intentions of natural persons on the basis of their biometric data. The notion refers to emotions or intentions such as happiness, sadness, anger, surprise, disgust, embarrassment, excitement, shame, contempt, satisfaction and amusement. It does not include physical states, such as pain or fatigue, including, for example, systems used in detecting the state of fatigue of professional pilots or drivers for the purpose of preventing accidents. This does also not include the mere detection of readily apparent expressions, gestures or movements, unless they are used for identifying or inferring emotions. Those expressions can be basic facial expressions, such as a frown or a smile, or gestures such as the movement of hands, arms or head, or characteristics of a person's voice, such as a raised voice or whispering.	본 규정에서 언급된 '감정 인식 시스템'의 개념은 생체 인식 데이터를 기반으로 자연인의 감정이나 의도를 식별하거나 추론하기 위한 AI 시스템으로 정의되어야 한다. 이 개념은 행복, 슬픔, 분노, 놀람, 혐오, 당혹감, 흥분, 수치심, 경멸, 만족, 즐거움과 같은 감정이나 의도들을 지칭한다. 이는 사고 예방을 목적으로 전문 조종사나 운전자의 피로 상태를 감지하는 데 사용되는 시스템을 포함하여, 고통이나 피로와 같은 신체적 상태는 포함하지 않는다. 또한 이는 감정을 식별하거나 추론하는 데 사용되지 않는 한, 명백히 드러나는 표현, 제스처 또는 움직임의 단순한 감지는 포함하지 않는다. 이러한 표현에는 찡그림이나 미소와 같은 기본적인 얼굴 표정, 손, 팔 또는 머리의 움직임과 같은 제스처, 또는 큰 목소리나 속삭임과 같은 사람의 목소리 특성이 포함될 수 있다.
Recital 19 **(Article 3: Definitions)**	**제안이유 19 (제3조: 정의)**
For the purposes of this Regulation the notion of 'publicly accessible space' should be understood as referring to any physical space that is accessible to an	본 규정의 목적상 '공개적으로 접근 가능한 공간'의 개념은 불특정 다수의 자연인이 접근할 수 있는 모든 물리적 공간을 지칭하는 것으로 이해되어야 하며, 해당 공간이 사적

undetermined number of natural persons, and irrespective of whether the space in question is privately or publicly owned, irrespective of the activity for which the space may be used, such as for commerce, for example, shops, restaurants, cafés; for services, for example, banks, professional activities, hospitality; for sport, for example, swimming pools, gyms, stadiums; for transport, for example, bus, metro and railway stations, airports, means of transport; for entertainment, for example, cinemas, theatres, museums, concert and conference halls; or for leisure or otherwise, for example, public roads and squares, parks, forests, playgrounds. A space should also be classified as being publicly accessible if, regardless of potential capacity or security restrictions, access is subject to certain predetermined conditions which can be fulfilled by an undetermined number of persons, such as the purchase of a ticket or title of transport, prior registration or having a certain age. In contrast, a space should not be considered to be publicly accessible if access is limited to specific and defined natural persons through either Union or national law directly related to public safety or security or through the clear manifestation of will by the person having the relevant authority over the space. The factual possibility of access alone, such as an unlocked door or an open gate in a fence, does not imply that the space is publicly accessible in the presence of indications or circumstances suggesting the contrary, such as. signs prohibiting or restricting access. Company and factory premises, as well as offices and workplaces that are intended to be

으로 소유되었는지 공적으로 소유되었는지와 관계없이, 그리고 다음과 같이 해당 공간이 사용될 수 있는 활동과 관계없이 적용된다:

예를 들어,
- 상업용: 상점, 레스토랑, 카페
- 서비스용: 은행, 전문직 활동, 숙박업
- 스포츠용: 수영장, 체육관, 경기장
- 교통용: 버스, 지하철 및 철도역, 공항, 교통수단
- 엔터테인먼트용: 영화관, 극장, 박물관, 콘서트 및 컨퍼런스홀
- 여가 또는 기타 용도: 공공도로와 광장, 공원, 숲, 놀이터

잠재적 수용 능력이나 보안 제한과 관계없이, 티켓이나 교통권의 구매, 사전 등록 또는 특정 연령과 같이 불특정 다수의 사람들이 충족할 수 있는 특정 사전 결정된 조건에 따라 접근이 가능한 경우에도 해당 공간은 공개적으로 접근 가능한 것으로 분류되어야 한다.

반대로, 공공 안전이나 보안과 직접적으로 관련된 유럽연합법이나 국내법을 통해, 또는 해당 공간에 대한 관련 권한을 가진 사람의 명확한 의사 표현을 통해 접근이 특정되고 정의된 자연인으로 제한되는 경우, 해당 공간은 공개적으로 접근 가능한 것으로 간주되지 않아야 한다.

잠금 해제된 문이나 울타리의 열린 문과 같은 접근의 사실적 가능성만으로는, 접근을 금지하거나 제한하는 표지판과 같이 반대를 시사하는 표시나 상황이 있는 경우 해당 공간이 공개적으로 접근 가능함을 의미하지 않는다.

관련 직원과 서비스 제공자만 접근하도록 의도된 회사와 공장 시설, 사무실 및 작업장은 공개적으로 접근 가능하지 않은 공간

accessed only by relevant employees and service providers, are spaces that are not publicly accessible. Publicly accessible spaces should not include prisons or border control. Some other spaces may comprise both publicly accessible and non-publicly accessible spaces, such as the hallway of a private residential building necessary to access a doctor's office or an airport. Online spaces are not covered, as they are not physical spaces. Whether a given space is accessible to the public should however be determined on a case-by-case basis, having regard to the specificities of the individual situation at hand.

이다. 공개적으로 접근 가능한 공간에는 교도소나 국경 통제소가 포함되지 않아야 한다.

일부 다른 공간은 의사 진료실에 접근하기 위해 필요한 사적 주거 건물의 복도나 공항과 같이 공개적으로 접근 가능한 공간과 그렇지 않은 공간을 모두 포함할 수 있다. 온라인 공간은 물리적 공간이 아니므로 포함되지 않는다.
그러나 특정 공간이 대중에게 접근 가능한지 여부는 해당 개별 상황의 특수성을 고려하여 사례별로 결정되어야 한다.

Recital 20
(Article 4: AI literacy)

In order to obtain the greatest benefits from AI systems while protecting fundamental rights, health and safety and to enable democratic control, AI literacy should equip providers, deployers and affected persons with the necessary notions to make informed decisions regarding AI systems. Those notions may vary with regard to the relevant context and can include understanding the correct application of technical elements during the AI system's development phase, the measures to be applied during its use, the suitable ways in which to interpret the AI system's output, and, in the case of affected persons, the knowledge necessary to understand how decisions taken with the assistance of AI will have an impact on them. In the context of the application this Regulation, AI literacy should provide all relevant actors in the AI value chain with the insights required to ensure the appropriate

제안이유 20
(제4조: AI 리터러시(이해역량))

AI 시스템으로부터 최대한의 이점을 얻으면서 기본권, 건강 및 안전을 보호하고 민주적 통제를 가능하게 하기 위해, AI 리터러시는 제공자, 배치 책임자 및 영향을 받는 사람들에게 AI 시스템에 관한 정보에 기반한 결정을 내리는 데 필요한 개념들을 제공해야 한다. 이러한 개념들은 관련 맥락에 따라 다를 수 있으며, AI 시스템의 개발 단계에서 기술적 요소의 올바른 적용에 대한 이해, 사용 중 적용되어야 할 조치들, AI 시스템의 산출물을 해석하는 적절한 방법, 그리고 영향을 받는 사람들의 경우 AI의 도움을 받아 내려진 결정이 자신들에게 어떤 영향을 미칠지 이해하는 데 필요한 지식을 포함할 수 있다.

본 규정의 적용 맥락에서, AI 리터러시는 AI 가치사슬의 모든 관련 행위자들에게 적절한 준수와 올바른 집행을 보장하는 데 필요한 통찰을 제공해야 한다. 더 나아가, AI 리터러시 조치의 광범위한 이행과 적절한

compliance and its correct enforcement. Furthermore, the wide implementation of AI literacy measures and the introduction of appropriate follow-up actions could contribute to improving working conditions and ultimately sustain the consolidation, and innovation path of trustworthy AI in the Union. The European Artificial Intelligence Board (the 'Board') should support the Commission, to promote AI literacy tools, public awareness and understanding of the benefits, risks, safeguards, rights and obligations in relation to the use of AI systems. In cooperation with the relevant stakeholders, the Commission and the Member States should facilitate the drawing up of voluntary codes of conduct to advance AI literacy among persons dealing with the development, operation and use of AI.

후속 조치의 도입은 근로 조건을 개선하는 데 기여할 수 있으며, 궁극적으로 EU에서 신뢰할 수 있는 AI의 통합과 혁신 경로를 지속할 수 있다.

유럽 인공지능 이사회(이하, '이사회')는 AI 시스템 사용과 관련된 이점, 위험, 보호장치, 권리 및 의무에 대한 AI 리터러시 도구, 대중의 인식과 이해를 증진하기 위해 집행위원회를 지원해야 한다. 집행위원회와 회원국들은 관련 이해관계자들과 협력하여 AI의 개발, 운영 및 사용을 다루는 사람들 사이에서 AI 리터러시를 증진하기 위한 자발적 실천 강령의 수립을 촉진해야 한다.

Recital 21
(Article 2: Scope)

In order to ensure a level playing field and an effective protection of rights and freedoms of individuals across the Union, the rules established by this Regulation should apply to providers of AI systems in a non-discriminatory manner, irrespective of whether they are established within the Union or in a third country, and to deployers of AI systems established within the Union.

제안이유 21
(제2조: 범위)

유럽연합 전역에서 공정한 경쟁의 장을 보장하고 개인의 권리와 자유를 효과적으로 보호하기 위해, 본 규정에 의해 수립된 규칙들은 유럽연합 내에 설립되었는지 또는 제3국에 설립되었는지와 관계없이 AI 시스템 제공자들에게 비차별적인 방식으로 적용되어야 하며, 유럽연합 내에 설립된 AI 시스템 배치 책임자들에게도 적용되어야 한다.

Recital 22
(Article 2: Scope)

In light of their digital nature, certain AI systems should fall within the scope of this Regulation even when they are not placed on the market, put into service, or

제안이유 22
(제2조: 범위)

디지털의 특성을 고려할 때, 특정 AI 시스템들은 유럽연합 내에서 시장에 출시되거나, 서비스가 개시되거나, 사용되지 않더라도 본 규정의 범위에 포함되어야 한다. 예

used in the Union. This is the case, for example, where an operator established in the Union contracts certain services to an operator established in a third country in relation to an activity to be performed by an AI system that would qualify as high-risk. In those circumstances, the AI system used in a third country by the operator could process data lawfully collected in and transferred from the Union, and provide to the contracting operator in the Union the output of that AI system resulting from that processing, without that AI system being placed on the market, put into service or used in the Union. To prevent the circumvention of this Regulation and to ensure an effective protection of natural persons located in the Union, this Regulation should also apply to providers and deployers of AI systems that are established in a third country, to the extent the output produced by those systems is intended to be used in the Union. Nonetheless, to take into account existing arrangements and special needs for future cooperation with foreign partners with whom information and evidence is exchanged, this Regulation should not apply to public authorities of a third country and international organisations when acting in the framework of cooperation or international agreements concluded at Union or national level for law enforcement and judicial cooperation with the Union or the Member States, provided that the relevant third country or international organisation provides adequate safeguards with respect to the protection of fundamental rights and freedoms of individuals. Where relevant, this may cover activities of entities

를 들어, 유럽연합 내에 설립된 운영자가 고위험으로 분류될 수 있는 AI 시스템에 의해 수행되어야 할 활동과 관련하여 제3국에 설립된 운영자에게 특정 서비스를 계약하는 경우가 이에 해당한다.

이러한 상황에서, 운영자가 제3국에서 사용하는 AI 시스템은 유럽연합에서 합법적으로 수집되어 전송된 데이터를 처리할 수 있고, 해당 처리로 인한 AI 시스템의 산출물을 유럽연합 내의 계약 운영자에게 제공할 수 있으며, 이는 해당 AI 시스템이 유럽연합 내에서 시장에 출시되거나, 서비스가 개시되거나, 사용되지 않더라도 가능하다.
본 규정의 회피를 방지하고 유럽연합 내에 위치한 자연인을 효과적으로 보호하기 위해, 본 규정은 해당 시스템이 생산한 산출물이 EU 내에서 사용될 것으로 의도된 경우, 제3국에 설립된 AI 시스템의 제공자와 배치 책임자에게도 적용되어야 한다.

그럼에도 불구하고, 기존의 약정과 정보 및 증거가 교환되는 외국 파트너들과의 향후 협력을 위한 특별한 필요를 고려하기 위해, 본 규정은 유럽연합이나 회원국과의 법 집행 및 사법 협력을 위해 유럽연합 또는 국가 차원에서 체결된 협력 또는 국제 협정의 틀 내에서 활동하는 제3국의 공공 당국과 국제기구에는 적용되지 않아야 한다. 단, 관련 제3국이나 국제기구가 개인의 기본권과 자유의 보호와 관련하여 적절한 보호장치를 제공하는 경우에 한한다. 관련이 있는 경우, 이는 그러한 법 집행 및 사법 협력을 지원하기 위한 특정 업무를 수행하도록 제3국이 위임한 기관들의 활동을 포함할 수 있다.

entrusted by the third countries to carry out specific tasks in support of such law enforcement and judicial cooperation. Such framework for cooperation or agreements have been established bilaterally between Member States and third countries or between the European Union, Europol and other Union agencies and third countries and international organisations. The authorities competent for supervision of the law enforcement and judicial authorities under this Regulation should assess whether those frameworks for cooperation or international agreements include adequate safeguards with respect to the protection of fundamental rights and freedoms of individuals. Recipient national authorities and Union institutions, bodies, offices and agencies making use of such outputs in the Union remain accountable to ensure their use complies with Union law. When those international agreements are revised or new ones are concluded in the future, the contracting parties should make utmost efforts to align those agreements with the requirements of this Regulation.	이러한 협력이나 협정의 틀은 회원국과 제3국 간에, 또는 유럽연합, 유로폴 및 기타 유럽연합 기관과 제3국 및 국제기구 간에 양자적으로 수립되어 왔다. 본 규정에 따른 법 집행 및 사법 당국의 감독을 담당하는 당국은 이러한 협력의 틀이나 국제 협정이 개인의 기본권과 자유의 보호와 관련하여 적절한 보호장치를 포함하고 있는지 평가해야 한다. 유럽연합 내에서 이러한 산출물을 사용하는 수신 국가 기관들과 유럽연합 기관, 기구, 사무국 및 대리기관은 그들의 사용이 유럽연합법을 준수하도록 보장할 책임이 있다. 이러한 국제 협정이 개정되거나 새로운 협정이 향후 체결될 때, 계약 당사자들은 이러한 협정들을 본 규정의 요구사항과 일치시키기 위해 최선의 노력을 기울여야 한다.
Recital 23 **(Article 2: Scope)**	**제안이유 23 (제2조: 범위)**
This Regulation should also apply to Union institutions, bodies, offices and agencies when acting as a provider or deployer of an AI system.	본 규정은 AI 시스템의 제공자나 배치 책임자로서 행위하는 경우 유럽연합 기관, 기구, 사무국 및 대리기관에도 적용되어야 한다.
Recital 24 **(Article 2: Scope)**	**제안이유 24 (제2조: 범위)**
If, and insofar as, AI systems are placed on the market, put into service, or used with or without modification of such systems for military, defence or national	AI 시스템이 군사, 국방 또는 국가 안보 목적으로 시장에 출시되거나, 서비스가 개시되거나, 해당 시스템의 수정 여부와 관계없이 사용되는 경우, 이러한 활동을 수행하는

security purposes, those should be excluded from the scope of this Regulation regardless of which type of entity is carrying out those activities, such as whether it is a public or private entity. As regards military and defence purposes, such exclusion is justified both by Article 4(2) TEU and by the specificities of the Member States' and the common Union defence policy covered by Chapter 2 of Title V TEU that are subject to public international law, which is therefore the more appropriate legal framework for the regulation of AI systems in the context of the use of lethal force and other AI systems in the context of military and defence activities. As regards national security purposes, the exclusion is justified both by the fact that national security remains the sole responsibility of Member States in accordance with Article 4(2) TEU and by the specific nature and operational needs of national security activities and specific national rules applicable to those activities. Nonetheless, if an AI system developed, placed on the market, put into service or used for military, defence or national security purposes is used outside those temporarily or permanently for other purposes, for example, civilian or humanitarian purposes, law enforcement or public security purposes, such a system would fall within the scope of this Regulation. In that case, the entity using the AI system for other than military, defence or national security purposes should ensure the compliance of the AI system with this Regulation, unless the system is already compliant with this Regulation. AI systems placed on the market or put into service for an excluded

주체가 공공 기관이든 민간 기관이든 관계없이 본 규정의 범위에서 제외되어야 한다.

군사 및 국방 목적과 관련하여, 이러한 제외는 TEU 제4조 제2항과 치명적 무력의 사용 맥락에서의 AI 시스템 및 군사・국방 활동 맥락에서의 기타 AI 시스템의 규제를 위한 더 적절한 법적 프레임워크인 국제공법의 적용을 받는 TEU 제5편 제2장에서 다루는 회원국들과 EU 공동 국방 정책의 특수성에 의해 정당화된다.

국가 안보 목적과 관련하여, 이러한 제외는 TEU 제4조 제2항에 따라 국가 안보가 회원국의 단독 책임으로 남아있다는 사실과 국가 안보 활동의 특수한 성격 및 운영상의 필요성, 그리고 이러한 활동에 적용되는 특정 국가 규칙에 의해 정당화된다.

그럼에도 불구하고, 군사, 국방 또는 국가 안보 목적으로 개발, 시장 출시, 서비스 개시 또는 사용되는 AI 시스템이 일시적으로나 영구적으로 그러한 목적 이외의 목적, 예를 들어 민간 또는 인도주의적 목적, 법 집행 또는 공공 안전 목적으로 사용되는 경우, 해당 시스템은 본 규정의 범위에 포함된다. 이 경우, 시스템이 이미 본 규정을 준수하고 있지 않는 한, 군사, 국방 또는 국가 안보 목적 이외의 목적으로 AI 시스템을 사용하는 주체는 해당 AI 시스템이 본 규정을 준수하도록 보장해야 한다.

제외된 목적(즉, 군사, 국방 또는 국가 안보)과 하나 이상의 제외되지 않은 목적(예:

purpose, namely military, defence or national security, and one or more non-excluded purposes, such as civilian purposes or law enforcement, fall within the scope of this Regulation and providers of those systems should ensure compliance with this Regulation. In those cases, the fact that an AI system may fall within the scope of this Regulation should not affect the possibility of entities carrying out national security, defence and military activities, regardless of the type of entity carrying out those activities, to use AI systems for national security, military and defence purposes, the use of which is excluded from the scope of this Regulation. An AI system placed on the market for civilian or law enforcement purposes which is used with or without modification for military, defence or national security purposes should not fall within the scope of this Regulation, regardless of the type of entity carrying out those activities.

민간 목적 또는 법 집행)을 위해 시장에 출시되거나 서비스가 개시된 AI 시스템은 본 규정의 범위에 포함되며, 해당 시스템의 제공자는 본 규정의 준수를 보장해야 한다. 이러한 경우, AI 시스템이 본 규정의 범위에 포함될 수 있다는 사실은 해당 활동을 수행하는 주체의 유형과 관계없이, 국가 안보, 국방 및 군사 활동을 수행하는 주체가 본 규정의 범위에서 제외되는 국가 안보, 군사 및 국방 목적으로 AI 시스템을 사용할 가능성에 영향을 미치지 않아야 한다.

민간 또는 법 집행 목적으로 시장에 출시된 AI 시스템이 군사, 국방 또는 국가 안보 목적으로 수정 여부와 관계없이 사용되는 경우, 해당 활동을 수행하는 주체의 유형과 관계없이 본 규정의 범위에 포함되지 않아야 한다.

Recital 25
(Article 2: Scope)

This Regulation should support innovation, should respect freedom of science, and should not undermine research and development activity. It is therefore necessary to exclude from its scope AI systems and models specifically developed and put into service for the sole purpose of scientific research and development. Moreover, it is necessary to ensure that this Regulation does not otherwise affect scientific research and development activity on AI systems or models prior to being placed on the market or put into service. As regards product-oriented research, testing

제안이유 25
(제2조: 범위)

본 규정은 혁신을 지원하고, 학문의 자유를 존중하며, 연구 개발 활동을 저해하지 않아야 한다. 따라서 과학적 연구 개발의 유일한 목적으로 특별히 개발되고 서비스가 개시된 AI 시스템과 모델을 그 범위에서 제외할 필요가 있다.

더욱이, 본 규정이 시장 출시 또는 서비스 개시 이전의 AI 시스템이나 모델에 대한 과학적 연구 개발 활동에 달리 영향을 미치지 않도록 보장할 필요가 있다. AI 시스템이나 모델에 관한 제품 지향적 연구, 테스트 및 개발 활동과 관련하여, 본 규정의 조항들은

and development activity regarding AI systems or models, the provisions of this Regulation should also not apply prior to those systems and models being put into service or placed on the market. That exclusion is without prejudice to the obligation to comply with this Regulation where an AI system falling into the scope of this Regulation is placed on the market or put into service as a result of such research and development activity and to the application of provisions on AI regulatory sandboxes and testing in real world conditions. Furthermore, without prejudice to the exclusion of AI systems specifically developed and put into service for the sole purpose of scientific research and development, any other AI system that may be used for the conduct of any research and development activity should remain subject to the provisions of this Regulation. In any event, any research and development activity should be carried out in accordance with recognised ethical and professional standards for scientific research and should be conducted in accordance with applicable Union law.

이러한 시스템과 모델이 서비스가 개시되거나 시장에 출시되기 전에는 적용되지 않아야 한다.

이러한 제외는 해당 연구 개발 활동의 결과로 본 규정의 범위에 포함되는 AI 시스템이 시장에 출시되거나 서비스가 개시되는 경우 본 규정을 준수해야 할 의무와, AI 규제 샌드박스 및 실제 환경 조건에서의 테스트에 관한 조항의 적용에는 영향을 미치지 않는다.

또한, 과학적 연구 개발의 유일한 목적으로 특별히 개발되고 서비스가 개시된 AI 시스템의 제외와는 별개로, 연구 개발 활동 수행에 사용될 수 있는 다른 모든 AI 시스템은 본 규정의 조항의 적용 대상으로 남아있어야 한다.

어떤 경우든, 모든 연구 개발 활동은 과학적 연구를 위해 인정된 윤리적 및 전문적 기준에 따라 수행되어야 하며, 적용 가능한 유럽연합법에 따라 수행되어야 한다.

Recital 26

In order to introduce a proportionate and effective set of binding rules for AI systems, a clearly defined risk-based approach should be followed. That approach should tailor the type and content of such rules to the intensity and scope of the risks that AI systems can generate. It is therefore necessary to prohibit certain unacceptable AI practices, to lay down requirements for high-risk AI systems and obligations for the relevant operators, and

제안이유 26

AI 시스템에 대한 균형 잡히고 효과적인 구속력 있는 규칙들을 도입하기 위해, 명확하게 정의된 위험 기반 접근방식을 따라야 한다. 이러한 접근방식은 AI 시스템이 초래할 수 있는 위험의 강도와 범위에 따라 이러한 규칙의 유형과 내용을 조정해야 한다.
따라서 특정한 수용 불가능한 AI 관행을 금지하고, 고위험 AI 시스템과 관련 운영자들에 대한 요구사항을 수립하며, 특정 AI 시스템에 대한 투명성 의무를 수립할 필요가 있다.

to lay down transparency obligations for certain AI systems.

Recital 27

While the risk-based approach is the basis for a proportionate and effective set of binding rules, it is important to recall the 2019 Ethics guidelines for trustworthy AI developed by the independent AI HLEG appointed by the Commission. In those guidelines, the AI HLEG developed seven non-binding ethical principles for AI which are intended to help ensure that AI is trustworthy and ethically sound. The seven principles include human agency and oversight; technical robustness and safety; privacy and data governance; transparency; diversity, non-discrimination and fairness; societal and environmental well-being and accountability. Without prejudice to the legally binding requirements of this Regulation and any other applicable Union law, those guidelines contribute to the design of coherent, trustworthy and human-centric AI, in line with the Charter and with the values on which the Union is founded. According to the guidelines of the AI HLEG, human agency and oversight means that AI systems are developed and used as a tool that serves people, respects human dignity and personal autonomy, and that is functioning in a way that can be appropriately controlled and overseen by humans. Technical robustness and safety means that AI systems are developed and used in a way that allows robustness in the case of problems and resilience against attempts to alter the use or performance of the AI system so as to allow unlawful use by third parties, and minimise

제안이유 27

위험 기반 접근방식이 균형 잡히고 효과적인 구속력 있는 규칙들의 기초이지만, 집행위원회가 임명한 독립적인 AI HLEG(AI 고위전문가 그룹)가 개발한 '2019년 신뢰할 수 있는 AI를 위한 윤리 가이드라인'을 상기하는 것이 중요하다. 이 가이드라인에서 AI HLEG는 AI가 신뢰할 수 있고 윤리적으로 건전하도록 보장하는 데 도움이 되는 7가지 비구속적 윤리 원칙을 개발했다.
7가지 원칙은 인간 주체성과 감독, 기술적 견고성과 안전성, 프라이버시와 데이터 거버넌스, 투명성, 다양성·비차별·공정성, 사회적·환경적 증진, 그리고 책임성을 포함한다.

본 규정과 다른 모든 적용 가능한 EU법의 법적 구속력 있는 요구사항을 침해하지 않고, 이러한 지침들은 헌장과 EU가 설립된 가치에 부합하는 일관되고, 신뢰할 수 있으며 인간 중심적인 AI의 설계에 기여한다.

AI HLEG의 지침에 따르면, 인간의 행위 주체성과 관리·감독은 AI 시스템이 인간의 존엄성과 개인의 자율성을 존중하며 사람들에게 봉사하는 도구로서 개발되고 사용되며, 인간이 적절히 통제하고 감독할 수 있는 방식으로 기능함을 의미한다.

기술적 견고성과 안전성은 AI 시스템의 문제가 발생했을 때, 견고성을 허용하고 제3자가 불법적 사용을 목적으로 AI 시스템의 사용이나 성능을 변경하려는 시도에 대한 복원력을 가지며, 의도하지 않은 위해를 최소화하는 방식으로 개발되고 사용됨을 의미한다.

unintended harm. Privacy and data governance means that AI systems are developed and used in accordance with privacy and data protection rules, while processing data that meets high standards in terms of quality and integrity. Transparency means that AI systems are developed and used in a way that allows appropriate traceability and explainability, while making humans aware that they communicate or interact with an AI system, as well as duly informing deployers of the capabilities and limitations of that AI system and affected persons about their rights. Diversity, non-discrimination and fairness means that AI systems are developed and used in a way that includes diverse actors and promotes equal access, gender equality and cultural diversity, while avoiding discriminatory impacts and unfair biases that are prohibited by Union or national law. Social and environmental well-being means that AI systems are developed and used in a sustainable and environmentally friendly manner as well as in a way to benefit all human beings, while monitoring and assessing the longterm impacts on the individual, society and democracy. The application of those principles should be translated, when possible, in the design and use of AI models. They should in any case serve as a basis for the drafting of codes of conduct under this Regulation. All stakeholders, including industry, academia, civil society and standardisation organisations, are encouraged to take into account, as appropriate, the ethical principles for the development of voluntary best practices and standards.

프라이버시와 데이터 거버넌스는 AI 시스템이 프라이버시와 데이터 보호 규칙에 따라 개발되고 사용되며, 품질과 무결성 측면에서 높은 기준을 충족하는 데이터를 처리함을 의미한다.

투명성은 AI 시스템이 적절한 추적성과 설명 가능성을 허용하는 방식으로 개발되고 사용되며, 인간이 AI 시스템과 소통하거나 상호작용한다는 것을 인식하도록 하고, 배치 책임자에게 해당 AI 시스템의 능력과 한계를 적절히 알리며 영향을 받는 사람들에게 그들의 권리를 알리는 것을 의미한다.

다양성, 비차별 및 공정성은 AI 시스템이 다양한 행위자들을 포함하고 평등한 접근, 성평등 및 문화적 다양성을 증진하는 방식으로 개발되고 사용되며, EU법이나 국내법에 의해 금지된 차별적 영향과 불공정한 편향을 피하는 것을 의미한다.

사회적 환경적 증진은 AI 시스템이 지속 가능하고 환경 친화적인 방식으로, 그리고 모든 인간에게 이익이 되는 방식으로 개발되고 사용되며, 개인, 사회 및 민주주의에 대한 장기적 영향을 모니터링하고 평가하는 것을 의미한다.

이러한 원칙의 적용은 가능한 경우 AI 모델의 설계와 사용에 반영되어야 한다. 어떤 경우든 이러한 원칙들은 본 규정에 따른 실천 강령 초안 작성의 기초로 사용되어야 한다. 산업계, 학계, 시민사회 및 표준화 기구를 포함한 모든 이해관계자들은 자발적 모범 사례와 표준의 개발을 위한 윤리적 원칙을 적절히 고려하도록 권장된다.

Recital 28
(Article 5: Prohibited AI Practices)

Aside from the many beneficial uses of AI, it can also be misused and provide novel and powerful tools for manipulative, exploitative and social control practices. Such practices are particularly harmful and abusive and should be prohibited because they contradict Union values of respect for human dignity, freedom, equality, democracy and the rule of law and fundamental rights enshrined in the Charter, including the right to nondiscrimination, to data protection and to privacy and the rights of the child.

제안이유 28
(제5조: 금지되는 AI 관행)

AI의 많은 유익한 용도 외에도, AI는 조작적이고 착취적이며 사회 통제적인 관행을 위한 새롭고 강력한 도구를 제공하는 방식으로 오용될 수 있다. 이러한 관행들은 특히 해롭고 남용의 소지가 있으며, 인간의 존엄성, 자유, 평등, 민주주의와 법치주의에 대한 유럽연합의 가치와, 차별받지 않을 권리, 데이터 보호와 프라이버시에 대한 권리, 그리고 아동의 권리를 포함하여 헌장에 명시된 기본권에 위배되므로 금지되어야 한다.

Recital 29
(Article 5: Prohibited AI Practices)

AI-enabled manipulative techniques can be used to persuade persons to engage in unwanted behaviours, or to deceive them by nudging them into decisions in a way that subverts and impairs their autonomy, decision-making and free choices. The placing on the market, the putting into service or the use of certain AI systems with the objective to or the effect of materially distorting human behaviour, whereby significant harms, in particular having sufficiently important adverse impacts on physical, psychological health or financial interests are likely to occur, are particularly dangerous and should therefore be prohibited. Such AI systems deploy subliminal components such as audio, image, video stimuli that persons cannot perceive, as those stimuli are beyond human perception, or other manipulative or deceptive techniques that subvert or impair person's autonomy, decision-making or free choice in ways

제안이유 29
(제5조: 금지되는 AI 관행)

AI 기반 조작 기술은 사람들이 원하지 않는 행동에 참여하도록 설득하거나, 그들의 자율성, 의사결정 및 자유로운 선택을 왜곡하고 손상시키는 방식으로 유도함으로써 그들을 기만하는 데 사용될 수 있다. 특히 신체적, 심리적 건강이나 재정적 이익에 충분히 중요한 부정적 영향과 같은 중대한 위해가 발생할 가능성이 있는 경우, 인간의 행동을 실질적으로 왜곡하는 것을 목적으로 하거나 그러한 효과를 가진 특정 AI 시스템의 시장 출시, 서비스 개시 또는 사용은 특히 위험하므로 금지되어야 한다.

이러한 AI 시스템은 사람들이 인간의 지각 범위를 벗어나 인식할 수 없는 오디오, 이미지, 비디오 자극과 같은 잠재의식적 요소나, 사람들이 의식적으로 인식하지 못하거나, 인식하더라도 여전히 속임을 당하거나 통제하거나 저항할 수 없는 방식으로 개인의 자율성, 의사결정 또는 자유로운 선택을 왜곡하거나 손상시키는 기타 조작적이거나

that people are not consciously aware of those techniques or, where they are aware of them, can still be deceived or are not able to control or resist them. This could be facilitated, for example, by machine-brain interfaces or virtual reality as they allow for a higher degree of control of what stimuli are presented to persons, insofar as they may materially distort their behaviour in a significantly harmful manner. In addition, AI systems may also otherwise exploit the vulnerabilities of a person or a specific group of persons due to their age, disability within the meaning of Directive (EU) 2019/882 of the European Parliament and of the Council[16], or a specific social or economic situation that is likely to make those persons more vulnerable to exploitation such as persons living in extreme poverty, ethnic or religious minorities. Such AI systems can be placed on the market, put into service or used with the objective to or the effect of materially distorting the behaviour of a person and in a manner that causes or is reasonably likely to cause significant harm to that or another person or groups of persons, including harms that may be accumulated over time and should therefore be prohibited. It may not be possible to assume that there is an intention to distort behaviour where the distortion results from factors external to the AI system which are outside the control of the provider or the deployer, namely factors that may not be reasonably foreseeable and therefore not possible for the provider or the deployer of the AI system to mitigate. In any case, it is not necessary for the provider or the deployer to have the intention to cause significant

기만적인 기술을 배치한다.

이는 예를 들어, 사람들에게 제시되는 자극에 대한 더 높은 수준의 통제를 허용하는 뇌-기계 인터페이스나 가상현실을 통해 촉진될 수 있으며, 이는 상당히 해로운 방식으로 그들의 행동을 실질적으로 왜곡할 수 있다.

또한, AI 시스템은 연령, 유럽의회와 이사회의 지침 (EU) 2019/882의 의미 내에서의 장애, 또는 극빈층, 소수 민족이나 종교적 소수자와 같이 착취에 더 취약하게 만들 수 있는 특정 사회적 또는 경제적 상황으로 인한 개인이나 특정 집단의 취약성을 달리 이용할 수도 있다.

이러한 AI 시스템은 개인의 행동을 실질적으로 왜곡하는 것을 목적으로 하거나 그러한 효과를 가지며, 시간이 지남에 따라 축적될 수 있는 위해를 포함하여 해당 개인이나 다른 개인 또는 집단에게 중대한 위해를 초래하거나 초래할 합리적 가능성이 있는 방식으로 시장에 출시, 서비스 개시 또는 사용될 수 있으므로 금지되어야 한다.

AI 시스템에 대한 제공자나 배치 책임자의 통제를 벗어난 AI 시스템 외부의 요인, 즉 합리적으로 예측할 수 없고 따라서 AI 시스템의 제공자나 배치자가 완화할 수 없는 요인으로 인해 행동 왜곡이 발생하는 경우, 행동을 왜곡하려는 의도가 있다고 가정하기는 어려울 수 있다

어떤 경우든, AI를 이용한 조작적이거나 착취적인 관행으로 인해 중대한 위해가 발생한다면, 제공자나 배치 책임자가 그러한 위

harm, provided that such harm results from the manipulative or exploitative AI-enabled practices. The prohibitions for such AI practices are complementary to the provisions contained in Directive 2005/29/EC of the European Parliament and of the Council[17], in particular unfair commercial practices leading to economic or financial harms to consumers are prohibited under all circumstances, irrespective of whether they are put in place through AI systems or otherwise.

해를 야기할 의도를 가지고 있었는지는 필요하지 않다.
이러한 AI 관행에 대한 금지는 유럽의회와 이사회의 지침 2005/29/EC에 포함된 조항들을 보완하며, 특히 소비자에게 경제적 또는 재정적 위해를 초래하는 불공정한 상업적 관행은 AI 시스템을 통해 실행되든 아니든 모든 상황에서 금지된다.

The prohibitions of manipulative and exploitative practices in this Regulation should not affect lawful practices in the context of medical treatment such as psychological treatment of a mental disease or physical rehabilitation, when those practices are carried out in accordance with the applicable law and medical standards, for example explicit consent of the individuals or their legal representatives.

본 규정의 조작적이고 착취적인 관행에 대한 금지는 개인이나 그들의 법적 대리인의 명시적 동의와 같이 적용 가능한 법률과 의료 기준에 따라 수행되는 경우, 정신 질환의 심리 치료나 신체 재활과 같은 의료 치료의 맥락에서의 합법적인 관행에는 영향을 미치지 않아야 한다.

In addition, common and legitimate commercial practices, for example in the field of advertising, that comply with the applicable law should not, in themselves, be regarded as constituting harmful manipulative AI-enabled practices.

또한, 예를 들어 광고 분야에서 적용 가능한 법률을 준수하는 일반적이고 정당한 상업적 관행은 그 자체로 해로운 조작적 AI 기반 관행을 구성하는 것으로 간주되어서는 안 된다.

Recital 30
(Arcticle 5: Prohibited AI Practices)

제안이유 30
(제5조: 금지되는 AI 관행)

Biometric categorisation systems that are based on natural persons' biometric data, such as an individual person's face or fingerprint, to deduce or infer an individuals' political opinions, trade union membership, religious or philosophical beliefs, race, sex life or sexual orientation should be prohibited. That prohibition should not cover the lawful labelling, filtering or

개인의 얼굴이나 지문과 같은 자연인의 생체 인식 데이터를 기반으로 개인의 정치적 견해, 노동조합 가입 여부, 종교적 또는 철학적 신념, 인종, 성생활 또는 성적 지향을 추론하거나 유추하는 생체 인식 분류 시스템은 금지되어야 한다. 이러한 금지는 예를 들어 법 집행 분야에서 사용될 수 있는 머리카락 색상이나 눈 색상에 따른 이미지 분류와 같이, 유럽연합법이나 국내법에 따라

categorisation of biometric data sets acquired in line with Union or national law according to biometric data, such as the sorting of images according to hair colour or eye colour, which can for example be used in the area of law enforcement.

획득된 생체 인식 데이터셋을 생체 인식 데이터에 따라 합법적으로 라벨링, 필터링 또는 분류하는 것은 포함하지 않아야 한다.

Recital 31
(Article 5: Prohibited AI Practices)

AI systems providing social scoring of natural persons by public or private actors may lead to discriminatory outcomes and the exclusion of certain groups. They may violate the right to dignity and non-discrimination and the values of equality and justice. Such AI systems evaluate or classify natural persons or groups thereof on the basis of multiple data points related to their social behaviour in multiple contexts or known, inferred or predicted personal or personality characteristics over certain periods of time. The social score obtained from such AI systems may lead to the detrimental or unfavourable treatment of natural persons or whole groups thereof in social contexts, which are unrelated to the context in which the data was originally generated or collected or to a detrimental treatment that is disproportionate or unjustified to the gravity of their social behaviour. AI systems entailing such unacceptable scoring practices and leading to such detrimental or unfavourable outcomes should therefore be prohibited. That prohibition should not affect lawful evaluation practices of natural persons that are carried out for a specific purpose in accordance with Union and national law.

제안이유 31
(제5조: 금지되는 AI 관행)

공공 또는 민간 행위자에 의한 자연인의 사회적 점수 산정을 제공하는 AI 시스템은 차별적 결과와 특정 집단의 배제로 이어질 수 있다. 이는 존엄성과 비차별에 대한 권리, 그리고 평등과 정의의 가치를 침해할 수 있다. 이러한 AI 시스템은 일정 기간 동안 다양한 맥락에서의 사회적 행동이나 알려진, 추론된 또는 예측된 개인적 특성이나 성격 특성과 관련된 복수의 데이터 포인트를 기반으로 자연인이나 그 집단을 평가하거나 분류한다.

이러한 AI 시스템으로부터 얻어진 사회적 점수는 데이터가 원래 생성되거나 수집된 맥락과 무관한 사회적 맥락에서, 또는 그들의 사회적 행동의 심각성에 비해 불균형적이거나 정당화되지 않는 방식으로, 자연인이나 이들로 구성된 전체 집단에 대한 해로운 또는 불리한 처우로 이어질 수 있다.

따라서 이러한 수용할 수 없는 점수 산정 관행을 수반하고 그러한 해로운 또는 불리한 결과로 이어지는 AI 시스템은 금지되어야 한다. 이러한 금지는 EU법과 국내법에 따라 특정 목적을 위해 수행되는 자연인에 대한 합법적인 평가 관행에는 영향을 미치지 않아야 한다.

Recital 32 **(Article 5: Prohibited AI Practices)**	**제안이유 32** **(제5조 금지되는 AI 관행)**
The use of AI systems for 'real-time' remote biometric identification of natural persons in publicly accessible spaces for the purpose of law enforcement is particularly intrusive to the rights and freedoms of the concerned persons, to the extent that it may affect the private life of a large part of the population, evoke a feeling of constant surveillance and indirectly dissuade the exercise of the freedom of assembly and other fundamental rights.	법 집행 목적으로 공개적으로 접근 가능한 공간에서 자연인의 '실시간' 원격 생체 식별을 위한 AI 시스템의 사용은 해당 개인의 권리와 자유를 특히 침해하는데, 이는 인구의 상당 부분의 사생활에 영향을 미칠 수 있고, 지속적인 감시를 받는다는 느낌을 유발하며, 간접적으로 집회의 자유와 다른 기본권의 행사를 저해할 수 있기 때문이다.
Technical inaccuracies of AI systems intended for the remote biometric identification of natural persons can lead to biased results and entail discriminatory effects. Such possible biased results and discriminatory effects are particularly relevant with regard to age, ethnicity, race, sex or disabilities.	자연인의 원격 생체 식별을 위한 AI 시스템의 기술적 부정확성은 편향된 결과를 초래할 수 있으며 차별적 효과를 수반할 수 있다. 이러한 잠재적인 편향된 결과와 차별적 효과는 연령, 민족, 인종, 성별 또는 장애와 관련하여 특히 관련성이 있다.
In addition, the immediacy of the impact and the limited opportunities for further checks or corrections in relation to the use of such systems operating in real-time carry heightened risks for the rights and freedoms of the persons concerned in the context of, or impacted by, law enforcement activities.	또한, 실시간으로 작동하는 이러한 시스템의 사용과 관련하여 영향의 즉시성과 추가 확인이나 수정의 기회가 제한적이라는 점은 법 집행 활동의 맥락에서 또는 그로 인해 영향을 받는 사람들의 권리와 자유에 대한 더 높은 위험을 수반한다.
Recital 33 **(Article 5: Prohibited AI Practices Annex II: List of Criminal Offences Referred to in Article 5(1), First Subparagraph, Point (h)(iii))**	**제안이유 33** **(제5조 금지되는 AI 관행)** **(부속서 II: 제5조 제1항 첫 번째 하위 조항 (h)호 (iii)에서 언급된 범죄목록)**
The use of those systems for the purpose of law enforcement should therefore be prohibited, except in exhaustively listed and narrowly defined situations, where the use is strictly necessary to achieve a substantial public interest, the importance	따라서 법 집행 목적을 위한 이러한 시스템의 사용은, 위험을 능가하는 중요성을 지닌 실질적인 공익을 달성하기 위해 엄격히 필요한 경우로서 완전히 열거되고 좁게 정의된 상황을 제외하고는 금지되어야 한다.

of which outweighs the risks. Those situations involve the search for certain victims of crime including missing persons; certain threats to the life or to the physical safety of natural persons or of a terrorist attack; and the localisation or identification of perpetrators or suspects of the criminal offences listed in an annex to this Regulation, where those criminal offences are punishable in the Member State concerned by a custodial sentence or a detention order for a maximum period of at least four years and as they are defined in the law of that Member State. Such a threshold for the custodial sentence or detention order in accordance with national law contributes to ensuring that the offence should be serious enough to potentially justify the use of 'real-time' remote biometric identification systems. Moreover, the list of criminal offences provided in an annex to this Regulation is based on the 32 criminal offences listed in the Council Framework Decision 2002/584/JHA[18], taking into account that some of those offences are, in practice, likely to be more relevant than others, in that the recourse to 'real-time' remote biometric identification could, foreseeably, be necessary and proportionate to highly varying degrees for the practical pursuit of the localisation or identification of a perpetrator or suspect of the different criminal offences listed and having regard to the likely differences in the seriousness, probability and scale of the harm or possible negative consequences. An imminent threat to life or the physical safety of natural persons could also result from a serious disruption of critical infrastructure, as defined in Article 2, point

이러한 상황에는 실종자를 포함한 특정 범죄 피해자의 수색, 자연인의 생명이나 신체적 안전 또는 테러 공격에 대한 특정 위협, 그리고 본 규정의 부속서에 열거된 형사 범죄의 가해자나 용의자의 위치 파악이나 식별이 포함되며, 이는 해당 범죄가 관련 회원국에서 최소 4년 이상의 구금형이나 구금명령으로 처벌 가능하고 해당 회원국의 법률에 정의된 경우에 한한다.

국내법에 따른 이러한 구금형이나 구금 명령의 기준은 '실시간' 원격 생체 식별 시스템의 사용을 잠재적으로 정당화할 수 있을 만큼 범죄가 충분히 심각하도록 보장하는 데 기여한다.

더욱이, 본 규정의 부속서에 제공된 형사 범죄 목록은 이사회 프레임워크 결정 2002/584/JHA에 열거된 32개의 형사 범죄를 기반으로 하며, 이는 일부 범죄가 실제로 다른 범죄보다 더 관련성이 있을 수 있다는 점을 고려한 것이다. 이는 '실시간' 원격 생체 식별의 사용이 예측 가능하게 열거된 다양한 형사 범죄의 가해자나 용의자의 위치 파악이나 식별을 위한 실제적 추적에 있어 매우 다양한 정도로 필요하고 비례적일 수 있으며, 위해나 부정적 결과의 심각성, 가능성 및 규모의 차이를 고려한 것이다.

지침 (EU) 2022/2557의 제2조 제4항에 정의된 중요 기반시설의 심각한 붕괴로 인해 자연인의 생명이나 신체적 안전에 대한 임박한 위협이 발생할 수도 있는데, 이는 그

(4) of Directive (EU) 2022/2557 of the European Parliament and of the Council[19], where the disruption or destruction of such critical infrastructure would result in an imminent threat to life or the physical safety of a person, including through serious harm to the provision of basic supplies to the population or to the exercise of the core function of the State.

러한 핵심 기반시설의 붕괴나 파괴가 인구에 대한 기본 공급이나 국가의 핵심 기능 수행에 대한 심각한 위해를 통해 개인의 생명이나 신체적 안전에 대한 임박한 위협을 초래할 수 있는 경우를 포함한다.

In addition, this Regulation should preserve the ability for law enforcement, border control, immigration or asylum authorities to carry out identity checks in the presence of the person concerned in accordance with the conditions set out in Union and national law for such checks. In particular, law enforcement, border control, immigration or asylum authorities should be able to use information systems, in accordance with Union or national law, to identify persons who, during an identity check, either refuse to be identified or are unable to state or prove their identity, without being required by this Regulation to obtain prior authorisation. This could be, for example, a person involved in a crime, being unwilling, or unable due to an accident or a medical condition, to disclose their identity to law enforcement authorities.

또한, 본 규정은 법 집행, 국경 통제, 이민 또는 난민 당국이 그러한 확인에 대해 유럽연합법과 국내법에 규정된 조건에 따라 해당인의 참석 하에 신원 확인을 수행할 수 있는 능력을 보존해야 한다. 특히, 법 집행, 국경 통제, 이민 또는 난민 당국은 본 규정에 의한 사전 승인을 받을 필요 없이, 유럽연합법이나 국내법에 따라 신원 확인 중에 신원 확인을 거부하거나 자신의 신원을 진술하거나 증명할 수 없는 사람을 식별하기 위해 정보 시스템을 사용할 수 있어야 한다. 예를 들어, 범죄에 연루된 사람이 법 집행 당국에 자신의 신원을 공개하기를 꺼리거나 사고나 의료 상태로 인해 공개할 수 없는 경우가 이에 해당할 수 있다.

Recital 34 (Article 5: Prohibited AI Practices)

제안이유 34 (제5조 금지되는 AI 관행)

In order to ensure that those systems are used in a responsible and proportionate manner, it is also important to establish that, in each of those exhaustively listed and narrowly defined situations, certain elements should be taken into account, in particular as regards the nature of the situation giving rise to the request and the

이러한 시스템이 책임감 있고 비례적인 방식으로 사용되도록 보장하기 위해, 이처럼 완전하게 열거되고 엄격하게 정의된 각각의 상황에서 특정 요소들이 고려되어야 한다는 점도 중요하다. 특히 요청을 발생시키는 상황의 성격, 관련된 모든 사람들의 권리와 자유에 대한 사용의 결과, 그리고 사용과 관련하여 제공되는 안전장치와 조건들이 고

consequences of the use for the rights and freedoms of all persons concerned and the safeguards and conditions provided for with the use. In addition, the use of 'real-time' remote biometric identification systems in publicly accessible spaces for the purpose of law enforcement should be deployed only to confirm the specifically targeted individual's identity and should be limited to what is strictly necessary concerning the period of time, as well as the geographic and personal scope, having regard in particular to the evidence or indications regarding the threats, the victims or perpetrator. The use of the real-time remote biometric identification system in publicly accessible spaces should be authorised only if the relevant law enforcement authority has completed a fundamental rights impact assessment and, unless provided otherwise in this Regulation, has registered the system in the database as set out in this Regulation. The reference database of persons should be appropriate for each use case in each of the situations mentioned above.

려되어야 한다.

또한, 법 집행 목적으로 공개적으로 접근 가능한 공간에서 '실시간' 원격 생체 식별 시스템의 사용은 특별히 대상이 된 개인의 신원을 확인하는 데에만 배치되어야 하며, 특히 위협, 피해자 또는 가해자에 관한 증거나 징후를 고려하여 시간 기간, 지리적 및 개인적 범위와 관련하여 엄격히 필요한 것으로 제한되어야 한다.

공개적으로 접근 가능한 공간에서의 실시간 원격 생체 식별 시스템의 사용은 관련 법 집행 당국이 기본권 영향 평가를 완료하고, 본 규정에 달리 규정되지 않는 한 본 규정에 명시된 대로 해당 시스템을 데이터베이스에 등록한 경우에만 승인되어야 한다. 개인의 참조 데이터베이스는 위에서 언급된 각 상황의 각 사용 사례에 적합해야 한다.

Recital 35
(Article 5: Prohibited AI Practices)

Each use of a 'real-time' remote biometric identification system in publicly accessible spaces for the purpose of law enforcement should be subject to an express and specific authorisation by a judicial authority or by an independent administrative authority of a Member State whose decision is binding. Such authorisation should, in principle, be obtained prior to the use of the AI system with a view to identifying a person or persons. Exceptions to that rule should be

제안이유 35
(제5조 금지되는 AI 관행)

법 집행 목적으로 공개적으로 접근 가능한 공간에서 '실시간' 원격 생체 식별 시스템의 개별 사용은 회원국의 사법 당국이나 구속력 있는 결정을 내리는 독립 행정 당국의 명시적이고 구체적인 승인을 받아야 한다. 이러한 승인은 원칙적으로 개인이나 사람들을 식별하기 위한 AI 시스템의 사용 전에 얻어져야 한다.

긴급성을 근거로 정당화되는 상황, 즉 관련

allowed in duly justified situations on grounds of urgency, namely in situations where the need to use the systems concerned is such as to make it effectively and objectively impossible to obtain an authorisation before commencing the use of the AI system. In such situations of urgency, the use of the AI system should be restricted to the absolute minimum necessary and should be subject to appropriate safeguards and conditions, as determined in national law and specified in the context of each individual urgent use case by the law enforcement authority itself. In addition, the law enforcement authority should in such situations request such authorisation while providing the reasons for not having been able to request it earlier, without undue delay and at the latest within 24 hours. If such an authorisation is rejected, the use of real-time biometric identification systems linked to that authorisation should cease with immediate effect and all the data related to such use should be discarded and deleted. Such data includes input data directly acquired by an AI system in the course of the use of such system as well as the results and outputs of the use linked to that authorisation. It should not include input that is legally acquired in accordance with another Union or national law. In any case, no decision producing an adverse legal effect on a person should be taken based solely on the output of the remote biometric identification system.

시스템을 사용해야 할 필요성이 AI 시스템의 사용을 시작하기 전에 승인을 얻는 것이 실제로 객관적으로 불가능할 정도인 상황에서는 그러한 규칙에 대한 예외가 허용되어야 한다.

이러한 긴급 상황에서 AI 시스템의 사용은 절대적으로 필요한 최소한으로 제한되어야 하며, 국내법에서 결정되고 법 집행 당국 자체가 각 개별 긴급 사용 사례의 맥락에서 명시한 적절한 보호장치와 조건의 적용을 받아야 한다.

또한, 법 집행 당국은 이러한 상황에서 더 일찍 승인을 요청할 수 없었던 이유를 제시하면서 부당한 지연 없이, 늦어도 24시간 이내에 그러한 승인을 요청해야 한다. 만약 그러한 승인이 거부되면, 해당 승인과 연결된 실시간 생체 식별 시스템의 사용은 즉시 중단되어야 하며 그러한 사용과 관련된 모든 데이터는 폐기되고 삭제되어야 한다.

이러한 데이터에는 해당 시스템의 사용 과정에서 AI 시스템이 직접 획득한 입력 데이터와 해당 승인과 연결된 사용의 결과 및 산출물들이 포함된다. 다른 EU법이나 국내법에 따라 합법적으로 획득된 입력은 포함되지 않아야 한다.
어떤 경우에도 원격 생체 식별 시스템의 산출물만을 근거로 개인에게 불리한 법적 효과를 발생시키는 결정을 내려서는 안 된다.

Recital 36
(Article 5: Prohibited AI Practices)

In order to carry out their tasks in

제안이유 36
(제5조: 금지되는 AI 관행)

본 규정과 국내 규칙에 규정된 요구사항에

accordance with the requirements set out in this Regulation as well as in national rules, the relevant market surveillance authority and the national data protection authority should be notified of each use of the real-time biometric identification system. Market surveillance authorities and the national data protection authorities that have been notified should submit to the Commission an annual report on the use of real-time biometric identification systems.

따라 그들의 임무를 수행하기 위해, 관련 시장 감시 당국과 국가 데이터 보호 당국은 실시간 생체 식별 시스템의 각 사용에 대해 통보받아야 한다. 통보받은 시장 감시 당국과 국가 데이터 보호 당국은 실시간 생체 식별 시스템의 사용에 관한 연례 보고서를 집행위원회에 제출해야 한다.

Recital 37
(Article 5: Prohibited AI Practices)

제안이유 37
(제5조: 금지되는 AI 관행)

Furthermore, it is appropriate to provide, within the exhaustive framework set by this Regulation that such use in the territory of a Member State in accordance with this Regulation should only be possible where and in as far as the Member State concerned has decided to expressly provide for the possibility to authorise such use in its detailed rules of national law. Consequently, Member States remain free under this Regulation not to provide for such a possibility at all or to only provide for such a possibility in respect of some of the objectives capable of justifying authorised use identified in this Regulation. Such national rules should be notified to the Commission within 30 days of their adoption.

나아가, 본 규정이 정한 완전한 프레임워크 내에서, 회원국 영토 내에서의 이러한 사용은 해당 회원국이 자국의 상세한 국내법 규정에서 그러한 사용을 허가할 가능성을 명시적으로 규정하기로 결정한 경우에 한하여, 그리고 그러한 범위 내에서만 가능하도록 규정하는 것이 적절하다.

따라서, 회원국들은 본 규정에 따라 그러한 가능성을 전혀 규정하지 않거나, 본 규정에서 확인된 승인된 사용을 정당화할 수 있는 목적들 중 일부에 대해서만 그러한 가능성을 규정할 자유를 유지한다.

이러한 국내 규칙은 채택 후 30일 이내에 집행위원회에 통보되어야 한다.

Recital 38
(Article 5: Prohibited AI Practices)

제안이유 38
(제5조 금지되는 AI 관행)

The use of AI systems for real-time remote biometric identification of natural persons in publicly accessible spaces for the purpose of law enforcement necessarily involves the processing of biometric data. The rules

법 집행 목적으로 공개적으로 접근 가능한 공간에서 자연인의 실시간 원격 생체 식별을 위한 AI 시스템의 사용은 필연적으로 생체 인식 데이터의 처리를 수반한다.
특정 예외를 조건으로 이러한 사용을 금지

of this Regulation that prohibit, subject to certain exceptions, such use, which are based on Article 16 TFEU, should apply as lex specialis in respect of the rules on the processing of biometric data contained in Article 10 of Directive (EU) 2016/680, thus regulating such use and the processing of biometric data involved in an exhaustive manner. Therefore, such use and processing should be possible only in as far as it is compatible with the framework set by this Regulation, without there being scope, outside that framework, for the competent authorities, where they act for purpose of law enforcement, to use such systems and process such data in connection thereto on the grounds listed in Article 10 of Directive (EU) 2016/680. In that context, this Regulation is not intended to provide the legal basis for the processing of personal data under Article 8 of Directive (EU) 2016/680. However, the use of real-time remote biometric identification systems in publicly accessible spaces for purposes other than law enforcement, including by competent authorities, should not be covered by the specific framework regarding such use for the purpose of law enforcement set by this Regulation. Such use for purposes other than law enforcement should therefore not be subject to the requirement of an authorisation under this Regulation and the applicable detailed rules of national law that may give effect to that authorisation.

하는 본 규정의 규칙들은 TFEU 제16조에 기반하며, 지침 (EU) 2016/680의 제10조에 포함된 생체 인식 데이터 처리에 관한 규칙들에 대해 특별법(lex specialis)으로서 적용되어야 하며, 따라서 이러한 사용과 관련된 생체 인식 데이터의 처리를 완전한 방식으로 규제한다.

따라서, 이러한 사용과 처리는 본 규정이 정한 프레임워크와 양립하는 한도 내에서만 가능해야 하며, 그 프레임워크를 벗어나서 관할 당국이 법 집행을 목적으로 행동하는 경우, 지침 (EU) 2016/680의 제10조에 열거된 근거에 따라 이러한 시스템을 사용하고 이와 관련된 데이터를 처리할 여지가 없어야 한다.

이러한 맥락에서, 본 규정은 지침 (EU) 2016/680의 제8조에 따른 개인정보 처리를 위한 법적 근거를 제공하기 위한 것이 아니다.

그러나 관할 당국에 의한 경우를 포함하여, 법 집행 이외의 목적으로 공개적으로 접근 가능한 공간에서 실시간 원격 생체 식별 시스템을 사용하는 것은, 본 규정이 정한 법 집행 목적 사용에 관한 특정 프레임워크의 적용을 받지 않아야 한다. 따라서 법 집행 이외의 목적을 위한 사용에는 본 규정에 따른 승인 요건과 그러한 승인을 실행할 수 있는 적용 가능한 국내법 상세 규칙의 적용을 받지 않아야 한다.

Recital 39
(Article 5: Prohibited AI Practices)

Any processing of biometric data and other personal data involved in the use of AI systems for biometric identification,

제안이유 39
(제5조 금지되는 AI 관행)

본 규정에 의해 규제되는 법 집행 목적으로 공개적으로 접근 가능한 공간에서의 실시간 원격 생체 식별 시스템 사용과 관련된 경우

other than in connection to the use of real-time remote biometric identification systems in publicly accessible spaces for the purpose of law enforcement as regulated by this Regulation, should continue to comply with all requirements resulting from Article 10 of Directive (EU) 2016/680. For purposes other than law enforcement, Article 9(1) of Regulation (EU) 2016/679 and Article 10(1) of Regulation (EU) 2018/1725 prohibit the processing of biometric data subject to limited exceptions as provided in those Articles. In the application of Article 9(1) of Regulation (EU) 2016/679, the use of remote biometric identification for purposes other than law enforcement has already been subject to prohibition decisions by national data protection authorities.

를 제외하고, 생체 식별을 위한 AI 시스템의 사용에 관련된 생체 인식 데이터 및 기타 개인정보의 모든 처리는 지침 (EU) 2016/680의 제10조로부터 발생하는 모든 요구사항을 계속해서 준수해야 한다.

법 집행 이외의 목적의 경우, 규정 (EU) 2016/679의 제9조 제1항과 규정 (EU) 2018/1725의 제10조 제1항은 해당 조항들에 규정된 제한된 예외를 조건으로 생체 인식 데이터의 처리를 금지한다.

규정 (EU) 2016/679의 제9조 제1항의 적용에 있어서, 법 집행 이외의 목적을 위한 원격 생체 식별의 사용은 이미 국가 데이터 보호 당국들의 금지 결정의 대상이 되어왔다.

Recital 40
(Article 5: Prohibited AI Practices)

In accordance with Article 6a of Protocol No 21 on the position of the United Kingdom and Ireland in respect of the area of freedom, security and justice, as annexed to the TEU and to the TFEU, Ireland is not bound by the rules laid down in Article 5(1), first subparagraph, point (g), to the extent it applies to the use of biometric categorisation systems for activities in the field of police cooperation and judicial cooperation in criminal matters, Article 5(1), first subparagraph, point (d), to the extent it applies to the use of AI systems covered by that provision, Article 5(1), first subparagraph, point (h), Article 5(2) to (6) and Article 26(10) of this Regulation adopted on the basis of Article 16 TFEU which relate to the processing

제안이유 40
(제5조 금지되는 AI 관행)

TEU와 TFEU에 부속된 자유, 안전 및 정의의 영역에 관한 영국과 아일랜드의 입장에 관한 의정서 제21호의 제6a조에 따라, 아일랜드는 경찰 협력과 형사 사법 협력 분야의 활동을 위한 생체 인식 분류 시스템의 사용에 적용되는 범위 내에서의 제5조 제1항 첫 번째 하위 조항 (g)호, 해당 조항이 적용되는 AI 시스템의 사용에 적용되는 범위 내에서의 제5조 제1항 첫 번째 하위 조항 (d)호, 제5조 제1항 첫 번째 하위 조항 (h)호, 제5조 제2항부터 제6항 및 TFEU 제3부 제5편 제4장 또는 제5장의 범위에 속하는 활동을 수행할 때 회원국들의 개인정보 처리와 관련하여 TFEU 제16조를 근거로 채택된 본 규정의 제26조 제10항에 규정된 규칙들에 구속되지 않는다.

of personal data by the Member States when carrying out activities falling within the scope of Chapter 4 or Chapter 5 of Title V of Part Three of the TFEU, where Ireland is not bound by the rules governing the forms of judicial cooperation in criminal matters or police cooperation which require compliance with the provisions laid down on the basis of Article 16 TFEU.

이는 아일랜드가 TFEU 제16조를 근거로 규정된 조항들의 준수를 요구하는 형사 사법 협력이나 경찰 협력의 형태를 규율하는 규칙들에 구속되지 않는 경우에 한한다.

Recital 41
(Article 5: Prohibited AI Practices)

In accordance with Articles 2 and 2a of Protocol No 22 on the position of Denmark, annexed to the TEU and to the TFEU, Denmark is not bound by rules laid down in Article 5(1), first subparagraph, point (g), to the extent it applies to the use of biometric categorisation systems for activities in the field of police cooperation and judicial cooperation in criminal matters, Article 5(1), first subparagraph, point (d), to the extent it applies to the use of AI systems covered by that provision, Article 5(1), first subparagraph, point (h), (2) to (6) and Article 26(10) of this Regulation adopted on the basis of Article 16 TFEU, or subject to their application, which relate to the processing of personal data by the Member States when carrying out activities falling within the scope of Chapter 4 or Chapter 5 of Title V of Part Three of the TFEU.

제안이유 41
(제5조 금지되는 AI 관행)

TEU와 TFEU에 부속된 '덴마크의 입장에 관한 의정서' 제22호의 제2조 및 제2a조에 따라, 덴마크는 경찰 협력과 형사 사법 협력 분야의 활동을 위한 생체 인식 분류 시스템의 사용에 적용되는 범위 내에서의 제5조 제1항 첫 번째 하위 조항 (g)호, 해당 조항이 적용되는 AI 시스템의 사용에 적용되는 범위 내에서의 제5조 제1항 첫 번째 하위 조항 (d)호, 제5조 제1항 첫 번째 하위 조항 (h)호, 제2항부터 제6항 및 TFEU 제3부 제5편 제4장 또는 제5장의 범위에 속하는 활동을 수행할 때 회원국들의 개인 정보 처리와 관련하여 TFEU 제16조를 근거로 채택된 본 규정의 제26조 제10항에 규정된 규칙들에 구속되지 않으며, 이러한 규칙들의 적용을 받지 않는다.

Recital 42
(Article 5: Prohibited AI Practices)

In line with the presumption of innocence, natural persons in the Union should always be judged on their actual behaviour. Natural persons should never be judged on AI-

제안이유 42
(제5조 금지되는 AI 관행)

무죄 추정의 원칙에 따라, 유럽연합 내의 자연인들은 항상 그들의 실제 행동에 근거하여 판단되어야 한다. 범죄 활동 연루에 대한 합리적 의심이 객관적이고 검증 가능

predicted behaviour based solely on their profiling, personality traits or characteristics, such as nationality, place of birth, place of residence, number of children, level of debt or type of car, without a reasonable suspicion of that person being involved in a criminal activity based on objective verifiable facts and without human assessment thereof. Therefore, risk assessments carried out with regard to natural persons in order to assess the likelihood of their offending or to predict the occurrence of an actual or potential criminal offence based solely on profiling them or on assessing their personality traits and characteristics should be prohibited. In any case, that prohibition does not refer to or touch upon risk analytics that are not based on the profiling of individuals or on the personality traits and characteristics of individuals, such as AI systems using risk analytics to assess the likelihood of financial fraud by undertakings on the basis of suspicious transactions or risk analytic tools to predict the likelihood of the localisation of narcotics or illicit goods by customs authorities, for example on the basis of known trafficking routes.

한 사실로 뒷받침되지 않는 한, 그리고 이에 대한 인간의 평가 없이, 국적, 출생지, 거주지, 자녀 수, 부채 수준 또는 자동차 유형과 같은 프로파일링, 성격 특성이나 특징에만 기반한 AI 예측 행동으로 절대 판단되어서는 안 된다.

따라서, 자연인에 대해 그들의 프로파일링이나 성격 특성 및 특징의 평가에만 기반하여 범죄 가능성을 평가하거나 실제 또는 잠재적 범죄 발생을 예측하기 위해 수행되는 위험 평가는 금지되어야 한다.

어떤 경우에도, 해당 금지 조항은 개인의 프로파일링이나 개인의 성격 특성 및 특징에 기반하지 않는 위험 분석에는 적용되지 않는다. 예를 들어, 의심스러운 거래를 기반으로 기업의 금융 사기 가능성을 평가하기 위해 위험 분석을 사용하는 AI 시스템이나, 알려진 밀매 경로를 바탕으로 세관 당국이 마약 또는 불법 물품의 위치를 예측하는 위험 분석 도구 등이 여기에 해당한다.

Recital 43
(Article 5: Prohibited AI Practices)

The placing on the market, the putting into service for that specific purpose, or the use of AI systems that create or expand facial recognition databases through the untargeted scraping of facial images from the internet or CCTV footage, should be prohibited because that practice adds to the feeling of mass surveillance and can

제안이유 43
(제5조 금지되는 AI 관행)

인터넷이나 CCTV 영상에서 무차별적인 안면 이미지 수집을 통해 안면 인식 데이터베이스를 생성하거나 확장하는 AI 시스템의 시장 출시, 해당 특정 목적을 위한 서비스 개시, 또는 사용은 금지되어야 한다. 이는 이러한 관행이 대중들을 감시한다는 것을 체감하게 하고, 프라이버시권을 포함한 기본권의 중대한 침해로 이어질 수 있기 때문

lead to gross violations of fundamental rights, including the right to privacy.

이다.

Recital 44
(Article 5: Prohibited AI Practices)

There are serious concerns about the scientific basis of AI systems aiming to identify or infer emotions, particularly as expression of emotions vary considerably across cultures and situations, and even within a single individual. Among the key shortcomings of such systems are the limited reliability, the lack of specificity and the limited generalisability. Therefore, AI systems identifying or inferring emotions or intentions of natural persons on the basis of their biometric data may lead to discriminatory outcomes and can be intrusive to the rights and freedoms of the concerned persons. Considering the imbalance of power in the context of work or education, combined with the intrusive nature of these systems, such systems could lead to detrimental or unfavourable treatment of certain natural persons or whole groups thereof. Therefore, the placing on the market, the putting into service, or the use of AI systems intended to be used to detect the emotional state of individuals in situations related to the workplace and education should be prohibited. That prohibition should not cover AI systems placed on the market strictly for medical or safety reasons, such as systems intended for therapeutical use.

제안이유 44
(제5조 금지되는 AI 관행)

감정의 표현이 문화와 상황에 따라, 그리고 심지어 한 개인 내에서도 상당히 다양하게 나타난다는 점에서, 감정을 식별하거나 추론하는 것을 목표로 하는 AI 시스템의 과학적 근거에 대해 심각한 우려가 있다. 이러한 시스템의 주요 단점으로는 제한된 신뢰성, 특수성의 부족, 그리고 제한된 일반화 가능성이 있다.
따라서, 생체 인식 데이터를 기반으로 자연인의 감정이나 의도를 식별하거나 추론하는 AI 시스템은 차별적인 결과를 초래할 수 있으며 관련 개인의 권리와 자유를 침해할 수 있다. 직장이나 교육의 맥락에서의 권력 불균형을 고려할 때, 이러한 시스템의 침입적 성격과 결합하여, 이러한 시스템은 특정 자연인이나 그 전체 집단에 대한 해로운 또는 불리한 처우로 이어질 수 있다.

따라서, 직장과 교육 관련 상황에서 개인의 감정 상태를 감지하기 위해 사용되도록 의도된 AI 시스템의 시장 출시, 서비스 개시 또는 사용은 금지되어야 한다. 이러한 금지는 치료적 사용을 목적으로 하는 시스템과 같이 의료나 안전상의 이유로 엄격히 시장에 출시되는 AI 시스템에는 적용되지 않아야 한다.

Recital 45
(Article 5: Prohibited AI Practices)

Practices that are prohibited by Union law, including data protection law,

제안이유 45
(제5조 금지되는 AI 관행)

데이터보호법, 차별금지법, 소비자보호법 및 경쟁법을 포함하여 유럽연합법에 의해 금지

nondiscrimination law, consumer protection law, and competition law, should not be affected by this Regulation.

된 관행들은 본 규정의 영향을 받지 않아야 한다.

Recital 46
(Article 5: Prohibited AI Practices)

High-risk AI systems should only be placed on the Union market, put into service or used if they comply with certain mandatory requirements. Those requirements should ensure that high-risk AI systems available in the Union or whose output is otherwise used in the Union do not pose unacceptable risks to important Union public interests as recognised and protected by Union law. On the basis of the New Legislative Framework, as clarified in the Commission notice "The 'Blue Guide' on the implementation of EU product rules 2022"[20], the general rule is that more than one legal act of Union harmonisation legislation, such as Regulations (EU) 2017/745[21] and (EU) 2017/746[22] of the European Parliament and of the Council or Directive 2006/42/EC of the European Parliament and of the Council[23], may be applicable to one product, since the making available or putting into service can take place only when the product complies with all applicable Union harmonisation legislation. To ensure consistency and avoid unnecessary administrative burdens or costs, providers of a product that contains one or more high-risk AI systems, to which the requirements of this Regulation and of the Union harmonisation legislation listed in an annex to this Regulation apply, should have flexibility with regard to operational

제안이유 46
(제5조 금지되는 AI 관행)

고위험 AI 시스템은 특정 의무 요구사항을 준수하는 경우에만 유럽연합 시장에 출시되거나, 서비스를 개시되거나, 사용되어야 한다. 이러한 요구사항들은 유럽연합에서 이용 가능하거나 그 산출물이 유럽연합에서 달리 사용되는 고위험 AI 시스템이 유럽연합법에 의해 인정되고 보호되는 중요한 유럽연합 공익에 수용할 수 없는 위험을 초래하지 않도록 보장해야 한다.

집행위원회 고시 '유럽연합 제품 규칙 이행에 관한 블루 가이드 2022'에서 명확히 한 바와 같이, 새로운 입법 프레임워크에 기초할 때, 제품의 시장 제공이나 서비스 개시는 해당 제품이 모든 적용 가능한 유럽연합 조화 법률을 준수할 때만 이루어질 수 있다. 예컨대, 유럽의회와 이사회의 규정 (EU) 2017/745와 (EU) 2017/746 또는 지침 2006/42/EC와 같은 하나 이상의 유럽연합 조화 법률이 하나의 제품에 적용될 수 있다는 것이 일반적인 규칙이다.

일관성을 보장하고 불필요한 행정적 부담이나 비용을 피하기 위해, 본 규정과 본 규정의 부속서에 열거된 유럽연합 조화 법률의 요구사항이 적용되는 하나 이상의 고위험 AI 시스템을 포함하는 제품의 제공자는 하나 이상의 AI 시스템을 포함하는 제품이 모든 적용 가능한 유럽연합 조화 법률의 요구사항을 최적의 방식으로 준수하도록 보장하는 방법에 관한 운영상의 결정에 있어 유연

decisions on how to ensure compliance of a product that contains one or more AI systems with all applicable requirements of the Union harmonisation legislation in an optimal manner. AI systems identified as high-risk should be limited to those that have a significant harmful impact on the health, safety and fundamental rights of persons in the Union and such limitation should minimise any potential restriction to international trade.

성을 가져야 한다.

고위험으로 식별되는 AI 시스템은 유럽연합에서 개인의 건강, 안전 및 기본권에 중대한 해로운 영향을 미치는 시스템으로 제한되어야 하며, 이러한 제한은 국제 무역에 대한 잠재적 제한을 최소화해야 한다.

Recital 47
(Article 6: Classification Rules for High-Risk AI Systems)
(Annex I: List of Union Harmonisation Legislation)

제안이유 47
(제6조: 고위험 AI 시스템의 분류 규칙)
(부속서 I: 유럽연합 조화 법률 목록)

AI systems could have an adverse impact on the health and safety of persons, in particular when such systems operate as safety components of products. Consistent with the objectives of Union harmonisation legislation to facilitate the free movement of products in the internal market and to ensure that only safe and otherwise compliant products find their way into the market, it is important that the safety risks that may be generated by a product as a whole due to its digital components, including AI systems, are duly prevented and mitigated. For instance, increasingly autonomous robots, whether in the context of manufacturing or personal assistance and care should be able to safely operate and performs their functions in complex environments. Similarly, in the health sector where the stakes for life and health are particularly high, increasingly sophisticated diagnostics systems and systems supporting human decisions

AI 시스템은 특히 제품의 안전 구성요소로 작동할 때 사람의 건강과 안전에 부정적인 영향을 미칠 수 있다. 역내 시장에서 제품의 자유로운 이동을 촉진하고 안전하고 규정을 준수하는 제품만이 시장에 진입하도록 보장하려는 유럽연합 조화 법률의 목표에 부합하도록, 디지털 구성요소(인공지능 시스템 포함)로 인해 제품 전체에서 발생할 수 있는 안전 위험을 적절히 예방하고 완화하는 것이 중요하다.

예를 들어, 제조 분야에서든 개인 지원 및 돌봄 분야에서든 점점 더 자율성이 높아지는 로봇은 복잡한 환경에서 안전하게 작동하고 기능을 수행할 수 있어야 한다. 마찬가지로 생명과 건강이 특히 중요한 의료 분야에서는, 점점 더 정교해지는 진단 시스템과 인간의 의사결정을 지원하는 시스템이 신뢰할 수 있고 정확해야 한다.

should be reliable and accurate.

Recital 48
(Article 6: Classification Rules for High-Risk AI Systems)
(Annex III: High-Risk AI Systems Referred to in Article 6(2))

제안이유 48
(제6조: 고위험 AI 시스템의 분류 규칙)
(부속서 III: 제6조 2항에 언급된 고위험 AI 시스템)

The extent of the adverse impact caused by the AI system on the fundamental rights protected by the Charter is of particular relevance when classifying an AI system as high risk. Those rights include the right to human dignity, respect for private and family life, protection of personal data, freedom of expression and information, freedom of assembly and of association, the right to non-discrimination, the right to education, consumer protection, workers' rights, the rights of persons with disabilities, gender equality, intellectual property rights, the right to an effective remedy and to a fair trial, the right of defence and the presumption of innocence, and the right to good administration. In addition to those rights, it is important to highlight the fact that children have specific rights as enshrined in Article 24 of the Charter and in the United Nations Convention on the Rights of the Child, further developed in the UNCRC General Comment No 25 as regards the digital environment, both of which require consideration of the children's vulnerabilities and provision of such protection and care as necessary for their well-being. The fundamental right to a high level of environmental protection enshrined in the Charter and implemented in Union policies should also be considered when assessing the severity of the harm that an AI system

AI 시스템이 유럽연합 기본권 헌장(Charter)에서 보호하는 기본권에 미치는 부정적 영향의 정도는 해당 AI 시스템을 고위험으로 분류할 때 특히 중요한 고려사항이다. 이러한 기본권에는 인간의 존엄성, 사생활 및 가족생활의 존중, 개인정보 보호, 표현의 자유와 정보의 자유, 집회 및 결사의 자유, 차별받지 않을 권리, 교육권, 소비자 보호, 노동자의 권리, 장애인의 권리, 성평등, 지식재산권, 효과적인 구제와 공정한 재판을 받을 권리, 변호권과 무죄추정의 원칙, 그리고 좋은 행정을 받을 권리가 포함된다.

이러한 권리들과 더불어, 유럽연합 기본권 헌장 제24조와 유엔 아동권리협약에 명시되어 있고 디지털 환경과 관련하여 UNCRC 일반논평 제25호에서 더욱 발전된 아동의 특별한 권리를 강조하는 것이 중요하다. 이 두 법률은 모두 아동의 취약성을 고려하고 그들의 복지를 위해 필요한 보호와 돌봄을 제공할 것을 요구하고 있다.

AI 시스템이 초래할 수 있는 피해의 심각성을 평가할 때는, 사람의 건강과 안전과 관련된 사항을 포함하여, 유럽연합 기본권 헌장에 명시되고 유럽연합 정책에서 이행되는 높은 수준의 환경보호에 대한 기본권도 고려되어야 한다.

can cause, including in relation to the health and safety of persons.

Recital 49
(Article 102: Amendment to Regulation (EC) No 300/2008)
(Article 103: Amendment to Regulation (EU) No 167/2013)
(Article 104: Amendment to Regulation (EU) No 168/2013)
(Article 105: Amendment to Directive 2014/90/EU)
(Article 106: Amendment to Directive (EU) 2016/797)
(Article 107: Amendment to Regulation (EU) 2018/858)
(Article 108: Amendments to Regulation (EU) 2018/1139)
(Article 109: Amendment to Regulation (EU) 2019/2144)
(Article 110: Amendment to Directive (EU) 2020/1828)
(Annex I: List of Union Harmonisation Legislation)

제안이유 49
(제102조: Regulation (EC) No 300/2008 개정)
(제103조: Regulation (EU) No 167/2013 개정)
(제104조: Regulation (EU) No 168/2013 개정)
(제105조: Directive 2014/90/EU 개정)
(제106조: Directive (EU) 2016/797 개정)
(제107조: Regulation (EU) 2018/858 개정)
(제108조: Regulation (EU) 2018/1139 개정)
(제109조: Regulation (EU) 2019/2144 개정)
(제110조: Directive (EU) 2020/1828 개정)
(부속서 I: 유럽연합 조화 법률 목록)

As regards high-risk AI systems that are safety components of products or systems, or which are themselves products or systems falling within the scope of Regulation (EC) No 300/2008 of the European Parliament and of the Council[24], Regulation (EU) No 167/2013 of the European Parliament and of the Council[25], Regulation (EU) No 168/2013 of the European Parliament and of the Council[26], Directive 2014/90/EU of the European Parliament and of the Council[27], Directive (EU) 2016/797 of the European Parliament and of the Council[28], Regulation (EU) 2018/858 of the European Parliament and of the Council[29], Regulation (EU) 2018/1139 of the European Parliament and of the Council[30], and Regulation (EU)

제품이나 시스템의 안전 구성요소인 고위험 AI 시스템, 또는 유럽의회와 이사회 규정 (EC) No 300/2008, 규정 (EU) No 167/013, 규정 (EU) No 168/2013, 지침 2014/90/EU, 지침 (EU) 2016/797, 규정 (EU) 2018/858, 규정 (EU) 2018/1139, 그리고 규정 (EU) 2019/2144의 적용 범위에 속하는 제품이나 시스템 자체인 고위험 AI 시스템과 관련하여,

2019/2144 of the European Parliament and of the Council[31], it is appropriate to amend those acts to ensure that the Commission takes into account, on the basis of the technical and regulatory specificities of each sector, and without interfering with existing governance, conformity assessment and enforcement mechanisms and authorities established therein, the mandatory requirements for high-risk AI systems laid down in this Regulation when adopting any relevant delegated or implementing acts on the basis of those acts.

집행위원회가 해당 법령들에 근거하여 관련 위임 법령이나 시행 법령을 채택할 때 각 분야의 기술적, 규제적 특수성에 기초하여, 그리고 기존에 수립된 거버넌스, 적합성 평가, 집행 메커니즘 및 당국들을 침해하지 않으면서, 이 규정에서 정한 고위험 AI 시스템에 대한 의무 요건들을 고려하도록 이러한 법령들을 개정하는 것이 적절하다.

Recital 50
(Article 6: Classification Rules for High-Risk AI Systems)
(Annex I: List of Union Harmonisation Legislation)

제안이유 50
(제6조: 고위험 AI 시스템의 분류 규칙)
(부속서 I: 유럽연합 조화 법률 목록)

As regards AI systems that are safety components of products, or which are themselves products, falling within the scope of certain Union harmonisation legislation listed in an annex to this Regulation, it is appropriate to classify them as high-risk under this Regulation if the product concerned undergoes the conformity assessment procedure with a third-party conformity assessment body pursuant to that relevant Union harmonisation legislation. In particular, such products are machinery, toys, lifts, equipment and protective systems intended for use in potentially explosive atmospheres, radio equipment, pressure equipment, recreational craft equipment, cableway installations, appliances burning gaseous fuels, medical devices, in vitro diagnostic medical devices, automotive and aviation.

제품의 안전 구성요소인 AI 시스템이나, 제품 자체인 AI 시스템이 본 규정의 부록에 열거된 특정 유럽연합 조화 법률의 적용 범위에 해당하는 경우, 해당 제품이 관련 유럽연합 조화 법률에 따라 제3자 적합성 평가기관의 적합성 평가 절차를 거치게 된다면, 본 규정에 따라 이를 고위험으로 분류하는 것이 적절하다.

특히, 이러한 제품들에는 기계류, 완구, 승강기, 폭발 위험이 있는 환경에서 사용하기 위한 장비 및 보호 시스템, 무선설비, 압력장비, 레저용 선박 장비, 케이블웨이 설비, 가스연료 연소기기, 의료기기, 체외진단 의료기기, 자동차 및 항공기가 포함된다.

Recital 51 **(Article 6: Classification Rules for High-Risk AI Systems)** **(Annex I: List of Union Harmonisation Legislation)**	**제안이유 51** **(제6조: 고위험 AI 시스템의 분류 규칙)** **(부속서 I: 유럽연합 조화 법률 목록)**
The classification of an AI system as high-risk pursuant to this Regulation should not necessarily mean that the product whose safety component is the AI system, or the AI system itself as a product, is considered to be high-risk under the criteria established in the relevant Union harmonisation legislation that applies to the product. This is, in particular, the case for Regulations (EU) 2017/745 and (EU) 2017/746, where a third-party conformity assessment is provided for medium-risk and high-risk products.	이 규정에 따라 AI 시스템이 고위험으로 분류된다고 해서, 해당 AI 시스템을 안전 구성요소로 포함하는 제품이나 제품으로서의 AI 시스템 자체가 그 제품에 적용되는 관련 유럽연합 조화 법률에서 수립된 기준에 따라 반드시 고위험으로 간주되는 것은 아니다. 이는 특히 중위험 및 고위험 제품에 대해 제3자 적합성 평가를 규정하고 있는 규정 (EU) 2017/745와 (EU) 2017/746의 경우에 해당한다.
Recital 52 **(Article 6: Classification Rules for High-Risk AI Systems)** **(Annex III: High-Risk AI Systems Referred to in Article 6(2))**	**제안이유 52** **(제6조: 고위험 AI 시스템의 분류 규칙)** **(부속서 III: 제6조 2항에 언급된 고위험 AI 시스템)**
As regards stand-alone AI systems, namely high-risk AI systems other than those that are safety components of products, or that are themselves products, it is appropriate to classify them as high-risk if, in light of their intended purpose, they pose a high risk of harm to the health and safety or the fundamental rights of persons, taking into account both the severity of the possible harm and its probability of occurrence and they are used in a number of specifically pre-defined areas specified in this Regulation. The identification of those systems is based on the same methodology and criteria envisaged also for any future amendments of the list of	독립형 AI 시스템, 즉 제품의 안전 구성요소가 아니거나 제품 자체가 아닌 고위험 AI 시스템과 관련하여, 이러한 시스템이 의도된 목적에 비추어 사람의 건강과 안전 또는 기본권에 높은 위험을 초래하는 경우, 이를 고위험으로 분류하는 것이 적절하다. 이때 발생 가능한 피해의 심각성과 발생 가능성을 모두 고려하며, 본 규정에서 구체적으로 사전 정의된 다수의 영역에서 사용되는 경우를 대상으로 한다. 이러한 시스템의 식별은 고위험 AI 시스템 목록에 대한 향후 모든 개정에도 적용될 것으로 예상되는 동일한 방법론과 기준에 기초한다. 집행위원회는 신속한 기술 발전과

high-risk AI systems that the Commission should be empowered to adopt, via delegated acts, to take into account the rapid pace of technological development, as well as the potential changes in the use of AI systems.

AI 시스템 사용의 잠재적 변화를 고려하기 위해 위임법률을 통해 이를 채택할 수 있는 권한을 부여받아야 한다.

Recital 53
(Article 6: Classification Rules for High-Risk AI Systems)

제안이유 53
(제6조: 고위험 AI 시스템의 분류 규칙)

It is also important to clarify that there may be specific cases in which AI systems referred to in pre-defined areas specified in this Regulation do not lead to a significant risk of harm to the legal interests protected under those areas because they do not materially influence the decision-making or do not harm those interests substantially. For the purposes of this Regulation, an AI system that does not materially influence the outcome of decision-making should be understood to be an AI system that does not have an impact on the substance, and thereby the outcome, of decision-making, whether human or automated. An AI system that does not materially influence the outcome of decision-making could include situations in which one or more of the following conditions are fulfilled. The first such condition should be that the AI system is intended to perform a narrow procedural task, such as an AI system that transforms unstructured data into structured data, an AI system that classifies incoming documents into categories or an AI system that is used to detect duplicates among a large number of applications. Those tasks are of such narrow and limited nature that they pose only limited risks which are not

본 규정에서 사전 정의된 영역에서 언급된 AI 시스템이 의사결정에 실질적인 영향을 미치지 않거나 해당 이익을 실질적으로 해치지 않기 때문에 보호되는 법익에 중대한 위험을 초래하지 않는 특정 사례가 있을 수 있음을 명확히 하는 것도 중요하다.

본 규정의 목적상, 의사결정의 결과에 실질적 영향을 미치지 않는 AI 시스템이란 인간에 의한 것이든 자동화된 것이든 의사결정의 본질과 그에 따른 결과에 영향을 미치지 않는 AI 시스템으로 이해되어야 한다.

의사결정의 결과물에 실질적 영향을 미치지 않는 AI 시스템에는 다음 조건 중 하나 이상이 충족되는 상황이 포함될 수 있다:

그러한 첫 번째 조건은 AI 시스템이 비정형 데이터를 정형 데이터로 변환하는 AI 시스템, 수신 문서를 범주별로 분류하는 AI 시스템, 또는 다수의 신청서 중에서 중복을 감지하는데 사용되는 AI 시스템과 같은 좁은 범위의 절차적 작업을 수행하기 위한 것인 경우. 이러한 과업들은 매우 좁고 제한적인 성격을 가지고 있어, 본 규정의 부속서에 고위험 사용으로 열거된 맥락에서 AI 시스템이 사용되더라도 증가하지 않는 제한된 위험만을 초래한다.

increased through the use of an AI system in a context that is listed as a high-risk use in an annex to this Regulation. The second condition should be that the task performed by the AI system is intended to improve the result of a previously completed human activity that may be relevant for the purposes of the high-risk uses listed in an annex to this Regulation. Considering those characteristics, the AI system provides only an additional layer to a human activity with consequently lowered risk. That condition would, for example, apply to AI systems that are intended to improve the language used in previously drafted documents, for example in relation to professional tone, academic style of language or by aligning text to a certain brand messaging. The third condition should be that the AI system is intended to detect decision-making patterns or deviations from prior decision-making patterns. The risk would be lowered because the use of the AI system follows a previously completed human assessment which it is not meant to replace or influence, without proper human review. Such AI systems include for instance those that, given a certain grading pattern of a teacher, can be used to check ex post whether the teacher may have deviated from the grading pattern so as to flag potential inconsistencies or anomalies. The fourth condition should be that the AI system is intended to perform a task that is only preparatory to an assessment relevant for the purposes of the AI systems listed in an annex to this Regulation, thus making the possible impact of the output of the system very low in terms of

두 번째 조건은 AI 시스템이 수행하는 과업이 본 규정의 부속서에 나열된 고위험 사용의 목적과 관련될 수 있는, 이미 완료된 인간 활동의 결과를 개선하기 위한 것인 경우. 이러한 특성을 고려할 때, AI 시스템은 인간의 활동 위에 추가적인 처리 단계만을 제공하므로 위험이 낮아진다. 예를 들어, 이 조건은 전문적인 어조, 학술적 언어 스타일 또는 특정 브랜드 메시징에 맞춘 텍스트 정렬 등과 관련하여 이전에 작성된 문서에서 사용된 언어를 개선하기 위한 AI 시스템에 적용될 것이다.

세 번째 조건은 AI 시스템이 의사결정 패턴이나 이전 의사결정 패턴으로부터의 편차를 감지하기 위한 것인 경우. AI 시스템의 사용이 적절한 인간의 검토 없이 대체하거나 영향을 미치려는 것이 아닌, 이미 완료된 인간의 평가 이후에 이뤄지기 때문에 위험이 낮아질 것이다. 예를 들어, 이러한 AI 시스템에는 교사의 특정 채점 패턴이 주어졌을 때 잠재적 불일치나 이상 유무를 표시하기 위해 교사가 채점 패턴에서 벗어났는지 사후에 확인하는데 사용될 수 있는 시스템이 포함된다.

네 번째 조건은 AI 시스템이 본 규정의 부속서에 열거된 AI 시스템의 목적과 관련된 평가를 위한 준비 단계의 과업만을 수행하기 위한 것인 경우로, 이에 따라 후속 평가에 대한 위험을 나타내는 측면에서 시스템 출력의 잠재적 영향이 매우 낮은 경우. 이 조건은 특히, 색인 작성, 검색, 텍스트 및 음성 처리 또는 다른 데이터 소스와의 데이

representing a risk for the assessment to follow. That condition covers, inter alia, smart solutions for file handling, which include various functions from indexing, searching, text and speech processing or linking data to other data sources, or AI systems used for translation of initial documents. In any case, AI systems used in high-risk use-cases listed in an annex to this Regulation should be considered to pose significant risks of harm to the health, safety or fundamental rights if the AI system implies profiling within the meaning of Article 4, point (4) of Regulation (EU) 2016/679 or Article 3, point (4) of Directive (EU) 2016/680 or Article 3, point (5) of Regulation (EU) 2018/1725. To ensure traceability and transparency, a provider who considers that an AI system is not high-risk on the basis of the conditions referred to above should draw up documentation of the assessment before that system is placed on the market or put into service and should provide that documentation to national competent authorities upon request. Such a provider should be obliged to register the AI system in the EU database established under this Regulation. With a view to providing further guidance for the practical implementation of the conditions under which the AI systems listed in an annex to this Regulation are, on an exceptional basis, non-high-risk, the Commission should, after consulting the Board, provide guidelines specifying that practical implementation, completed by a comprehensive list of practical examples of use cases of AI systems that are high-risk and use cases that are not.

터 연결 등 다양한 기능을 포함하는 파일 처리 스마트 솔루션이나 초기 문서 번역에 사용되는 AI 시스템 등을 포함한다.

어떤 경우든, 본 규정의 부속서에 나열된 고위험 사용 사례에서 사용되는 AI 시스템이 규정 (EU) 2016/679의 제4조 (4)항, 지침 (EU) 2016/680의 제3조 (4)항 또는 규정 (EU) 2018/1725의 제3조 (5)항에서 의미하는 프로파일링을 포함하는 경우, 건강, 안전 또는 기본권에 중대한 위험을 초래하는 것으로 간주되어야 한다.

추적 가능성과 투명성을 보장하기 위해, 위에서 언급한 조건에 근거하여 AI 시스템이 고위험이 아니라고 판단하는 제공자는 해당 시스템이 시장에 출시되거나 서비스에 투입되기 전에 평가 문서를 작성하고 요청 시 국가 관할 당국에 해당 문서를 제공해야 한다. 이러한 제공자는 본 규정에 따라 설립된 유럽연합 데이터베이스에 AI 시스템을 등록할 의무를 가진다.

본 규정의 부속서에 나열된 AI 시스템이 예외적으로 고위험이 아닌 조건의 실제 이행에 대한 추가 지침을 제공하기 위해, 집행위원회는 이사회와 협의한 후 고위험인 AI 시스템의 사용 사례와 고위험이 아닌 사용 사례의 포괄적인 실제 예시 목록과 함께 해당 실제 이행을 명시하는 지침을 제공해야 한다.

Recital 54
(Article 6: Classification Rules for High-Risk AI Systems)
(Annex III: High-Risk AI Systems Referred to in Article 6(2))

As biometric data constitutes a special category of personal data, it is appropriate to classify as high-risk several critical-use cases of biometric systems, insofar as their use is permitted under relevant Union and national law. Technical inaccuracies of AI systems intended for the remote biometric identification of natural persons can lead to biased results and entail discriminatory effects. The risk of such biased results and discriminatory effects is particularly relevant with regard to age, ethnicity, race, sex or disabilities. Remote biometric identification systems should therefore be classified as high-risk in view of the risks that they pose. Such a classification excludes AI systems intended to be used for biometric verification, including authentication, the sole purpose of which is to confirm that a specific natural person is who that person claims to be and to confirm the identity of a natural person for the sole purpose of having access to a service, unlocking a device or having secure access to premises. In addition, AI systems intended to be used for biometric categorisation according to sensitive attributes or characteristics protected under Article 9(1) of Regulation (EU) 2016/679 on the basis of biometric data, in so far as these are not prohibited under this Regulation, and emotion recognition systems that are not prohibited under this Regulation, should be classified as high-risk. Biometric systems which are intended to be used

제안이유 54
(제6조: 고위험 AI 시스템의 분류 규칙)
(부속서 III: 제6조 2항에 언급된 고위험 AI 시스템)

생체 정보는 특별한 범주의 개인정보를 구성하므로, 관련 유럽연합 및 국가 법률에 따라 허용되는 한도 내에서 생체 정보 시스템의 여러 중요 사용 사례를 고위험으로 분류하는 것이 적절하다. 자연인의 원격 생체 인식을 위한 AI 시스템의 기술적 부정확성은 편향된 결과를 초래할 수 있으며 차별적 효과를 수반할 수 있다.

이러한 편향된 결과와 차별적 효과의 위험은 특히 연령, 민족, 인종, 성별 또는 장애와 관련되어 있다. 따라서 원격 생체인식 시스템은 그들이 초래하는 위험을 고려하여 고위험으로 분류되어야 한다.

이러한 분류는 생체 인증을 위해 사용되는 AI 시스템(인증 포함)은 제외하는데, 이는 특정 자연인이 주장하는 본인이 맞는지 확인하고 서비스 접근, 기기 잠금 해제 또는 시설에 대한 보안 접근만을 목적으로 자연인의 신원을 확인하는 것이 유일한 목적인 경우가 여기에 해당한다.

또한, 본 규정에서 금지되지 않는 한도 내에서, 생체정보를 기반으로 규정 (EU) 2016/679의 제9조 제1항에 따라 보호되는 민감한 속성이나 특성에 따른 생체 인식 분류를 위해 사용되도록 의도된 AI 시스템과, 본 규정에서 금지되지 않는 감정 인식 시스템은 고위험으로 분류되어야 한다.

사이버 보안 및 개인정보 보호 조치를 가능

solely for the purpose of enabling cybersecurity and personal data protection measures should not be considered to be high-risk AI systems.

하게 하는 것만을 목적으로 사용되도록 의도된 생체정보 시스템은 고위험 AI 시스템으로 간주되지 않아야 한다.

Recital 55
(Article 6: Classification Rules for High-Risk AI Systems)
(Annex III: High-Risk AI Systems Referred to in Article 6(2))

제안이유 55
(제6조: 고위험 AI 시스템의 분류 규칙)
(부속서 III: 제6조 2항에 언급된 고위험 AI 시스템)

As regards the management and operation of critical infrastructure, it is appropriate to classify as high-risk the AI systems intended to be used as safety components in the management and operation of critical digital infrastructure as listed in point (8) of the Annex to Directive (EU) 2022/2557, road traffic and the supply of water, gas, heating and electricity, since their failure or malfunctioning may put at risk the life and health of persons at large scale and lead to appreciable disruptions in the ordinary conduct of social and economic activities. Safety components of critical infrastructure, including critical digital infrastructure, are systems used to directly protect the physical integrity of critical infrastructure or the health and safety of persons and property but which are not necessary in order for the system to function. The failure or malfunctioning of such components might directly lead to risks to the physical integrity of critical infrastructure and thus to risks to health and safety of persons and property. Components intended to be used solely for cybersecurity purposes should not qualify as safety components. Examples of safety components of such critical infrastructure may include systems for monitoring water

핵심 기반 시설의 관리 및 운영과 관련하여, 지침 (EU) 2022/2557의 부록 제8항에 나열된 주요 디지털 기반 시설, 도로 교통, 그리고 수도, 가스, 난방 및 전기 공급의 관리 및 운영에서 안전 구성요소로 사용되도록 의도된 AI 시스템은 고위험으로 분류하는 것이 적절하다. 이는 이러한 시스템의 고장이나 오작동이 대규모로 사람들의 생명과 건강을 위험에 빠뜨릴 수 있고 사회적, 경제적 활동의 정상적인 수행에 상당한 혼란을 초래할 수 있기 때문이다.

주요 디지털 기반 시설을 포함한 핵심 기반 시설의 안전 구성요소는 시스템 기능에 필수적이지는 않지만, 핵심 기반 시설의 물리적 완전성 또는 사람과 재산의 건강과 안전을 직접 보호하기 위해 사용되는 시스템이다. 이러한 구성요소의 고장이나 오작동은 핵심 기반 시설의 물리적 완전성에 대한 위험을 직접적으로 초래할 수 있으며, 따라서 사람과 재산의 건강과 안전에 대한 위험을 초래할 수 있다.

사이버 보안 목적으로만 사용되도록 의도된 구성요소는 안전 구성요소로 분류되지 않아야 한다. 이러한 핵심 기반 시설의 안전 구성요소의 예로는 클라우드 컴퓨팅 센터의 수압 모니터링 시스템이나 화재 경보 제어

pressure or fire alarm controlling systems in cloud computing centres.

시스템이 포함될 수 있다.

Recital 56
(Article 6: Classification Rules for High-Risk AI Systems)
(Annex III: High-Risk AI Systems Referred to in Article 6(2))

제안이유 56
(제6조: 고위험 AI 시스템의 분류 규칙)
(부속서 III: 제6조 2항에 언급된 고위험 AI 시스템)

The deployment of AI systems in education is important to promote high-quality digital education and training and to allow all learners and teachers to acquire and share the necessary digital skills and competences, including media literacy, and critical thinking, to take an active part in the economy, society, and in democratic processes. However, AI systems used in education or vocational training, in particular for determining access or admission, for assigning persons to educational and vocational training institutions or programmes at all levels, for evaluating learning outcomes of persons, for assessing the appropriate level of education for an individual and materially influencing the level of education and training that individuals will receive or will be able to access or for monitoring and detecting prohibited behaviour of students during tests should be classified as high-risk AI systems, since they may determine the educational and professional course of a person's life and therefore may affect that person's ability to secure a livelihood. When improperly designed and used, such systems may be particularly intrusive and may violate the right to education and training as well as the right not to be discriminated against and perpetuate historical patterns of discrimination, for

교육 분야에서의 AI 시스템 도입은 양질의 디지털 교육과 훈련을 촉진하고, 모든 학습자와 교사가 미디어 리터러시와 비판적 사고를 포함한 필요한 디지털 기술과 역량을 습득하고 공유하여 경제, 사회 및 민주적 과정에 적극적으로 참여할 수 있도록 하는 데 중요하다.

그러나 교육 또는 직업 훈련에 사용되는 AI 시스템, 특히 접근이나 입학을 결정하거나, 모든 수준의 교육 및 직업 훈련 기관이나 프로그램에 사람을 배정하거나, 학습 결과를 평가하거나, 개인의 적절한 교육 수준을 평가하고 개인이 받게 될 또는 접근할 수 있는 교육과 훈련의 수준에 실질적인 영향을 미치거나, 시험 중 학생들의 금지된 행위를 모니터링하고 탐지하는 데 사용되는 AI 시스템은 고위험 AI 시스템으로 분류되어야 한다. 이는 이러한 시스템이 개인의 교육 및 직업적 경로를 결정할 수 있고, 따라서 그 사람의 생계를 확보하는 능력에 영향을 미칠 수 있기 때문이다.

부적절하게 설계되고 사용될 경우, 이러한 시스템은 특히 침해적일 수 있으며, 교육과 훈련에 대한 권리와 차별받지 않을 권리를 침해할 수 있고, 여성, 특정 연령 그룹, 장애인, 특정 인종이나 민족 출신 또는 성적 지향을 가진 사람들에 대한 역사적 차별 패

example against women, certain age groups, persons with disabilities, or persons of certain racial or ethnic origins or sexual orientation.

턴을 영구화할 수 있다.

Recital 57
(Article 6: Classification Rules for High-Risk AI Systems)
(Annex III: High-Risk AI Systems Referred to in Article 6(2))

AI systems used in employment, workers management and access to self-employment, in particular for the recruitment and selection of persons, for making decisions affecting terms of the work-related relationship, promotion and termination of work-related contractual relationships, for allocating tasks on the basis of individual behaviour, personal traits or characteristics and for monitoring or evaluation of persons in work-related contractual relationships, should also be classified as high-risk, since those systems may have an appreciable impact on future career prospects, livelihoods of those persons and workers' rights. Relevant work-related contractual relationships should, in a meaningful manner, involve employees and persons providing services through platforms as referred to in the Commission Work Programme 2021. Throughout the recruitment process and in the evaluation, promotion, or retention of persons in work-related contractual relationships, such systems may perpetuate historical patterns of discrimination, for example against women, certain age groups, persons with disabilities, or persons of certain racial or ethnic origins or sexual orientation. AI systems used to monitor the performance and behaviour of such

제안이유 57
(제6조: 고위험 AI 시스템의 분류 규칙)
(부속서 III: 제6조 2항에 언급된 고위험 AI 시스템)

고용, 근로자 관리 및 자영업 접근에 사용되는 AI 시스템, 특히 사람의 채용 및 선발, 업무 관련 관계의 조건에 영향을 미치는 결정, 업무 관련 계약 관계의 승진 및 종료, 개인의 행동, 개인적 특성이나 특징에 기초한 업무 할당, 그리고 업무 관련 계약 관계에 있는 사람들의 모니터링이나 평가를 위해 사용되는 AI 시스템도 고위험으로 분류되어야 한다. 이는 이러한 시스템들이 해당 개인들의 미래 경력 전망, 생계 및 근로자의 권리에 상당한 영향을 미칠 수 있기 때문이다.

관련된 업무 관련 계약 관계는 집행위원회 2021년 업무 프로그램에서 언급된 바와 같이, 의미 있는 방식으로 직원들과 플랫폼을 통해 서비스를 제공하는 사람들을 포함해야 한다.
채용 과정 전반과 업무 관련 계약 관계에 있는 사람들의 평가, 승진 또는 유지에 있어서, 이러한 시스템은 여성, 특정 연령 그룹, 장애인, 특정 인종이나 민족 출신 또는 성적 지향을 가진 사람들에 대한 역사적 차별 패턴을 영구화할 수 있다. 또한 이러한 사람들의 성과와 행동을 모니터링하는데 사용되는 AI 시스템은 데이터 보호와 프라이버시에 대한 그들의 기본권을 침해할 수 있다.

persons may also undermine their fundamental rights to data protection and privacy.

Recital 58
(Article 6: Classification Rules for High-Risk AI Systems)
(Annex III: High-Risk AI Systems Referred to in Article 6(2))

제안이유 58
(제6조: 고위험 AI 시스템의 분류 규칙)
(부속서 III: 제6조 2항에 언급된 고위험 AI 시스템)

Another area in which the use of AI systems deserves special consideration is the access to and enjoyment of certain essential private and public services and benefits necessary for people to fully participate in society or to improve one's standard of living. In particular, natural persons applying for or receiving essential public assistance benefits and services from public authorities namely healthcare services, social security benefits, social services providing protection in cases such as maternity, illness, industrial accidents, dependency or old age and loss of employment and social and housing assistance, are typically dependent on those benefits and services and in a vulnerable position in relation to the responsible authorities. If AI systems are used for determining whether such benefits and services should be granted, denied, reduced, revoked or reclaimed by authorities, including whether beneficiaries are legitimately entitled to such benefits or services, those systems may have a significant impact on persons' livelihood and may infringe their fundamental rights, such as the right to social protection, non-discrimination, human dignity or an effective remedy and should therefore be classified as high-risk. Nonetheless, this

사회에 완전히 참여하거나 생활 수준을 향상시키는 데 필요한 특정 필수 민간 및 공공 서비스와 혜택에 대한 접근과 향유는 AI 시스템 사용에 있어 특별한 고려가 필요한 또 다른 영역이다.

특히, 공공 기관으로부터 필수적인 공공 지원 혜택과 서비스, 즉 의료 서비스, 사회 보장 혜택, 출산, 질병, 산업 재해, 부양, 노령, 실업의 경우 보호를 제공하는 사회 서비스, 그리고 사회 및 주거 지원을 신청하거나 받는 자연인들은 일반적으로 이러한 혜택과 서비스에 의존하며 책임 당국과의 관계에서 취약한 위치에 있다.

만약 AI 시스템이 수혜자들이 그러한 혜택이나 서비스를 정당하게 받을 자격이 있는지를 포함하여, 당국이 그러한 혜택과 서비스를 승인, 거부, 축소, 철회 또는 환수해야 하는지를 결정하는 데 사용된다면, 이러한 시스템들은 사람들의 생계에 중대한 영향을 미칠 수 있으며 사회적 보호, 차별 금지, 인간의 존엄성 또는 효과적인 구제에 대한 권리와 같은 그들의 기본권을 침해할 수 있으므로 고위험으로 분류되어야 한다.

그럼에도 불구하고, 본 규정은 법인과 자연

Regulation should not hamper the development and use of innovative approaches in the public administration, which would stand to benefit from a wider use of compliant and safe AI systems, provided that those systems do not entail a high risk to legal and natural persons. In addition, AI systems used to evaluate the credit score or creditworthiness of natural persons should be classified as high-risk AI systems, since they determine those persons' access to financial resources or essential services such as housing, electricity, and telecommunication services. AI systems used for those purposes may lead to discrimination between persons or groups and may perpetuate historical patterns of discrimination, such as that based on racial or ethnic origins, gender, disabilities, age or sexual orientation, or may create new forms of discriminatory impacts. However, AI systems provided for by Union law for the purpose of detecting fraud in the offering of financial services and for prudential purposes to calculate credit institutions' and insurance undertakings' capital requirements should not be considered to be high-risk under this Regulation. Moreover, AI systems intended to be used for risk assessment and pricing in relation to natural persons for health and life insurance can also have a significant impact on persons' livelihood and if not duly designed, developed and used, can infringe their fundamental rights and can lead to serious consequences for people's life and health, including financial exclusion and discrimination. Finally, AI systems used to evaluate and classify emergency calls by natural persons or to

인에게 고위험을 초래하지 않는 한, 규정을 준수하고 안전한 AI 시스템의 더 광범위한 사용으로부터 혜택을 얻을 수 있는 공공 행정의 혁신적인 접근 방식의 개발과 사용을 방해해서는 안 됩니다.

또한, 자연인의 신용 점수나 신용도를 평가하는데 사용되는 AI 시스템은 고위험 AI 시스템으로 분류되어야 한다. 이는 이러한 시스템이 주택, 전기, 통신 서비스와 같은 금융 자원이나 필수 서비스에 대한 접근을 결정하기 때문이다. 이러한 목적으로 사용되는 AI 시스템은 개인이나 집단 간의 차별을 초래할 수 있으며, 인종이나 민족 출신, 성별, 장애, 연령 또는 성적 지향에 기반한 것과 같은 역사적 차별 패턴을 영구화하거나 새로운 형태의 차별적 영향을 만들 수 있다.

그러나 금융 서비스 제공에서의 사기를 탐지하기 위한 목적과 신용 기관 및 보험 사업자의 자본 요건을 계산하기 위한 건전성 목적으로 유럽연합 법에 의해 규정된 AI 시스템은 본 규정에 따른 고위험으로 간주되지 않아야 한다.

게다가, 건강 및 생명 보험과 관련하여 자연인에 대한 위험 평가와 가격 책정에 사용되도록 의도된 AI 시스템도 사람들의 생계에 중대한 영향을 미칠 수 있으며, 적절하게 설계, 개발 및 사용되지 않으면 기본권을 침해하고 금융 배제와 차별을 포함한 심각한 결과를 초래할 수 있다.

마지막으로, 자연인의 긴급 신고 전화를 평가하고 분류하거나, 경찰, 소방관 및 의료 지원을 포함한 긴급 초기 대응 서비스의 우

dispatch or establish priority in the dispatching of emergency first response services, including by police, firefighters and medical aid, as well as of emergency healthcare patient triage systems, should also be classified as high-risk since they make decisions in very critical situations for the life and health of persons and their property.

선순위를 파견하거나 설정하는 데 사용되는 AI 시스템, 그리고 응급 의료 환자 분류 시스템도 고위험으로 분류되어야 한다. 이는 이러한 시스템들이 사람들의 생명과 건강 및 그들의 재산에 대해 매우 중요한 상황에서 결정을 내리기 때문이다.

Recital 59
(Article 6: Classification Rules for High-Risk AI Systems)
(Annex III: High-Risk AI Systems Referred to in Article 6(2))

제안이유 59
(제6조: 고위험 AI 시스템의 분류 규칙)
(부속서 III: 제6조 2항에 언급된 고위험 AI 시스템)

Given their role and responsibility, actions by law enforcement authorities involving certain uses of AI systems are characterised by a significant degree of power imbalance and may lead to surveillance, arrest or deprivation of a natural person's liberty as well as other adverse impacts on fundamental rights guaranteed in the Charter. In particular, if the AI system is not trained with high-quality data, does not meet adequate requirements in terms of its performance, its accuracy or robustness, or is not properly designed and tested before being put on the market or otherwise put into service, it may single out people in a discriminatory or otherwise incorrect or unjust manner. Furthermore, the exercise of important procedural fundamental rights, such as the right to an effective remedy and to a fair trial as well as the right of defence and the presumption of innocence, could be hampered, in particular, where such AI systems are not sufficiently transparent, explainable and documented. It is therefore appropriate to classify as

법 집행 당국의 역할과 책임을 고려할 때, AI 시스템의 특정 사용과 관련된 법 집행 당국의 조치는 상당한 수준의 권력 불균형을 특징으로 하며, 유럽연합 기본권 헌장에서 보장하는 기본권에 대한 감시, 체포 또는 자연인의 자유 박탈과 기타 부정적 영향을 초래할 수 있다. 특히 AI 시스템이 고품질 데이터로 학습되지 않았거나, 성능, 정확성 또는 견고성 측면에서 적절한 요구사항을 충족하지 않거나, 시장에 출시되거나 서비스에 투입되기 전에 적절하게 설계되고 테스트 되지 않은 경우, 차별적이거나 부정확하거나 부당한 방식으로 사람들을 선별할 수 있다.

더욱이 효과적인 구제와 공정한 재판을 받을 권리, 변호권과 무죄추정의 원칙과 같은 중요한 절차적 기본권의 행사가 저해될 수 있는데, 특히 이러한 AI 시스템이 충분히 투명하지 않고, 설명 가능하지 않으며, 문서화되지 않은 경우에 그러하다.

따라서 관련 유럽연합 및 국가 법률에 따라 사용이 허용되는 한도 내에서, 부정적 영향

high-risk, insofar as their use is permitted under relevant Union and national law, a number of AI systems intended to be used in the law enforcement context where accuracy, reliability and transparency is particularly important to avoid adverse impacts, retain public trust and ensure accountability and effective redress. In view of the nature of the activities and the risks relating thereto, those high-risk AI systems should include in particular AI systems intended to be used by or on behalf of law enforcement authorities or by Union institutions, bodies, offices, or agencies in support of law enforcement authorities for assessing the risk of a natural person to become a victim of criminal offences, as polygraphs and similar tools, for the evaluation of the reliability of evidence in in the course of investigation or prosecution of criminal offences, and, insofar as not prohibited under this Regulation, for assessing the risk of a natural person offending or reoffending not solely on the basis of the profiling of natural persons or the assessment of personality traits and characteristics or the past criminal behaviour of natural persons or groups, for profiling in the course of detection, investigation or prosecution of criminal offences. AI systems specifically intended to be used for administrative proceedings by tax and customs authorities as well as by financial intelligence units carrying out administrative tasks analysing information pursuant to Union anti-money laundering law should not be classified as high-risk AI systems used by law enforcement authorities for the purpose of prevention, detection, investigation and

을 피하고 공공의 신뢰를 유지하며 책임성과 효과적인 구제를 보장하기 위해 정확성, 신뢰성 및 투명성이 특히 중요한 법 집행 맥락에서 사용되도록 의도된 다수의 AI 시스템을 고위험으로 분류하는 것이 적절하다.

해당 활동의 성격과 관련 위험을 고려할 때, 이러한 고위험 AI 시스템에는 특히 다음과 같은 용도로 법 집행 당국에 의해 또는 그를 대신하여, 또는 법 집행 당국을 지원하는 유럽연합 기관, 기구, 사무소 또는 기관에 의해 사용되도록 의도된 AI 시스템이 포함되어야 한다:

- 자연인이 범죄의 피해자가 될 위험을 평가하기 위한 거짓말 탐지기 및 유사 도구
- 형사 범죄의 수사 또는 기소 과정에서 증거의 신뢰성 평가
- 본 규정에서 금지되지 않는 한도 내에서, 자연인이나 집단의 프로파일링 또는 성격 특성 평가나 과거 범죄 행위만을 기반으로 하지 않는 자연인의 범죄 또는 재범 위험 평가
- 형사 범죄의 탐지, 수사 또는 기소 과정에서의 프로파일링

세무 당국과 관세 당국의 행정 절차에서, 그리고 유럽연합의 자금 세탁 방지법에 따라 정보를 분석하는 행정 업무를 수행하는 금융정보분석원에 의해 특별히 사용되도록 의도된 AI 시스템은 범죄의 예방, 탐지, 수사 및 기소를 목적으로 법 집행 당국이 사용하는 고위험 AI 시스템으로 분류되지 않아야 한다. 법 집행 기관 및 기타 관련 당국의 AI 도구 사용이 불평등이나 배제의 요인이 되어서는 안 된다.

prosecution of criminal offences. The use of AI tools by law enforcement and other relevant authorities should not become a factor of inequality, or exclusion. The impact of the use of AI tools on the defence rights of suspects should not be ignored, in particular the difficulty in obtaining meaningful information on the functioning of those systems and the resulting difficulty in challenging their results in court, in particular by natural persons under investigation.

AI 도구 사용이 피의자의 방어권에 미치는 영향, 특히 이러한 시스템의 작동에 대한 의미 있는 정보를 얻는 것의 어려움과, 그로 인해 특히 수사 대상이 되는 자연인이 법정에서 그 결과에 이의를 제기하는 것의 어려움을 간과해서는 안 된다.

Recital 60
(Article 6: Classification Rules for High-Risk AI Systems)
(Annex III: High-Risk AI Systems Referred to in Article 6(2))

제안이유 60
(제6조: 고위험 AI 시스템의 분류 규칙)
(부속서 III: 제6조 2항에 언급된 고위험 AI 시스템)

AI systems used in migration, asylum and border control management affect persons who are often in particularly vulnerable position and who are dependent on the outcome of the actions of the competent public authorities. The accuracy, non-discriminatory nature and transparency of the AI systems used in those contexts are therefore particularly important to guarantee respect for the fundamental rights of the affected persons, in particular their rights to free movement, non-discrimination, protection of private life and personal data, international protection and good administration. It is therefore appropriate to classify as high-risk, insofar as their use is permitted under relevant Union and national law, AI systems intended to be used by or on behalf of competent public authorities or by Union institutions, bodies, offices or agencies charged with tasks in the fields of migration, asylum and border

이주, 망명 및 국경 통제 관리에 사용되는 AI 시스템은 종종 특히 취약한 위치에 있고 관할 공공 당국의 조치 결과에 의존하는 사람들에게 영향을 미친다. 따라서 이러한 맥락에서 사용되는 AI 시스템의 정확성, 비차별적 특성 및 투명성은 영향을 받는 사람들의 기본권, 특히 이동의 자유, 차별금지, 사생활과 개인정보 보호, 국제적 보호 및 좋은 행정에 대한 권리를 보장하기 위해 특히 중요하다.

따라서 관련 유럽연합 및 국가법에 따라 사용이 허용되는 한도 내에서, 다음의 목적으로 이민, 망명 및 국경 관리 분야의 업무를 담당하는 권한 있는 공공 당국에 의해 또는 이를 대신하여, 또는 유럽연합 기관, 조직, 사무소나 기관에 의해 사용되도록 의도된 AI 시스템을 고위험으로 분류하는 것이 적절하다:

control management as polygraphs and similar tools, for assessing certain risks posed by natural persons entering the territory of a Member State or applying for visa or asylum, for assisting competent public authorities for the examination, including related assessment of the reliability of evidence, of applications for asylum, visa and residence permits and associated complaints with regard to the objective to establish the eligibility of the natural persons applying for a status, for the purpose of detecting, recognising or identifying natural persons in the context of migration, asylum and border control management, with the exception of verification of travel documents. AI systems in the area of migration, asylum and border control management covered by this Regulation should comply with the relevant procedural requirements set by the Regulation (EC) No 810/2009 of the European Parliament and of the Council[32], the Directive 2013/32/EU of the European Parliament and of the Council[33], and other relevant Union law. The use of AI systems in migration, asylum and border control management should, in no circumstances, be used by Member States or Union institutions, bodies, offices or agencies as a means to circumvent their international obligations under the UN Convention relating to the Status of Refugees done at Geneva on 28 July 1951 as amended by the Protocol of 31 January 1967. Nor should they be used to in any way infringe on the principle of non-refoulement, or to deny safe and effective legal avenues into the territory of the Union, including the right to international

- 거짓말 탐지기 및 유사 도구로서, 회원국 영토에 입국하거나 비자 또는 망명을 신청하는 자연인이 제기하는 특정 위험을 평가하기 위해
- 망명, 비자 및 거주 허가 신청과 관련 불만 사항에 대한 증거의 신뢰성 평가를 포함한 심사에서 권한 있는 공공 당국을 지원하기 위해
- 지위를 신청하는 자연인의 자격 적격성을 확립한다는 목적으로
- 여행 문서 확인을 제외한 이민, 망명 및 국경 관리 맥락에서 자연인을 탐지, 인식 또는 식별하기 위한 목적으로

본 규정이 다루는 이주, 망명 및 국경 통제 관리 분야의 AI 시스템은 유럽의회 및 이사회 규정 (EC) No 810/2009, 유럽의회 및 이사회 지침 2013/32/EU 및 기타 관련 EU 법에서 정한 관련 절차적 요구사항을 준수해야 한다.

이민, 망명 및 국경 관리에서의 AI 시스템 사용은 어떠한 경우에도 회원국이나 유럽연합 기관, 조직, 사무소 또는 기관이 1967년 1월 31일 의정서에 의해 개정된 1951년 7월 28일 제네바에서 체결된 UN 난민 지위에 관한 협약에 따른 국제적 의무를 회피하는 수단으로 사용되어서는 안 된다. 또한 강제송환 금지 원칙을 어떤 방식으로든 침해하거나, 국제적 보호를 받을 권리를 포함하여 유럽연합 영토로의 안전하고 효과적인 합법적 경로를 거부하는 데 사용되어서도 안 된다.

protection.

Recital 61
(Article 6: Classification Rules for High-Risk AI Systems)
(Annex III: High-Risk AI Systems Referred to in Article 6(2))

Certain AI systems intended for the administration of justice and democratic processes should be classified as high-risk, considering their potentially significant impact on democracy, the rule of law, individual freedoms as well as the right to an effective remedy and to a fair trial. In particular, to address the risks of potential biases, errors and opacity, it is appropriate to qualify as high-risk AI systems intended to be used by a judicial authority or on its behalf to assist judicial authorities in researching and interpreting facts and the law and in applying the law to a concrete set of facts. AI systems intended to be used by alternative dispute resolution bodies for those purposes should also be considered to be high-risk when the outcomes of the alternative dispute resolution proceedings produce legal effects for the parties. The use of AI tools can support the decision-making power of judges or judicial independence, but should not replace it: the final decision-making must remain a human-driven activity. The classification of AI systems as high-risk should not, however, extend to AI systems intended for purely ancillary administrative activities that do not affect the actual administration of justice in individual cases, such as anonymisation or pseudonymisation of judicial decisions, documents or data, communication between personnel,

제안이유 61
(제6조: 고위험 AI 시스템의 분류 규칙)
(부속서 III: 제6조 2항에 언급된 고위험 AI 시스템)

사법 행정과 민주적 절차를 위해 의도된 특정 AI 시스템은 민주주의, 법치주의, 개인의 자유 및 효과적인 구제와 공정한 재판을 받을 권리에 미칠 수 있는 잠재적으로 중대한 영향을 고려하여 고위험으로 분류되어야 한다.

특히 잠재적 편향, 오류 및 불투명성의 위험에 대처하기 위해, 사법 당국이 또는 그를 대신하여 다음과 같은 목적으로 사용하도록 의도된 AI 시스템을 고위험으로 규정하는 것이 적절하다:

- 사법 당국이 사실과 법률을 조사하고 해석하는 것을 지원
- 구체적인 사실관계에 법률을 적용하는 것을 지원

대안적 분쟁 해결 절차의 결과가 당사자들에게 법적 효과를 발생시키는 경우, 이러한 목적으로 대안적 분쟁 해결 기구가 사용하도록 의도된 AI 시스템도 고위험으로 간주되어야 한다.

AI 도구의 사용은 판사의 의사결정 권한이나 사법적 독립성을 지원할 수 있지만, 이를 대체해서는 안 된다: 최종 의사결정은 인간 주도의 활동으로 남아있어야 한다.

그러나 AI 시스템을 고위험으로 분류하는 것은, 사법 결정, 문서 또는 데이터의 익명화나 가명화, 직원 간 의사소통, 행정적 업무와 같이 개별 사건에서 실제 사법 행정에 영향을 미치지 않는 순수하게 부수적인 행정 활동을 위해 의도된 AI 시스템에까지 확장되어서는 안 된다.

administrative tasks.

Recital 62
(Article 6: Classification Rules for High-Risk AI Systems)
(Annex III: High-Risk AI Systems Referred to in Article 6(2))

제안이유 62
(제6조: 고위험 AI 시스템의 분류 규칙)
(부속서 III: 제6조 2항에 언급된 고위험 AI 시스템)

Without prejudice to the rules provided for in Regulation (EU) 2024/900 of the European Parliament and of the Council[34], and in order to address the risks of undue external interference with the right to vote enshrined in Article 39 of the Charter, and of adverse effects on democracy and the rule of law, AI systems intended to be used to influence the outcome of an election or referendum or the voting behaviour of natural persons in the exercise of their vote in elections or referenda should be classified as high-risk AI systems with the exception of AI systems whose output natural persons are not directly exposed to, such as tools used to organise, optimise and structure political campaigns from an administrative and logistical point of view.

유럽의회 및 이사회 규정 (EU) 2024/900에서 규정된 규칙을 침해하지 않으면서, 유럽연합 기본권 헌장 제39조에 명시된 투표권에 대한 부당한 외부 간섭의 위험과 민주주의 및 법치주의에 대한 부정적 영향에 대처하기 위해, 선거나 국민투표의 결과에 영향을 미치거나 선거 또는 국민투표에서 자연인의 투표 행위에 영향을 미치기 위해 사용되도록 의도된 AI 시스템은 고위험 AI 시스템으로 분류되어야 한다.

다만, 행정 및 물류 관점에서 정치 캠페인을 조직, 최적화 및 구조화하는 데 사용되는 도구와 같이 자연인이 그 산출물에 직접 노출되지 않는 AI 시스템은 제외된다.

Recital 63
(Article 6: Classification Rules for High-Risk AI Systems)
(Annex III: High-Risk AI Systems Referred to in Article 6(2))

제안이유 63
(제6조: 고위험 AI 시스템의 분류 규칙)
(부속서 III: 제6조 2항에 언급된 고위험 AI 시스템)

The fact that an AI system is classified as a high-risk AI system under this Regulation should not be interpreted as indicating that the use of the system is lawful under other acts of Union law or under national law compatible with Union law, such as on the protection of personal data, on the use of polygraphs and similar tools or

AI 시스템이 본 규정에 따라 고위험 AI 시스템으로 분류된다는 사실이, 개인정보 보호, 거짓말 탐지기와 유사 도구의 사용, 또는 자연인의 감정 상태를 탐지하는 기타 시스템에 관한 것과 같은 다른 유럽연합 법률이나 유럽연합법과 양립하는 국가 법률에 따라 해당 시스템의 사용이 합법적임을 나타내는 것으로 해석되어서는 안 된다.

other systems to detect the emotional state of natural persons. Any such use should continue to occur solely in accordance with the applicable requirements resulting from the Charter and from the applicable acts of secondary Union law and national law. This Regulation should not be understood as providing for the legal ground for processing of personal data, including special categories of personal data, where relevant, unless it is specifically otherwise provided for in this Regulation.

이러한 모든 사용은 유럽연합 기본권 헌장과 적용 가능한 유럽연합 2차 법률 및 국가 법률에서 도출되는 해당 요구사항에 따라서만 계속 이루어져야 한다.

본 규정은 본 규정에서 특별히 달리 규정하지 않는 한, 관련되는 경우 특별 범주의 개인정보를 포함한 개인정보 처리에 대한 법적 근거를 제공하는 것으로 이해되어서는 안 된다.

Recital 64 (Article8: Compliance with the Requirements)

제안이유 64 (제8조: 요구사항 준수)

To mitigate the risks from high-risk AI systems placed on the market or put into service and to ensure a high level of trustworthiness, certain mandatory requirements should apply to high-risk AI systems, taking into account the intended purpose and the context of use of the AI system and according to the risk-management system to be established by the provider. The measures adopted by the providers to comply with the mandatory requirements of this Regulation should take into account the generally acknowledged state of the art on AI, be proportionate and effective to meet the objectives of this Regulation. Based on the New Legislative Framework, as clarified in Commission notice “The ‘Blue Guide’ on the implementation of EU product rules 2022”, the general rule is that more than one legal act of Union harmonisation legislation may be applicable to one product, since the making available or putting into service can take place only

시장에 출시되거나 서비스에 투입되는 고위험 AI 시스템의 위험을 완화하고 높은 수준의 신뢰성을 보장하기 위해, AI 시스템의 의도된 목적과 사용 맥락을 고려하고 제공자가 수립해야 할 위험 관리 시스템에 따라 특정 필수 요구사항이 고위험 AI 시스템에 적용되어야 한다. 제공자가 본 규정의 필수 요구사항을 준수하기 위해 채택하는 조치는 AI에 대해 일반적으로 인정된 최신 기술 수준을 고려해야 하며, 본 규정의 목적을 달성하는 데 비례적이고 효과적이어야 한다.

집행위원회 공지 “EU 제품 규칙 이행에 관한 ‘블루 가이드’ 2022”에서 명확히 한 바와 같이, 새로운 입법 프레임워크에 기초하여, 제품이 모든 적용 가능한 유럽연합 조화 법률을 준수할 때만 제품의 시장 출시나 서비스 투입이 이루어질 수 있으므로, 하나의 제품에 하나 이상의 유럽연합 조화 법률이 적용될 수 있다는 것이 일반적인 규칙이다.

when the product complies with all applicable Union harmonisation legislation. The hazards of AI systems covered by the requirements of this Regulation concern different aspects than the existing Union harmonisation legislation and therefore the requirements of this Regulation would complement the existing body of the Union harmonisation legislation. For example, machinery or medical devices products incorporating an AI system might present risks not addressed by the essential health and safety requirements set out in the relevant Union harmonised legislation, as that sectoral law does not deal with risks specific to AI systems. This calls for a simultaneous and complementary application of the various legislative acts. To ensure consistency and to avoid an unnecessary administrative burden and unnecessary costs, providers of a product that contains one or more high-risk AI system, to which the requirements of this Regulation and of the Union harmonisation legislation based on the New Legislative Framework and listed in an annex to this Regulation apply, should have flexibility with regard to operational decisions on how to ensure compliance of a product that contains one or more AI systems with all the applicable requirements of that Union harmonised legislation in an optimal manner. That flexibility could mean, for example a decision by the provider to integrate a part of the necessary testing and reporting processes, information and documentation required under this Regulation into already existing documentation and procedures required under existing Union harmonisation legislation based on the New Legislative

본 규정의 요구사항이 적용되는 AI 시스템의 위험은 기존 유럽연합 조화 법률과는 다른 측면에 관한 것이므로, 본 규정의 요구사항은 기존 유럽연합 조화 법률을 보완하게 된다. 예를 들어, AI 시스템을 포함하는 기계류나 의료기기 제품은 해당 부문별 법률이 AI 시스템 특유의 위험을 다루지 않으므로, 관련 유럽연합 조화 법률에 규정된 필수 건강 및 안전 요구사항이 다루지 않는 위험을 제시할 수 있다.

이는 다양한 법률의 동시적이고 보완적인 적용을 요구한다. 일관성을 보장하고 불필요한 행정적 부담과 비용을 피하기 위해, 본 규정과 새로운 입법 프레임워크에 기초한 유럽연합 조화 법률의 요구사항이 적용되고 본 규정의 부록에 나열된 하나 이상의 고위험 AI 시스템을 포함하는 제품의 제공자는 해당 유럽연합 조화 법률의 모든 적용 가능한 요구사항을 최적의 방식으로 준수하도록 보장하는 방법에 대한 운영상의 결정에 있어 유연성을 가져야 한다.

이러한 유연성은 예를 들어, 제공자가 본 규정에 따라 요구되는 필요한 테스트 및 보고 절차, 정보 및 문서의 일부를 새로운 입법 프레임워크에 기초하고 본 규정의 부록에 나열된 기존 유럽연합 조화 법률에 따라 요구되는 기존 문서와 절차에 통합하기로 결정하는 것을 의미할 수 있다. 그러나 이는 어떤 방식으로든 제공자가 모든 적용 가능한 요구사항을 준수해야 할 의무를 약화

Framework and listed in an annex to this Regulation. This should not, in any way, undermine the obligation of the provider to comply with all the applicable requirements.

시켜서는 안 된다.

Recital 65
(Article 9: Risk Management System)

The risk-management system should consist of a continuous, iterative process that is planned and run throughout the entire lifecycle of a high-risk AI system. That process should be aimed at identifying and mitigating the relevant risks of AI systems on health, safety and fundamental rights. The risk-management system should be regularly reviewed and updated to ensure its continuing effectiveness, as well as justification and documentation of any significant decisions and actions taken subject to this Regulation. This process should ensure that the provider identifies risks or adverse impacts and implements mitigation measures for the known and reasonably foreseeable risks of AI systems to the health, safety and fundamental rights in light of their intended purpose and reasonably foreseeable misuse, including the possible risks arising from the interaction between the AI system and the environment within which it operates. The risk-management system should adopt the most appropriate risk-management measures in light of the state of the art in AI. When identifying the most appropriate risk-management measures, the provider should document and explain the choices made and, when relevant, involve experts and external stakeholders. In identifying the reasonably foreseeable misuse of high-risk

제안이유 65
(제9조: 위험 관리 시스템)

위험 관리 시스템은 고위험 AI 시스템의 전체 수명주기 동안 계획되고 실행되는 지속적이고 반복적인 프로세스로 구성되어야 한다. 이 프로세스는 건강, 안전 및 기본권에 대한 AI 시스템의 관련 위험을 식별하고 완화하는 것을 목표로 해야 한다.

위험 관리 시스템은 그 지속적인 효과성을 보장하기 위해 정기적으로 검토되고 업데이트되어야 하며, 본 규정에 따라 취해진 모든 중요한 결정과 조치에 대한 정당화와 문서화도 이루어져야 한다.
이 프로세스는 제공자가 다음을 보장해야 한다:

- AI 시스템의 의도된 목적과 합리적으로 예측 가능한 오용에 비추어 건강, 안전 및 기본권에 대한 알려진 위험과 합리적으로 예측 가능한 위험을 식별하고 완화 조치를 실행
- AI 시스템과 그것이 작동하는 환경 간의 상호작용에서 발생할 수 있는 가능한 위험 포함

위험 관리 시스템은 AI의 최신 기술 수준에 비추어 가장 적절한 위험 관리 조치를 채택해야 한다. 가장 적절한 위험 관리 조치를 식별할 때, 제공자는 선택한 내용을 문서화하고 설명해야 하며, 관련이 있는 경우 전문가와 외부 이해관계자를 참여시켜야 한다.

고위험 AI 시스템의 합리적으로 예측 가능한 오용을 식별할 때, 제공자는 의도된 목

AI systems, the provider should cover uses of AI systems which, while not directly covered by the intended purpose and provided for in the instruction for use may nevertheless be reasonably expected to result from readily predictable human behaviour in the context of the specific characteristics and use of a particular AI system. Any known or foreseeable circumstances related to the use of the high-risk AI system in accordance with its intended purpose or under conditions of reasonably foreseeable misuse, which may lead to risks to the health and safety or fundamental rights should be included in the instructions for use that are provided by the provider. This is to ensure that the deployer is aware and takes them into account when using the high-risk AI system. Identifying and implementing risk mitigation measures for foreseeable misuse under this Regulation should not require specific additional training for the high-risk AI system by the provider to address foreseeable misuse. The providers however are encouraged to consider such additional training measures to mitigate reasonable foreseeable misuses as necessary and appropriate.

적에 직접적으로 포함되지 않고 사용 설명서에 규정되지 않았더라도, 특정 AI 시스템의 특성과 사용 맥락에서 쉽게 예측 가능한 인간 행동으로부터 합리적으로 예상될 수 있는 AI 시스템의 사용을 다루어야 한다.

의도된 목적에 따른 또는 합리적으로 예측 가능한 오용 조건에서의 고위험 AI 시스템 사용과 관련하여, 건강과 안전 또는 기본권에 대한 위험을 초래할 수 있는 알려진 또는 예측 가능한 모든 상황은 제공자가 제공하는 사용 설명서에 포함되어야 한다. 이는 배치 책임자가 이를 인식하고 고위험 AI 시스템을 사용할 때 이를 고려하도록 보장하기 위함이다.

본 규정에 따른 예측 가능한 오용에 대한 위험 완화 조치의 식별과 실행은 예측 가능한 오용을 다루기 위해 제공자가 고위험 AI 시스템에 대한 특별한 추가 학습을 요구하지는 않는다. 그러나 제공자는 필요하고 적절한 경우 합리적으로 예측 가능한 오용을 완화하기 위한 이러한 추가 학습 조치를 고려하도록 권장된다.

Recital 66
(Article 10: Data and Data Governance)
(Article 11: Technical Documentation)
(Article 12: Record-Keeping)
(Article 13: Transparency and Provision of Information to Deployers)
(Article 14: Human Oversight)
(Article 15: Accuracy, Robustness and Cybersecurity)

제안이유 66
(제10조: 데이터 및 데이터 거버넌스)
(제11조: 기술 문서)
(제12조: 기록 보관)
(제13조: 배치 책임자에 대한 투명성과 정보 제공)
(제14조: 인간의 관리 · 감독)
(제15조: 정확성, 견고성 및 사이버 보안)

Requirements should apply to high-risk AI systems as regards risk management, the

고위험 AI 시스템과 관련하여 위험 관리, 사용되는 데이터셋의 품질과 관련성, 기술

quality and relevance of data sets used, technical documentation and record-keeping, transparency and the provision of information to deployers, human oversight, and robustness, accuracy and cybersecurity. Those requirements are necessary to effectively mitigate the risks for health, safety and fundamental rights. As no other less trade restrictive measures are reasonably available those requirements are not unjustified restrictions to trade.

문서와 기록 보관, 투명성과 배치 책임자에 대한 정보 제공, 인간의 관리·감독, 그리고 견고성, 정확성 및 사이버 보안에 관한 요구사항들이 적용되어야 한다. 이러한 요구사항들은 보건, 안전 및 기본권에 대한 위험을 효과적으로 완화하기 위해 필요하다. 합리적으로 이용 가능한 다른 낮은 수준의 무역 제한적인 조치가 없으므로, 이러한 요구사항들은 부당한 무역 제한이 아니다.

Recital 67
(Article 10: Data and Data Governance)

High-quality data and access to high-quality data plays a vital role in providing structure and in ensuring the performance of many AI systems, especially when techniques involving the training of models are used, with a view to ensure that the high-risk AI system performs as intended and safely and it does not become a source of discrimination prohibited by Union law. High-quality data sets for training, validation and testing require the implementation of appropriate data governance and management practices. Data sets for training, validation and testing, including the labels, should be relevant, sufficiently representative, and to the best extent possible free of errors and complete in view of the intended purpose of the system. In order to facilitate compliance with Union data protection law, such as Regulation (EU) 2016/679, data governance and management practices should include, in the case of personal data, transparency about the original purpose of the data collection. The data sets should also have the appropriate statistical properties, including as regards

제안이유 67
(제10조: 데이터 및 데이터 거버넌스)

고품질 데이터와 고품질 데이터에 대한 접근은 특히 모델 학습 기법이 사용될 때, 많은 AI 시스템의 구조를 제공하고 성능을 보장하는 데 핵심적인 역할을 한다. 이는 고위험 AI 시스템이 의도된 대로 안전하게 작동하고 유럽연합법에서 금지하는 차별의 원인이 되지 않도록 보장하기 위함이다.

학습, 검증 및 테스트를 위한 고품질 데이터셋은 적절한 데이터 거버넌스와 관리 관행의 구현을 필요로 한다. 레이블을 포함한 학습, 검증 및 테스트용 데이터셋은 시스템의 의도된 목적에 비추어 적절하고, 충분히 대표성을 가지며, 가능한 한 오류가 없고 완전해야 한다.

규정 (EU) 2016/679와 같은 유럽연합 데이터보호법 준수를 용이하게 하기 위해, 데이터 거버넌스와 관리 관행은 개인정보의 경우 데이터 수집의 원래 목적에 대한 투명성을 포함해야 한다.

데이터셋은 또한 고위험 AI 시스템이 사용되도록 의도된 개인이나 집단과 관련하여 적절한 통계적 특성을 가져야 하며, 다음과

the persons or groups of persons in relation to whom the high-risk AI system is intended to be used, with specific attention to the mitigation of possible biases in the data sets, that are likely to affect the health and safety of persons, have a negative impact on fundamental rights or lead to discrimination prohibited under Union law, especially where data outputs influence inputs for future operations (feedback loops). Biases can for example be inherent in underlying data sets, especially when historical data is being used, or generated when the systems are implemented in real world settings. Results provided by AI systems could be influenced by such inherent biases that are inclined to gradually increase and thereby perpetuate and amplify existing discrimination, in particular for persons belonging to certain vulnerable groups, including racial or ethnic groups. The requirement for the data sets to be to the best extent possible complete and free of errors should not affect the use of privacypreserving techniques in the context of the development and testing of AI systems. In particular, data sets should take into account, to the extent required by their intended purpose, the features, characteristics or elements that are particular to the specific geographical, contextual, behavioural or functional setting which the AI system is intended to be used. The requirements related to data governance can be complied with by having recourse to third parties that offer certified compliance services including verification of data governance, data set integrity, and data training, validation and testing practices, as far as compliance with the

같은 결과를 초래할 수 있는 데이터셋의 잠재적 편향을 완화하는 데 특별한 주의를 기울여야 한다:

- 사람의 건강과 안전에 영향을 미칠 수 있는 경우
- 기본권에 부정적 영향을 미치는 경우
- 유럽연합법에서 금지하는 차별로 이어지는 경우, 특히 데이터 산출물이 향후 운영을 위한 입력에 영향을 미치는 경우 (피드백 루프)

편향은 예를 들어 특히 역사적 데이터가 사용될 때 기본 데이터셋에 내재되어 있거나, 시스템이 실제 환경에서 구현될 때 생성될 수 있다. AI 시스템이 제공하는 결과는 이러한 내재된 편향의 영향을 받을 수 있으며, 이는 점차 증가하여 특히 인종이나 민족 집단을 포함한 특정 취약 집단에 속하는 사람들에 대한 기존의 차별을 영구화하고 증폭시킬 수 있다.

데이터셋이 최대한 완전하고 오류가 없어야 한다는 요구사항은 AI 시스템의 개발과 테스트 맥락에서 프라이버시 보존 기법의 사용에 영향을 미치지 않아야 한다.

특히 데이터셋은 의도된 목적에서 요구되는 범위 내에서, AI 시스템이 사용되도록 의도된 특정 지리적, 맥락적, 행동적 또는 기능적 환경에 특유한 특징, 특성 또는 요소를 고려해야 한다.

데이터 거버넌스와 관련된 요구사항은 본 규정의 데이터 요구사항 준수가 보장되는 한, 데이터 거버넌스, 데이터셋 무결성, 데이터 학습, 검증 및 테스트 관행의 검증을 포함한 인증된 준수 서비스를 제공하는 제3자를 활용함으로써 준수될 수 있다.

data requirements of this Regulation are ensured.

Recital 68
(Article 10: Data and Data Governance)

For the development and assessment of high-risk AI systems, certain actors, such as providers, notified bodies and other relevant entities, such as European Digital Innovation Hubs, testing experimentation facilities and researchers, should be able to access and use high-quality data sets within the fields of activities of those actors which are related to this Regulation. European common data spaces established by the Commission and the facilitation of data sharing between businesses and with government in the public interest will be instrumental to provide trustful, accountable and non-discriminatory access to highquality data for the training, validation and testing of AI systems. For example, in health, the European health data space will facilitate non-discriminatory access to health data and the training of AI algorithms on those data sets, in a privacy-preserving, secure, timely, transparent and trustworthy manner, and with an appropriate institutional governance. Relevant competent authorities, including sectoral ones, providing or supporting the access to data may also support the provision of high-quality data for the training, validation and testing of AI systems.

제안이유 68
(제10조: 데이터 및 데이터 거버넌스)

고위험 AI 시스템의 개발과 평가를 위해, 제공자, 인증기관 및 유럽 디지털 혁신 허브, 테스트 실험 시설, 연구자와 같은 기타 관련 기관과 같은 특정 행위자들은 본 규정과 관련된 그들의 활동 분야 내에서 고품질 데이터셋에 접근하고 이를 사용할 수 있어야 한다.

집행위원회가 수립한 유럽 공통 데이터 스페이스와 공익을 위한 기업 간 및 정부와의 데이터 공유 촉진은 AI 시스템의 학습, 검증 및 테스트를 위한 고품질 데이터에 대한 신뢰할 수 있고, 책임감 있으며, 비차별적인 접근을 제공하는 데 중요한 역할을 할 것이다.

예를 들어, 보건 분야에서 유럽 보건 데이터 스페이스는 프라이버시를 보존하고, 안전하며, 시기적절하고, 투명하며, 신뢰할 수 있는 방식으로, 그리고 적절한 제도적 거버넌스를 갖추어 보건 데이터에 대한 비차별적 접근과 해당 데이터셋에 대한 AI 알고리즘의 학습을 용이하게 할 것이다.
데이터에 대한 접근을 제공하거나 지원하는 부문별 기관을 포함한 관련 관할 당국들도 AI 시스템의 학습, 검증 및 테스트를 위한 고품질 데이터의 제공을 지원할 수 있다.

Recital 69
(Article 10: Data and Data Governance)

The right to privacy and to protection of personal data must be guaranteed throughout the entire lifecycle of the AI

제안이유 69
(제10조: 데이터 및 데이터 거버넌스)

프라이버시권과 개인정보 보호권은 AI 시스템의 전체 수명주기 동안 보장되어야 한다. 이와 관련하여, 유럽연합 데이터보호법에 규

system. In this regard, the principles of data minimisation and data protection by design and by default, as set out in Union data protection law, are applicable when personal data are processed. Measures taken by providers to ensure compliance with those principles may include not only anonymisation and encryption, but also the use of technology that permits algorithms to be brought to the data and allows training of AI systems without the transmission between parties or copying of the raw or structured data themselves, without prejudice to the requirements on data governance provided for in this Regulation.

정된 데이터 최소화와 설계 및 기본 설정에 의한 데이터 보호 원칙은 개인정보가 처리될 때 적용된다. 제공자가 이러한 원칙의 준수를 보장하기 위해 취하는 조치에는 익명화 및 암호화뿐만 아니라, 본 규정에서 규정한 데이터 거버넌스 요구사항을 침해하지 않으면서, 당사자 간 전송이나 원시 데이터 또는 구조화된 데이터 자체의 복사 없이 알고리즘을 데이터로 가져올 수 있고 AI 시스템의 학습을 가능하게 하는 기술의 사용도 포함될 수 있다.

Recital 70
(Article 10: Data and Data Governance)

In order to protect the right of others from the discrimination that might result from the bias in AI systems, the providers should, exceptionally, to the extent that it is strictly necessary for the purpose of ensuring bias detection and correction in relation to the high-risk AI systems, subject to appropriate safeguards for the fundamental rights and freedoms of natural persons and following the application of all applicable conditions laid down under this Regulation in addition to the conditions laid down in Regulations (EU) 2016/679 and (EU) 2018/1725 and Directive (EU) 2016/680, be able to process also special categories of personal data, as a matter of substantial public interest within the meaning of Article 9(2), point (g) of Regulation (EU) 2016/679 and Article 10(2), point (g) of Regulation (EU) 2018/1725.

제안이유 70
(제10조: 데이터 및 데이터 거버넌스)

AI 시스템의 편향으로 인해 발생할 수 있는 타인에 대한 차별로부터 보호하기 위해, 제공자는 예외적으로, 고위험 AI 시스템과 관련된 편향 탐지 및 교정을 보장하기 위한 목적으로 엄격히 필요한 범위 내에서, 자연인의 기본권과 자유에 대한 적절한 보호조치를 전제로 하고 규정 (EU) 2016/679와 (EU) 2018/1725 및 지침 (EU) 2016/680에 규정된 조건에 더하여 본 규정에 규정된 모든 적용 가능한 조건의 적용에 따라, 규정 (EU) 2016/679의 제9조(2)항 (g)호와 규정 (EU) 2018/1725의 제10조(2)항 (g)호의 의미 내에서 상당한 공익의 문제로서 특별 범주의 개인정보도 처리할 수 있어야 한다.

Recital 71 **(Article 11: Technical Documentation)** **(Article 12: Record-Keeping)**	**제안이유 71** **(제11조: 기술 문서)** **(제12조: 기록 보관)**
Having comprehensible information on how high-risk AI systems have been developed and how they perform throughout their lifetime is essential to enable traceability of those systems, verify compliance with the requirements under this Regulation, as well as monitoring of their operations and post market monitoring. This requires keeping records and the availability of technical documentation, containing information which is necessary to assess the compliance of the AI system with the relevant requirements and facilitate post market monitoring. Such information should include the general characteristics, capabilities and limitations of the system, algorithms, data, training, testing and validation processes used as well as documentation on the relevant risk-management system and drawn in a clear and comprehensive form. The technical documentation should be kept up to date, appropriately throughout the lifetime of the AI system. Furthermore, highrisk AI systems should technically allow for the automatic recording of events, by means of logs, over the duration of the lifetime of the system.	고위험 AI 시스템이 어떻게 개발되었고 수명 기간 동안 어떻게 작동하는지에 대한 이해하기 쉬운 정보를 보유하는 것은 해당 시스템의 추적성을 가능하게 하고, 본 규정에 따른 요구사항 준수를 검증하며, 그들의 운영과 시장 출시 후 모니터링을 감독하는 데 필수적이다. 이를 위해서는 AI 시스템의 관련 요구사항 준수를 평가하고 시장 출시 후 모니터링을 용이하게 하는 데 필요한 정보를 포함하는 기록의 보관과 기술 문서의 가용성이 요구된다. 이러한 정보에는 시스템의 일반적 특성, 능력과 한계, 알고리즘, 데이터, 학습, 테스트 및 검증 프로세스뿐만 아니라 관련 위험 관리 시스템에 대한 문서화가 명확하고 포괄적인 형태로 포함되어야 한다. 기술 문서는 AI 시스템의 수명 기간 동안 적절하게 최신 상태로 유지되어야 한다. 또한, 고위험 AI 시스템은 시스템의 수명 기간 동안 로그를 통해 이벤트를 자동으로 기록하는 것을 기술적으로 허용해야 한다.
Recital 72 **(Article 13: Transparency and Provision of Information to Deployers)**	**제안이유 72** **(제13조: 배치 책임자에 대한 투명성과 정보 제공)**
To address concerns related to opacity and complexity of certain AI systems and help deployers to fulfil their obligations under this Regulation, transparency should be required for high-risk AI systems before	특정 AI 시스템의 불투명성과 복잡성에 관한 우려를 해결하고 배치 책임자들이 본 규정에 따른 의무를 이행하는 것을 돕기 위해, 고위험 AI 시스템이 시장에 출시되거나 서비스에 투입되기 전에 투명성이 요구되어

they are placed on the market or put it into service. High-risk AI systems should be designed in a manner to enable deployers to understand how the AI system works, evaluate its functionality, and comprehend its strengths and limitations. High-risk AI systems, should be accompanied by appropriate information in the form of instructions of use. Such information should include the characteristics, capabilities and limitations of performance of the AI system. Those would cover information on possible known and foreseeable circumstances related to the use of the high-risk AI system, including deployer action that may influence system behaviour and performance, under which the AI system can lead to risks to health, safety, and fundamental rights, on the changes that have been pre-determined and assessed for conformity by the provider and on the relevant human oversight measures, including the measures to facilitate the interpretation of the outputs of the AI system by the deployers. Transparency, including the accompanying instructions for use, should assist deployers in the use of the system and support informed decision making by them. Deployers should, inter alia, be in a better position to make the correct choice of the system that they intend to use in light of the obligations applicable to them, be educated about the intended and precluded uses, and use the AI system correctly and as appropriate. In order to enhance legibility and accessibility of the information included in the instructions of use, where appropriate, illustrative examples, for instance on the limitations and on the intended and precluded uses of the AI

야 한다. 고위험 AI 시스템은 배치 책임자가 AI 시스템이 어떻게 작동하는지 이해하고, 그 기능성을 평가하며, 그 장점과 한계를 파악할 수 있도록 설계되어야 한다.

고위험 AI 시스템에는 사용 설명서 형태의 적절한 정보가 수반되어야 한다. 이러한 정보에는 AI 시스템의 특성, 능력 및 성능의 한계가 포함되어야 한다. 여기에는 건강, 안전 및 기본권에 대한 위험을 초래할 수 있는 고위험 AI 시스템 사용과 관련된 알려진 그리고 예측 가능한 상황에 대한 정보(시스템의 행동과 성능에 영향을 미칠 수 있는 배치 책임자의 행동 포함), 제공자가 적합성을 위해 사전 결정하고 평가한 변경 사항, 그리고 배치 책임자의 AI 시스템 출력 해석을 용이하게 하는 조치를 포함한 관련 인간 관리·감독 조치에 대한 정보가 포함되어야 한다.

사용 설명서를 포함한 투명성은 배치 책임자의 시스템 사용을 지원하고 그들의 정보에 기반한 의사결정을 지원해야 한다. 배치 책임자는 특히 자신들에게 적용되는 의무에 비추어 사용하고자 하는 시스템에 대해 올바른 선택을 하고, 의도된 사용과 금지된 사용에 대해 교육받으며, AI 시스템을 올바르고 적절하게 사용할 수 있는 더 나은 위치에 있어야 한다.

사용 설명서에 포함된 정보의 가독성과 접근성을 향상시키기 위해, 적절한 경우 AI 시스템의 한계와 의도된 사용 및 금지된 사용에 대한 예시적 사례가 포함되어야 한다. 제공자는 모든 문서(사용 설명서 포함)가 대상 배치 책임자의 필요와 예측 가능한 지

system, should be included. Providers should ensure that all documentation, including the instructions for use, contains meaningful, comprehensive, accessible and understandable information, taking into account the needs and foreseeable knowledge of the target deployers. Instructions for use should be made available in a language which can be easily understood by target deployers, as determined by the Member State concerned.

식을 고려하여 의미 있고, 포괄적이며, 접근 가능하고 이해하기 쉬운 정보를 포함하도록 보장해야 한다. 사용 설명서는 해당 회원국이 결정한 대로 대상 배치 책임자가 쉽게 이해할 수 있는 언어로 제공되어야 한다.

Recital 73 (Article 14: Human Oversight)

High-risk AI systems should be designed and developed in such a way that natural persons can oversee their functioning, ensure that they are used as intended and that their impacts are addressed over the system's lifecycle. To that end, appropriate human oversight measures should be identified by the provider of the system before its placing on the market or putting into service. In particular, where appropriate, such measures should guarantee that the system is subject to in-built operational constraints that cannot be overridden by the system itself and is responsive to the human operator, and that the natural persons to whom human oversight has been assigned have the necessary competence, training and authority to carry out that role. It is also essential, as appropriate, to ensure that high-risk AI systems include mechanisms to guide and inform a natural person to whom human oversight has been assigned to make informed decisions if, when and how to intervene in order to avoid negative consequences or risks, or stop the system

제안이유 73 (제14조: 인간의 관리·감독)

고위험 AI 시스템은 자연인이 그 기능을 감독하고, 의도된 대로 사용되도록 보장하며, 시스템의 수명주기 동안 그 영향이 다루어지도록 설계되고 개발되어야 한다. 이를 위해, 시스템 제공자는 시장 출시나 서비스 투입 전에 적절한 인간의 관리·감독 조치를 식별해야 한다.

특히, 적절한 경우, 이러한 조치들은 시스템이 자체적으로 무력화할 수 없는 내장된 운영 제약을 따르고 인간 운영자의 지시에 반응하도록 보장해야 하며, 인간의 관리·감독이 할당된 자연인이 그 역할을 수행하는데 필요한 역량, 훈련 및 권한을 보유하도록 보장해야 한다.

또한 적절한 경우, 부정적 결과나 위험을 피하거나 시스템이 의도된 대로 작동하지 않을 때 시스템을 중단하기 위해 언제 어떻게 개입할지에 대해 인간의 관리·감독이 할당된 자연인이 정보에 기반한 결정을 내릴 수 있도록 안내하고 정보를 제공하는 메커니즘을 고위험 AI 시스템이 포함하도록 보장하는 것이 필수적이다.

if it does not perform as intended. Considering the significant consequences for persons in the case of an incorrect match by certain biometric identification systems, it is appropriate to provide for an enhanced human oversight requirement for those systems so that no action or decision may be taken by the deployer on the basis of the identification resulting from the system unless this has been separately verified and confirmed by at least two natural persons. Those persons could be from one or more entities and include the person operating or using the system. This requirement should not pose unnecessary burden or delays and it could be sufficient that the separate verifications by the different persons are automatically recorded in the logs generated by the system. Given the specificities of the areas of law enforcement, migration, border control and asylum, this requirement should not apply where Union or national law considers the application of that requirement to be disproportionate.

특정 생체인식 식별 시스템의 부정확한 매칭의 경우 사람들에게 미치는 중대한 결과를 고려할 때, 시스템에서 결과로 나온 식별에 기초하여 최소 두 명의 자연인이 별도로 검증하고 확인하지 않는 한 배치 책임자가 어떠한 조치나 결정도 취할 수 없도록 이러한 시스템에 대해 강화된 인간의 관리・감독 요구사항을 규정하는 것이 적절하다.

이러한 사람들은 하나 또는 그 이상의 조직에서 올 수 있으며 시스템을 운영하거나 사용하는 사람을 포함할 수 있다. 이 요구사항은 불필요한 부담이나 지연을 초래해서는 안 되며, 서로 다른 사람들의 별도 검증이 시스템에서 생성된 로그에 자동으로 기록되는 것으로 충분할 수 있다.

법 집행, 이주, 국경 통제 및 망명 분야의 특수성을 고려할 때, 유럽연합 또는 국가 법률이 해당 요구사항의 적용이 불균형적이라고 간주하는 경우 이 요구사항은 적용되지 않아야 한다.

Recital 74 (Article 15: Accuracy, Robustness and Cybersecurity)

High-risk AI systems should perform consistently throughout their lifecycle and meet an appropriate level of accuracy, robustness and cybersecurity, in light of their intended purpose and in accordance with the generally acknowledged state of the art. The Commission and relevant organisations and stakeholders are encouraged to take due consideration of the mitigation of risks and the negative impacts of the AI system. The expected

제안이유 74 (제15조: 정확성, 견고성 그리고 사이버 보안)

고위험 AI 시스템은 의도된 목적에 비추어 그리고 일반적으로 인정된 최신 기술 수준에 따라 수명주기 전반에 걸쳐 일관되게 작동해야 하며, 적절한 수준의 정확성, 견고성 및 사이버보안을 충족해야 한다.

집행위원회와 관련 조직 및 이해관계자들은 AI 시스템의 위험과 부정적 영향의 완화를 적절히 고려하도록 권장된다. 예상되는 성능 지표 수준은 첨부된 사용 설명서에 명시되어야 한다.

level of performance metrics should be declared in the accompanying instructions of use. Providers are urged to communicate that information to deployers in a clear and easily understandable way, free of misunderstandings or misleading statements. Union law on legal metrology, including Directives 2014/31/EU[35] and 2014/32/EU[36] of the European Parliament and of the Council, aims to ensure the accuracy of measurements and to help the transparency and fairness of commercial transactions. In that context, in cooperation with relevant stakeholders and organisation, such as metrology and benchmarking authorities, the Commission should encourage, as appropriate, the development of benchmarks and measurement methodologies for AI systems. In doing so, the Commission should take note and collaborate with international partners working on metrology and relevant measurement indicators relating to AI.

제공자는 오해나 오도하는 진술 없이 명확하고 쉽게 이해할 수 있는 방식으로 해당 정보를 배치 책임자에게 전달하도록 촉구된다.

유럽의회 및 이사회 지침 2014/31/EU와 2014/32/EU를 포함한 법정 계량에 관한 유럽연합법은 측정의 정확성을 보장하고 상업적 거래의 투명성과 공정성을 돕는 것을 목표로 한다.

이러한 맥락에서, 집행위원회는 계량 및 벤치마킹 당국과 같은 관련 이해관계자 및 조직과 협력하여 적절한 경우 AI 시스템에 대한 벤치마크와 측정 방법론의 개발을 장려해야 한다.

이를 수행함에 있어, 집행위원회는 계량과학과 AI 관련 측정 지표에 대해 연구하는 국제 파트너들의 의견을 고려하고 이들과 협력해야 한다.

Recital 75
(Article 15: Accuracy, Robustness and Cybersecurity)

Technical robustness is a key requirement for high-risk AI systems. They should be resilient in relation to harmful or otherwise undesirable behaviour that may result from limitations within the systems or the environment in which the systems operate (e.g. errors, faults, inconsistencies, unexpected situations). Therefore, technical and organisational measures should be taken to ensure robustness of high-risk AI systems, for example by designing and developing appropriate technical solutions to prevent or minimize harmful or otherwise

제안이유 75
(제15조: 정확성, 견고성 그리고 사이버 보안)

기술적 견고성은 고위험 AI 시스템의 핵심 요구사항이다. 이러한 시스템은 시스템 내부의 한계나 시스템이 작동하는 환경의 한계(예: 오류, 결함, 불일치, 예기치 않은 상황)로 인해 발생할 수 있는 유해하거나 바람직하지 않은 행동과 관련하여 복원력을 가져야 한다.
따라서 고위험 AI 시스템의 견고성을 보장하기 위해 기술적 및 조직적 조치가 취해져야 한다. 예를 들어, 유해하거나 바람직하지 않은 행동을 예방하거나 최소화하기 위한 적절한 기술적 해결책을 설계하고 개발하는 것이 포함된다.

undesirable behaviour. Those technical solution may include for instance mechanisms enabling the system to safely interrupt its operation (fail-safe plans) in the presence of certain anomalies or when operation takes place outside certain predetermined boundaries. Failure to protect against these risks could lead to safety impacts or negatively affect the fundamental rights, for example due to erroneous decisions or wrong or biased outputs generated by the AI system.

이러한 기술적 해결책에는 특정 이상이 있거나 작동이 특정 사전 정의된 경계를 벗어날 때 시스템이 안전하게 작동을 중단할 수 있게 하는 메커니즘(안전 실패 계획)이 포함될 수 있다.

이러한 위험으로부터의 보호 실패는 안전에 영향을 미치거나 AI 시스템이 생성한 잘못된 결정이나 잘못되거나 편향된 산출물들로 인해 기본권에 부정적인 영향을 미칠 수 있다.

Recital 76
(Article 15: Accuracy, Robustness and Cybersecurity)

Cybersecurity plays a crucial role in ensuring that AI systems are resilient against attempts to alter their use, behaviour, performance or compromise their security properties by malicious third parties exploiting the system's vulnerabilities. Cyberattacks against AI systems can leverage AI specific assets, such as training data sets (e.g. data poisoning) or trained models (e.g. adversarial attacks or membership inference), or exploit vulnerabilities in the AI system's digital assets or the underlying ICT infrastructure. To ensure a level of cybersecurity appropriate to the risks, suitable measures, such as security controls, should therefore be taken by the providers of high-risk AI systems, also taking into account as appropriate the underlying ICT infrastructure.

제안이유 76
(제15조: 정확성, 견고성 그리고 사이버 보안)

사이버보안은 악의적인 제3자가 시스템의 취약점을 악용하여 AI 시스템의 사용, 행동, 성능을 변경하거나 보안 속성을 손상시키려는 시도에 대해 AI 시스템이 복원력을 갖도록 보장하는 데 중요한 역할을 한다.

AI 시스템에 대한 사이버 공격은 학습 데이터셋(예: 데이터 오염) 또는 학습된 모델(예: 적대적 공격 또는 멤버십 추론)과 같은 AI 특정 자산을 활용하거나, AI 시스템의 디지털 자산 또는 기반이 되는 ICT 인프라의 취약점을 악용할 수 있다.

따라서 위험에 적절한 수준의 사이버보안을 보장하기 위해, 고위험 AI 시스템의 제공자는 기반이 되는 ICT 인프라도 적절히 고려하여 보안 통제와 같은 적절한 조치를 취해야 한다.

Recital 77
(Article 15: Accuracy, Robustness and Cybersecurity)
(Article 42: Presumption of Conformity with Certain Requirements)

Without prejudice to the requirements related to robustness and accuracy set out in this Regulation, high-risk AI systems which fall within the scope of a regulation of the European Parliament and of the Council on horizontal cybersecurity requirements for products with digital elements, in accordance with that regulation may demonstrate compliance with the cybersecurity requirements of this Regulation by fulfilling the essential cybersecurity requirements set out in that regulation. When high-risk AI systems fulfil the essential requirements of a regulation of the European Parliament and of the Council on horizontal cybersecurity requirements for products with digital elements, they should be deemed compliant with the cybersecurity requirements set out in this Regulation in so far as the achievement of those requirements is demonstrated in the EU declaration of conformity or parts thereof issued under that regulation. To that end, the assessment of the cybersecurity risks, associated to a product with digital elements classified as high-risk AI system according to this Regulation, carried out under a regulation of the European Parliament and of the Council on horizontal cybersecurity requirements for products with digital elements, should consider risks to the cyber resilience of an AI system as regards attempts by unauthorised third parties to alter its use, behaviour or performance, including AI specific

제안이유 77
(제15조: 정확성, 견고성 그리고 사이버 보안)
(제42조: 특정 요구사항에 대한 적합성의 추정)

본 규정에 명시된 견고성과 정확성 관련 요구사항을 침해하지 않으면서, 디지털 요소가 있는 제품에 대한 수평적 사이버보안 요구사항에 관한 유럽의회 및 이사회 규정의 적용 범위에 해당하는 고위험 AI 시스템은 해당 규정에 따라 해당 규정에 명시된 필수 사이버보안 요구사항을 충족함으로써 본 규정의 사이버보안 요구사항 준수를 입증할 수 있다.

고위험 AI 시스템이 디지털 요소가 있는 제품에 대한 수평적 사이버보안 요구사항에 관한 유럽의회 및 이사회 규정의 필수 요구사항을 충족하는 경우, 해당 요구사항의 달성이 해당 규정에 따라 발행된 유럽연합 적합성 선언 또는 그 일부에서 입증되는 한 본 규정에 명시된 사이버보안 요구사항을 준수하는 것으로 간주되어야 한다.

이를 위해, 디지털 요소가 있는 제품에 대한 수평적 사이버보안 요구사항에 관한 유럽의회 및 이사회 규정에 따라 수행되는, 본 규정에 따라 고위험 AI 시스템으로 분류된 디지털 요소가 있는 제품과 관련된 사이버보안 위험 평가는 데이터 오염이나 적대적 공격과 같은 AI 특정 취약점을 포함하여 승인되지 않은 제3자가 그 사용, 행동 또는 성능을 변경하려는 시도와 관련하여 AI 시스템의 사이버 복원력에 대한 위험과, 관련이 있는 경우 본 규정이 요구하는 기본권에 대한 위험을 고려해야 한다.

vulnerabilities such as data poisoning or adversarial attacks, as well as, as relevant, risks to fundamental rights as required by this Regulation.

Recital 78
(Article 15: Accuracy, Robustness and Cybersecurity)
(Article 42: Presumption of Conformity with Certain Requirements)
(Article 43: Conformity Assessment)

The conformity assessment procedure provided by this Regulation should apply in relation to the essential cybersecurity requirements of a product with digital elements covered by a regulation of the European Parliament and of the Council on horizontal cybersecurity requirements for products with digital elements and classified as a high-risk AI system under this Regulation. However, this rule should not result in reducing the necessary level of assurance for critical products with digital elements covered by a regulation of the European Parliament and of the Council on horizontal cybersecurity requirements for products with digital elements. Therefore, by way of derogation from this rule, high-risk AI systems that fall within the scope of this Regulation and are also qualified as important and critical products with digital elements pursuant to a regulation of the European Parliament and of the Council on horizontal cybersecurity requirements for products with digital elements and to which the conformity assessment procedure based on internal control set out in an annex to this Regulation applies, are subject to the conformity assessment provisions of a regulation of the European Parliament and

제안이유 78
(제15조: 정확성, 견고성 그리고 사이버 보안)
(제42조: 특정 요구사항에 대한 적합성의 추정)
(제43조: 적합성 평가)

본 규정이 규정하는 적합성 평가 절차는 디지털 요소가 있는 제품에 대한 수평적 사이버보안 요구사항에 관한 유럽의회 및 이사회 규정의 적용을 받고 본 규정에 따라 고위험 AI 시스템으로 분류된 제품의 필수 사이버보안 요구사항과 관련하여 적용되어야 한다.

그러나 이 규칙은 디지털 요소가 있는 제품에 대한 수평적 사이버보안 요구사항에 관한 유럽의회 및 이사회 규정이 적용되는 중요 디지털 제품에 대해 필요한 보증 수준을 낮추는 결과를 가져와서는 안 된다.

따라서 이 규칙의 예외로서, 본 규정의 적용 범위에 해당하고 디지털 요소가 있는 제품에 대한 수평적 사이버보안 요구사항에 관한 유럽의회 및 이사회 규정에 따라 중요하고 핵심적인 디지털 제품으로 인정되며, 본 규정의 부록에 명시된 내부 통제에 기반한 적합성 평가 절차가 적용되는 고위험 AI 시스템은, 해당 규정의 필수 사이버보안 요구사항과 관련되는 한 디지털 요소가 있는 제품에 대한 수평적 사이버보안 요구사항에 관한 유럽의회 및 이사회 규정의 적합성 평가 조항의 적용을 받는다.

of the Council on horizontal cybersecurity requirements for products with digital elements insofar as the essential cybersecurity requirements of that regulation are concerned. In this case, for all the other aspects covered by this Regulation the respective provisions on conformity assessment based on internal control set out in an annex to this Regulation should apply. Building on the knowledge and expertise of ENISA on the cybersecurity policy and tasks assigned to ENISA under the Regulation (EU) 2019/881 of the European Parliament and of the Council[37], the Commission should cooperate with ENISA on issues related to cybersecurity of AI systems.

이 경우 본 규정이 다루는 다른 모든 측면에 대해서는 본 규정의 부록에 명시된 내부 통제에 기반한 적합성 평가에 관한 각각의 조항이 적용되어야 한다. 규정 (EU) 2019/881에 따라 ENISA에 할당된 사이버보안 정책과 업무에 대한 ENISA의 지식과 전문성을 바탕으로, 집행위원회는 AI 시스템의 사이버보안 관련 문제에 대해 ENISA와 협력해야 한다.

Recital 79
(Article 16: Obligations of Providers of High-Risk AI Systems)

제안이유 79
(제16조: 고위험 AI 시스템 제공자의 의무)

It is appropriate that a specific natural or legal person, defined as the provider, takes responsibility for the placing on the market or the putting into service of a high-risk AI system, regardless of whether that natural or legal person is the person who designed or developed the system.

해당 자연인이나 법인이 시스템을 설계하거나 개발한 사람인지 여부와 관계없이, 제공자로 정의된 특정 자연인이나 법인이 고위험 AI 시스템의 시장 출시나 서비스 투입에 대한 책임을 지는 것이 적절하다.

Recital 80
(Article 16: Obligations of Providers of High-Risk AI Systems)

제안이유 80
(제16조: 고위험 AI 시스템 제공자의 의무)

As signatories to the United Nations Convention on the Rights of Persons with Disabilities, the Union and the Member States are legally obliged to protect persons with disabilities from discrimination and promote their equality, to ensure that persons with disabilities have access, on an equal basis with others, to information

UN 장애인권리협약의 서명국으로서, 유럽연합과 회원국들은 장애인을 차별로부터 보호하고 그들의 평등을 증진하며, 장애인이 다른 사람들과 동등한 기반에서 정보통신 기술과 시스템에 접근할 수 있도록 보장하고, 장애인의 프라이버시 존중을 보장할 법적 의무가 있다.

and communications technologies and systems, and to ensure respect for privacy for persons with disabilities. Given the growing importance and use of AI systems, the application of universal design principles to all new technologies and services should ensure full and equal access for everyone potentially affected by or using AI technologies, including persons with disabilities, in a way that takes full account of their inherent dignity and diversity. It is therefore essential that providers ensure full compliance with accessibility requirements, including Directive (EU) 2016/2102 of the European Parliament and of the Council[38] and Directive (EU) 2019/882. Providers should ensure compliance with these requirements by design. Therefore, the necessary measures should be integrated as much as possible into the design of the high-risk AI system.

AI 시스템의 중요성과 사용이 증가함에 따라, 모든 새로운 기술과 서비스에 대한 보편적 설계 원칙의 적용은 장애인을 포함하여 AI 기술의 영향을 받거나 이를 사용할 수 있는 모든 사람이 그들의 고유한 존엄성과 다양성을 충분히 고려하는 방식으로 완전하고 동등한 접근을 보장해야 한다.

따라서 제공자가 유럽의회 및 이사회 지침 (EU) 2016/2102와 지침 (EU) 2019/882를 포함한 접근성 요구사항을 완전히 준수하도록 보장하는 것이 필수적이다.

제공자는 설계를 통해 이러한 요구사항의 준수를 보장해야 한다. 따라서 필요한 조치는 가능한 한 고위험 AI 시스템의 설계에 통합되어야 한다.

Recital 81
(Article 16: Obligations of Providers of High-Risk AI Systems)
(Article 17: Quality Management System)
(Article 18: Documentation Keeping)
(Article 19: Automatically Generated Logs)
(Article 20: Corrective Actions and Duty of Information)
(Article 21: Cooperation with Competent Authorities)

제안이유 81
(제16조: 고위험 AI 시스템 제공자의 의무)
(제17조: 품질 관리 시스템)
(제18조: 문서 보관)
(제19조: 자동 생성된 로그)
(제20조: 시정 조치 및 정보 제공 의무)
(제21조: 관할 당국과의 협력)

The provider should establish a sound quality management system, ensure the accomplishment of the required conformity assessment procedure, draw up the relevant documentation and establish a robust post-market monitoring system. Providers of high-risk AI systems that are subject to obligations regarding quality management systems under relevant sectoral Union law

제공자는 건전한 품질 관리 시스템을 수립하고, 요구되는 적합성 평가 절차의 완수를 보장하며, 관련 문서를 작성하고, 견고한 시장 출시 후 모니터링 시스템을 수립해야 한다.

관련 부문별 유럽연합 법률에 따라 품질 관리 시스템에 관한 의무가 적용되는 고위험 AI 시스템의 제공자는 해당 다른 부문별 유럽연합 법률에서 규정하는 기존 품질 관리

should have the possibility to include the elements of the quality management system provided for in this Regulation as part of the existing quality management system provided for in that other sectoral Union law. The complementarity between this Regulation and existing sectoral Union law should also be taken into account in future standardisation activities or guidance adopted by the Commission. Public authorities which put into service high-risk AI systems for their own use may adopt and implement the rules for the quality management system as part of the quality management system adopted at a national or regional level, as appropriate, taking into account the specificities of the sector and the competences and organisation of the public authority concerned.

시스템의 일부로 본 규정에서 규정하는 품질 관리 시스템의 요소를 포함할 수 있어야 한다.

본 규정과 기존 부문별 유럽연합 법률 간의 상호보완성은 집행위원회가 채택하는 향후 표준화 활동이나 지침에서도 고려되어야 한다.

자체 사용을 위해 고위험 AI 시스템을 서비스에 투입하는 공공 당국은 해당 부문의 특수성과 관련 공공 당국의 권한 및 조직을 고려하여, 적절한 경우 국가나 지역 차원에서 채택된 품질 관리 시스템의 일부로 품질 관리 시스템에 대한 규칙을 채택하고 이행할 수 있다.

Recital 82
(Article 22: Authorised Representatives of Providers of High-Risk AI Systems)

To enable enforcement of this Regulation and create a level-playing field for operators, and, taking into account the different forms of making available of digital products, it is important to ensure that, under all circumstances, a person established in the Union can provide authorities with all the necessary information on the compliance of an AI system. Therefore, prior to making their AI systems available in the Union, providers established in third countries should, by written mandate, appoint an authorised representative established in the Union. This authorised representative plays a pivotal role in ensuring the compliance of the high-risk AI systems placed on the market or put into service in the Union

제안이유 82
(제22조: 고위험 AI 시스템 제공자의 공인 대리인)

본 규정의 집행을 가능하게 하고 사업자들을 위한 공정한 경쟁의 장을 만들며, 디지털 제품을 이용 가능하게 하는 다양한 형태를 고려할 때, 모든 상황에서 유럽연합 내에 설립된 사람이 AI 시스템의 준수에 관한 모든 필요한 정보를 당국에 제공할 수 있도록 보장하는 것이 중요하다.

따라서 제3국에 설립된 제공자는 자신의 AI 시스템을 유럽연합에서 이용 가능하게 하기 전에, 서면 위임장을 통해 유럽연합 내에 설립된 공인 대리인을 지정해야 한다. 이 공인 대리인은 유럽연합 내에 설립되지 않은 제공자들이 유럽연합 시장에 출시하거나 서비스에 투입한 고위험 AI 시스템의 준수를 보장하고 유럽연합 내에 설립된 그들의 연락 담당자 역할을 수행하는 데 핵심적인

by those providers who are not established in the Union and in serving as their contact person established in the Union.

역할을 한다.

Recital 83
(Article 22: Authorised Representatives of Providers of High-Risk AI Systems)
(Article 23: Obligations of Importers)
(Article 24: Obligations of Distributors)
(Article 25: Responsibilities Along the AI Value Chain)

제안이유 83
(제22조: 제22조: 고위험 AI 시스템 제공자의 공인 대리인)
(제23조: 수입업자의 의무)
(제24조: 유통업자의 의무)
(제25조: AI 가치 사슬에 따른 책임 분배)

In light of the nature and complexity of the value chain for AI systems and in line with the New Legislative Framework, it is essential to ensure legal certainty and facilitate the compliance with this Regulation. Therefore, it is necessary to clarify the role and the specific obligations of relevant operators along that value chain, such as importers and distributors who may contribute to the development of AI systems. In certain situations those operators could act in more than one role at the same time and should therefore fulfil cumulatively all relevant obligations associated with those roles. For example, an operator could act as a distributor and an importer at the same time.

AI 시스템의 가치 사슬의 특성과 복잡성을 고려하고 새로운 입법 프레임워크에 부합하도록, 법적 확실성을 보장하고 본 규정의 준수를 용이하게 하는 것이 필수적이다.

따라서 AI 시스템의 개발에 기여할 수 있는 수입업자와 유통업자와 같이, 가치 사슬을 따라 관련 사업자의 역할과 구체적인 의무를 명확히 하는 것이 필요하다.

특정 상황에서 이러한 사업자들은 동시에 둘 이상의 역할을 수행할 수 있으며, 따라서 그러한 역할과 관련된 모든 관련 의무를 누적적으로 이행해야 한다. 예를 들어, 한 사업자가 유통업자와 수입업자 역할을 동시에 수행할 수 있다.

Recital 84
(Article 25: Responsibilities Along the AI Value Chain)

제안이유 84
(제25조: AI 가치 사슬에 따른 책임 분배)

To ensure legal certainty, it is necessary to clarify that, under certain specific conditions, any distributor, importer, deployer or other third-party should be considered to be a provider of a high-risk AI system and therefore assume all the relevant obligations. This would be the case if that party puts its name or trademark on a high-risk AI system already

법적 확실성을 보장하기 위해, 특정 조건하에서 모든 유통업자, 수입업자, 배치 책임자 또는 기타 제3자가 고위험 AI 시스템의 제공자로 간주되어 모든 관련 의무를 부담해야 하는 경우를 명확히 할 필요가 있다.

이는 해당 당사자가 이미 시장에 출시되거나 서비스에 투입된 고위험 AI 시스템에 자신의 이름이나 상표를 부착하는 경우에 해

placed on the market or put into service, without prejudice to contractual arrangements stipulating that the obligations are allocated otherwise. This would also be the case if that party makes a substantial modification to a high-risk AI system that has already been placed on the market or has already been put into service in a way that it remains a high-risk AI system in accordance with this Regulation, or if it modifies the intended purpose of an AI system, including a general-purpose AI system, which has not been classified as high-risk and has already been placed on the market or put into service, in a way that the AI system becomes a high-risk AI system in accordance with this Regulation. Those provisions should apply without prejudice to more specific provisions established in certain Union harmonisation legislation based on the New Legislative Framework, together with which this Regulation should apply. For example, Article 16(2) of Regulation (EU) 2017/745, establishing that certain changes should not be considered to be modifications of a device that could affect its compliance with the applicable requirements, should continue to apply to high-risk AI systems that are medical devices within the meaning of that Regulation.

당하며, 이는 의무가 달리 할당되도록 규정하는 계약상 약정을 침해하지 않는다.

또한 이는 해당 당사자가 이미 시장에 출시되거나 서비스에 투입된 고위험 AI 시스템을 본 규정에 따라 여전히 고위험 AI 시스템으로 남아있는 방식으로 실질적인 수정을 하는 경우, 또는 고위험으로 분류되지 않고 이미 시장에 출시되거나 서비스에 투입된 AI 시스템(범용 AI 시스템 포함)의 의도된 목적을 본 규정에 따라 해당 AI 시스템이 고위험 AI 시스템이 되는 방식으로 수정하는 경우에도 해당된다.

이러한 조항들은 본 규정과 함께 적용되어야 하는 새로운 입법 프레임워크에 기초한 특정 유럽연합 조화 법률에서 수립된 더 구체적인 조항들을 침해하지 않고 적용되어야 한다.

예를 들어, 적용 가능한 요구사항의 준수에 영향을 미칠 수 있는 기기의 수정으로 간주되지 않아야 하는 특정 변경을 규정하는 규정 (EU) 2017/745의 제16조 제2항은 해당 규정의 의미 내에서 의료기기인 고위험 AI 시스템에 계속 적용되어야 한다.

Recital 85 **(Article 25: Responsibilities Along the AI Value Chain)**

제안이유 85 **(제25조: AI 가치 사슬에 따른 책임 분배)**

General-purpose AI systems may be used as high-risk AI systems by themselves or be components of other high-risk AI systems. Therefore, due to their particular nature and in order to ensure a fair

범용 AI 시스템은 그 자체로 고위험 AI 시스템으로 사용되거나 다른 고위험 AI 시스템의 구성요소로 사용될 수 있다. 따라서 이러한 시스템의 특별한 성격을 고려하고 AI 가치 사슬을 따라 책임의 공정한 분담을

sharing of responsibilities along the AI value chain, the providers of such systems should, irrespective of whether they may be used as high-risk AI systems as such by other providers or as components of high-risk AI systems and unless provided otherwise under this Regulation, closely cooperate with the providers of the relevant high-risk AI systems to enable their compliance with the relevant obligations under this Regulation and with the competent authorities established under this Regulation.

보장하기 위해, 이러한 시스템의 제공자는 다른 제공자에 의해 그 자체로 고위험 AI 시스템으로 사용되거나 고위험 AI 시스템의 구성요소로 사용될 수 있는지 여부와 관계없이, 본 규정에서 달리 규정하지 않는 한, 관련 고위험 AI 시스템의 제공자들이 본 규정에 따른 관련 의무를 준수할 수 있도록 하고 본 규정에 따라 설립된 관할 당국과 긴밀히 협력해야 한다.

Recital 86
(Article 25: Responsibilities Along the AI Value Chain)

제안이유 86
(제25조: AI 가치 사슬에 따른 책임 분배)

Where, under the conditions laid down in this Regulation, the provider that initially placed the AI system on the market or put it into service should no longer be considered to be the provider for the purposes of this Regulation, and when that provider has not expressly excluded the change of the AI system into a high-risk AI system, the former provider should nonetheless closely cooperate and make available the necessary information and provide the reasonably expected technical access and other assistance that are required for the fulfilment of the obligations set out in this Regulation, in particular regarding the compliance with the conformity assessment of high-risk AI systems.

본 규정에 규정된 조건에 따라, AI 시스템을 최초로 시장에 출시하거나 서비스에 투입한 제공자가 본 규정의 목적상 더 이상 제공자로 간주되지 않아야 하는 경우, 그리고 해당 제공자가 AI 시스템을 고위험 AI 시스템으로 변경하는 것을 명시적으로 배제하지 않은 경우,

이전 제공자는 그럼에도 불구하고 긴밀히 협력하고 필요한 정보를 제공하며, 특히 고위험 AI 시스템의 적합성 평가 준수와 관련하여 본 규정에 명시된 의무 이행에 필요한 합리적으로 기대되는 기술적 접근과 기타 지원을 제공해야 한다.

Recital 87
(Article 25: Responsibilities Along the AI Value Chain)

제안이유 87
(제25조: AI 가치 사슬에 따른 책임 분배)

In addition, where a high-risk AI system

또한, 새로운 입법 프레임워크에 기초한 유

that is a safety component of a product which falls within the scope of Union harmonisation legislation based on the New Legislative Framework is not placed on the market or put into service independently from the product, the product manufacturer defined in that legislation should comply with the obligations of the provider established in this Regulation and should, in particular, ensure that the AI system embedded in the final product complies with the requirements of this Regulation.

럽연합 조화 법률의 적용 범위에 해당하는 제품의 안전 구성요소인 고위험 AI 시스템이 제품과 독립적으로 시장에 출시되거나 서비스에 투입되지 않는 경우, 해당 법률에서 정의된 제품 제조업자는 본 규정에 규정된 제공자의 의무를 준수해야 하며, 특히 최종 제품에 내장된 AI 시스템이 본 규정의 요구사항을 준수하도록 보장해야 한다.

(This Recital outlines the scope of the regulation concerning high-risk AI systems that are integrated into products covered by sector-specific legislation under the New Legislative Framework (NLF) in the European Union. The New Legislative Framework encompasses a set of rules for placing products on the EU market. It includes regulations such as directives for specific product categories, like machinery, medical devices, toys, etc. These directives establish requirements for the safety and conformity of products within their respective sectors.

(이 제정이유(Recital)는 유럽연합의 새로운 입법 프레임워크(NLF) 하의 부문별 법률이 적용되는 제품에 통합된 고위험 AI 시스템에 관한 규정의 범위를 설명하고 있다. 새로운 입법 프레임워크는 유럽연합 시장에 제품을 출시하기 위한 일련의 규칙을 포함한다.

여기에는 기계류, 의료기기, 완구 등과 같은 특정 제품 범주에 대한 지침을 포함한 규정이 포함된다. 이러한 지침들은 각 부문 내 제품의 안전성과 적합성에 대한 요구사항을 수립하고 있다.

The "product manufacturer" referred to here is the entity responsible for producing the final product, which includes an AI system as a safety component. This entity falls under the definition provided by the relevant sector-specific legislation within the New Legislative Framework.

여기서 언급된 "제품 제조업자"는 AI 시스템을 안전 구성요소로 포함하는 최종 제품의 생산을 책임지는 주체이다. 이 주체는 새로운 입법 프레임워크 내의 관련 부문별 법률에서 제공하는 정의에 해당한다.

So, in essence, the product manufacturers within the scope of the EU AI Act are those who produce products covered by

따라서 본질적으로, 유럽연합 인공지능법의 적용 범위에 해당하는 제품 제조업자는 새로운 입법 프레임워크 하의 부문별 법률이 적

sector-specific legislation under the New Legislative Framework, and these products incorporate high-risk AI systems as safety components. These manufacturers are obligated to ensure that the AI systems embedded in their final products comply with the requirements set forth by the EU AI Act.)

용되는 제품을 생산하고, 이러한 제품이 안전 구성요소로서 고위험 AI 시스템을 포함하는 제조업자를 말한다.
이러한 제조업자들은 자신들의 최종 제품에 내장된 AI 시스템이 유럽연합 인공지능법이 정한 요구사항을 준수하도록 보장할 의무가 있다.)

Recital 88
(Article 25: Responsibilities Along the AI Value Chain)

제안이유 88
(제25조: AI 가치 사슬에 따른 책임 분배)

Along the AI value chain multiple parties often supply AI systems, tools and services but also components or processes that are incorporated by the provider into the AI system with various objectives, including the model training, model retraining, model testing and evaluation, integration into software, or other aspects of model development. Those parties have an important role to play in the value chain towards the provider of the high-risk AI system into which their AI systems, tools, services, components or processes are integrated, and should provide by written agreement this provider with the necessary information, capabilities, technical access and other assistance based on the generally acknowledged state of the art, in order to enable the provider to fully comply with the obligations set out in this Regulation, without compromising their own intellectual property rights or trade secrets.

AI 가치 사슬을 따라 여러 당사자들이 모델 학습, 모델 재학습, 모델 테스트 및 평가, 소프트웨어로의 통합, 또는 모델 개발의 기타 측면을 포함한 다양한 목적으로 제공자가 AI 시스템에 통합하는 AI 시스템, 도구 및 서비스뿐만 아니라 구성요소나 프로세스도 자주 공급한다.

이러한 당사자들은 자신들의 AI 시스템, 도구, 서비스, 구성요소 또는 프로세스가 통합되는 고위험 AI 시스템의 제공자를 향한 가치 사슬에서 중요한 역할을 수행하며, 자신들의 지식재산권이나 영업 비밀을 침해하지 않으면서 제공자가 본 규정에 규정된 의무를 완전히 준수할 수 있도록 하기 위해, 일반적으로 인정된 최신 기술 수준에 기초하여 필요한 정보, 역량, 기술적 접근 및 기타 지원을 서면 계약을 통해 이 제공자에게 제공해야 한다.

Recital 89
(Article 25: Responsibilities Along the AI Value Chain)

제안이유 89
(제25조: AI 가치 사슬에 따른 책임 분배)

Third parties making accessible to the public tools, services, processes, or AI

범용 AI 모델을 제외한 도구, 서비스, 프로세스 또는 AI 구성요소를 대중에게 제공하

components other than general-purpose AI models, should not be mandated to comply with requirements targeting the responsibilities along the AI value chain, in particular towards the provider that has used or integrated them, when those tools, services, processes, or AI components are made accessible under a free and open-source licence. Developers of free and open-source tools, services, processes, or AI components other than general-purpose AI models should be encouraged to implement widely adopted documentation practices, such as model cards and data sheets, as a way to accelerate information sharing along the AI value chain, allowing the promotion of trustworthy AI systems in the Union.

는 제3자는, 해당 도구, 서비스, 프로세스 또는 AI 구성요소가 무료 오픈소스 라이선스 하에 제공될 경우, 특히 이를 사용하거나 통합한 제공자에 대한 AI 가치 사슬에 따른 책임 요구사항을 준수할 의무가 없다.

범용 AI 모델을 제외한 무료 오픈소스 도구, 서비스, 프로세스 또는 AI 구성요소의 개발자들은 모델 카드와 데이터 시트와 같은 널리 채택된 문서화 관행을 구현하도록 권장되어야 한다. 이는 AI 가치 사슬을 따라 정보 공유를 가속화하는 방법이 되며, 이를 통해 유럽연합 내 신뢰할 수 있는 AI 시스템의 발전을 촉진할 수 있다.

Recital 90
(Article 25: Responsibilities Along the AI Value Chain)

제안이유 90
(제25조: AI 가치 사슬에 따른 책임 분배)

The Commission could develop and recommend voluntary model contractual terms between providers of high-risk AI systems and third parties that supply tools, services, components or processes that are used or integrated in high-risk AI systems, to facilitate the cooperation along the value chain. When developing voluntary model contractual terms, the Commission should also take into account possible contractual requirements applicable in specific sectors or business cases.

집행위원회는 고위험 AI 시스템의 제공자와, 이러한 고위험 AI 시스템에서 사용되거나 통합되는 도구, 서비스, 구성요소 또는 프로세스를 공급하는 제3자 간의 자발적 계약 모델 조항을 개발하고 권장할 수 있다. 이는 가치 사슬을 따라 협력을 촉진하기 위한 것이다. 집행위원회는 자발적 계약 모델 조항을 개발할 때, 특정 부문이나 비즈니스 사례에 적용될 수 있는 잠재적 계약 요구사항도 고려해야 한다.

Recital 91
(Article 26: Obligations of Deployers of High-Risk AI Systems)

제안이유 91
(제26조: 고위험 AI시스템 배치 책임자의 의무)

Given the nature of AI systems and the risks to safety and fundamental rights

AI 시스템의 특성과 그 사용에 따른 안전 및 기본권에 대한 잠재적 위험을 고려할

possibly associated with their use, including as regards the need to ensure proper monitoring of the performance of an AI system in a real-life setting, it is appropriate to set specific responsibilities for deployers. Deployers should in particular take appropriate technical and organisational measures to ensure they use high-risk AI systems in accordance with the instructions of use and certain other obligations should be provided for with regard to monitoring of the functioning of the AI systems and with regard to record-keeping, as appropriate. Furthermore, deployers should ensure that the persons assigned to implement the instructions for use and human oversight as set out in this Regulation have the necessary competence, in particular an adequate level of AI literacy, training and authority to properly fulfil those tasks. Those obligations should be without prejudice to other deployer obligations in relation to high-risk AI systems under Union or national law.

때, 특히 실제 환경에서 AI 시스템의 성능을 적절히 모니터링해야 할 필요성을 포함하여, 배치 책임자에 대한 특정 책임을 설정하는 것이 적절하다.

배치 책임자는 특히 사용 지침에 따라 고위험 AI 시스템을 사용할 수 있도록 적절한 기술적, 조직적 조치를 취해야 하며, AI 시스템의 기능 모니터링과 관련하여, 그리고 필요한 경우 기록 보관과 관련하여 특정한 의무사항들이 제공되어야 한다.

또한, 배치 책임자는 본 규정에 명시된 사용 지침과 인간의 관리·감독을 이행하도록 지정된 사람들이 이러한 업무를 적절히 수행하는 데 필요한 역량, 특히 적절한 수준의 AI 리터러시(이해역량), 교육 및 권한을 갖추도록 보장해야 한다. 이러한 의무사항들은 유럽연합 또는 국가 법률에 따른 고위험 AI 시스템과 관련된 다른 배치 책임자 의무에 영향을 미치지 않아야 한다.

Recital 92
(Article 26: Obligations of Deployers of High-Risk AI Systems)

This Regulation is without prejudice to obligations for employers to inform or to inform and consult workers or their representatives under Union or national law and practice, including Directive 2002/14/EC of the European Parliament and of the Council[39], on decisions to put into service or use AI systems. It remains necessary to ensure information of workers and their representatives on the planned deployment of high-risk AI systems at the workplace where the conditions for

제안이유 92
(제26조: 고위험 AI시스템 배치 책임자의 의무)

본 규정은 유럽 의회와 이사회의 지침 2002/14/EC를 포함하여, AI 시스템을 도입하거나 사용하기로 한 결정에 대해 유럽연합 또는 국가 법률 및 관행에 따라 근로자나 그 대표자들에게 정보를 제공하거나 정보를 제공하고 협의해야 하는 사용자의 의무에 영향을 미치지 않는다.
다른 법적 문서에서 이러한 정보 제공 또는 정보 제공 및 협의 의무에 대한 조건이 충족되지 않은 경우, 작업장에서 고위험 AI 시스템의 계획된 배치에 대해 근로자와 그 대표자들에게 정보를 제공하도록 보장할 필

those information or information and consultation obligations in other legal instruments are not fulfilled. Moreover, such information right is ancillary and necessary to the objective of protecting fundamental rights that underlies this Regulation. Therefore, an information requirement to that effect should be laid down in this Regulation, without affecting any existing rights of workers.

요가 있다.

더욱이, 이러한 정보권은 본 규정의 근간이 되는 기본권 보호라는 목적에 부수적이며 필요한 것이다. 따라서 이를 위한 정보 제공 요구사항은 근로자의 기존 권리에 영향을 미치지 않으면서 본 규정에 규정되어야 한다.

Recital 93
(Article 26: Obligations of Deployers of High-Risk AI Systems)
(Article 27: Fundamental Rights Impact Assessment for High-Risk AI Systems)

Whilst risks related to AI systems can result from the way such systems are designed, risks can as well stem from how such AI systems are used. Deployers of high-risk AI system therefore play a critical role in ensuring that fundamental rights are protected, complementing the obligations of the provider when developing the AI system. Deployers are best placed to understand how the high-risk AI system will be used concretely and can therefore identify potential significant risks that were not foreseen in the development phase, due to a more precise knowledge of the context of use, the persons or groups of persons likely to be affected, including vulnerable groups. Deployers of high-risk AI systems listed in an annex to this Regulation also play a critical role in informing natural persons and should, when they make decisions or assist in making decisions related to natural persons, where applicable, inform the natural persons that they are subject to the

제안이유 93
(제26조: 고위험 AI시스템 배치 책임자의 의무)
(제27조: 고위험 AI 시스템의 기본권 영향 평가)

AI 시스템과 관련된 위험은 이러한 시스템이 설계된 방식에서 발생할 수 있지만, AI 시스템이 사용되는 방식에서도 위험이 발생할 수 있다. 따라서 고위험 AI 시스템의 배치 책임자는 AI 시스템을 개발할 때 제공자의 의무를 보완하여 기본권이 보호되도록 하는 데 중요한 역할을 한다.

배치 책임자는 고위험 AI 시스템이 구체적으로 어떻게 사용될 것인지를 가장 잘 이해할 수 있는 위치에 있으며, 따라서 사용 맥락, 취약 계층을 포함하여 영향을 받을 가능성이 있는 개인이나 집단에 대한 더 정확한 지식을 바탕으로 개발 단계에서 예측하지 못한 잠재적인 중대한 위험을 파악할 수 있다.
본 규정의 부속서에 나열된 고위험 AI 시스템의 배치 책임자는 자연인에게 정보를 제공하는 데에도 중요한 역할을 하며, 자연인과 관련된 결정을 내리거나 결정을 지원할 때 해당되는 경우, 자연인들에게 고위험 AI 시스템의 사용 대상이 된다는 사실을 알려야 한다.

use of the high-risk AI system. This information should include the intended purpose and the type of decisions it makes. The deployer should also inform the natural persons about their right to an explanation provided under this Regulation. With regard to high-risk AI systems used for law enforcement purposes, that obligation should be implemented in accordance with Article 13 of Directive (EU) 2016/680.

이 정보에는 의도된 목적과 시스템이 내리는 결정의 유형이 포함되어야 한다. 배치 책임자는 또한 자연인에게 본 규정에 따라 제공되는 설명을 요구할 권리에 대해 알려야 한다. 법 집행 목적으로 사용되는 고위험 AI 시스템과 관련하여, 이러한 의무는 지침 (EU) 2016/680의 제13조에 따라 이행되어야 한다.

Recital 94 (Article 26: Obligations of Deployers of High-Risk AI Systems)

제안이유 94 (제26조: 고위험 AI시스템 배치 책임자의 의무)

Any processing of biometric data involved in the use of AI systems for biometric identification for the purpose of law enforcement needs to comply with Article 10 of Directive (EU) 2016/680, that allows such processing only where strictly necessary, subject to appropriate safeguards for the rights and freedoms of the data subject, and where authorised by Union or Member State law. Such use, when authorised, also needs to respect the principles laid down in Article 4 (1) of Directive (EU) 2016/680 including lawfulness, fairness and transparency, purpose limitation, accuracy and storage limitation.

법 집행 목적의 생체인식 식별을 위한 AI 시스템 사용과 관련된 모든 생체 인식 데이터 처리는 지침 (EU) 2016/680의 제10조를 준수해야 한다. 이 조항은 엄격히 필요한 경우에만, 데이터 주체의 권리와 자유를 위한 적절한 보호장치를 전제로, 그리고 유럽연합 또는 회원국 법률에 의해 승인된 경우에만 이러한 처리를 허용한다.

승인된 경우에도 이러한 사용은 지침 (EU) 2016/680의 제4조 제1항에 규정된 원칙들을 준수해야 하며, 여기에는 합법성, 공정성과 투명성, 목적 제한, 정확성 및 저장 제한이 포함된다.

Recital 95 (Article 26: Obligations of Deployers of High-Risk AI Systems)

제안이유 95 (제26조: 고위험 AI시스템 배치 책임자의 의무)

Without prejudice to applicable Union law, in particular Regulation (EU) 2016/679 and Directive (EU) 2016/680, considering the intrusive nature of post-remote biometric identification systems, the use of post-remote biometric identification systems should be

규정 (EU) 2016/679와 지침 (EU) 2016/680을 포함한 적용 가능한 유럽연합 법률을 침해하지 않는 범위에서, 사후 원격 생체인식 시스템의 침투적 특성을 고려할 때, 사후 원격 생체인식 시스템의 사용은 보호장치의 적용을 받아야 한다.

subject to safeguards. Post-remote biometric identification systems should always be used in a way that is proportionate, legitimate and strictly necessary, and thus targeted, in terms of the individuals to be identified, the location, temporal scope and based on a closed data set of legally acquired video footage. In any case, post-remote biometric identification systems should not be used in the framework of law enforcement to lead to indiscriminate surveillance. The conditions for post-remote biometric identification should in any case not provide a basis to circumvent the conditions of the prohibition and strict exceptions for real time remote biometric identification.

사후 원격 생체인식 시스템은 항상 식별될 개인, 위치, 시간적 범위와 관련하여 비례적이고, 합법적이며, 엄격히 필요한 방식으로, 즉 표적화된 방식으로 사용되어야 하며, 합법적으로 획득된 영상 자료의 폐쇄된 데이터셋을 기반으로 해야 한다. 어떤 경우에도 법 집행의 맥락에서 사후 원격 생체인식 시스템을 무차별적 감시로 이어지는 방식으로 사용해서는 안 된다.

사후 원격 생체인식에 대한 조건은 어떤 경우에도 실시간 원격 생체인식에 대한 금지와 엄격한 예외 조건을 우회하는 근거가 되어서는 안 된다.

Recital 96
(Article 27: Fundamental Rights Impact Assessment for High-Risk AI Systems)

제안이유 96
(제27조: 고위험 AI 시스템의 기본권 영향평가)

In order to efficiently ensure that fundamental rights are protected, deployers of high-risk AI systems that are bodies governed by public law, or private entities providing public services and deployers of certain high-risk AI systems listed in an annex to this Regulation, such as banking or insurance entities, should carry out a fundamental rights impact assessment prior to putting it into use. Services important for individuals that are of public nature may also be provided by private entities. Private entities providing such public services are linked to tasks in the public interest such as in the areas of education, healthcare, social services, housing, administration of justice. The aim of the fundamental rights impact assessment is for the deployer to identify the specific

기본권이 효과적으로 보호되도록 하기 위해, 공법의 적용을 받는 기관이나 공공 서비스를 제공하는 민간 단체인 고위험 AI 시스템의 배치 책임자, 그리고 본 규정의 부속서에 나열된 특정 고위험 AI 시스템(은행이나 보험 기관 등)의 배치 책임자는 시스템을 사용하기 전에 기본권 영향평가를 수행해야 한다.

개인에게 중요한 공공적 성격의 서비스는 민간 단체에 의해서도 제공될 수 있다. 이러한 공공 서비스를 제공하는 민간 단체들은 교육, 의료, 사회 서비스, 주거, 사법 행정과 같은 분야에서 공익과 관련된 업무와 연결되어 있다.
기본권 영향평가의 목적은 배치 책임자가 영향을 받을 가능성이 있는 개인이나 집단의 권리에 대한 구체적인 위험을 파악하고,

risks to the rights of individuals or groups of individuals likely to be affected, identify measures to be taken in the case of a materialisation of those risks. The impact assessment should be performed prior to deploying the high-risk AI system, and should be updated when the deployer considers that any of the relevant factors have changed. The impact assessment should identify the deployer's relevant processes in which the high-risk AI system will be used in line with its intended purpose, and should include a description of the period of time and frequency in which the system is intended to be used as well as of specific categories of natural persons and groups who are likely to be affected in the specific context of use. The assessment should also include the identification of specific risks of harm likely to have an impact on the fundamental rights of those persons or groups. While performing this assessment, the deployer should take into account information relevant to a proper assessment of the impact, including but not limited to the information given by the provider of the high-risk AI system in the instructions for use. In light of the risks identified, deployers should determine measures to be taken in the case of a materialisation of those risks, including for example governance arrangements in that specific context of use, such as arrangements for human oversight according to the instructions of use or, complaint handling and redress procedures, as they could be instrumental in mitigating risks to fundamental rights in concrete use-cases. After performing that impact assessment, the deployer should

이러한 위험이 현실화될 경우 취해야 할 조치를 식별하는 것이다. 영향평가는 고위험 AI 시스템을 배치하기 전에 수행되어야 하며, 배치 책임자가 관련 요소 중 어느 하나라도 변경되었다고 판단할 경우 업데이트되어야 한다.

영향평가는 의도된 목적에 따라 고위험 AI 시스템이 사용될 배치 책임자의 관련 프로세스를 식별해야 하며, 시스템이 사용될 것으로 예상되는 기간과 빈도, 그리고 특정 사용 맥락에서 영향을 받을 가능성이 있는 자연인과 집단의 구체적인 범주에 대한 설명을 포함해야 한다. 평가에는 또한 이러한 사람들이나 집단의 기본권에 영향을 미칠 가능성이 있는 구체적인 피해 위험의 식별이 포함되어야 한다.

이 평가를 수행하는 동안, 배치 책임자는 고위험 AI 시스템 제공자가 사용 지침에서 제공한 정보를 포함하되 이에 국한되지 않는, 적절한 영향 평가에 관련된 정보를 고려해야 한다. 식별된 위험에 비추어, 배치 책임자는 이러한 위험이 현실화될 경우 취해야 할 조치를 결정해야 하는데, 여기에는 예를 들어 사용 지침에 따른 인간의 관리·감독을 위한 방안이나 불만 처리 및 시정 절차와 같이 구체적인 사용 사례에서 기본권에 대한 위험을 완화하는 데 도움이 될 수 있는 해당 사용 맥락에서의 거버넌스 방안이 포함된다.

영향평가를 수행한 후, 배치 책임자는 관련 시장 감시 당국에 이를 통보해야 한다. 적

notify the relevant market surveillance authority. Where appropriate, to collect relevant information necessary to perform the impact assessment, deployers of high-risk AI system, in particular when AI systems are used in the public sector, could involve relevant stakeholders, including the representatives of groups of persons likely to be affected by the AI system, independent experts, and civil society organisations in conducting such impact assessments and designing measures to be taken in the case of materialisation of the risks. The European Artificial Intelligence Office (AI Office) should develop a template for a questionnaire in order to facilitate compliance and reduce the administrative burden for deployers.

절한 경우, 영향평가 수행에 필요한 관련 정보를 수집하기 위해, 특히 AI 시스템이 공공 부문에서 사용될 때 고위험 AI 시스템의 배치 책임자는 이러한 영향평가를 수행하고 위험이 현실화될 경우 취해야 할 조치를 설계하는 데 있어 AI 시스템의 영향을 받을 가능성이 있는 집단의 대표자, 독립적인 전문가, 시민사회 단체를 포함한 관련 이해관계자들을 참여시킬 수 있다.

유럽 AI 사무국(AI Office)은 배치 책임자들의 규정 준수를 용이하게 하고 행정적 부담을 줄이기 위해 설문지 템플릿을 개발해야 한다.

Recital 97
(Article 3: Definitions)

The notion of general-purpose AI models should be clearly defined and set apart from the notion of AI systems to enable legal certainty. The definition should be based on the key functional characteristics of a general-purpose AI model, in particular the generality and the capability to competently perform a wide range of distinct tasks. These models are typically trained on large amounts of data, through various methods, such as self-supervised, unsupervised or reinforcement learning. General-purpose AI models may be placed on the market in various ways, including through libraries, application programming interfaces (APIs), as direct download, or as physical copy. These models may be further modified or fine-tuned into new models. Although AI models are essential

제안이유 97
(제3조: 정의)

법적 확실성을 보장하기 위해 범용 AI 모델의 개념은 AI 시스템의 개념과 명확히 구분되어 정의되어야 한다. 이 정의는 범용 AI 모델의 주요 기능적 특성, 특히 일반성과 광범위한 서로 다른 작업을 능숙하게 수행할 수 있는 능력을 기반으로 해야 한다.

이러한 모델들은 일반적으로 자기 지도, 비지도 또는 강화 학습과 같은 다양한 방법을 통해 대량의 데이터로 학습된다. 범용 AI 모델은 라이브러리, 응용 프로그래밍 인터페이스(API), 직접 다운로드 또는 물리적 복사본 등 다양한 방식으로 시장에 출시될 수 있다. 이러한 모델은 새로운 모델로 추가 수정되거나 미세 조정될 수 있다.

AI 모델이 AI 시스템의 필수 구성 요소이기

components of AI systems, they do not constitute AI systems on their own. AI models require the addition of further components, such as for example a user interface, to become AI systems. AI models are typically integrated into and form part of AI systems. This Regulation provides specific rules for general-purpose AI models and for general-purpose AI models that pose systemic risks, which should apply also when these models are integrated or form part of an AI system. It should be understood that the obligations for the providers of general-purpose AI models should apply once the general-purpose AI models are placed on the market. When the provider of a general-purpose AI model integrates an own model into its own AI system that is made available on the market or put into service, that model should be considered to be placed on the market and, therefore, the obligations in this Regulation for models should continue to apply in addition to those for AI systems. The obligations laid down for models should in any case not apply when an own model is used for purely internal processes that are not essential for providing a product or a service to third parties and the rights of natural persons are not affected. Considering their potential significantly negative effects, the general-purpose AI models with systemic risk should always be subject to the relevant obligations under this Regulation. The definition should not cover AI models used before their placing on the market for the sole purpose of research, development and prototyping activities. This is without prejudice to the obligation to comply with

는 하지만, 그 자체로는 AI 시스템을 구성하지 않는다. AI 모델이 AI 시스템이 되기 위해서는 예를 들어 사용자 인터페이스와 같은 추가 구성 요소가 필요하다. AI 모델은 일반적으로 AI 시스템에 통합되어 그 일부를 형성한다. 본 규정은 범용 AI 모델과 시스템 리스크를 초래하는 범용 AI 모델에 대한 특정 규칙을 제공하며, 이는 이러한 모델이 AI 시스템에 통합되거나 그 일부를 형성할 때에도 적용되어야 한다.

범용 AI 모델 제공자에 대한 의무는 범용 AI 모델이 시장에 출시되는 시점부터 적용되는 것으로 이해되어야 한다. 범용 AI 모델의 제공자가 자체 모델을 시장에 출시되거나 서비스되는 자체 AI 시스템에 통합할 때, 해당 모델은 시장에 출시된 것으로 간주되어야 하며, 따라서 AI 시스템에 대한 의무 외에도 모델에 대한 본 규정의 의무가 계속 적용되어야 한다.

모델에 대한 의무는 제3자에게 제품이나 서비스를 제공하는 데 필수적이지 않고 자연인의 권리에 영향을 미치지 않는 순수한 내부 프로세스에 자체 모델이 사용되는 경우에는 적용되지 않아야 한다.

잠재적으로 심각한 부정적 영향을 고려할 때, 시스템 리스크가 있는 범용 AI 모델은 항상 본 규정에 따른 관련 의무의 적용을 받아야 한다.
이 정의는 연구, 개발 및 프로토타입 제작 활동의 유일한 목적으로 시장 출시 전에 사용되는 AI 모델은 포함하지 않아야 한다. 이는 이러한 활동 이후에 모델이 시장에 출시될 때 본 규정을 준수해야 하는 의무에는 영향을 미치지 않는다.

this Regulation when, following such activities, a model is placed on the market.

Recital 98
(Article 3: Definitions)

Whereas the generality of a model could, inter alia, also be determined by a number of parameters, models with at least a billion of parameters and trained with a large amount of data using self-supervision at scale should be considered to display significant generality and to competently perform a wide range of distinctive tasks.

제안이유 98
(제3조: 정의)

모델의 범용성은 여러 매개변수에 의해 결정될 수도 있는데, 최소 10억 개의 매개변수를 가지고 대규모 자기 지도 학습을 통해 대량의 데이터로 학습된 모델은 상당한 범용성을 보여주고 광범위한 고유한 작업을 능숙하게 수행할 수 있는 것으로 간주되어야 한다.

Recital 99
(Article 3: Definitions)

Large generative AI models are a typical example for a general-purpose AI model, given that they allow for flexible generation of content, such as in the form of text, audio, images or video, that can readily accommodate a wide range of distinctive tasks.

제안이유 99
(제3조: 정의)

대규모 생성형 AI 모델은 텍스트, 오디오, 이미지 또는 비디오 형태의 콘텐츠를 유연하게 생성할 수 있고 광범위한 고유 작업을 쉽게 수용할 수 있다는 점에서 범용 AI 모델의 대표적인 예시이다.

Recital 100
(Article 3: Definitions)

When a general-purpose AI model is integrated into or forms part of an AI system, this system should be considered to be general-purpose AI system when, due to this integration, this system has the capability to serve a variety of purposes. A general-purpose AI system can be used directly, or it may be integrated into other AI systems.

제안이유 100
(제3조: 정의)

범용 AI 모델이 AI 시스템에 통합되거나 그 일부를 구성할 때, 이러한 통합으로 인해 해당 시스템이 다양한 목적을 수행할 수 있는 능력을 가지게 되면 이 시스템은 범용 AI 시스템으로 간주되어야 한다. 범용 AI 시스템은 직접 사용되거나 다른 AI 시스템에 통합될 수 있다.

Recital 101
(Article 53: Obligations for Providers of General-Purpose AI Models)
(Annex XI: Technical Documentation Referred to in Article 53(1), Point (a) - Technical Documentation for Providers of General-Purpose AI Models)
(Annex XII: Transparency Information Referred to in Article 53(1), Point (b) - Technical Documentation for Providers of General-Purpose AI Models to Downstream Providers that Integrate the Model into Their AI System)

제안이유 101
(제53조: 범용 AI 모델 제공자의 의무)
(부속서XI: 제53조 제1항 (a)호에서 언급된 기술문서-범용 AI 모델 공급자를 위한 기술문서)
(부속서XII: 제53조 제1항 (b)호에서 언급된 투명성 정보-AI 시스템에 모델을 통합하는 하위 공급만 제공자를 위한 범용 AI 모델 제공자의 기술문서)

Providers of general-purpose AI models have a particular role and responsibility along the AI value chain, as the models they provide may form the basis for a range of downstream systems, often provided by downstream providers that necessitate a good understanding of the models and their capabilities, both to enable the integration of such models into their products, and to fulfil their obligations under this or other regulations. Therefore, proportionate transparency measures should be laid down, including the drawing up and keeping up to date of documentation, and the provision of information on the general-purpose AI model for its usage by the downstream providers. Technical documentation should be prepared and kept up to date by the general-purpose AI model provider for the purpose of making it available, upon request, to the AI Office and the national competent authorities. The minimal set of elements to be included in such documentation should be set out in specific annexes to this Regulation. The Commission should be empowered to amend those annexes by means of delegated acts in light of evolving technological

범용 AI 모델의 제공자들은 AI 가치 사슬에서 특별한 역할과 책임을 가진다. 이는 그들이 제공하는 모델이 다양한 하위 시스템의 기반이 될 수 있기 때문이며, 이러한 하위 시스템은 종종 해당 모델을 자신들의 제품에 통합하고 본 규정이나 다른 규정에 따른 의무를 이행하기 위해 모델과 그 기능에 대한 충분한 이해가 필요한 하위 공급망 제공자들에 의해 제공된다.

따라서, 문서화의 작성 및 업데이트, 그리고 하위 제공자들의 사용을 위한 범용 AI 모델에 대한 정보 제공을 포함한 비례적인 투명성 조치가 수립되어야 한다.

범용 AI 모델 제공자는 AI 사무국과 국가 관할 당국의 요청에 따라 제공할 수 있도록 기술 문서를 작성하고 최신 상태로 유지해야 한다. 이러한 문서에 포함되어야 하는 최소한의 요소들의 집합은 본 규정의 특정 부속서에 명시되어야 한다.

집행위원회는 기술 발전에 비추어 위임 법률을 통해 이러한 부속서를 수정할 수 있는 권한을 가져야 한다.

developments.

Recital 102
(Article 53: Obligations for Providers of General-Purpose AI Models)

Software and data, including models, released under a free and open-source licence that allows them to be openly shared and where users can freely access, use, modify and redistribute them or modified versions thereof, can contribute to research and innovation in the market and can provide significant growth opportunities for the Union economy. General-purpose AI models released under free and open-source licences should be considered to ensure high levels of transparency and openness if their parameters, including the weights, the information on the model architecture, and the information on model usage are made publicly available. The licence should be considered to be free and open-source also when it allows users to run, copy, distribute, study, change and improve software and data, including models under the condition that the original provider of the model is credited, the identical or comparable terms of distribution are respected.

제안이유 102
(제53조: 범용 AI 모델 제공자의 의무)

사용자가 자유롭게 접근, 사용, 수정 및 재배포하거나 수정된 버전을 재배포할 수 있도록 허용하는 무료 오픈소스 라이선스 하에 공개된 모델을 포함한 소프트웨어와 데이터는 시장의 연구와 혁신에 기여할 수 있으며, 유럽연합 경제에 상당한 성장 기회를 제공할 수 있다.

무료 오픈소스 라이선스 하에 공개된 범용 AI 모델은 가중치를 포함한 매개변수, 모델 아키텍처에 대한 정보, 그리고 모델 사용에 대한 정보가 공개적으로 제공되는 경우 높은 수준의 투명성과 개방성을 보장하는 것으로 간주되어야 한다.

라이선스는 원래 모델 제공자에 대한 크레딧이 제공되고, 동일하거나 유사한 배포 조건이 존중된다는 조건 하에서 사용자가 소프트웨어와 데이터(모델 포함)를 실행, 복사, 배포, 연구, 변경 및 개선할 수 있도록 허용할 때도 무료 오픈소스로 간주되어야 한다.

Recital 103
(Article 53: Obligations for Providers of General-Purpose AI Models)

Free and open-source AI components covers the software and data, including models and general-purpose AI models, tools, services or processes of an AI system. Free and open-source AI components can be provided through different channels, including their development on

제안이유 103
(제53조: 범용 AI 모델 제공자의 의무)

무료 오픈소스 AI 구성요소는 AI 시스템의 소프트웨어와 데이터(모델 및 범용 AI 모델 포함), 도구, 서비스 또는 프로세스를 포함한다. 무료 오픈소스 AI 구성요소는 공개 저장소에서의 개발을 포함한 다양한 채널을 통해 제공될 수 있다.

open repositories. For the purposes of this Regulation, AI components that are provided against a price or otherwise monetised, including through the provision of technical support or other services, including through a software platform, related to the AI component, or the use of personal data for reasons other than exclusively for improving the security, compatibility or interoperability of the software, with the exception of transactions between microenterprises, should not benefit from the exceptions provided to free and open-source AI components. The fact of making AI components available through open repositories should not, in itself, constitute a monetisation.

본 규정의 목적상, 가격을 받고 제공되거나 AI 구성요소와 관련된 기술 지원이나 기타 서비스(소프트웨어 플랫폼을 통한 서비스 포함)를 통해, 또는 소프트웨어의 보안, 호환성 또는 상호운용성을 개선하기 위한 목적으로만 사용되는 경우를 제외한 개인정보의 사용을 통해 수익화되는 AI 구성요소는 영세기업 간의 거래를 제외하고 무료 오픈소스 AI 구성요소에 제공되는 예외 적용 혜택을 받지 못해야 한다.

공개 저장소를 통해 AI 구성요소를 제공하는 것 자체는 수익화를 구성하지 않아야 한다.

Recital 104
(Article 53: Obligations for Providers of General-Purpose AI Models)

The providers of general-purpose AI models that are released under a free and opensource licence, and whose parameters, including the weights, the information on the model architecture, and the information on model usage, are made publicly available should be subject to exceptions as regards the transparency-related requirements imposed on general-purpose AI models, unless they can be considered to present a systemic risk, in which case the circumstance that the model is transparent and accompanied by an open-source license should not be considered to be a sufficient reason to exclude compliance with the obligations under this Regulation. In any case, given that the release of general-purpose AI models under free and open-source licence does not necessarily

제안이유 104
(제53조: 범용 AI 모델 제공자의 의무)

무료 오픈소스 라이선스로 공개되고, 가중치를 포함한 매개변수, 모델 아키텍처에 대한 정보, 그리고 모델 사용에 대한 정보가 공개적으로 제공되는 범용 AI 모델의 제공자들은 범용 AI 모델에 부과되는 투명성 관련 요구사항과 관련하여 예외의 적용을 받아야 한다. 단, 시스템 리스크를 나타내는 것으로 간주될 수 있는 경우는 제외되며, 이 경우 모델이 투명하고 오픈소스 라이선스가 수반된다는 사실이 본 규정에 따른 의무 준수를 제외하는 충분한 이유로 간주되어서는 안 된다.

어떤 경우에도, 무료 오픈소스 라이선스 하에 범용 AI 모델을 공개하는 것이 모델의 학습이나 미세 조정에 사용된 데이터셋에

reveal substantial information on the data set used for the training or fine-tuning of the model and on how compliance of copyright law was thereby ensured, the exception provided for general-purpose AI models from compliance with the transparency-related requirements should not concern the obligation to produce a summary about the content used for model training and the obligation to put in place a policy to comply with Union copyright law, in particular to identify and comply with the reservation of rights pursuant to Article 4(3) of Directive (EU) 2019/790 of the European Parliament and of the Council[40].

대한 실질적인 정보와 저작권법 준수가 어떻게 보장되었는지에 대한 정보를 반드시 공개하는 것은 아니므로, 투명성 관련 요구사항 준수에서 범용 AI 모델에 제공되는 예외는 모델 학습에 사용된 콘텐츠에 대한 요약을 작성할 의무와 유럽연합 저작권법을 준수하기 위한 정책을 수립할 의무, 특히 유럽 의회와 이사회의 지침 (EU) 2019/790의 제4조 제3항에 따른 권리의 유보를 식별하고 준수할 의무에는 적용되지 않아야 한다.

Recital 105
(Article 53: Obligations for Providers of General-Purpose AI Models)

General-purpose AI models, in particular large generative AI models, capable of generating text, images, and other content, present unique innovation opportunities but also challenges to artists, authors, and other creators and the way their creative content is created, distributed, used and consumed. The development and training of such models require access to vast amounts of text, images, videos, and other data. Text and data mining techniques may be used extensively in this context for the retrieval and analysis of such content, which may be protected by copyright and related rights. Any use of copyright protected content requires the authorisation of the rightsholder concerned unless relevant copyright exceptions and limitations apply. Directive (EU) 2019/790 introduced exceptions and limitations

제안이유 105
(제53조: 범용 AI 모델 제공자의 의무)

텍스트, 이미지 및 기타 콘텐츠를 생성할 수 있는 범용 AI 모델, 특히 대규모 생성형 AI 모델은 독특한 혁신 기회를 제공하지만, 예술가, 저작자 및 기타 창작자들과 그들의 창작 콘텐츠가 생성, 배포, 사용 및 소비되는 방식에도 도전과제를 제시한다.

이러한 모델의 개발과 학습에는 방대한 양의 텍스트, 이미지, 비디오 및 기타 데이터에 대한 접근이 필요하다. 이러한 맥락에서 저작권과 관련 권리로 보호될 수 있는 콘텐츠의 검색과 분석을 위해 텍스트 및 데이터 마이닝 기술이 광범위하게 사용될 수 있다. 저작권으로 보호되는 콘텐츠의 사용은 관련 저작권 예외와 제한이 적용되지 않는 한 해당 권리 보유자의 허가가 필요하다.

지침 (EU) 2019/790은 특정 조건 하에서 텍스트 및 데이터 마이닝 목적으로 저작물

allowing reproductions and extractions of works or other subject matter, for the purpose of text and data mining, under certain conditions. Under these rules, rightsholders may choose to reserve their rights over their works or other subject matter to prevent text and data mining, unless this is done for the purposes of scientific research. Where the rights to opt out has been expressly reserved in an appropriate manner, providers of general-purpose AI models need to obtain an authorisation from rightsholders if they want to carry out text and data mining over such works.

이나 기타 대상물의 복제 및 추출을 허용하는 예외와 제한을 도입하고 있다. 이러한 규칙에 따라, 권리 보유자는 과학적 연구 목적이 아닌 한 텍스트 및 데이터 마이닝을 방지하기 위해 자신의 저작물이나 기타 대상물에 대한 권리 행사를 제한할 수 있다.

권리 행사를 제한하겠다는 선택이 적절한 방식으로 명시적으로 표현된 경우, 범용 AI 모델의 제공자는 해당 저작물에 대해 텍스트 및 데이터 마이닝을 수행하고자 한다면 권리 보유자로부터 허가를 받아야 한다.

Recital 106 (Article 53: Obligations for Providers of General-Purpose AI Models)

제안이유 106 (제53조: 범용 AI 모델 제공자의 의무)

Providers that place general-purpose AI models on the Union market should ensure compliance with the relevant obligations in this Regulation. To that end, providers of general-purpose AI models should put in place a policy to comply with Union law on copyright and related rights, in particular to identify and comply with the reservation of rights expressed by rightsholders pursuant to Article 4(3) of Directive (EU) 2019/790. Any provider placing a general-purpose AI model on the Union market should comply with this obligation, regardless of the jurisdiction in which the copyright-relevant acts underpinning the training of those general-purpose AI models take place. This is necessary to ensure a level playing field among providers of general-purpose AI models where no provider should be able to gain a competitive advantage in the Union

유럽연합 시장에 범용 AI 모델을 출시하는 제공자들은 본 규정의 관련 의무사항을 준수하도록 보장해야 한다. 이를 위해 범용 AI 모델의 제공자들은 유럽연합의 저작권 및 관련 권리에 관한 법률을 준수하기 위한 정책을 수립해야 하며, 특히 지침 (EU) 2019/790의 제4조 제3항에 따라 권리 보유자들이 표명한 권리의 유보를 식별하고 준수해야 한다.

유럽연합 시장에 범용 AI 모델을 출시하는 모든 제공자는 해당 범용 AI 모델의 학습을 뒷받침하는 저작권 관련 행위가 이루어지는 관할권에 관계없이 이 의무를 준수해야 한다.

이는 어떤 제공자도 유럽연합에서 제공되는 것보다 낮은 저작권 기준을 적용함으로써 유럽연합 시장에서 경쟁 우위를 얻을 수 없도록 하여, 범용 AI 모델 제공자들 간의 공정한 경쟁의 장을 보장하기 위해 필요하다.

market by applying lower copyright standards than those provided in the Union.

Recital 107
(Article 53: Obligations for Providers of General-Purpose AI Models)

제안이유 107
(제53조: 범용 AI 모델 제공자의 의무)

In order to increase transparency on the data that is used in the pre-training and training of general-purpose AI models, including text and data protected by copyright law, it is adequate that providers of such models draw up and make publicly available a sufficiently detailed summary of the content used for training the general-purpose AI model. While taking into due account the need to protect trade secrets and confidential business information, this summary should be generally comprehensive in its scope instead of technically detailed to facilitate parties with legitimate interests, including copyright holders, to exercise and enforce their rights under Union law, for example by listing the main data collections or sets that went into training the model, such as large private or public databases or data archives, and by providing a narrative explanation about other data sources used. It is appropriate for the AI Office to provide a template for the summary, which should be simple, effective, and allow the provider to provide the required summary in narrative form.

저작권법으로 보호되는 텍스트와 데이터를 포함하여, 범용 AI 모델의 사전 학습 및 학습에 사용되는 데이터에 대한 투명성을 높이기 위해, 이러한 모델의 제공자들이 범용 AI 모델 학습에 사용된 콘텐츠에 대해 충분히 상세한 요약을 작성하고 공개적으로 제공하는 것이 적절하다.

영업 비밀과 기밀 사업 정보를 보호해야 할 필요성을 충분히 고려하면서도, 이 요약은 저작권 보유자를 포함한 정당한 이해관계가 있는 당사자들이 유럽연합 법률에 따른 자신들의 권리를 행사하고 집행할 수 있도록 하기 위해, 예를 들어 대규모 민간 또는 공공 데이터베이스나 데이터 아카이브와 같이 모델 학습에 사용된 주요 데이터 수집물이나 세트를 나열하고 사용된 다른 데이터 출처에 대한 서술적 설명을 제공하는 등, 기술적으로 상세하기보다는 범위 면에서 일반적으로 포괄적이어야 한다.

AI 사무국이 요약을 위한 템플릿을 제공하는 것이 적절하며, 이 템플릿은 단순하고 효과적이어야 하며 제공자가 서술 형식으로 필요한 요약을 제공할 수 있도록 해야 한다.

Recital 108
(Article 53: Obligations for Providers of General-Purpose AI Models)

제안이유 108
(제53조: 범용 AI 모델 제공자의 의무)

With regard to the obligations imposed on providers of general-purpose AI models to put in place a policy to comply with

유럽연합 저작권법을 준수하기 위한 정책을 수립하고 학습에 사용된 콘텐츠의 요약을 공개적으로 제공하도록 범용 AI 모델 제공

Union copyright law and make publicly available a summary of the content used for the training, the AI Office should monitor whether the provider has fulfilled those obligations without verifying or proceeding to a work-bywork assessment of the training data in terms of copyright compliance. This Regulation does not affect the enforcement of copyright rules as provided for under Union law.

자들에게 부과된 의무와 관련하여, AI 사무국은 저작권 준수에 대한 학습 데이터의 건별 평가를 수행하거나 확인하지 않고도 제공자가 이러한 의무를 이행했는지 여부를 모니터링해야 한다. 본 규정은 유럽연합 법률에 규정된 저작권 규칙의 집행에 영향을 미치지 않는다.

Recital 109
(Article 53: Obligations for Providers of General-Purpose AI Models)

Compliance with the obligations applicable to the providers of general-purpose AI models should be commensurate and proportionate to the type of model provider, excluding the need for compliance for persons who develop or use models for nonprofessional or scientific research purposes, who should nevertheless be encouraged to voluntarily comply with these requirements. Without prejudice to Union copyright law, compliance with those obligations should take due account of the size of the provider and allow simplified ways of compliance for SMEs, including start-ups, that should not represent an excessive cost and not discourage the use of such models. In the case of a modification or fine-tuning of a model, the obligations for providers of general-purpose AI models should be limited to that modification or fine-tuning, for example by complementing the already existing technical documentation with information on the modifications, including new training data sources, as a means to comply with the value chain obligations provided in

제안이유 109
(제53조: 범용 AI 모델 제공자의 의무)

범용 AI 모델 제공자에게 적용되는 의무 준수는 모델 제공자의 유형에 상응하고 비례해야 하며, 비전문적 목적이나 과학적 연구 목적으로 모델을 개발하거나 사용하는 사람들에 대해서는 준수의 필요성에서 제외하되, 이들은 자발적으로 이러한 요구사항들을 준수하도록 장려되어야 한다.

유럽연합 저작권법을 침해하지 않는 범위에서, 이러한 의무 준수는 제공자의 규모를 충분히 고려해야 하며, 스타트업을 포함한 중소기업들을 위해 과도한 비용이 들지 않고 이러한 모델의 사용을 저해하지 않는 단순화된 준수 방식을 허용해야 한다.

모델의 수정이나 미세 조정의 경우, 범용 AI 모델 제공자에 대한 의무는 해당 수정이나 미세 조정으로 제한되어야 하는데, 예를 들어 본 규정에서 제공하는 가치 사슬 의무를 준수하는 수단으로서, 새로운 학습 데이터 소스를 포함한 수정 사항에 대한 정보로 기존의 기술 문서를 보완하는 것이 이에 해당한다.

this Regulation.

Recital 110
(Article 3: Definitions)
(Article 51: Classification of General-Purpose AI Models as General-Purpose AI Models with Systemic Risk)

General-purpose AI models could pose systemic risks which include, but are not limited to, any actual or reasonably foreseeable negative effects in relation to major accidents, disruptions of critical sectors and serious consequences to public health and safety; any actual or reasonably foreseeable negative effects on democratic processes, public and economic security; the dissemination of illegal, false, or discriminatory content. Systemic risks should be understood to increase with model capabilities and model reach, can arise along the entire lifecycle of the model, and are influenced by conditions of misuse, model reliability, model fairness and model security, the level of autonomy of the model, its access to tools, novel or combined modalities, release and distribution strategies, the potential to remove guardrails and other factors. In particular, international approaches have so far identified the need to pay attention to risks from potential intentional misuse or unintended issues of control relating to alignment with human intent; chemical, biological, radiological, and nuclear risks, such as the ways in which barriers to entry can be lowered, including for weapons development, design acquisition, or use; offensive cyber capabilities, such as the ways in vulnerability discovery, exploitation, or operational use can be enabled; the effects

제안이유 110
(제3조: 정의)
(제51조: 범용 AI 모델의 시스템 리스크에 따른 범용 AI 모델의 분류)

범용 AI 모델은 다음에 해당되는 시스템 리스크를 포함할 수 있다: 주요 사고, 핵심 분야의 중단 및 공중 보건과 안전에 대한 심각한 결과와 관련된 실제적 또는 합리적으로 예견 가능한 부정적 영향; 민주적 절차, 공공 및 경제 안보에 대한 실제적 또는 합리적으로 예견 가능한 부정적 영향; 불법적, 허위 또는 차별적 콘텐츠의 유포. 다만, 범용 AI 모델의 시스템 리스크의 유형은 위에 열거한 예시에 국한되지는 않는다.
시스템 리스크는 모델 능력과 모델 도달 범위에 따라 증가하는 것으로 이해되어야 하며, 모델의 전체 수명 주기에 걸쳐 발생할 수 있고, 오용 조건, 모델 신뢰성, 모델 공정성 및 모델 보안, 모델의 자율성 수준, 도구에 대한 접근, 새로운 또는 결합된 양식, 출시 및 배포 전략, 보호장치 제거 가능성 및 기타 요인들의 영향을 받는다.

특히, 국제적 접근방식은 지금까지 다음과 같은 위험에 주의를 기울일 필요성을 확인해 왔다:

- 인간의 의도와의 정렬과 관련된 잠재적 의도적 오용 또는 의도하지 않은 통제 문제로 인한 위험;
- 무기 개발, 설계 획득 또는 사용을 포함하여 진입 장벽이 낮아질 수 있는 방식 등의 화학적, 생물학적, 방사선 및 핵 위험;
- 취약점 발견, 악용 또는 운영상 사용이 가능해질 수 있는 방식 등의 공격적 사이버 능력;

of interaction and tool use, including for example the capacity to control physical systems and interfere with critical infrastructure; risks from models of making copies of themselves or 'selfreplicating' or training other models; the ways in which models can give rise to harmful bias and discrimination with risks to individuals, communities or societies; the facilitation of disinformation or harming privacy with threats to democratic values and human rights; risk that a particular event could lead to a chain reaction with considerable negative effects that could affect up to an entire city, an entire domain activity or an entire community.

- 예를 들어 물리적 시스템을 제어하고 핵심 기반시설을 방해하는 능력을 포함한 상호작용 및 도구 사용의 영향;
- 모델이 자기복제를 하거나 다른 모델을 학습시키는 모델로 인한 위험;
- 개인, 공동체 또는 사회에 대한 위험을 수반하는 유해한 편향과 차별을 야기할 수 있는 방식;
- 민주적 가치와 인권에 대한 위협을 동반하는 허위정보의 조장 또는 프라이버시 침해;
- 특정 사건이 도시 전체, 전체 영역 활동 또는 전체 공동체에까지 영향을 미칠 수 있는 상당한 부정적 영향을 수반하는 연쇄 반응을 초래할 수 있는 위험;

Recital 111
(Article 51: Classification of General-Purpose AI Models as General-Purpose AI Models with Systemic Risk)
(Annex XIII: Criteria for the Designation of General-Purpose AI models with Systemic Risk Referred to in Article 51)

제안이유 111
(제51조: 범용 AI 모델의 시스템 리스크에 따른 범용 AI 모델의 분류)
(부속서XIII: 시스템 리스크를 가진 범용 AI 모델 지정 기준)

It is appropriate to establish a methodology for the classification of general-purpose AI models as general-purpose AI model with systemic risks. Since systemic risks result from particularly high capabilities, a general-purpose AI model should be considered to present systemic risks if it has high-impact capabilities, evaluated on the basis of appropriate technical tools and methodologies, or significant impact on the internal market due to its reach. High-impact capabilities in general-purpose AI models means capabilities that match or exceed the capabilities recorded in the most advanced general-purpose AI models. The full range of capabilities in a model

범용 AI 모델을 시스템 리스크가 있는 범용 AI 모델로 분류하기 위한 방법론을 수립하는 것이 적절하다. 시스템 리스크는 특별히 높은 능력으로부터 발생하므로, 범용 AI 모델이 적절한 기술적 도구와 방법론을 기반으로 평가된 고출력 성능을 보유하거나 도달 범위로 인해 역내 시장에 상당한 영향을 미치는 경우, 해당 모델은 시스템 리스크를 가진 것으로 간주되어야 한다. 범용 AI 모델에서의 높은 영향력을 가진 능력이란 가장 진보된 범용 AI 모델에서 기록된 능력과 일치하거나 이를 초과하는 능력을 의미한다.

모델의 전체 능력 범위는 시장 출시 후 또

could be better understood after its placing on the market or when deployers interact with the model. According to the state of the art at the time of entry into force of this Regulation, the cumulative amount of computation used for the training of the general-purpose AI model measured in floating point operations is one of the relevant approximations for model capabilities. The cumulative amount of computation used for training includes the computation used across the activities and methods that are intended to enhance the capabilities of the model prior to deployment, such as pre-training, synthetic data generation and finetuning. Therefore, an initial threshold of floating point operations should be set, which, if met by a general-purpose AI model, leads to a presumption that the model is a general-purpose AI model with systemic risks. This threshold should be adjusted over time to reflect technological and industrial changes, such as algorithmic improvements or increased hardware efficiency, and should be supplemented with benchmarks and indicators for model capability. To inform this, the AI Office should engage with the scientific community, industry, civil society and other experts. Thresholds, as well as tools and benchmarks for the assessment of high-impact capabilities, should be strong predictors of generality, its capabilities and associated systemic risk of general-purpose AI models, and could take into account the way the model will be placed on the market or the number of users it may affect. To complement this system, there should be a possibility for the Commission to take individual decisions

는 배치 책임자가 모델과 상호작용할 때 더 잘 이해될 수 있다. 본 규정의 발효 시점의 최신 기술 수준에 따르면, 부동소수점 연산으로 측정된 범용 AI 모델 학습에 사용된 누적 연산량이 모델 능력을 나타내는 관련 근사치 중 하나이다.

학습에 사용된 누적 연산량에는 사전 학습, 합성 데이터 생성 및 미세 조정과 같이 배포 전 모델의 능력을 향상시키기 위한 활동과 방법에 사용된 연산이 포함된다. 따라서 범용 AI 모델이 충족할 경우 해당 모델이 시스템 리스크가 있는 범용 AI 모델이라는 추정으로 이어지는 부동소수점 연산의 초기 임계값이 설정되어야 한다.

이 임계값은 알고리즘 개선이나 하드웨어 효율성 증가와 같은 기술적, 산업적 변화를 반영하기 위해 시간이 지남에 따라 조정되어야 하며, 모델 능력에 대한 벤치마크와 지표로 보완되어야 한다.
이를 알리기 위해 AI 사무국은 과학계, 산업계, 시민사회 및 기타 전문가들과 협력해야 한다. 고출력 성능 평가를 위한 임계값과 도구 및 벤치마크는 범용 AI 모델의 일반성, 능력 및 관련 시스템 리스크에 대한 강력한 예측 지표가 되어야 하며, 모델이 시장에 출시될 방식이나 영향을 받을 수 있는 사용자 수를 고려할 수 있다.

이 시스템을 보완하기 위해, 집행위원회가 특정 모델이 설정된 임계값에 의해 포착된 것과 동등한 성능이나 영향력을 가지고 있

designating a general-purpose AI model as a general-purpose AI model with systemic risk if it is found that such model has capabilities or an impact equivalent to those captured by the set threshold. That decision should be taken on the basis of an overall assessment of the criteria for the designation of a general-purpose AI model with systemic risk set out in an annex to this Regulation, such as quality or size of the training data set, number of business and end users, its input and output modalities, its level of autonomy and scalability, or the tools it has access to. Upon a reasoned request of a provider whose model has been designated as a general-purpose AI model with systemic risk, the Commission should take the request into account and may decide to reassess whether the general-purpose AI model can still be considered to present systemic risks.

다고 판단될 경우, 해당 범용 AI 모델을 시스템 리스크가 있는 범용 AI 모델로 지정하는 개별 결정을 내릴 수 있는 가능성이 있어야 한다.
그러한 결정은 학습 데이터셋의 품질이나 크기, 비즈니스 및 최종 사용자 수, 입력 및 출력 양식, 자율성 및 확장성 수준, 또는 접근 가능한 도구와 같이 본 규정의 부속서에 명시된 시스템 리스크가 있는 범용 AI 모델 지정 기준의 전반적인 평가를 기반으로 이루어져야 한다.

자신의 모델이 시스템 리스크가 있는 범용 AI 모델로 지정된 제공자의 합리적인 요청이 있을 경우, 집행위원회는 해당 요청을 고려해야 하며 해당 범용 AI 모델이 여전히 시스템 리스크를 나타내는 것으로 간주될 수 있는지 재평가하기로 결정할 수 있다.

Recital 112
(Article 52: Procedure)

It is also necessary to clarify a procedure for the classification of a general-purpose AI model with systemic risks. A general-purpose AI model that meets the applicable threshold for high-impact capabilities should be presumed to be a general-purpose AI models with systemic risk. The provider should notify the AI Office at the latest two weeks after the requirements are met or it becomes known that a general-purpose AI model will meet the requirements that lead to the presumption. This is especially relevant in relation to the threshold of floating point operations because training of general-purpose AI

제안이유 112
(제52조: 절차)

시스템 리스크가 있는 범용 AI 모델의 분류 절차를 명확히 하는 것도 필요하다. 고출력 성능에 대한 해당 임계값을 충족하는 범용 AI 모델은 시스템 리스크가 있는 범용 AI 모델로 추정되어야 한다.

제공자는 요구사항이 충족되거나 범용 AI 모델이 이러한 추정으로 이어지는 요구사항을 충족하게 될 것이 알려진 후 늦어도 2주 이내에 AI 사무국에 통보해야 한다.

이는 특히 부동소수점 연산의 임계값과 관련하여 중요한데, 범용 AI 모델의 학습에는 컴퓨팅 자원의 사전 할당을 포함한 상당한

models takes considerable planning which includes the upfront allocation of compute resources and, therefore, providers of general-purpose AI models are able to know if their model would meet the threshold before the training is completed. In the context of that notification, the provider should be able to demonstrate that, because of its specific characteristics, a general-purpose AI model exceptionally does not present systemic risks, and that it thus should not be classified as a general-purpose AI model with systemic risks. That information is valuable for the AI Office to anticipate the placing on the market of general-purpose AI models with systemic risks and the providers can start to engage with the AI Office early on. That information is especially important with regard to general-purpose AI models that are planned to be released as open-source, given that, after the open-source model release, necessary measures to ensure compliance with the obligations under this Regulation may be more difficult to implement.

계획이 필요하므로, 범용 AI 모델의 제공자들은 학습이 완료되기 전에 자신들의 모델이 임계값을 충족할지 여부를 알 수 있기 때문이다.

해당 통보의 맥락에서, 제공자는 특정 특성으로 인해 범용 AI 모델이 예외적으로 시스템 리스크를 나타내지 않으며, 따라서 시스템 리스크가 있는 범용 AI 모델로 분류되어서는 안 된다는 것을 입증할 수 있어야 한다.

해당 정보는 AI 사무국이 시스템 리스크가 있는 범용 AI 모델의 시장 출시를 예측하는 데 있어 가치가 있으며, 제공자들은 조기에 AI 사무국과 협력을 시작할 수 있다. 이 정보는 특히 오픈소스로 공개될 계획인 범용 AI 모델과 관련하여 중요한데, 이는 오픈소스 모델이 공개된 후에는 본 규정에 따른 의무 준수를 보장하기 위한 필요한 조치들의 이행이 더 어려워질 수 있기 때문이다.

Recital 113
(Article 52: Procedure)

If the Commission becomes aware of the fact that a general-purpose AI model meets the requirements to classify as a general-purpose AI model with systemic risk, which previously had either not been known or of which the relevant provider has failed to notify the Commission, the Commission should be empowered to designate it so. A system of qualified alerts should ensure that the AI Office is made aware by the scientific panel of general-purpose AI

제안이유 113
(제52조: 절차)

만약 집행위원회가 이전에 알려지지 않았거나 관련 제공자가 집행위원회에 통보하지 않은, 시스템 리스크가 있는 범용 AI 모델로 분류되기 위한 요구사항을 충족하는 범용 AI 모델의 존재를 알게 되는 경우, 집행위원회는 이를 그렇게 지정할 권한을 가져야 한다.

AI 사무국의 모니터링 활동에 더하여, 적격 경보 시스템은 과학 패널이 시스템 리스크가 있는 범용 AI 모델로 분류되어야 할 가

models that should possibly be classified as general-purpose AI models with systemic risk, in addition to the monitoring activities of the AI Office.

능성이 있는 범용 AI 모델을 AI 사무국에 알리도록 보장해야 한다.

Recital 114
(Article 55: Obligations for Providers of General-Purpose AI Models with Systemic Risk)

The providers of general-purpose AI models presenting systemic risks should be subject, in addition to the obligations provided for providers of general-purpose AI models, to obligations aimed at identifying and mitigating those risks and ensuring an adequate level of cybersecurity protection, regardless of whether it is provided as a standalone model or embedded in an AI system or a product. To achieve those objectives, this Regulation should require providers to perform the necessary model evaluations, in particular prior to its first placing on the market, including conducting and documenting adversarial testing of models, also, as appropriate, through internal or independent external testing. In addition, providers of general-purpose AI models with systemic risks should continuously assess and mitigate systemic risks, including for example by putting in place risk-management policies, such as accountability and governance processes, implementing post-market monitoring, taking appropriate measures along the entire model's lifecycle and cooperating with relevant actors along the AI value chain.

제안이유 114
(제55조: 시스템 리스크가 있는 범용 AI 모델 제공자의 의무)

시스템 리스크를 나타내는 범용 AI 모델의 제공자들은 독립형 모델로 제공되든 AI 시스템이나 제품에 내장되어 제공되든 관계없이, 범용 AI 모델 제공자들을 위해 규정된 의무 외에도 이러한 위험을 식별하고 완화하며 적절한 수준의 사이버 보안 보호를 보장하는 것을 목적으로 하는 의무의 적용을 받아야 한다.

이러한 목적을 달성하기 위해, 본 규정은 제공자들이 시장에 최초로 출시하기 전에 특히 적절한 경우 내부 또는 독립적인 외부 테스트를 통해 모델의 적대적 테스트를 수행하고 문서화하는 것을 포함하여 필요한 모델 평가를 수행하도록 요구해야 한다.

또한, 시스템 리스크가 있는 범용 AI 모델의 제공자들은 예를 들어 책임성과 거버넌스 프로세스와 같은 위험 관리 정책을 수립하고, 시장 출시 후 모니터링을 이행하며, 모델의 전체 수명 주기에 걸쳐 적절한 조치를 취하고, AI 가치 사슬을 따라 관련 행위자들과 협력하는 등의 방법으로 시스템 리스크를 지속적으로 평가하고 완화해야 한다.

Recital 115 **(Article 55: Obligations for Providers of General-Purpose AI Models with Systemic Risk)**	**제안이유 115 (제55조: 시스템 리스크가 있는 범용 AI 모델 제공자의 의무)**
Providers of general-purpose AI models with systemic risks should assess and mitigate possible systemic risks. If, despite efforts to identify and prevent risks related to a general-purpose AI model that may present systemic risks, the development or use of the model causes a serious incident, the general-purpose AI model provider should without undue delay keep track of the incident and report any relevant information and possible corrective measures to the Commission and national competent authorities. Furthermore, providers should ensure an adequate level of cybersecurity protection for the model and its physical infrastructure, if appropriate, along the entire model lifecycle. Cybersecurity protection related to systemic risks associated with malicious use or attacks should duly consider accidental model leakage, unauthorised releases, circumvention of safety measures, and defence against cyberattacks, unauthorised access or model theft. That protection could be facilitated by securing model weights, algorithms, servers, and data sets, such as through operational security measures for information security, specific cybersecurity policies, adequate technical and established solutions, and cyber and physical access controls, appropriate to the relevant circumstances and the risks involved.	시스템 리스크가 있는 범용 AI 모델의 제공자는 발생 가능한 시스템 리스크를 평가하고 완화해야 한다. 시스템 리스크를 초래할 수 있는 범용 AI 모델과 관련된 위험을 식별하고 예방하기 위한 노력에도 불구하고, 해당 모델의 개발이나 사용이 심각한 사고를 초래하는 경우, 범용 AI 모델 제공자는 부당한 지체 없이 해당 사고를 추적하고 관련 정보와 가능한 시정 조치를 집행위원회와 국가 관할 당국에 보고해야 한다. 또한, 제공자들은 적절한 경우 모델의 전체 수명 주기에 걸쳐 모델과 그 물리적 인프라에 대한 적절한 수준의 사이버 보안 보호를 보장해야 한다. 악의적 사용이나 공격과 관련된 시스템 리스크에 대한 사이버 보안 보호는 우발적인 모델 유출, 무단 공개, 안전조치 우회, 그리고 사이버 공격, 무단 접근 또는 모델 도난에 대한 방어를 충분히 고려해야 한다. 이러한 보호는 정보 보안을 위한 운영 보안 조치, 특정 사이버 보안 정책, 적절한 기술 및 확립된 솔루션, 그리고 관련 상황과 수반되는 위험에 적합한 사이버 및 물리적 접근 통제와 같은 방법을 통해 모델 가중치, 알고리즘, 서버 및 데이터셋을 보호함으로써 촉진될 수 있다.

Recital 116 **(Article 56: Codes of Practice)**	**제안이유 116 (제56조: 실천 강령)**
The AI Office should encourage and	AI 사무국은 국제적 접근방식을 고려하여

facilitate the drawing up, review and adaptation of codes of practice, taking into account international approaches. All providers of general-purpose AI models could be invited to participate. To ensure that the codes of practice reflect the state of the art and duly take into account a diverse set of perspectives, the AI Office should collaborate with relevant national competent authorities, and could, where appropriate, consult with civil society organisations and other relevant stakeholders and experts, including the Scientific Panel, for the drawing up of such codes. Codes of practice should cover obligations for providers of general-purpose AI models and of general-purpose AI models presenting systemic risks. In addition, as regards systemic risks, codes of practice should help to establish a risk taxonomy of the type and nature of the systemic risks at Union level, including their sources. Codes of practice should also be focused on specific risk assessment and mitigation measures.

실천 강령의 작성, 검토 및 조정을 장려하고 촉진해야 한다. 모든 범용 AI 모델 제공자들이 참여하도록 초대될 수 있다. 실천 강령이 최신 기술 수준을 반영하고 다양한 관점을 적절히 고려하도록 보장하기 위해, AI 사무국은 관련 국가 관할 당국들과 협력해야 하며, 필요한 경우 이러한 규범의 작성을 위해 시민사회 단체 및 과학 패널을 포함한 기타 관련 이해관계자와 전문가들과 협의할 수 있다.

실천 강령은 범용 AI 모델과 시스템 리스크를 나타내는 범용 AI 모델의 제공자에 대한 의무를 다뤄야 한다. 또한, 시스템 리스크와 관련하여, 실천 강령은 출처를 포함한 시스템 리스크의 유형과 성격에 대한 위험 분류 체계를 유럽연합 수준에서 수립하는 데 도움이 되어야 한다. 실천 강령은 또한 특정 위험 평가와 완화 조치에 초점을 맞추어야 한다.

Recital 117
(Article 56: Codes of Practice)

제안이유 117
(제56조: 실천 강령)

The codes of practice should represent a central tool for the proper compliance with the obligations provided for under this Regulation for providers of general-purpose AI models. Providers should be able to rely on codes of practice to demonstrate compliance with the obligations. By means of implementing acts, the Commission may decide to approve a code of practice and give it a general validity within the Union, or, alternatively, to provide common rules for the implementation of

실천 강령은 범용 AI 모델 제공자들을 위해 본 규정에 따라 규정된 의무의 적절한 준수를 위한 핵심적 도구가 되어야 한다. 제공자들은 의무 준수를 입증하기 위해 실천 강령에 의존할 수 있어야 한다.

집행위원회는 이행 법률을 통해 실천 강령을 승인하고 이를 유럽연합 내에서 일반적으로 유효하게 만들거나, 또는 본 규정이 적용되는 시점까지 실천 강령이 완성될 수 없거나 AI 사무국이 적절하지 않다고 판단

the relevant obligations, if, by the time this Regulation becomes applicable, a code of practice cannot be finalised or is not deemed adequate by the AI Office. Once a harmonised standard is published and assessed as suitable to cover the relevant obligations by the AI Office, compliance with a European harmonised standard should grant providers the presumption of conformity. Providers of general-purpose AI models should furthermore be able to demonstrate compliance using alternative adequate means, if codes of practice or harmonised standards are not available, or they choose not to rely on those.

하는 경우 관련 의무 이행을 위한 공통 규칙을 제공하기로 결정할 수 있다.

유럽 조화 표준이 발표되고 AI 사무국이 관련 의무를 다루기에 적합하다고 평가하면, 유럽 조화 표준을 준수하는 것이 제공자들에게 적합성 추정권을 부여해야 한다.

또한, 범용 AI 모델의 제공자들은 실천 강령이나 조화 표준이 없는 경우, 또는 이를 사용하지 않기로 선택한 경우에도 대체 적절한 수단을 사용하여 준수를 입증할 수 있어야 한다.

Recital 118

This Regulation regulates AI systems and AI models by imposing certain requirements and obligations for relevant market actors that are placing them on the market, putting into service or use in the Union, thereby complementing obligations for providers of intermediary services that embed such systems or models into their services regulated by Regulation (EU) 2022/2065. To the extent that such systems or models are embedded into designated very large online platforms or very large online search engines, they are subject to the risk-management framework provided for in Regulation (EU) 2022/2065. Consequently, the corresponding obligations of this Regulation should be presumed to be fulfilled, unless significant systemic risks not covered by Regulation (EU) 2022/2065 emerge and are identified in such models. Within this framework, providers of very large online platforms and very large online search engines are

제안이유 118

본 규정은 AI 시스템과 AI 모델을 유럽연합 내에서 시장에 출시하거나, 서비스에 투입하거나, 사용하는 관련 시장 행위자들에게 특정 요구사항과 의무를 부과함으로써 이를 규제하며, 이를 통해 규정 (EU) 2022/2065에 의해 규제되는 자신들의 서비스에 이러한 시스템이나 모델을 포함하는 중개 서비스 제공자에 대한 의무를 보완한다.

이러한 시스템이나 모델이 지정된 대규모 온라인 플랫폼이나 대규모 온라인 검색 엔진에 탑재되는 경우, 이들은 규정 (EU) 2022/2065에 규정된 위험 관리 프레임워크의 적용을 받는다.

따라서, 규정 (EU) 2022/2065가 다루지 않는 중대한 시스템 리스크가 발생하고 이러한 모델에서 식별되지 않는 한, 본 규정의 해당 의무는 충족된 것으로 추정되어야 한다.

이 프레임워크 내에서, 대규모 온라인 플랫폼과 대규모 온라인 검색 엔진의 제공자들은 서비스에 사용되는 알고리즘 시스템의

obliged to assess potential systemic risks stemming from the design, functioning and use of their services, including how the design of algorithmic systems used in the service may contribute to such risks, as well as systemic risks stemming from potential misuses. Those providers are also obliged to take appropriate mitigating measures in observance of fundamental rights.

설계가 이러한 위험에 기여할 수 있는 방식을 포함하여, 자신들의 서비스 설계, 기능 및 사용으로부터 발생하는 잠재적 시스템 리스크와 잠재적 오용으로부터 발생하는 시스템 리스크를 평가할 의무가 있다.

이러한 제공자들은 또한 기본권을 준수하면서 적절한 완화 조치를 취할 의무가 있다.

Recital 119

Considering the quick pace of innovation and the technological evolution of digital services in scope of different instruments of Union law in particular having in mind the usage and the perception of their recipients, the AI systems subject to this Regulation may be provided as intermediary services or parts thereof within the meaning of Regulation (EU) 2022/2065, which should be interpreted in a technology-neutral manner. For example, AI systems may be used to provide online search engines, in particular, to the extent that an AI system such as an online chatbot performs searches of, in principle, all websites, then incorporates the results into its existing knowledge and uses the updated knowledge to generate a single output that combines different sources of information.

제안이유 119

디지털 서비스의 빠른 혁신 속도와 기술적 발전을 고려할 때, 특히 수신자들의 사용과 인식을 염두에 둘 때, 다양한 유럽연합 법률 범위 내에서 본 규정의 적용을 받는 AI 시스템은 기술 중립적으로 해석되어야 하는 규정 (EU) 2022/2065의 의미 내에서 중개 서비스 또는 그 일부로 제공될 수 있다.

예를 들어, AI 시스템은 온라인 검색 엔진을 제공하는 데 사용될 수 있는데, 특히 온라인 챗봇과 같은 AI 시스템이 원칙적으로 모든 웹사이트를 검색한 다음 그 결과를 기존 지식에 통합하고 업데이트된 지식을 사용하여 서로 다른 정보 출처를 결합한 단일 산출물을 생성하는 경우가 이에 해당한다.

Recital 120

Furthermore, obligations placed on providers and deployers of certain AI systems in this Regulation to enable the detection and disclosure that the outputs of those systems are artificially generated or manipulated are particularly relevant to facilitate the

제안이유 120

더욱이, 본 규정에서 특정 AI 시스템의 제공자와 배치 책임자에게 해당 시스템의 산출물이 인공적으로 생성되거나 조작되었다는 것을 탐지하고 공개할 수 있도록 하는 의무를 부과하는 것은 규정 (EU) 2022/2065의 효과적인 이행을 촉진하는 데 특히 관련이

effective implementation of Regulation (EU) 2022/2065. This applies in particular as regards the obligations of providers of very large online platforms or very large online search engines to identify and mitigate systemic risks that may arise from the dissemination of content that has been artificially generated or manipulated, in particular risk of the actual or foreseeable negative effects on democratic processes, civic discourse and electoral processes, including through disinformation.

있다.

이는 특히 대규모 온라인 플랫폼이나 대규모 온라인 검색 엔진의 제공자들이 허위정보를 통한 경우를 포함하여 민주적 절차, 시민 담론 및 선거 절차에 대한 실제적 또는 예견 가능한 부정적 영향의 위험과 같이, 인공적으로 생성되거나 조작된 콘텐츠의 유포로 인해 발생할 수 있는 시스템 리스크를 식별하고 완화해야 하는 의무와 관련하여 적용된다.

Recital 121
(Article 40: Harmonised Standards and Standardisation Deliverables)
(Article 41: Common Specifications)

제안이유 121
(제40조: 조화 표준 및 표준화 산출물)
(제41조: 공통 사양)

Standardisation should play a key role to provide technical solutions to providers to ensure compliance with this Regulation, in line with the state of the art, to promote innovation as well as competitiveness and growth in the single market. Compliance with harmonised standards as defined in Article 2, point (1)(c), of Regulation (EU) No 1025/2012 of the European Parliament and of the Council[41], which are normally expected to reflect the state of the art, should be a means for providers to demonstrate conformity with the requirements of this Regulation. A balanced representation of interests involving all relevant stakeholders in the development of standards, in particular SMEs, consumer organisations and environmental and social stakeholders in accordance with Articles 5 and 6 of Regulation (EU) No 1025/2012 should therefore be encouraged. In order to facilitate compliance, the standardisation requests should be issued by the Commission

표준화는 최신 기술 수준에 따라 제공자들이 본 규정을 준수할 수 있도록 기술적 해결책을 제공하고, 단일 시장에서의 혁신과 경쟁력 및 성장을 촉진하는 데 핵심적인 역할을 해야 한다.

일반적으로 최신 기술 수준을 반영하는 것으로 예상되는 유럽 의회와 이사회의 규정 (EU) No 1025/2012의 제2조 제1항 (c)에 정의된 조화 표준을 준수하는 것은 제공자들이 본 규정의 요구사항에 대한 적합성을 입증하는 수단이 되어야 한다.

규정 (EU) No 1025/2012의 제5조 및 제6조에 따라 특히 중소기업, 소비자 단체, 환경 및 사회적 이해관계자를 포함한 모든 관련 이해관계자가 참여하는 표준 개발에서의 균형 잡힌 이해관계 대표성이 장려되어야 한다. 준수를 용이하게 하기 위해, 표준화 요청은 집행위원회가 부당한 지체 없이 발행해야 한다.

without undue delay. When preparing the standardisation request, the Commission should consult the advisory forum and the Board in order to collect relevant expertise. However, in the absence of relevant references to harmonised standards, the Commission should be able to establish, via implementing acts, and after consultation of the advisory forum, common specifications for certain requirements under this Regulation. The common specification should be an exceptional fall back solution to facilitate the provider's obligation to comply with the requirements of this Regulation, when the standardisation request has not been accepted by any of the European standardisation organisations, or when the relevant harmonised standards insufficiently address fundamental rights concerns, or when the harmonised standards do not comply with the request, or when there are delays in the adoption of an appropriate harmonised standard. Where such a delay in the adoption of a harmonised standard is due to the technical complexity of that standard, this should be considered by the Commission before contemplating the establishment of common specifications. When developing common specifications, the Commission is encouraged to cooperate with international partners and international standardisation bodies.

표준화 요청을 준비할 때, 집행위원회는 관련 전문지식을 수집하기 위해 자문 포럼과 이사회와 협의해야 한다. 그러나 조화 표준에 대한 관련 참조가 없는 경우, 집행위원회는 자문 포럼과 협의 후 이행 법률을 통해 본 규정에 따른 특정 요구사항에 대한 공통 사양을 수립할 수 있어야 한다.

공통 사양은 표준화 요청이 유럽 표준화 기구 중 어느 곳에서도 수락되지 않았거나, 관련 조화 표준이 기본권 문제를 충분히 다루지 않거나, 조화 표준이 요청을 준수하지 않거나, 적절한 조화 표준의 채택에 지연이 있는 경우, 제공자의 본 규정 요구사항 준수 의무를 용이하게 하기 위한 예외적인 대안 해결책이 되어야 한다.

조화 표준 채택의 지연이 해당 표준의 기술적 복잡성으로 인한 경우, 집행위원회는 공통 사양의 수립을 고려하기 전에 이를 고려해야 한다. 공통 사양을 개발할 때, 집행위원회는 국제 파트너 및 국제 표준화 기구와 협력하도록 장려된다.

Recital 122
(Article 42: Presumption of Conformity with Certain Requirements)

제안이유 122
(제42조: 특정 요구사항에 대한 적합성의 추정)

It is appropriate that, without prejudice to the use of harmonised standards and common specifications, providers of a high-risk AI system that has been trained

조화 표준과 공통 사양의 사용을 침해하지 않는 범위에서, AI 시스템이 사용될 것으로 의도된 특정 지리적, 행동적, 맥락적 또는 기능적 환경을 반영하는 데이터로 학습되고

and tested on data reflecting the specific geographical, behavioural, contextual or functional setting within which the AI system is intended to be used, should be presumed to comply with the relevant measure provided for under the requirement on data governance set out in this Regulation. Without prejudice to the requirements related to robustness and accuracy set out in this Regulation, in accordance with Article 54(3) of Regulation (EU) 2019/881, high-risk AI systems that have been certified or for which a statement of conformity has been issued under a cybersecurity scheme pursuant to that Regulation and the references of which have been published in the Official Journal of the European Union should be presumed to comply with the cybersecurity requirement of this Regulation in so far as the cybersecurity certificate or statement of conformity or parts thereof cover the cybersecurity requirement of this Regulation. This remains without prejudice to the voluntary nature of that cybersecurity scheme

테스트 된 고위험 AI 시스템의 제공자는 본 규정에 명시된 데이터 거버넌스 요구사항에 따라 제공된 관련 조치를 준수하는 것으로 추정되는 것이 적절하다.

본 규정에 명시된 견고성과 정확성 관련 요구사항을 침해하지 않는 범위에서, 규정 (EU) 2019/881의 제54조 제3항에 따라, 해당 규정에 따른 사이버보안 체계에 따라 인증을 받았거나 적합성 선언이 발행되었으며 그 참조가 유럽연합 관보에 게재된 고위험 AI 시스템은, 사이버보안 인증서나 적합성 선언 또는 그 일부가 본 규정의 사이버보안 요구사항을 다루는 한도 내에서 본 규정의 사이버보안 요구사항을 준수하는 것으로 추정되어야 한다. 이는 해당 사이버보안 체계의 자발적 성격을 침해하지 않는다.

Recital 123 (Article 43: Conformity Assessment)

제안이유 123 (제43조: 적합성 평가)

In order to ensure a high level of trustworthiness of high-risk AI systems, those systems should be subject to a conformity assessment prior to their placing on the market or putting into service.

고위험 AI 시스템의 높은 수준의 신뢰성을 보장하기 위해, 이러한 시스템들은 시장 출시나 서비스 개시 전에 적합성 평가를 받아야 한다.

Recital 124 (Article 43: Conformity Assessment)

제안이유 124 (제43조: 적합성 평가)

It is appropriate that, in order to minimise the burden on operators and avoid any

운영자의 부담을 최소화하고 가능한 중복을 피하기 위해, 새로운 입법 프레임워크를 기

possible duplication, for high-risk AI systems related to products which are covered by existing Union harmonisation legislation based on the New Legislative Framework, the compliance of those AI systems with the requirements of this Regulation should be assessed as part of the conformity assessment already provided for in that law. The applicability of the requirements of this Regulation should thus not affect the specific logic, methodology or general structure of conformity assessment under the relevant Union harmonisation legislation.

반으로 한 기존 유럽연합 조화 법률이 적용되는 제품과 관련된 고위험 AI 시스템의 경우, 본 규정의 요구사항에 대한 해당 AI 시스템의 적합성은 해당 법률에서 이미 규정된 적합성 평가의 일부로 평가되는 것이 적절하다.

따라서 본 규정의 요구사항의 적용 가능성은 관련 유럽연합 조화 법률에 따른 적합성 평가의 특정 논리, 방법론 또는 일반적 구조에 영향을 미치지 않아야 한다.

Recital 125
(Article 43: Conformity Assessment)

Given the complexity of high-risk AI systems and the risks that are associated with them, it is important to develop an adequate conformity assessment procedure for high-risk AI systems involving notified bodies, so-called third party conformity assessment. However, given the current experience of professional pre-market certifiers in the field of product safety and the different nature of risks involved, it is appropriate to limit, at least in an initial phase of application of this Regulation, the scope of application of third-party conformity assessment for high-risk AI systems other than those related to products. Therefore, the conformity assessment of such systems should be carried out as a general rule by the provider under its own responsibility, with the only exception of AI systems intended to be used for biometrics.

제안이유 125
(제43조: 적합성 평가)

고위험 AI 시스템의 복잡성과 이와 관련된 위험을 고려할 때, 인증기관(일명 제3자 적합성 평가기관)이 참여하는 고위험 AI 시스템에 대한 적절한 적합성 평가 절차를 개발하는 것이 중요하다.

그러나 제품 안전 분야에서 전문적인 시장 출시 전 인증기관의 현재 경험과, 관련된 위험의 서로 다른 특성을 고려할 때, 본 규정의 초기 적용 단계에서는 적어도 제품과 관련되지 않은 고위험 AI 시스템에 대한 제3자 적합성 평가의 적용 범위를 제한하는 것이 적절하다.

따라서 이러한 시스템의 적합성 평가는 생체인식용으로 의도된 AI 시스템을 유일한 예외로 하여, 일반적으로 제공자가 자신의 책임 하에 수행해야 한다.

Recital 126 **(Article 33: Subsidiaries of Notified Bodies and Subcontracting) (Article 43: Conformity Assessment)**	**제안이유 126 (제33조: 인증기관의 자회사 및 하청) (제43조: 적합성 평가)**
In order to carry out third-party conformity assessments when so required, notified bodies should be notified under this Regulation by the national competent authorities, provided that they comply with a set of requirements, in particular on independence, competence, absence of conflicts of interests and suitable cybersecurity requirements. Notification of those bodies should be sent by national competent authorities to the Commission and the other Member States by means of the electronic notification tool developed and managed by the Commission pursuant to Article R23 of Annex I to Decision No 768/2008/EC.	필요한 경우 제3자 적합성 평가를 수행하기 위해, 인증기관은 특히 독립성, 역량, 이해충돌의 부재 및 적절한 사이버보안 요구사항에 관한 일련의 요구사항을 준수하는 조건으로 국가 관할 당국에 의해 본 규정에 따라 통보되어야 한다. 이러한 기관의 통보는 결정문 No 768/2008/EC의 부속서 I의 제R23조에 따라 집행위원회가 개발하고 관리하는 전자 통보 도구를 통해 국가 관할 당국이 집행위원회와 다른 회원국들에게 전송해야 한다.

Recital 127 **(Article 39: Conformity Assessment Bodies of Third Countries)**	**제안이유 127 (제39조: 제3국의 적합성 평가 기관)**
In line with Union commitments under the World Trade Organization Agreement on Technical Barriers to Trade, it is adequate to facilitate the mutual recognition of conformity assessment results produced by competent conformity assessment bodies, independent of the territory in which they are established, provided that those conformity assessment bodies established under the law of a third country meet the applicable requirements of this Regulation and the Union has concluded an agreement to that extent.	기술무역장벽에 관한 세계무역기구 협정에 따른 유럽연합의 약속에 따라, 제3국 법률에 따라 설립된 적합성 평가기관이 본 규정의 해당 요구사항을 충족하고 유럽연합이 그 범위에 대해 협정을 체결한 경우, 해당 기관이 설립된 영역에 관계없이 역량 있는 적합성 평가기관이 생산한 적합성 평가 결과의 상호 인정을 촉진하는 것이 적절하다.
In this context, the Commission should actively explore possible international instruments for that purpose and in particular pursue the conclusion of	이러한 맥락에서 집행위원회는 그 목적을 위해 가능한 국제 수단을 적극적으로 모색해야 하며, 특히 제3국과의 상호 인정 협정 체결을 추진해야 한다.

mutual recognition agreements with third countries.

Recital 128
(Article 3: Definitions)
(Article 43: Conformity Assessment)

제안이유 128
(제3조: 정의)
(제43조: 적합성 평가)

In line with the commonly established notion of substantial modification for products regulated by Union harmonisation legislation, it is appropriate that whenever a change occurs which may affect the compliance of a high-risk AI system with this Regulation (e.g. change of operating system or software architecture), or when the intended purpose of the system changes, that AI system should be considered to be a new AI system which should undergo a new conformity assessment. However, changes occurring to the algorithm and the performance of AI systems which continue to 'learn' after being placed on the market or put into service, namely automatically adapting how functions are carried out, should not constitute a substantial modification, provided that those changes have been pre-determined by the provider and assessed at the moment of the conformity assessment.

유럽연합 조화 법률에 의해 규제되는 제품에 대한 일반적으로 확립된 실질적 수정의 개념에 따라, 본 규정 준수에 영향을 미칠 수 있는 고위험 AI 시스템의 변경(예: 운영체제 또는 소프트웨어 아키텍처의 변경)이 발생하거나 시스템의 의도된 목적이 변경될 때마다, 해당 AI 시스템은 새로운 적합성 평가를 받아야 하는 새로운 AI 시스템으로 간주되는 것이 적절하다.

그러나 시장 출시나 서비스 개시 후에도 '학습'을 계속하는 AI 시스템, 즉 기능이 수행되는 방식을 자동으로 조정하는 AI 시스템의 알고리즘과 그 성능에 발생하는 변경은, 그러한 변경이 제공자에 의해 사전에 결정되고 적합성 평가 시점에 평가된 경우에는 실질적 수정을 구성하지 않아야 한다.

Recital 129
(Article 48: CE Marking)

제안이유 129
(제48조: CE마크 표시)

High-risk AI systems should bear the CE marking to indicate their conformity with this Regulation so that they can move freely within the internal market. For high-risk AI systems embedded in a product, a physical CE marking should be affixed, and may be complemented by a digital CE marking. For high-risk AI systems only provided digitally, a digital

고위험 AI 시스템은 내부 시장에서 자유롭게 이동할 수 있도록 본 규정에 대한 적합성을 나타내는 CE 마크를 부착해야 한다. 제품에 탑재된 고위험 AI 시스템의 경우 물리적인 CE 마크가 부착되어야 하며, 디지털 CE 마크로 보완될 수 있다.디지털로만 제공되는 고위험 AI 시스템의 경우 디지털 CE 마크가 사용되어야 한다.

제안이유

CE marking should be used. Member States should not create unjustified obstacles to the placing on the market or the putting into service of high-risk AI systems that comply with the requirements laid down in this Regulation and bear the CE marking.

회원국들은 본 규정에 규정된 요구사항을 준수하고 CE 마크를 부착한 고위험 AI 시스템의 시장 출시나 서비스 개시에 부당한 장애물을 만들어서는 안 된다.

Recital 130
(Article 46: Derogation from Conformity Assessment Procedure)

제안이유 130
(제46조: 적합성 평가 절차의 예외)

Under certain conditions, rapid availability of innovative technologies may be crucial for health and safety of persons, the protection of the environment and climate change and for society as a whole. It is thus appropriate that under exceptional reasons of public security or protection of life and health of natural persons, environmental protection and the protection of key industrial and infrastructural assets, market surveillance authorities could authorise the placing on the market or the putting into service of AI systems which have not undergone a conformity assessment.

특정 조건에서는 혁신적 기술의 신속한 가용성이 개인의 건강과 안전, 환경 및 기후 변화 보호, 그리고 사회 전체에 매우 중요할 수 있다.
따라서 공공 안전이나 자연인의 생명과 건강 보호, 환경 보호 및 주요 산업 및 기반 시설 자산의 보호와 같은 예외적인 이유로, 시장 감시 당국이 적합성 평가를 거치지 않은 AI 시스템의 시장 출시나 서비스 개시를 허가할 수 있는 것이 적절하다.

In duly justified situations, as provided for in this Regulation, law enforcement authorities or civil protection authorities may put a specific high-risk AI system into service without the authorisation of the market surveillance authority, provided that such authorisation is requested during or after the use without undue delay.

본 규정에 규정된 대로 정당하게 입증된 상황에서, 법 집행 당국이나 민방위 당국은 시장 감시 당국의 허가 없이 특정 고위험 AI 시스템을 서비스에 투입할 수 있다. 단, 이러한 허가는 사용 중이나 사용 후에 부당한 지체 없이 요청되어야 한다는 조건이 붙는다.

Recital 131
(Article 49: Registration)
(Article 71: EU Database for High-Risk AI Systems Listed in Annex III)

제안이유 131
(제49조: 등록)
(제71조: 부속서 III에 나열된 고위험 AI 시스템을 위한 유럽연합 데이터베이스)

In order to facilitate the work of the Commission and the Member States in the

AI 분야에서 집행위원회와 회원국의 업무를 용이하게 하고 대중에 대한 투명성을 높이

AI field as well as to increase the transparency towards the public, providers of high-risk AI systems other than those related to products falling within the scope of relevant existing Union harmonisation legislation, as well as providers who consider that an AI system listed in the high-risk use cases in an annex to this Regulation is not high-risk on the basis of a derogation, should be required to register themselves and information about their AI system in an EU database, to be established and managed by the Commission. Before using an AI system listed in the high-risk use cases in an annex to this Regulation, deployers of high-risk AI systems that are public authorities, agencies or bodies, should register themselves in such database and select the system that they envisage to use. Other deployers should be entitled to do so voluntarily. This section of the EU database should be publicly accessible, free of charge, the information should be easily navigable, understandable and machine-readable. The EU database should also be user-friendly, for example by providing search functionalities, including through keywords, allowing the general public to find relevant information to be submitted upon the registration of high-risk AI systems and on the use case of high-risk AI systems, set out in an annex to this Regulation, to which the high-risk AI systems correspond. Any substantial modification of high-risk AI systems should also be registered in the EU database. For high-risk AI systems in the area of law enforcement, migration, asylum and border control management,

기 위해, 기존 유럽연합 조화 법률의 범위에 속하는 제품과 관련되지 않은 고위험 AI 시스템의 제공자와, 본 규정의 부속서에 나열된 고위험 사용 사례의 AI 시스템이 면제를 근거로 고위험이 아니라고 간주하는 제공자는 집행위원회가 설립하고 관리하는 유럽연합 데이터베이스에 자신과 자신의 AI 시스템에 대한 정보를 등록해야 한다.

본 규정의 부속서에 나열된 고위험 사용 사례의 AI 시스템을 사용하기 전에, 공공 기관, 대행 기관 또는 단체인 고위험 AI 시스템의 배치 책임자는 해당 데이터베이스에 등록하고 사용하고자 하는 시스템을 선택해야 한다. 다른 배치 책임자들은 자발적으로 이를 수행할 수 있어야 한다.

유럽연합 데이터베이스의 이 섹션은 공개적으로 접근 가능하고 무료여야 하며, 정보는 쉽게 탐색 가능하고 이해할 수 있으며 기계가 읽을 수 있어야 한다. 유럽연합 데이터베이스는 또한 키워드를 통한 검색 기능을 포함하여 사용자 친화적이어야 하며, 일반 대중이 고위험 AI 시스템의 등록 시 제출해야 할 관련 정보와 해당 고위험 AI 시스템이 상응하는 본 규정의 부속서에 명시된 고위험 AI 시스템의 사용 사례에 대한 정보를 찾을 수 있도록 해야 한다. 고위험 AI 시스템의 모든 실질적인 수정 사항도 유럽연합 데이터베이스에 등록되어야 한다.

법 집행, 이민, 망명 및 국경 통제 관리 분야의 고위험 AI 시스템의 경우, 등록 의무는 유럽연합 데이터베이스의 보안이 유지되

the registration obligations should be fulfilled in a secure nonpublic section of the EU database. Access to the secure non-public section should be strictly limited to the Commission as well as to market surveillance authorities with regard to their national section of that database. High-risk AI systems in the area of critical infrastructure should only be registered at national level. The Commission should be the controller of the EU database, in accordance with Regulation (EU) 2018/1725. In order to ensure the full functionality of the EU database, when deployed, the procedure for setting the database should include the development of functional specifications by the Commission and an independent audit report. The Commission should take into account cybersecurity risks when carrying out its tasks as data controller on the EU database. In order to maximise the availability and use of the EU database by the public, the EU database, including the information made available through it, should comply with requirements under the Directive (EU) 2019/882.

는 비공개 섹션에서 이행되어야 한다. 보안이 유지되는 비공개 섹션에 대한 접근은 해당 데이터베이스의 자국 섹션과 관련하여 집행위원회와 시장 감시 당국으로 엄격히 제한되어야 한다. 핵심 인프라 분야의 고위험 AI 시스템은 국가 차원에서만 등록되어야 한다.

집행위원회는 규정 (EU) 2018/1725에 따라 유럽연합 데이터베이스의 관리자가 되어야 한다. 유럽연합 데이터베이스가 배포될 때 완전한 기능성을 보장하기 위해, 데이터베이스 설정 절차는 집행위원회에 의한 기능 명세 개발과 독립적인 감사 보고서를 포함해야 한다. 집행위원회는 유럽연합 데이터베이스의 데이터 관리자로서 업무를 수행할 때 사이버보안 위험을 고려해야 한다.

공공의 유럽연합 데이터베이스 가용성과 사용을 최대화하기 위해, 유럽연합 데이터베이스는 이를 통해 제공되는 정보를 포함하여 지침 (EU) 2019/882의 요구사항을 준수해야 한다.

Recital 132
(Article 50: Transparency Obligations for Providers and Deployers of Certain AI Systems)

제안이유 132
(제50조: 특정 AI 시스템 및 범용 AI 모델의 제공자 및 배치 책임자에 대한 투명성 의무)

Certain AI systems intended to interact with natural persons or to generate content may pose specific risks of impersonation or deception irrespective of whether they qualify as high-risk or not. In certain circumstances, the use of these systems should therefore be subject to specific transparency obligations without prejudice

자연인과 상호작용하거나 콘텐츠를 생성하기 위한 특정 AI 시스템은 고위험으로 분류되는지 여부와 관계없이 사칭이나 기만의 특정 위험을 초래할 수 있다. 따라서 특정 상황에서 이러한 시스템의 사용은 고위험 AI 시스템에 대한 요구사항과 의무를 침해하지 않는 범위에서 특정 투명성 의무의 적용을 받아야 하며, 법 집행의 특별한 필요

to the requirements and obligations for high-risk AI systems and subject to targeted exceptions to take into account the special need of law enforcement. In particular, natural persons should be notified that they are interacting with an AI system, unless this is obvious from the point of view of a natural person who is reasonably well-informed, observant and circumspect taking into account the circumstances and the context of use. When implementing that obligation, the characteristics of natural persons belonging to vulnerable groups due to their age or disability should be taken into account to the extent the AI system is intended to interact with those groups as well.	성을 고려하기 위한 목표 지향적 예외의 적용을 받아야 한다. 특히, 자연인은 사용 상황과 맥락을 고려할 때 합리적으로 잘 알고 있고, 관찰력이 있으며 신중한 자연인의 관점에서 명백한 경우가 아닌 한, AI 시스템과 상호작용하고 있다는 사실을 통보받아야 한다. 해당 의무를 이행할 때, AI 시스템이 해당 그룹과 상호작용하도록 의도된 범위 내에서 연령이나 장애로 인한 취약 그룹에 속하는 자연인의 특성이 고려되어야 한다.
Moreover, natural persons should be notified when they are exposed to AI systems that, by processing their biometric data, can identify or infer the emotions or intentions of those persons or assign them to specific categories. Such specific categories can relate to aspects such as sex, age, hair colour, eye colour, tattoos, personal traits, ethnic origin, personal preferences and interests. Such information and notifications should be provided in accessible formats for persons with disabilities.	또한, 자연인은 생체 인식 데이터를 처리하여 해당 인물의 감정이나 의도를 식별하거나 추론할 수 있거나 특정 범주에 할당할 수 있는 AI 시스템에 노출될 때 이를 통보받아야 한다. 이러한 특정 범주는 성별, 연령, 머리카락 색상, 눈 색상, 문신, 개인적 특성, 민족적 출신, 개인적 선호도 및 관심사와 같은 측면과 관련될 수 있다. 이러한 정보와 통보는 장애인이 접근할 수 있는 형식으로 제공되어야 한다.
Recital 133 **(Article 50: Transparency Obligations for Providers and Deployers of Certain AI Systems)**	**제안이유 133** **(제50조: 특정 AI 시스템 및 범용 AI 모델의 제공자 및 배치 책임자에 대한 투명성 의무)**
A variety of AI systems can generate large quantities of synthetic content that becomes increasingly hard for humans to distinguish from human-generated and authentic content. The wide availability and increasing capabilities of those systems	다양한 AI 시스템은 인간이 생성한 진본 콘텐츠와 구별하기가 점점 더 어려워지는 대량의 합성 콘텐츠를 생성할 수 있다. 이러한 시스템의 광범위한 가용성과 증가하는 능력은 정보 생태계의 무결성과 신뢰에 상당한 영향을 미치며, 대규모의 허위 정보와

have a significant impact on the integrity and trust in the information ecosystem, raising new risks of misinformation and manipulation at scale, fraud, impersonation and consumer deception. In light of those impacts, the fast technological pace and the need for new methods and techniques to trace origin of information, it is appropriate to require providers of those systems to embed technical solutions that enable marking in a machine readable format and detection that the output has been generated or manipulated by an AI system and not a human. Such techniques and methods should be sufficiently reliable, interoperable, effective and robust as far as this is technically feasible, taking into account available techniques or a combination of such techniques, such as watermarks, metadata identifications, cryptographic methods for proving provenance and authenticity of content, logging methods, fingerprints or other techniques, as may be appropriate. When implementing this obligation, providers should also take into account the specificities and the limitations of the different types of content and the relevant technological and market developments in the field, as reflected in the generally acknowledged state of the art. Such techniques and methods can be implemented at the level of the AI system or at the level of the AI model, including general-purpose AI models generating content, thereby facilitating fulfilment of this obligation by the downstream provider of the AI system. To remain proportionate, it is appropriate to envisage that this marking obligation should not cover AI systems performing

조작, 사기, 사칭 및 소비자 기만의 새로운 위험을 초래한다.

이러한 영향과 빠른 기술 발전 속도, 그리고 정보의 출처를 추적하기 위한 새로운 방법과 기술의 필요성을 고려할 때, 이러한 시스템의 제공자들에게 산출물이 인간이 아닌 AI 시스템에 의해 생성되거나 조작되었음을 기계가 읽을 수 있는 형식으로 표시하고 감지할 수 있는 기술적 해결책을 탑재하도록 요구하는 것이 적절하다.

이러한 기술과 방법은 워터마크, 메타데이터 식별, 콘텐츠의 출처와 진위를 증명하기 위한 암호화 방법, 로깅 방법, 지문 또는 기타 적절한 기술과 같은 사용 가능한 기술이나 이러한 기술의 조합을 고려하여 기술적으로 실현 가능한 한도 내에서 충분히 신뢰할 수 있고, 상호운용 가능하며, 효과적이고 견고해야 한다. 이 의무를 이행할 때, 제공자들은 또한 일반적으로 인정되는 최신 기술 수준에 반영된대로 다양한 유형의 콘텐츠의 특수성과 제한사항, 그리고 해당 분야의 관련 기술 및 시장 발전을 고려해야 한다.

이러한 기술과 방법은 AI 시스템 수준이나 콘텐츠를 생성하는 범용 AI 모델을 포함한 AI 모델 수준에서 구현될 수 있으며, 이를 통해 AI 시스템의 하위 공급망 제공자가 이 의무를 이행하는 것을 용이하게 할 수 있다.

비례성을 유지하기 위해, 이러한 표시 의무가 표준 편집을 위한 보조 기능을 주로 수행하는 AI 시스템이나 배치 책임자가 제공한 입력 데이터 또는 그 의미론을 실질적으

primarily an assistive function for standard editing or AI systems not substantially altering the input data provided by the deployer or the semantics thereof.

로 변경하지 않는 AI 시스템에는 적용되지 않도록 하는 것이 적절하다.

Recital 134
(Article 50: Transparency Obligations for Providers and Deployers of Certain AI Systems)

Further to the technical solutions employed by the providers of the AI system, deployers who use an AI system to generate or manipulate image, audio or video content that appreciably resembles existing persons, objects, places, entities or events and would falsely appear to a person to be authentic or truthful (deep fakes), should also clearly and distinguishably disclose that the content has been artificially created or manipulated by labelling the AI output accordingly and disclosing its artificial origin. Compliance with this transparency obligation should not be interpreted as indicating that the use of the AI system or its output impedes the right to freedom of expression and the right to freedom of the arts and sciences guaranteed in the Charter, in particular where the content is part of an evidently creative, satirical, artistic, fictional or analogous work or programme, subject to appropriate safeguards for the rights and freedoms of third parties. In those cases, the transparency obligation for deep fakes set out in this Regulation is limited to disclosure of the existence of such generated or manipulated content in an appropriate manner that does not hamper the display or enjoyment of the work, including its normal exploitation and use, while maintaining the utility and quality of the

제안이유 134
(제50조: 특정 AI 시스템 및 범용 AI 모델의 제공자 및 배치 책임자에 대한 투명성 의무)

AI 시스템 제공자가 사용하는 기술적 해결책에 더하여, 기존의 인물, 물체, 장소, 실체 또는 사건과 상당히 유사하고 사람에게 진본이나 진실인 것처럼 거짓으로 보일 수 있는 이미지, 오디오 또는 비디오 콘텐츠(딥페이크)를 생성하거나 조작하기 위해 AI 시스템을 사용하는 배치 책임자는 해당 콘텐츠가 인공적으로 생성되거나 조작되었다는 사실을 AI 산출물에 적절히 라벨을 부착하고 그 인공적 출처를 공개함으로써 명확하고 구별 가능하게 공개해야 한다.
이 투명성 의무의 준수는 콘텐츠가 제3자의 권리와 자유를 위한 적절한 보호장치를 전제로 명백히 창의적, 풍자적, 예술적, 허구적 또는 유사한 작품이나 프로그램의 일부인 경우, AI 시스템이나 그 산출물의 사용이 헌장에서 보장하는 표현의 자유와 예술 및 과학의 자유에 대한 권리를 저해한다는 것을 의미하는 것으로 해석되어서는 안 된다.

이러한 경우, 딥페이크에 대한 본 규정의 투명성 의무는 작품의 효용성과 품질을 유지하면서 작품의 정상적인 활용과 사용을 포함하여 작품의 전시나 향유를 방해하지 않는 적절한 방식으로 이러한 생성되거나 조작된 콘텐츠의 존재를 공개하는 것으로 제한된다.

work. In addition, it is also appropriate to envisage a similar disclosure obligation in relation to AI-generated or manipulated text to the extent it is published with the purpose of informing the public on matters of public interest unless the AI-generated content has undergone a process of human review or editorial control and a natural or legal person holds editorial responsibility for the publication of the content.	또한, AI로 생성되거나 조작된 텍스트와 관련하여 공공의 이익과 관련된 사항에 대해 대중에게 알리기 위한 목적으로 게시되는 경우, AI 생성 콘텐츠가 인간의 검토나 편집 통제 과정을 거쳤고 자연인이나 법인이 해당 콘텐츠의 게시에 대한 편집 책임을 지지 않는 한, 유사한 공개 의무를 고려하는 것도 적절하다.
Recital 135 **(Article 50: Transparency Obligations for Providers and Deployers of Certain AI Systems)**	**제안이유** 135 **(제50조: 특정 AI 시스템 및 범용 AI 모델의 제공자 및 배치 책임자에 대한 투명성 의무)**
Without prejudice to the mandatory nature and full applicability of the transparency obligations, the Commission may also encourage and facilitate the drawing up of codes of practice at Union level to facilitate the effective implementation of the obligations regarding the detection and labelling of artificially generated or manipulated content, including to support practical arrangements for making, as appropriate, the detection mechanisms accessible and facilitating cooperation with other actors along the value chain, disseminating content or checking its authenticity and provenance to enable the public to effectively distinguish AI-generated content.	투명성 의무의 강제성과 완전한 적용 가능성을 침해하지 않는 범위에서, 집행위원회는 또한 인공적으로 생성되거나 조작된 콘텐츠의 탐지와 라벨링에 관한 의무의 효과적인 이행을 용이하게 하기 위해 유럽연합 수준의 실천 강령의 작성을 장려하고 촉진할 수 있다. 여기에는 적절한 경우 탐지 메커니즘을 접근 가능하게 만들고 대중이 AI 생성 콘텐츠를 효과적으로 구별할 수 있도록 콘텐츠를 배포하거나 그 진위와 출처를 확인하는 가치 사슬을 따라 다른 행위자들과의 협력을 촉진하기 위한 실질적인 방안을 지원하는 것이 포함된다.
Recital 136 **(Article 50: Transparency Obligations for Providers and Deployers of Certain AI Systems)**	**제안이유** 136 **(제50조: 특정 AI 시스템 및 범용 AI 모델의 제공자 및 배치 책임자에 대한 투명성 의무)**
The obligations placed on providers and deployers of certain AI systems in this Regulation to enable the detection and	본 규정에서 특정 AI 시스템의 제공자와 배치 책임자에게 해당 시스템의 산출물이 인공적으로 생성되거나 조작되었다는 것을 탐

disclosure that the outputs of those systems are artificially generated or manipulated are particularly relevant to facilitate the effective implementation of Regulation (EU) 2022/2065. This applies in particular as regards the obligations of providers of very large online platforms or very large online search engines to identify and mitigate systemic risks that may arise from the dissemination of content that has been artificially generated or manipulated, in particular the risk of the actual or foreseeable negative effects on democratic processes, civic discourse and electoral processes, including through disinformation. The requirement to label content generated by AI systems under this Regulation is without prejudice to the obligation in Article 16(6) of Regulation (EU) 2022/2065 for providers of hosting services to process notices on illegal content received pursuant to Article 16(1) of that Regulation and should not influence the assessment and the decision on the illegality of the specific content. That assessment should be performed solely with reference to the rules governing the legality of the content.

지하고 공개할 수 있도록 하는 의무를 부과하는 것은 규정 (EU) 2022/2065의 효과적인 이행을 촉진하는 데 특히 관련이 있다.

이는 특히 대규모 온라인 플랫폼이나 대규모 온라인 검색 엔진의 제공자들이 인공적으로 생성되거나 조작된 콘텐츠의 유포로 인해 발생할 수 있는 시스템 리스크, 특히 허위 정보를 통한 것을 포함하여 민주적 과정, 시민 담론 및 선거 과정에 대한 실제적이거나 예측 가능한 부정적 영향의 위험을 식별하고 완화해야 하는 의무와 관련하여 적용된다.

본 규정에 따른 AI 시스템이 생성한 콘텐츠에 라벨을 부착해야 하는 요구사항은 규정 (EU) 2022/2065의 제16조 제6항에 따른 호스팅 서비스 제공자의 의무(해당 규정의 제16조 제1항에 따라 접수된 불법 콘텐츠에 대한 통보를 처리해야 하는 의무)를 침해하지 않으며, 특정 콘텐츠의 불법성에 대한 평가와 결정에 영향을 미쳐서는 안 된다. 그러한 평가는 콘텐츠의 합법성을 규율하는 규칙만을 참조하여 수행되어야 한다.

Recital 137
(Article 50: Transparency Obligations for Providers and Deployers of Certain AI Systems)

Compliance with the transparency obligations for the AI systems covered by this Regulation should not be interpreted as indicating that the use of the AI system or its output is lawful under this Regulation or other Union and Member State law and should be without prejudice to other transparency obligations for deployers of

제안이유 137
(제50조: 특정 AI 시스템 및 범용 AI 모델의 제공자 및 배치 책임자에 대한 투명성 의무)

본 규정이 적용되는 AI 시스템에 대한 투명성 의무의 준수는 AI 시스템이나 그 산출물의 사용이 본 규정이나 기타 유럽연합 및 회원국 법률에 따라 합법적이라는 것을 나타내는 것으로 해석되어서는 안 되며, 유럽연합 또는 국가 법률에 규정된 AI 시스템 배치 책임자에 대한 다른 투명성 의무를 침해하지 않아야 한다.

제안이유

AI systems laid down in Union or national law.

Recital 138
(Article 57: AI Regulatory Sandboxes)

AI is a rapidly developing family of technologies that requires regulatory oversight and a safe and controlled space for experimentation, while ensuring responsible innovation and integration of appropriate safeguards and risk mitigation measures. To ensure a legal framework that promotes innovation, is future-proof and resilient to disruption, Member States should ensure that their national competent authorities establish at least one AI regulatory sandbox at national level to facilitate the development and testing of innovative AI systems under strict regulatory oversight before these systems are placed on the market or otherwise put into service. Member States could also fulfil this obligation through participating in already existing regulatory sandboxes or establishing jointly a sandbox with one or more Member States' competent authorities, insofar as this participation provides equivalent level of national coverage for the participating Member States. AI regulatory sandboxes could be established in physical, digital or hybrid form and may accommodate physical as well as digital products. Establishing authorities should also ensure that the AI regulatory sandboxes have the adequate resources for their functioning, including financial and human resources.

제안이유 138
(제57조: AI 규제 샌드박스)

AI는 규제 감독과 실험을 위한 안전하고 통제된 공간을 필요로 하는 빠르게 발전하는 기술군으로, 책임 있는 혁신과 적절한 보호장치 및 위험 완화 조치의 통합을 보장해야 한다.

혁신을 촉진하고, 미래에 대비하며, 혼란에 대한 회복력이 있는 법적 프레임워크를 보장하기 위해, 회원국들은 자국의 관할 당국이 AI 시스템이 시장에 출시되거나 서비스에 투입되기 전에 엄격한 규제 감독 하에 혁신적인 AI 시스템의 개발과 테스트를 용이하게 하기 위해 국가 차원에서 최소한 하나의 AI 규제 샌드박스를 설립하도록 보장해야 한다.
회원국들은 또한 이러한 참여가 참여 회원국들에게 동등한 수준의 국가적 범위를 제공하는 한, 이미 존재하는 규제 샌드박스에 참여하거나 하나 이상의 회원국 관할 당국과 공동으로 샌드박스를 설립함으로써 이 의무를 이행할 수 있다.

AI 규제 샌드박스는 물리적, 디지털 또는 하이브리드 형태로 설립될 수 있으며 물리적 제품과 디지털 제품을 모두 수용할 수 있다. 설립 당국은 또한 AI 규제 샌드박스가 재정적 및 인적 자원을 포함하여 그 기능을 위한 적절한 자원을 보유하도록 보장해야 한다.

Recital 139 **(Article 57: AI Regulatory Sandboxes) (Article 58: Detailed Arrangements for, and Functioning of, AI Regulatory Sandboxes)**	**제안이유 139 (제57조: AI 규제 샌드박스) (제58조: AI 규제 샌드박스의 세부 운영사항 및 기능)**
The objectives of the AI regulatory sandboxes should be to foster AI innovation by establishing a controlled experimentation and testing environment in the development and pre-marketing phase with a view to ensuring compliance of the innovative AI systems with this Regulation and other relevant Union and national law. Moreover, the AI regulatory sandboxes should aim to enhance legal certainty for innovators and the competent authorities' oversight and understanding of the opportunities, emerging risks and the impacts of AI use, to facilitate regulatory learning for authorities and undertakings, including with a view to future adaptions of the legal framework, to support cooperation and the sharing of best practices with the authorities involved in the AI regulatory sandbox, and to accelerate access to markets, including by removing barriers for SMEs, including start-ups. AI regulatory sandboxes should be widely available throughout the Union, and particular attention should be given to their accessibility for SMEs, including start-ups. The participation in the AI regulatory sandbox should focus on issues that raise legal uncertainty for providers and prospective providers to innovate, experiment with AI in the Union and contribute to evidence-based regulatory learning. The supervision of the AI systems in the AI regulatory sandbox should therefore cover their development, training, testing and validation before the systems	AI 규제 샌드박스의 목적은 혁신적인 AI 시스템이 본 규정 및 기타 관련 유럽연합과 국가 법률을 준수하도록 보장하기 위해 개발 및 시장 출시 전 단계에서 통제된 실험 및 테스트 환경을 구축함으로써 AI 혁신을 촉진하는 것이어야 한다. 또한, AI 규제 샌드박스는 혁신가들을 위한 법적 확실성과 관할 당국의 감독 및 AI 사용에 따른 기회, 새로운 위험, 영향에 대한 이해를 증진하고, 향후 법적 프레임워크의 조정을 고려하여 당국과 기업을 위한 규제 학습을 촉진하며, AI 규제 샌드박스에 참여하는 당국들과의 협력 및 모범 사례 공유를 지원하고, 스타트업을 포함한 중소기업의 장벽 제거를 포함하여 시장 접근을 가속화하는 것을 목표로 해야 한다. AI 규제 샌드박스는 유럽연합 전역에서 널리 이용 가능해야 하며, 스타트업을 포함한 중소기업의 접근성에 특별한 주의를 기울여야 한다. AI 규제 샌드박스 참여는 제공자와 예비 제공자들이 유럽연합에서 AI 혁신과 실험을 하고 증거 기반 규제 학습에 기여하는 데 있어 법적 불확실성을 야기하는 문제에 초점을 맞춰야 한다. 따라서 AI 규제 샌드박스에서의 AI 시스템 감독은 시스템이 시장에 출시되거나 서비스에 투입되기 전의 개발, 학습, 테스트 및 검증과 함께 새로운 적합성 평가 절차가 필요

제안이유

are placed on the market or put into service, as well as the notion and occurrence of substantial modification that may require a new conformity assessment procedure. Any significant risks identified during the development and testing of such AI systems should result in adequate mitigation and, failing that, in the suspension of the development and testing process. Where appropriate, national competent authorities establishing AI regulatory sandboxes should cooperate with other relevant authorities, including those supervising the protection of fundamental rights, and could allow for the involvement of other actors within the AI ecosystem such as national or European standardisation organisations, notified bodies, testing and experimentation facilities, research and experimentation labs, European Digital Innovation Hubs and relevant stakeholder and civil society organisations. To ensure uniform implementation across the Union and economies of scale, it is appropriate to establish common rules for the AI regulatory sandboxes' implementation and a framework for cooperation between the relevant authorities involved in the supervision of the sandboxes. AI regulatory sandboxes established under this Regulation should be without prejudice to other law allowing for the establishment of other sandboxes aiming to ensure compliance with law other than this Regulation. Where appropriate, relevant competent authorities in charge of those other regulatory sandboxes should consider the benefits of using those sandboxes also for the purpose of ensuring compliance of AI systems with this Regulation. Upon

할 수 있는 실질적 수정의 개념과 발생을 다루어야 한다. 이러한 AI 시스템의 개발과 테스트 중에 식별된 중대한 위험은 적절한 완화로 이어져야 하며, 그렇지 않을 경우 개발 및 테스트 과정이 중단되어야 한다.

적절한 경우, AI 규제 샌드박스를 설립하는 국가 관할 당국은 기본권 보호를 감독하는 당국을 포함한 다른 관련 당국들과 협력해야 하며, 국가 또는 유럽 표준화 기구, 인증기관, 테스트 및 실험 시설, 연구 및 실험 연구소, 유럽 디지털 혁신 허브, 관련 이해관계자 및 시민사회 단체와 같은 AI 생태계 내의 다른 행위자들의 참여를 허용할 수 있다.

유럽연합 전역의 통일된 이행과 규모의 경제를 보장하기 위해, AI 규제 샌드박스 이행을 위한 공통 규칙과 샌드박스 감독에 참여하는 관련 당국 간의 협력 프레임워크를 수립하는 것이 적절하다. 본 규정에 따라 설립된 AI 규제 샌드박스는 본 규정 이외의 법률 준수를 보장하기 위한 다른 샌드박스의 설립을 허용하는 다른 법률을 침해하지 않아야 한다.

적절한 경우, 다른 규제 샌드박스를 담당하는 관련 관할 당국은 본 규정에 따른 AI 시스템의 준수를 보장하기 위한 목적으로도 해당 샌드박스를 사용하는 것의 이점을 고려해야 한다. 국가 관할 당국과 AI 규제 샌드박스 참가자 간의 합의에 따라, 실제 환

agreement between the national competent authorities and the participants in the AI regulatory sandbox, testing in real world conditions may also be operated and supervised in the framework of the AI regulatory sandbox.

경에서의 테스트도 AI 규제 샌드박스 프레임워크 내에서 운영되고 감독될 수 있다.

Recital 140
(Article 59: Further Processing of Personal Data for Developing Certain AI Systems in the Public Interest in the AI Regulatory Sandbox)

제안이유 140
(제59조: 공익을 위한 특정 AI 시스템 개발을 위한 AI 규제 샌드박스에서의 개인정보 추가 처리)

This Regulation should provide the legal basis for the providers and prospective providers in the AI regulatory sandbox to use personal data collected for other purposes for developing certain AI systems in the public interest within the AI regulatory sandbox, only under specified conditions, in accordance with Article 6(4) and Article 9(2), point (g), of Regulation (EU) 2016/679, and Articles 5, 6 and 10 of Regulation (EU) 2018/1725, and without prejudice to Article 4(2) and Article 10 of Directive (EU) 2016/680. All other obligations of data controllers and rights of data subjects under Regulations (EU) 2016/679 and (EU) 2018/1725 and Directive (EU) 2016/680 remain applicable. In particular, this Regulation should not provide a legal basis in the meaning of Article 22(2), point (b) of Regulation (EU) 2016/679 and Article 24(2), point (b) of Regulation (EU) 2018/1725. Providers and prospective providers in the AI regulatory sandbox should ensure appropriate safeguards and cooperate with the competent authorities, including by following their guidance and acting expeditiously and in good faith to adequately mitigate any

본 규정은 AI 규제 샌드박스의 제공자와 예비 제공자들이 규정 (EU) 2016/679의 제6조 제4항과 제9조 제2항 (g)호, 규정 (EU) 2018/1725의 제5조, 제6조 및 제10조에 따라, 그리고 지침 (EU) 2016/680의 제4조 제2항과 제10조를 침해하지 않는 범위에서, 지정된 조건 하에서만 AI 규제 샌드박스 내에서 공익을 위한 특정 AI 시스템을 개발하기 위해 다른 목적으로 수집된 개인정보를 사용할 수 있는 법적 근거를 제공해야 한다.

규정 (EU) 2016/679와 (EU) 2018/1725 및 지침 (EU) 2016/680에 따른 데이터 관리자의 다른 모든 의무와 데이터 주체의 권리는 계속 적용된다. 특히, 본 규정은 규정 (EU) 2016/679의 제22조 제2항 (b)호와 규정 (EU) 2018/1725의 제24조 제2항 (b)호의 의미에서 법적 근거를 제공하지 않아야 한다.

AI 규제 샌드박스의 제공자와 예비 제공자들은 적절한 보호장치를 보장하고 관할 당국과 협력해야 하며, 여기에는 당국의 지침을 따르고 해당 샌드박스에서의 개발, 테스트 및 실험 중에 발생할 수 있는 안전, 보건 및 기본권에 대한 식별된 중대한 위험을 적절히 완화하기 위해 신속하고 성실하게

identified significant risks to safety, health, and fundamental rights that may arise during the development, testing and experimentation in that sandbox.

행동하는 것이 포함된다.

Recital 141
(Article 60: Testing of High-Risk AI Systems in Real World Conditions Outside AI Regulatory Sandboxes)
(Article 61: Informed Consent to Participate in Testing in Real World Conditions Outside AI Regulatory Sandboxes)

제안이유 141
(제60조: AI 규제 샌드박스 외부의 실제 환경 조건에서의 고위험 AI 시스템 테스트)
(제61조: AI 규제 샌드박스 외부의 실제 환경 조건에서의 테스트 참여에 대한 정보에 입각한 동의)

In order to accelerate the process of development and the placing on the market of the high-risk AI systems listed in an annex to this Regulation, it is important that providers or prospective providers of such systems may also benefit from a specific regime for testing those systems in real world conditions, without participating in an AI regulatory sandbox. However, in such cases, taking into account the possible consequences of such testing on individuals, it should be ensured that appropriate and sufficient guarantees and conditions are introduced by this Regulation for providers or prospective providers. Such guarantees should include, inter alia, requesting informed consent of natural persons to participate in testing in real world conditions, with the exception of law enforcement where the seeking of informed consent would prevent the AI system from being tested. Consent of subjects to participate in such testing under this Regulation is distinct from, and without prejudice to, consent of data subjects for the processing of their personal data under the relevant data protection law. It is also important to minimise the risks and enable

본 규정의 부속서에 나열된 고위험 AI 시스템의 개발과 시장 출시 과정을 가속화하기 위해, 이러한 시스템의 제공자나 예비 제공자들이 AI 규제 샌드박스에 참여하지 않고도 실제 환경 조건에서 해당 시스템을 테스트하기 위한 특정 체제의 혜택을 받을 수 있도록 하는 것이 중요하다.

그러나 이러한 경우, 그러한 테스트가 개인에게 미칠 수 있는 영향을 고려하여, 본 규정을 통해 제공자나 예비 제공자를 위한 적절하고 충분한 보장과 조건이 도입되도록 보장해야 한다.

이러한 보장에는 법 집행 시 AI 시스템의 테스트가 방해될 수 있는 경우를 제외하고, 실제 환경 조건에서의 테스트에 참여하기 위한 자연인의 사전 동의 요청이 포함되어야 한다. 본 규정에 따른 테스트 참여에 대한 대상자의 동의는 관련 데이터보호법에 따른 개인정보 처리에 대한 데이터 주체의 동의와는 구별되며 이를 침해하지 않는다.

또한 위험을 최소화하고 관할 당국의 감독을 가능하게 하는 것이 중요하므로, 예비

oversight by competent authorities and therefore require prospective providers to have a real-world testing plan submitted to competent market surveillance authority, register the testing in dedicated sections in the EU database subject to some limited exceptions, set limitations on the period for which the testing can be done and require additional safeguards for persons belonging to certain vulnerable groups, as well as a written agreement defining the roles and responsibilities of prospective providers and deployers and effective oversight by competent personnel involved in the real world testing. Furthermore, it is appropriate to envisage additional safeguards to ensure that the predictions, recommendations or decisions of the AI system can be effectively reversed and disregarded and that personal data is protected and is deleted when the subjects have withdrawn their consent to participate in the testing without prejudice to their rights as data subjects under the Union data protection law. As regards transfer of data, it is also appropriate to envisage that data collected and processed for the purpose of testing in real-world conditions should be transferred to third countries only where appropriate and applicable safeguards under Union law are implemented, in particular in accordance with bases for transfer of personal data under Union law on data protection, while for non-personal data appropriate safeguards are put in place in accordance with Union law, such as Regulations (EU) 2022/868[42] and (EU) 2023/2854[43] of the European Parliament and of the Council.

제공자들에게 다음을 요구해야 한다: 관할 시장 감시 당국에 실제 환경 테스트 계획을 제출할 것, 일부 제한된 예외를 두고 유럽연합 데이터베이스의 전용 섹션에 테스트를 등록할 것, 테스트 수행 기간에 대한 제한을 설정할 것, 특정 취약 집단에 속하는 사람들을 위한 추가 안전장치를 요구할 것, 그리고 예비 제공자와 배치자의 역할 및 책임을 정의하고 실제 환경 테스트에 참여하는 적격 인력의 효과적인 감독을 규정하는 서면 합의를 요구할 것.

더욱이, AI 시스템의 예측, 권장 사항 또는 결정이 효과적으로 취소되고 무시될 수 있도록 보장하고, 대상자가 유럽연합 데이터 보호법에 따른 데이터 주체로서의 권리를 침해하지 않고 테스트 참여 동의를 철회했을 때 개인정보가 보호되고 삭제되도록 보장하기 위한 추가 보호장치를 고려하는 것이 적절하다.

데이터 이전과 관련하여, 실제 환경 조건에서의 테스트 목적으로 수집 및 처리된 데이터는 유럽연합 법률에 따른 적절한 보호장치가 이행되는 경우에만 제3국으로 이전되어야 하며, 특히 개인정보의 경우 데이터 보호에 관한 유럽연합 법률에 따른 이전 근거에 따라, 비개인정보의 경우 유럽 의회와 이사회의 규정 (EU) 2022/868 및 (EU) 2023/2854와 같은 유럽연합 법률에 따라 적절한 보호장치가 마련되어야 한다.

Recital 142
(Article 57: AI Regulatory Sandboxes)
(Article 58: Detailed Arrangements for, and Functioning of, AI Regulatory Sandboxes)
(Article 59: Further Processing of Personal Data for Developing Certain AI Systems in the Public Interest in the AI Regulatory Sandbox)
(Article 60: Testing of High-Risk AI Systems in Real World Conditions Outside AI Regulatory Sandboxes)
(Article 61: Informed Consent to Participate in Testing in Real World Conditions Outside AI Regulatory Sandboxes)
(Article 62: Measures for Providers and Deployers, in Particular SMEs, Including Start-Ups)
(Article 63: Derogations for Specific Operators)

제안이유 142
(제57조: AI 규제 샌드박스)
(제58조: AI 규제 샌드박스의 세부 운영사항 및 기능)
(제59조: 공익을 위한 특정 AI 시스템 개발을 위한 AI 규제 샌드박스에서의 개인정보 추가 처리)
(제60조: AI 규제 샌드박스 외부의 실제 환경 조건에서의 고위험 AI 시스템 테스트)
(제61조: AI 규제 샌드박스 외부의 실제 환경 조건에서의 테스트 참여에 대한 정보에 입각한 동의)
(제62조: 중소기업(스타트업 포함) 제공자 및 배치 책임자를 위한 조치)
(제63조: 특정 운영자에 대한 예외)

To ensure that AI leads to socially and environmentally beneficial outcomes, Member States are encouraged to support and promote research and development of AI solutions in support of socially and environmentally beneficial outcomes, such as AI-based solutions to increase accessibility for persons with disabilities, tackle socio-economic inequalities, or meet environmental targets, by allocating sufficient resources, including public and Union funding, and, where appropriate and provided that the eligibility and selection criteria are fulfilled, considering in particular projects which pursue such objectives. Such projects should be based on the principle of interdisciplinary cooperation between AI developers, experts on inequality and non-discrimination, accessibility, consumer, environmental, and digital rights, as well as academics.

AI가 사회적으로 그리고 환경적으로 유익한 결과로 이어지도록 보장하기 위해, 회원국들은 충분한 자원(공공 및 유럽연합 기금 포함)을 할당하고, 적절한 경우 자격 및 선정 기준이 충족된다는 전제 하에 이러한 목적을 추구하는 프로젝트를 특별히 고려함으로써, 장애인을 위한 접근성 향상, 사회경제적 불평등 해소, 또는 환경 목표 달성과 같은 사회적 및 환경적으로 유익한 결과를 지원하는 AI 솔루션의 연구 개발을 지원하고 촉진하도록 권장된다.

이러한 프로젝트는 AI 개발자, 불평등 및 차별금지 전문가, 접근성, 소비자, 환경 및 디지털 권리 전문가, 그리고 학계 간의 학제간 협력 원칙에 기반해야 한다.

Recital 143 (Article 62: Measures for Providers and Deployers, in Particular SMEs, Including Start-Ups)

In order to promote and protect innovation, it is important that the interests of SMEs, including start-ups, that are providers or deployers of AI systems are taken into particular account. To that end, Member States should develop initiatives, which are targeted at those operators, including on awareness raising and information communication. Member States should provide SMEs, including start-ups, that have a registered office or a branch in the Union, with priority access to the AI regulatory sandboxes provided that they fulfil the eligibility conditions and selection criteria and without precluding other providers and prospective providers to access the sandboxes provided the same conditions and criteria are fulfilled. Member States should utilise existing channels and where appropriate, establish new dedicated channels for communication with SMEs, including start-ups, deployers, other innovators and, as appropriate, local public authorities, to support SMEs throughout their development path by providing guidance and responding to queries about the implementation of this Regulation. Where appropriate, these channels should work together to create synergies and ensure homogeneity in their guidance to SMEs, including start-ups, and deployers. Additionally, Member States should facilitate the participation of SMEs and other relevant stakeholders in the standardisation development processes. Moreover, the specific interests and needs

제안이유 143 (제62조: 중소기업(스타트업 포함) 제공자 및 배치 책임자를 위한 조치)

혁신을 촉진하고 보호하기 위해서는 AI 시스템의 제공자나 배치 책임자인 중소기업(스타트업 포함)의 이익을 특별히 고려하는 것이 중요하다. 이를 위해 회원국들은 인식 제고와 정보 전달을 포함하여 이러한 운영자들을 대상으로 하는 이니셔티브를 개발해야 한다.

회원국들은 자격 조건과 선정 기준을 충족하는 경우, 유럽연합 내에 등록된 사무소나 지점을 가진 중소기업(스타트업 포함)에게 AI 규제 샌드박스에 대한 우선적 접근권을 제공해야 한다. 단, 이는 동일한 조건과 기준을 충족하는 다른 제공자와 예비 제공자의 샌드박스 접근을 배제하지 않는다.

회원국들은 기존 채널을 활용하고 적절한 경우 중소기업(스타트업 포함), 배치 책임자, 기타 혁신가 및 적절한 경우 지역 공공 당국과의 소통을 위한 새로운 전용 채널을 구축하여, 본 규정의 이행에 관한 지침 제공과 질의 응답을 통해 중소기업의 발전 경로 전반에 걸쳐 지원해야 한다.

적절한 경우, 이러한 채널들은 스타트업을 포함한 중소기업과 배치 책임자들에 대한 지침에서 균일성을 보장하고 시너지를 창출하기 위해 함께 협력해야 한다. 추가적으로, 회원국들은 중소기업과 기타 관련 이해관계자들의 표준화 개발 과정 참여를 촉진해야 한다. 더욱이, 인증기관이 적합성 평가 수수료를 설정할 때 중소기업(스타트업 포함) 제공자의 특정 이익과 필요를 고려해야 한다.

제안이유

of providers that are SMEs, including start-ups, should be taken into account when notified bodies set conformity assessment fees. The Commission should regularly assess the certification and compliance costs for SMEs, including start-ups, through transparent consultations and should work with Member States to lower such costs. For example, translation costs related to mandatory documentation and communication with authorities may constitute a significant cost for providers and other operators, in particular those of a smaller scale. Member States should possibly ensure that one of the languages determined and accepted by them for relevant providers' documentation and for communication with operators is one which is broadly understood by the largest possible number of cross-border deployers. In order to address the specific needs of SMEs, including start-ups, the Commission should provide standardised templates for the areas covered by this Regulation, upon request of the Board. Additionally, the Commission should complement Member States' efforts by providing a single information platform with easy-to-use information with regards to this Regulation for all providers and deployers, by organising appropriate communication campaigns to raise awareness about the obligations arising from this Regulation, and by evaluating and promoting the convergence of best practices in public procurement procedures in relation to AI systems. Medium-sized enterprises which until recently qualified as small enterprises within the meaning of the Annex to Commission Recommendation

집행위원회는 투명한 협의를 통해 중소기업(스타트업 포함)에 대한 인증 및 준수 비용을 정기적으로 평가하고 회원국들과 협력하여 이러한 비용을 낮추기 위해 노력해야 한다. 예를 들어, 의무적으로 작성해야하는 문서 제작, 당국과의 소통과 관련된 번역 비용은 특히 소규모 운영자들에게 상당한 비용 지출이 될 수 있다.

회원국들은 가능한 한 관련 제공자의 문서화와 운영자와의 소통을 위해 결정하고 수락한 언어 중 하나가 최대한 많은 국경 간 배치 책임자들이 폭넓게 이해할 수 있는 언어가 되도록 보장해야 한다.

중소기업(스타트업 포함)의 특정 요구를 해결하기 위해, 집행위원회는 이사회의 요청에 따라 본 규정이 다루는 영역에 대한 표준화된 템플릿을 제공해야 한다. 또한, 집행위원회는 모든 제공자와 배치 책임자를 위한 본 규정에 관한 사용하기 쉬운 정보가 포함된 단일 정보 플랫폼을 제공하고, 본 규정에서 발생하는 의무에 대한 인식을 제고하기 위한 적절한 커뮤니케이션 캠페인을 조직하며, AI 시스템과 관련된 공공 조달 절차의 모범 사례의 수렴을 평가하고 촉진함으로써 회원국들의 노력을 보완해야 한다.

최근까지 집행위원회 권고 2003/361/EC 부속서의 의미에서 소기업으로 분류되었던 중견기업은 이러한 지원 조치에 접근할 수 있

2003/361/EC[44] should have access to those support measures, as those new medium-sized enterprises may sometimes lack the legal resources and training necessary to ensure proper understanding of, and compliance with, this Regulation.

어야 한다. 이는 이러한 새로운 중견기업이 때때로 본 규정에 대한 적절한 이해와 준수를 보장하는 데 필요한 법적 자원과 교육이 부족할 수 있기 때문이다.

Recital 144
(Article 57: AI Regulatory Sandboxes)
(Article 58: Detailed Arrangements for, and Functioning of, AI Regulatory Sandboxes)
(Article 59: Further Processing of Personal Data for Developing Certain AI Systems in the Public Interest in the AI Regulatory Sandbox)
(Article 60: Testing of High-Risk AI Systems in Real World Conditions Outside AI Regulatory Sandboxes)
(Article 61: Informed Consent to Participate in Testing in Real World Conditions Outside AI Regulatory Sandboxes)
(Article 62: Measures for Providers and Deployers, in Particular SMEs, Including Start-Ups)
(Article 63: Derogations for Specific Operators)

제안이유 144
(제57조: AI 규제 샌드박스)
(제58조: AI 규제 샌드박스의 세부 운영사항 및 기능)
(제59조: 공익을 위한 특정 AI 시스템 개발을 위한 AI 규제 샌드박스에서의 개인정보 추가 처리)
(제60조: AI 규제 샌드박스 외부의 실제 환경 조건에서의 고위험 AI 시스템 테스트)
(제61조: AI 규제 샌드박스 외부의 실제 환경 조건에서의 테스트 참여에 대한 정보에 입각한 동의)
(제62조: 중소기업(스타트업 포함) 제공자 및 배치 책임자를 위한 조치)
(제63조: 특정 운영자에 대한 예외)

In order to promote and protect innovation, the AI-on-demand platform, all relevant Union funding programmes and projects, such as Digital Europe Programme, Horizon Europe, implemented by the Commission and the Member States at Union or national level should, as appropriate, contribute to the achievement of the objectives of this Regulation.

혁신을 촉진하고 보호하기 위해, AI-온디맨드 플랫폼과 디지털 유럽 프로그램, 호라이즌 유럽과 같이 집행위원회와 회원국들이 유럽연합 또는 국가 수준에서 시행하는 모든 관련 유럽연합 기금 프로그램 및 프로젝트는 적절한 경우 본 규정의 목적 달성에 기여해야 한다.

Recital 145 **(Article 16: Obligations of Providers of High-Risk AI Systems)** **(Article 31: Requirements Relating to Notified Bodies)** **(Article 57: AI Regulatory Sandboxes)** **(Article 58: Detailed Arrangements for, and Functioning of, AI Regulatory Sandboxes)** **(Article 59: Further Processing of Personal Data for Developing Certain AI Systems in the Public Interest in the AI Regulatory Sandbox)** **(Article 60: Testing of High-Risk AI Systems in Real World Conditions Outside AI Regulatory Sandboxes)** **(Article 61: Informed Consent to Participate in Testing in Real World Conditions Outside AI Regulatory Sandboxes)** **(Article 62: Measures for Providers and Deployers, in Particular SMEs, Including Start-Ups)** **(Article 63: Derogations for Specific Operators)**	제안이유 145 (제16조: 고위험 AI 제공자의 의무) (제31조: 인증기관 관련 요구사항) (제57조: AI 규제 샌드박스) (제58조: AI 규제 샌드박스의 세부 운영사항 및 기능) (제59조: 공익을 위한 특정 AI 시스템 개발을 위한 AI 규제 샌드박스에서의 개인정보 추가 처리) (제60조: AI 규제 샌드박스 외부의 실제 환경 조건에서의 고위험 AI 시스템 테스트) (제61조: AI 규제 샌드박스 외부의 실제 환경 조건에서의 테스트 참여에 대한 정보에 입각한 동의) (제62조: 중소기업(스타트업 포함) 제공자 및 배치 책임자를 위한 조치) (제63조: 특정 운영자에 대한 예외)
In order to minimise the risks to implementation resulting from lack of knowledge and expertise in the market as well as to facilitate compliance of providers, in particular SMEs, including start-ups, and notified bodies with their obligations under this Regulation, the AI-on-demand platform, the European Digital Innovation Hubs and the testing and experimentation facilities established by the Commission and the Member States at Union or national level should contribute to the implementation of this Regulation. Within their respective mission and fields of competence, the AI-on-demand platform, the European Digital Innovation Hubs and the testing and experimentation Facilities are able to provide in particular technical	시장의 지식과 전문성 부족으로 인한 이행 위험을 최소화하고 중소기업(스타트업 포함)과 인증기관을 포함한 제공자들이 본 규정에 따른 의무를 준수하기 쉽도록 하기 위해, 집행위원회와 회원국들이 유럽연합 또는 국가 수준에서 설립한 AI-온디맨드 플랫폼, 유럽 디지털 혁신 허브 및 테스트와 실험 시설은 본 규정의 이행에 기여해야 한다. AI-온디맨드 플랫폼, 유럽 디지털 혁신 허브 및 테스트와 실험 시설은 각자의 임무와 역량 분야 내에서 특히 제공자와 인증기관에 기술적, 과학적 지원을 제공할 수 있다.

and scientific support to providers and notified bodies.

Recital 146
(Article 63: Derogations for Specific Operators)

Moreover, in light of the very small size of some operators and in order to ensure proportionality regarding costs of innovation, it is appropriate to allow microenterprises to fulfil one of the most costly obligations, namely to establish a quality management system, in a simplified manner which would reduce the administrative burden and the costs for those enterprises without affecting the level of protection and the need for compliance with the requirements for high-risk AI systems. The Commission should develop guidelines to specify the elements of the quality management system to be fulfilled in this simplified manner by microenterprises.

제안이유 146
(제63조: 특정 운영자에 대한 예외)

또한, 일부 운영자의 매우 작은 규모를 고려하고 혁신 비용과 관련된 비례성을 보장하기 위해, 영세기업이 가장 비용이 많이 드는 의무 중 하나인 품질 관리 시스템 구축을 단순화된 방식으로 이행할 수 있도록 하는 것이 적절하다. 이는 고위험 AI 시스템에 대한 요구사항의 준수 필요성과 보호 수준에 영향을 미치지 않으면서 이러한 기업들의 행정적 부담과 비용을 줄일 수 있다.

집행위원회는 영세기업이 이러한 단순화된 방식으로 이행해야 할 품질 관리 시스템의 요소를 구체화하는 지침을 개발해야 한다.

Recital 147
(Article 43: Conformity Assessment)

It is appropriate that the Commission facilitates, to the extent possible, access to testing and experimentation facilities to bodies, groups or laboratories established or accredited pursuant to any relevant Union harmonisation legislation and which fulfil tasks in the context of conformity assessment of products or devices covered by that Union harmonisation legislation. This is, in particular, the case as regards expert panels, expert laboratories and reference laboratories in the field of medical devices pursuant to Regulations (EU) 2017/745 and (EU) 2017/746.

제안이유 147
(제43조: 적합성 평가)

관련 유럽연합 조화 법률에 따라 설립되거나 인증된, 그리고 해당 유럽연합 조화 법률이 적용되는 제품이나 장치의 적합성 평가 맥락에서 업무를 수행하는 기관, 단체 또는 실험실이 테스트 및 실험 시설에 가능한 한 접근할 수 있도록 집행위원회가 이를 촉진하는 것이 적절하다.

이는 특히 규정 (EU) 2017/745와 (EU) 2017/746에 따른 의료기기 분야의 전문가 패널, 전문가 실험실 및 표준 실험실의 경우에 해당된다.

Recital 148 **(Article 64: AI Office) (Article 65: Establishment and Structure of the European Artificial Intelligence Board) (Article 66: Tasks of the Board) (Article 67: Advisory Forum) (Article 68: Scientific Panel of Independent Experts) (Article 69: Access to the Pool of Experts by the Member States) (Article 70: Designation of National Competent Authorities and Single Point of Contact)**	제안이유 148 (제64조: AI 사무국) (제65조: 유럽 인공지능 이사회 설립 및 구조) (제66조: 이사회의 임무) (제67조: 자문 포럼) (제68조: 독립 전문가 과학 패널) (제69조: 회원국의 전문가 풀 접근) (제70조: 국가 관할 당국 및 단일 연락 창구의 지정)
This Regulation should establish a governance framework that both allows to coordinate and support the application of this Regulation at national level, as well as build capabilities at Union level and integrate stakeholders in the field of AI. The effective implementation and enforcement of this Regulation require a governance framework that allows to coordinate and build up central expertise at Union level. The AI Office was established by Commission Decision[45] and has as its mission to develop Union expertise and capabilities in the field of AI and to contribute to the implementation of Union law on AI. Member States should facilitate the tasks of the AI Office with a view to support the development of Union expertise and capabilities at Union level and to strengthen the functioning of the digital single market. Furthermore, a Board composed of representatives of the Member States, a scientific panel to integrate the scientific community and an advisory forum to contribute stakeholder input to the implementation of this Regulation, at Union and national level, should be	본 규정은 국가 차원에서 본 규정의 적용을 조정하고 지원할 수 있을 뿐만 아니라, 유럽연합 차원의 역량을 구축하고 AI 분야의 이해관계자들을 통합하는 거버넌스 프레임워크를 수립해야 한다. 본 규정의 효과적인 이행과 집행을 위해서는 유럽연합 수준의 중앙 전문성을 조정하고 구축할 수 있는 거버넌스 프레임워크가 필요하다. 집행위원회 결정에 의해 설립된 AI 사무국은 AI 분야에서 유럽연합의 전문성과 역량을 개발하고 AI에 관한 유럽연합 법률의 이행에 기여하는 것을 그 임무로 한다. 회원국들은 유럽연합 수준의 유럽연합 전문성과 역량 개발을 지원하고 디지털 단일 시장의 기능을 강화하기 위해 AI 사무국의 업무를 촉진해야 한다. 또한, 회원국 대표들로 구성된 이사회, 과학계를 통합하기 위한 과학 패널, 그리고 유럽연합 및 국가 수준에서 본 규정의 이행에 이해관계자의 의견을 제공하기 위한 자문 포럼이 설립되어야 한다.

established. The development of Union expertise and capabilities should also include making use of existing resources and expertise, in particular through synergies with structures built up in the context of the Union level enforcement of other law and synergies with related initiatives at Union level, such as the EuroHPC Joint Undertaking and the AI testing and experimentation facilities under the Digital Europe Programme.

유럽연합의 전문성과 역량 개발에는 특히 다른 법률의 유럽연합 수준 집행의 맥락에서 구축된 구조와의 시너지 및 디지털 유럽 프로그램에 따른 유로HPC 공동사업과 AI 테스트 및 실험 시설과 같은 유럽연합 수준의 관련 이니셔티브와의 시너지를 통해 기존 자원과 전문성을 활용하는 것도 포함되어야 한다.

Recital 149
(Article 65: Establishment and Structure of the European Artificial Intelligence Board)
(Article 66: Tasks of the Board)

제안이유 149
(제65조: 유럽 인공지능 이사회 설립 및 구조)
(제66조: 이사회의 임무)

In order to facilitate a smooth, effective and harmonised implementation of this Regulation a Board should be established. The Board should reflect the various interests of the AI eco-system and be composed of representatives of the Member States. The Board should be responsible for a number of advisory tasks, including issuing opinions, recommendations, advice or contributing to guidance on matters related to the implementation of this Regulation, including on enforcement matters, technical specifications or existing standards regarding the requirements established in this Regulation and providing advice to the Commission and the Member States and their national competent authorities on specific questions related to AI. In order to give some flexibility to Member States in the designation of their representatives in the Board, such representatives may be any persons belonging to public entities who should have the relevant competences and powers

본 규정의 원활하고 효과적이며 조화로운 이행을 촉진하기 위해 이사회가 설립되어야 한다. 이사회는 AI 생태계의 다양한 이익을 반영하고 회원국 대표들로 구성되어야 한다. 이사회는 본 규정의 이행과 관련된 사항(집행 사항, 기술 사양 또는 본 규정에 규정된 요구사항에 관한 기존 표준 포함)에 대한 의견, 권고, 조언 제공이나 지침 기여를 포함한 여러 자문 업무와 함께 AI 관련 특정 문제에 대해 집행위원회와 회원국 및 그들의 국가 관할 당국에 조언을 제공하는 책임을 져야 한다.

회원국들에게 이사회 대표 지정에 있어 일정한 유연성을 부여하기 위해, 해당 대표자들은 국가 차원의 조정을 촉진하고 이사회의 업무 달성에 기여하는데 필요한 관련 역량과 권한을 가져야 하는 공공 기관에 소속된 모든 사람이 될 수 있다.

to facilitate coordination at national level and contribute to the achievement of the Board's tasks. The Board should establish two standing sub-groups to provide a platform for cooperation and exchange among market surveillance authorities and notifying authorities on issues related, respectively, to market surveillance and notified bodies. The standing subgroup for market surveillance should act as the administrative cooperation group (ADCO) for this Regulation within the meaning of Article 30 of Regulation (EU) 2019/1020. In accordance with Article 33 of that Regulation, the Commission should support the activities of the standing subgroup for market surveillance by undertaking market evaluations or studies, in particular with a view to identifying aspects of this Regulation requiring specific and urgent coordination among market surveillance authorities.

이사회는 각각 시장 감시와 인증기관과 관련된 문제에 대해 시장 감시 당국과 통보 당국 간의 협력과 교류를 위한 플랫폼을 제공하기 위해 두 개의 상임 분과를 설립해야 한다. 시장 감시를 위한 상임 분과는 규정 (EU) 2019/1020의 제30조의 의미 내에서 본 규정을 위한 행정 협력 그룹(ADCO)으로 활동해야 한다. 해당 규정의 제33조에 따라, 집행위원회는 특히 본 규정 중 시장 감시 당국 간의 특정하고 긴급한 조정이 필요한 측면을 파악하기 위해 시장 평가나 연구를 수행함으로써 시장 감시를 위한 상임 분과의 활동을 지원해야 한다.

The Board may establish other standing or temporary sub-groups as appropriate for the purpose of examining specific issues. The Board should also cooperate, as appropriate, with relevant Union bodies, experts groups and networks active in the context of relevant Union law, including in particular those active under relevant Union law on data, digital products and services.

이사회는 특정 문제를 검토하기 위해 필요에 따라 다른 상임 또는 임시 분과를 설립할 수 있다. 이사회는 또한 적절한 경우 특히 데이터, 디지털 제품 및 서비스에 관한 관련 유럽연합 법률에 따라 활동하는 관련 유럽연합 기관, 전문가 그룹 및 네트워크와 협력해야 한다.

Recital 150
(Article 67: Advisory Forum)

제안이유 150
(제67조: 자문 포럼)

With a view to ensuring the involvement of stakeholders in the implementation and application of this Regulation, an advisory forum should be established to advise and provide technical expertise to the Board and the Commission. To ensure a varied

본 규정의 이행과 적용에 이해관계자들의 참여를 보장하기 위해, 이사회와 집행위원회에 자문과 기술적 전문지식을 제공하기 위한 자문 포럼이 설립되어야 한다. 상업적 이익과 비상업적 이익 간의, 그리고 상업적 이익 범주 내에서 중소기업과 다른 기업들

and balanced stakeholder representation between commercial and non-commercial interest and, within the category of commercial interests, with regards to SMEs and other undertakings, the advisory forum should comprise inter alia industry, start-ups, SMEs, academia, civil society, including the social partners, as well as the Fundamental Rights Agency, ENISA, the European Committee for Standardization (CEN), the European Committee for Electrotechnical Standardization (CENELEC) and the European Telecommunications Standards Institute (ETSI).

간의 다양하고 균형 잡힌 이해관계자들의 대표성을 보장하기 위해, 자문 포럼은 산업계, 스타트업, 중소기업, 학계, 사회적 파트너를 포함한 시민사회는 물론, 기본권청(Fundamental Rights Agency), ENISA, 유럽표준화위원회(CEN), 유럽전기기술표준화위원회(CENELEC) 및 유럽전기통신표준협회(ETSI)를 포함해야 한다.

Recital 151
(Article 68: Scientific Panel of Independent Experts)
(Article 69: Access to the Pool of Experts by the Member States)

제안이유 151
(제68조: 독립 전문가 과학 패널)
(제69조: 회원국의 전문가 풀 접근)

To support the implementation and enforcement of this Regulation, in particular the monitoring activities of the AI Office as regards general-purpose AI models, a scientific panel of independent experts should be established. The independent experts constituting the scientific panel should be selected on the basis of up-to-date scientific or technical expertise in the field of AI and should perform their tasks with impartiality, objectivity and ensure the confidentiality of information and data obtained in carrying out their tasks and activities. To allow the reinforcement of national capacities necessary for the effective enforcement of this Regulation, Member States should be able to request support from the pool of experts constituting the scientific panel for their enforcement activities.

본 규정의 이행과 집행, 특히 범용 AI 모델과 관련한 AI 사무국의 모니터링 활동을 지원하기 위해, 독립적인 전문가로 구성된 과학 패널이 설립되어야 한다. 과학 패널을 구성하는 독립 전문가들은 AI 분야의 최신 과학적 또는 기술적 전문성을 기반으로 선정되어야 하며, 공정성과 객관성을 가지고 자신들의 업무를 수행하고 업무와 활동을 수행하는 과정에서 얻은 정보와 데이터의 기밀성을 보장해야 한다. 본 규정의 효과적인 집행에 필요한 국가 역량 강화를 위해, 회원국들은 자신들의 집행 활동을 위해 과학 패널을 구성하는 전문가 풀의 지원을 요청할 수 있어야 한다.

Recital 152 **(Article 84: Union AI Testing Support Structures)**	**제안이유 152** **(제84조: 유럽연합 AI 테스트 지원 구조)**
In order to support adequate enforcement as regards AI systems and reinforce the capacities of the Member States, Union AI testing support structures should be established and made available to the Member States.	AI 시스템에 관한 적절한 집행을 지원하고 회원국들의 역량을 강화하기 위해, 유럽연합 AI 테스트 지원 구조가 설립되어 회원국들이 이용할 수 있도록 해야 한다.
Recital 153 **(Article 70: Designation of National Competent Authorities and Single Point of Contact)**	**제안이유 153** **(제70조: 국가 관할 당국 및 단일 연락창구의 지정)**
Member States hold a key role in the application and enforcement of this Regulation. In that respect, each Member State should designate at least one notifying authority and at least one market surveillance authority as national competent authorities for the purpose of supervising the application and implementation of this Regulation. Member States may decide to appoint any kind of public entity to perform the tasks of the national competent authorities within the meaning of this Regulation, in accordance with their specific national organisational characteristics and needs. In order to increase organisation efficiency on the side of Member States and to set a single point of contact vis-à-vis the public and other counterparts at Member State and Union levels, each Member State should designate a market surveillance authority to act as a single point of contact.	회원국들은 본 규정의 적용과 집행에 있어 핵심적인 역할을 수행한다. 이와 관련하여, 각 회원국은 본 규정의 적용과 이행을 감독하기 위한 국가 관할 당국으로서 최소한 하나의 통보 당국과 하나의 시장 감시 당국을 지정해야 한다. 회원국들은 자신들의 특정 국가 조직적 특성과 필요에 따라, 본 규정의 의미 내에서 국가 관할 당국의 업무를 수행하기 위해 모든 종류의 공공 기관을 지정할 수 있다. 회원국 측의 조직 효율성을 높이고 회원국과 유럽연합 수준에서 대중 및 다른 상대방들에 대한 단일 연락창구를 설정하기 위해, 각 회원국은 단일 연락창구로 활동할 시장 감시 당국을 지정해야 한다.

Recital 154 **(Article 70: Designation of National Competent Authorities and Single Point of Contact)**	**제안이유 154** **(제70조: 국가 관할 당국 및 단일 연락 창구의 지정)**
The national competent authorities should exercise their powers independently, impartially and without bias, so as to safeguard the principles of objectivity of their activities and tasks and to ensure the application and implementation of this Regulation. The members of these authorities should refrain from any action incompatible with their duties and should be subject to confidentiality rules under this Regulation.	국가 관할 당국은 자신들의 활동과 업무의 객관성 원칙을 보호하고 본 규정의 적용과 이행을 보장하기 위해 독립적이고, 공정하며, 편향되지 않은 방식으로 자신들의 권한을 행사해야 한다. 이러한 당국의 구성원들은 자신들의 의무와 양립할 수 없는 모든 행위를 삼가야 하며, 본 규정에 따른 기밀성 규칙의 적용을 받아야 한다.
Recital 155 **(Article 72: Post-Market Monitoring by Providers and Post-Market Monitoring Plan for High-Risk AI Systems)** **(Article 73: Reporting of Serious Incidents)**	**제안이유 155** **(제72조: 제공자의 시장 출시 후 모니터링 및 고위험 AI 시스템에 대한 시장 출시 후 모니터링 계획)** **(제73조: 심각한 사고 보고)**
In order to ensure that providers of high-risk AI systems can take into account the experience on the use of high-risk AI systems for improving their systems and the design and development process or can take any possible corrective action in a timely manner, all providers should have a post-market monitoring system in place. Where relevant, post-market monitoring should include an analysis of the interaction with other AI systems including other devices and software. Post-market monitoring should not cover sensitive operational data of deployers which are law enforcement authorities. This system is also key to ensure that the possible risks emerging from AI systems which continue to 'learn' after being placed on the market or put into service can be more efficiently and	고위험 AI 시스템의 제공자들이 자신들의 시스템과 설계 및 개발 과정을 개선하거나 적시에 필요한 시정 조치를 취하기 위해 고위험 AI 시스템 사용에 대한 경험을 고려할 수 있도록 하기 위해, 모든 제공자들은 시장 출시 후 모니터링 시스템을 갖추어야 한다. 관련된 경우, 시장 출시 후 모니터링은 다른 장치와 소프트웨어를 포함한 다른 AI 시스템과의 상호작용 분석을 포함해야 한다. 시장 출시 후 모니터링은 법 집행 당국인 배치 책임자들의 민감한 운영 데이터를 다루지 않아야 한다. 이 시스템은 시장에 출시되거나 서비스에 투입된 후에도 '학습'을 계속하는 AI 시스템에서 발생할 수 있는 위험에 더 효율적이고 시기 적절하게 대응하도록 보장하는 데 핵심적이다.

제안이유

timely addressed. In this context, providers should also be required to have a system in place to report to the relevant authorities any serious incidents resulting from the use of their AI systems, meaning incident or malfunctioning leading to death or serious damage to health, serious and irreversible disruption of the management and operation of critical infrastructure, infringements of obligations under Union law intended to protect fundamental rights or serious damage to property or the environment.

이러한 맥락에서, 제공자들은 또한 자신들의 AI 시스템 사용으로 인한 모든 심각한 사고를 관련 당국에 보고하는 시스템을 갖추어야 한다. 여기서 심각한 사고란 사망이나 심각한 건강 손상, 핵심 인프라의 관리 및 운영의 심각하고 돌이킬 수 없는 중단, 기본권 보호를 위한 유럽연합 법률상 의무 위반, 또는 재산이나 환경에 대한 심각한 손상을 초래하는 사고나 오작동을 의미한다.

Recital 156
(Article 74: Market Surveillance and Control of AI Systems in the Union Market)

제안이유 156
(제74조: 유럽연합 시장에서의 AI 시스템 시장 감시 및 통제)

In order to ensure an appropriate and effective enforcement of the requirements and obligations set out by this Regulation, which is Union harmonisation legislation, the system of market surveillance and compliance of products established by Regulation (EU) 2019/1020 should apply in its entirety. Market surveillance authorities designated pursuant to this Regulation should have all enforcement powers laid down in this Regulation and in Regulation (EU) 2019/1020 and should exercise their powers and carry out their duties independently, impartially and without bias. Although the majority of AI systems are not subject to specific requirements and obligations under this Regulation, market surveillance authorities may take measures in relation to all AI systems when they present a risk in accordance with this Regulation. Due to the specific nature of Union institutions,

유럽연합 조화 법률인 본 규정에서 정한 요구사항과 의무의 적절하고 효과적인 집행을 보장하기 위해, 규정 (EU) 2019/1020에 의해 수립된 제품의 시장 감시 및 적합성 시스템이 전체적으로 적용되어야 한다.

본 규정에 따라 지정된 시장 감시 당국은 본 규정과 규정 (EU) 2019/1020에 규정된 모든 집행 권한을 가져야 하며, 독립적이고 공정하며 편향되지 않은 방식으로 자신들의 권한을 행사하고 의무를 수행해야 한다.

대부분의 AI 시스템이 본 규정에 따른 특정 요구사항과 의무의 적용을 받지는 않지만, 시장 감시 당국은 AI 시스템이 본 규정에 따라 위험을 나타내는 경우 모든 AI 시스템과 관련하여 조치를 취할 수 있다.

본 규정의 범위에 속하는 유럽연합 기관, 대행기관 및 단체의 특수한 성격으로 인해,

agencies and bodies falling within the scope of this Regulation, it is appropriate to designate the European Data Protection Supervisor as a competent market surveillance authority for them. This should be without prejudice to the designation of national competent authorities by the Member States. Market surveillance activities should not affect the ability of the supervised entities to carry out their tasks independently, when such independence is required by Union law.

이들에 대한 관할 시장 감시 당국으로 유럽데이터보호감독관을 지정하는 것이 적절하다.

이는 회원국들의 국가 관할 당국 지정을 침해하지 않아야 한다. 시장 감시 활동은 유럽연합 법률에 의해 독립성이 요구되는 경우, 감독 대상 단체가 독립적으로 자신들의 업무를 수행할 수 있는 능력에 영향을 미치지 않아야 한다.

Recital 157
(Article 77: Powers of Authorities Protecting Fundamental Rights)

제안이유 157
(제77조: 기본권 보호 당국의 권한)

This Regulation is without prejudice to the competences, tasks, powers and independence of relevant national public authorities or bodies which supervise the application of Union law protecting fundamental rights, including equality bodies and data protection authorities. Where necessary for their mandate, those national public authorities or bodies should also have access to any documentation created under this Regulation. A specific safeguard procedure should be set for ensuring adequate and timely enforcement against AI systems presenting a risk to health, safety and fundamental rights. The procedure for such AI systems presenting a risk should be applied to high-risk AI systems presenting a risk, prohibited systems which have been placed on the market, put into service or used in violation of the prohibited practices laid down in this Regulation and AI systems which have been made available in violation of the transparency requirements laid down in

본 규정은 평등 기구와 데이터 보호 당국을 포함하여, 기본권 보호를 위한 유럽연합 법률의 적용을 감독하는 관련 국가 공공 당국이나 기구의 권한, 업무, 권력 및 독립성을 침해하지 않는다.

필요한 경우, 이러한 국가 공공 당국이나 기구는 본 규정에 따라 작성된 모든 문서에 접근할 수 있어야 한다. 건강, 안전 및 기본권에 위험을 나타내는 AI 시스템에 대한 적절하고 시기적절한 집행을 보장하기 위한 특정 보호 절차가 수립되어야 한다.

위험을 나타내는 이러한 AI 시스템에 대한 절차는 위험을 나타내는 고위험 AI 시스템, 본 규정에 규정된 금지된 관행을 위반하여 시장에 출시되거나 서비스에 투입되거나 사용된 금지 시스템, 그리고 본 규정에 규정된 투명성 요구사항을 위반하여 제공되고 위험을 나타내는 AI 시스템에 적용되어야 한다.

this Regulation and present a risk.

Recital 158

Union financial services law includes internal governance and risk-management rules and requirements which are applicable to regulated financial institutions in the course of provision of those services, including when they make use of AI systems. In order to ensure coherent application and enforcement of the obligations under this Regulation and relevant rules and requirements of the Union financial services legal acts, the competent authorities for the supervision and enforcement of those legal acts, in particular competent authorities as defined in Regulation (EU) No 575/2013 of the European Parliament and of the Council[46] and Directives 2008/48/EC[47], 2009/138/EC[48], 2013/36/EU[49], 2014/17/EU[50] and (EU) 2016/97[51] of the European Parliament and of the Council, should be designated, within their respective competences, as competent authorities for the purpose of supervising the implementation of this Regulation, including for market surveillance activities, as regards AI systems provided or used by regulated and supervised financial institutions unless Member States decide to designate another authority to fulfil these market surveillance tasks. Those competent authorities should have all powers under this Regulation and Regulation (EU) 2019/1020 to enforce the requirements and obligations of this Regulation, including powers to carry our ex post market surveillance activities that can be integrated, as appropriate, into their existing supervisory

제안이유 158

유럽연합금융서비스법은 AI 시스템을 사용하는 경우를 포함하여, 이러한 서비스 제공 과정에서 규제 대상 금융 기관에 적용되는 내부 거버넌스와 위험 관리 규칙 및 요구사항을 포함한다.

본 규정에 따른 의무와 유럽연합 금융 서비스 법률의 관련 규칙 및 요구사항의 일관된 적용과 집행을 보장하기 위해, 회원국들이 이러한 시장 감시 업무를 수행할 다른 당국을 지정하기로 결정하지 않는 한, 규제 및 감독 대상 금융 기관이 제공하거나 사용하는 AI 시스템과 관련하여 시장 감시 활동을 포함한 본 규정의 이행을 감독하기 위한 목적으로, 각자의 권한 내에서 이러한 법률의 감독과 집행을 위한 관할 당국, 특히 규정 (EU) No 575/2013과 지침 2008/48/EC, 2009/138/EC, 2013/36/EU, 2014/17/EU 및 (EU) 2016/97에 정의된 관할 당국을 지정해야 한다.

이러한 관할 당국은 관련 유럽연합금융서비스법에 따른 기존 감독 메커니즘과 절차에 적절히 통합될 수 있는 사후 시장 감시 활동을 수행할 권한을 포함하여, 본 규정의 요구사항과 의무를 집행하기 위한 본 규정과 규정 (EU) 2019/1020에 따른 모든 권한을 가져야 한다.

mechanisms and procedures under the relevant Union financial services law. It is appropriate to envisage that, when acting as market surveillance authorities under this Regulation, the national authorities responsible for the supervision of credit institutions regulated under Directive 2013/36/EU, which are participating in the Single Supervisory Mechanism established by Council Regulation (EU) No 1024/2013[52], should report, without delay, to the European Central Bank any information identified in the course of their market surveillance activities that may be of potential interest for the European Central Bank's prudential supervisory tasks as specified in that Regulation. To further enhance the consistency between this Regulation and the rules applicable to credit institutions regulated under Directive 2013/36/EU, it is also appropriate to integrate some of the providers' procedural obligations in relation to risk management, post marketing monitoring and documentation into the existing obligations and procedures under Directive 2013/36/EU. In order to avoid overlaps, limited derogations should also be envisaged in relation to the quality management system of providers and the monitoring obligation placed on deployers of high-risk AI systems to the extent that these apply to credit institutions regulated by Directive 2013/36/EU. The same regime should apply to insurance and re-insurance undertakings and insurance holding companies under Directive 2009/138/EC and the insurance intermediaries under Directive (EU) 2016/97 and other types of financial institutions subject to requirements regarding internal governance,

본 규정에 따른 시장 감시 당국으로 활동할 때, 이사회 규정 (EU) No 1024/2013에 의해 수립된 단일 감독 메커니즘에 참여하고 있는, 지침 2013/36/EU에 따라 규제되는 신용 기관의 감독을 담당하는 국가 당국은 자신들의 시장 감시 활동 과정에서 식별한 정보 중 해당 규정에 명시된 유럽중앙은행의 건전성 감독 업무와 관련하여 잠재적 이해관계가 있을 수 있는 모든 정보를 지체 없이 유럽중앙은행에 보고하도록 규정하는 것이 적절하다.

본 규정과 지침 2013/36/EU에 따라 규제되는 신용 기관에 적용되는 규칙 간의 일관성을 더욱 강화하기 위해, 위험 관리, 시장 출시 후 모니터링 및 문서화와 관련된 제공자의 일부 절차적 의무를 지침 2013/36/EU에 따른 기존 의무와 절차에 통합하는 것도 적절하다.

중복을 피하기 위해, 제공자의 품질 관리 시스템과 고위험 AI 시스템 배치 책임자에게 부과되는 모니터링 의무와 관련하여, 이러한 의무가 지침 2013/36/EU에 의해 규제되는 신용 기관에 적용되는 범위 내에서 제한된 예외도 고려되어야 한다.

금융 부문의 일관성과 평등한 처우를 보장하기 위해, 동일한 체제가 지침 2009/138/EC에 따른 보험 및 재보험 사업과 보험 지주 회사, 지침 (EU) 2016/97에 따른 보험 중개인, 그리고 관련 유럽연합 금융 서비스법에 따라 수립된 내부 거버넌스, 협정 또는 프로세스에 관한 요구사항의 적용을 받는 기타 유형의 금융 기관에도 적용되어야

arrangements or processes established pursuant to the relevant Union financial services law to ensure consistency and equal treatment in the financial sector.

한다.

Recital 159

Each market surveillance authority for high-risk AI systems in the area of biometrics, as listed in an annex to this Regulation insofar as those systems are used for the purposes of law enforcement, migration, asylum and border control management, or the administration of justice and democratic processes, should have effective investigative and corrective powers, including at least the power to obtain access to all personal data that are being processed and to all information necessary for the performance of its tasks. The market surveillance authorities should be able to exercise their powers by acting with complete independence. Any limitations of their access to sensitive operational data under this Regulation should be without prejudice to the powers conferred to them by Directive (EU) 2016/680. No exclusion on disclosing data to national data protection authorities under this Regulation should affect the current or future powers of those authorities beyond the scope of this Regulation.

제안이유 159

법 집행, 이민, 망명 및 국경 통제 관리, 또는 사법 행정과 민주적 절차의 목적으로 사용되는 한도 내에서 본 규정의 부속서에 나열된 생체 인식 분야의 고위험 AI 시스템에 대한 각 시장 감시 당국은 최소한 처리되는 모든 개인정보와 자신들의 업무 수행에 필요한 모든 정보에 대한 접근 권한을 포함하여 효과적인 조사 및 시정 권한을 가져야 한다.

시장 감시 당국은 완전한 독립성을 가지고 자신들의 권한을 행사할 수 있어야 한다. 본 규정에 따른 민감한 운영 데이터에 대한 접근의 제한은 지침 (EU) 2016/680에 의해 부여된 권한을 침해하지 않아야 한다. 본 규정에 따른 국가 데이터 보호 당국에 대한 데이터 공개에 대한 어떠한 제외도 본 규정의 범위를 벗어난 해당 당국의 현재 또는 미래의 권한에 영향을 미치지 않아야 한다.

Recital 160

The market surveillance authorities and the Commission should be able to propose joint activities, including joint investigations, to be conducted by market surveillance authorities or market surveillance authorities jointly with the Commission, that have the

제안이유 160

시장 감시 당국과 집행위원회는 시장 감시 당국에 의해 또는 시장 감시 당국이 집행위원회와 공동으로 수행할 공동 활동을 제안할 수 있어야 한다. 이러한 활동은 둘 이상의 회원국에 걸쳐 심각한 위험을 나타내는 것으로 확인된 특정 범주의 고위험 AI 시스

aim of promoting compliance, identifying non-compliance, raising awareness and providing guidance in relation to this Regulation with respect to specific categories of high-risk AI systems that are found to present a serious risk across two or more Member States. Joint activities to promote compliance should be carried out in accordance with Article 9 of Regulation (EU) 2019/1020. The AI Office should provide coordination support for joint investigations.

템과 관련하여 본 규정에 대한 준수를 촉진하고, 비준수를 식별하며, 인식을 제고하고, 지침을 제공하는 것을 목적으로 한다.

준수를 촉진하기 위한 공동 활동은 규정 (EU) 2019/1020의 제9조에 따라 수행되어야 한다. AI 사무국은 공동 조사를 위한 조정 지원을 제공해야 한다.

Recital 161
(Article 75: Mutual Assistance, Market Surveillance and Control of General-Purpose AI Systems)

제안이유 161
(제75조: 범용 AI 시스템에 대한 상호 지원, 시장 감시 및 통제)

It is necessary to clarify the responsibilities and competences at Union and national level as regards AI systems that are built on general-purpose AI models. To avoid overlapping competences, where an AI system is based on a general-purpose AI model and the model and system are provided by the same provider, the supervision should take place at Union level through the AI Office, which should have the powers of a market surveillance authority within the meaning of Regulation (EU) 2019/1020 for this purpose. In all other cases, national market surveillance authorities remain responsible for the supervision of AI systems. However, for general-purpose AI systems that can be used directly by deployers for at least one purpose that is classified as high-risk, market surveillance authorities should cooperate with the AI Office to carry out evaluations of compliance and inform the Board and other market surveillance

범용 AI 모델을 기반으로 구축된 AI 시스템과 관련하여 유럽연합과 국가 수준의 책임과 권한을 명확히 할 필요가 있다. 권한이 중복되는 것을 피하기 위해, AI 시스템이 범용 AI 모델을 기반으로 하고 해당 모델과 시스템이 동일한 제공자에 의해 제공되는 경우, 감독은 이러한 목적을 위해 규정 (EU) 2019/1020의 의미 내에서 시장 감시 당국의 권한을 가져야 하는 AI 사무국을 통해 유럽연합 수준에서 이루어져야 한다.

그밖의 모든 경우에 있어서 국가 시장 감시 당국은 AI 시스템의 감독에 대한 책임을 유지한다. 그러나 배치 책임자가 최소한 하나의 고위험으로 분류되는 목적으로 직접 사용할 수 있는 범용 AI 시스템의 경우, 시장 감시 당국은 AI 사무국과 협력하여 준수 평가를 수행하고 이에 따라 이사회와 다른 시장 감시 당국에 알려야 한다.

authorities accordingly. Furthermore, market surveillance authorities should be able to request assistance from the AI Office where the market surveillance authority is unable to conclude an investigation on a high-risk AI system because of its inability to access certain information related to the general-purpose AI model on which the high-risk AI system is built.	또한, 시장 감시 당국이 고위험 AI 시스템이 구축된 범용 AI 모델과 관련된 특정 정보에 접근할 수 없어 고위험 AI 시스템에 대한 조사를 완료할 수 없는 경우, 시장 감시 당국은 AI 사무국에 지원을 요청할 수 있어야 한다.
In such cases, the procedure regarding mutual assistance in cross-border cases in Chapter VI of Regulation (EU) 2019/1020 should apply mutatis mutandis.	이러한 경우, 규정 (EU) 2019/1020의 제6장의 국경 간 사례에서의 상호 지원에 관한 절차가 필요한 변경을 가하여 적용되어야 한다.
Recital 162 **(Article 88: Enforcement of the Obligations of Providers of General-Purpose AI Models)**	**제안이유 162** **(제88조: 범용 AI 모델 제공자의 의무 집행)**
To make best use of the centralised Union expertise and synergies at Union level, the powers of supervision and enforcement of the obligations on providers of general-purpose AI models should be a competence of the Commission.	유럽연합 수준의 중앙 집중화된 전문성과 시너지를 최대한 활용하기 위해, 범용 AI 모델 제공자에 대한 의무의 감독 및 집행 권한은 집행위원회의 권한이 되어야 한다.
The AI Office should be able to carry out all necessary actions to monitor the effective implementation of this Regulation as regards general-purpose AI models.	AI 사무국은 범용 AI 모델과 관련하여 본 규정의 효과적인 이행을 모니터링하는 데 필요한 모든 조치를 수행할 수 있어야 한다.
It should be able to investigate possible infringements of the rules on providers of general-purpose AI models both on its own initiative, following the results of its monitoring activities, or upon request from market surveillance authorities in line with the conditions set out in this Regulation.	AI 사무국은 자체 이니셔티브로, 모니터링 활동의 결과에 따라, 또는 본 규정에 명시된 조건에 따른 시장 감시 당국의 요청에 따라 범용 AI 모델 제공자에 대한 규칙의 가능한 위반 사항을 조사할 수 있어야 한다.
To support effective monitoring of the AI Office, it should provide for the possibility that downstream providers lodge complaints about possible infringements of the rules on providers of general-purpose AI models and systems.	AI 사무국의 효과적인 모니터링을 지원하기 위해, 하위 공급망 제공자가 범용 AI 모델과 시스템 제공자에 대한 규칙의 가능한 위반 사항에 대해 민원을 제기할 수 있는 가능성을 제공해야 한다.

Recital 163 **(Article 90: Alerts of Systemic Risks by the Scientific Panel)**	**제안이유 163** **(제90조: 과학 패널의 시스템 리스크 경고)**
With a view to complementing the governance systems for general-purpose AI models, the scientific panel should support the monitoring activities of the AI Office and may, in certain cases, provide qualified alerts to the AI Office which trigger follow-ups, such as investigations. This should be the case where the scientific panel has reason to suspect that a general-purpose AI model poses a concrete and identifiable risk at Union level. Furthermore, this should be the case where the scientific panel has reason to suspect that a general-purpose AI model meets the criteria that would lead to a classification as general-purpose AI model with systemic risk. To equip the scientific panel with the information necessary for the performance of those tasks, there should be a mechanism whereby the scientific panel can request the Commission to require documentation or information from a provider.	범용 AI 모델에 대한 거버넌스 시스템을 보완하기 위해, 과학 패널은 AI 사무국의 모니터링 활동을 지원해야 하며, 특정 경우에는 조사와 같은 후속 조치를 촉발하는 AI 사무국에 대한 적격 경보를 제공할 수 있다. 이는 과학 패널이 범용 AI 모델이 유럽연합 차원에서 구체적이고 식별 가능한 위험을 초래한다고 의심할 만한 이유가 있는 경우에 해당된다. 또한, 이는 과학 패널이 범용 AI 모델이 시스템 리스크가 있는 범용 AI 모델로 분류되도록 하는 기준을 충족한다고 의심할 만한 이유가 있는 경우에도 해당된다. 과학 패널에게 이러한 업무 수행에 필요한 정보를 제공하기 위해, 과학 패널이 집행위원회에 제공자로부터 문서나 정보를 요구하도록 요청할 수 있는 메커니즘이 있어야 한다.
Recital 164 **(Article 89: Monitoring Actions)** **(Article 91: Power to Request Documentation and Information)** **(Article 92: Power to Conduct Evaluations)** **(Article 93: Power to Request Measures)** **(Article 94: Procedural Rights of Economic Operators of the General-Purpose AI Model)**	**제안이유 164** **(제89조: 모니터링 조치)** **(제91조: 문서 및 정보 요청 권한)** **(제92조: 평가 수행 권한)** **(제93조: 조치 요청 권한)** **(제94조: 범용 AI 모델 경제적 운영주체들의 절차적 권리)**
The AI Office should be able to take the necessary actions to monitor the effective implementation of and compliance with the obligations for providers of general-purpose AI models laid down in this Regulation. The AI Office should be able	AI 사무국은 본 규정에 규정된 범용 AI 모델 제공자에 대한 의무의 효과적인 이행과 준수를 모니터링하는 데 필요한 조치를 취할 수 있어야 한다. AI 사무국은 본 규정에 명시된 권한에 따라 문서와 정보를 요청하고, 평가를 수행하며, 범용 AI 모델 제공자

to investigate possible infringements in accordance with the powers provided for in this Regulation, including by requesting documentation and information, by conducting evaluations, as well as by requesting measures from providers of general-purpose AI models. When conducting evaluations, in order to make use of independent expertise, the AI Office should be able to involve independent experts to carry out the evaluations on its behalf. Compliance with the obligations should be enforceable, inter alia, through requests to take appropriate measures, including risk mitigation measures in the case of identified systemic risks as well as restricting the making available on the market, withdrawing or recalling the model. As a safeguard, where needed beyond the procedural rights provided for in this Regulation, providers of general-purpose AI models should have the procedural rights provided for in Article 18 of Regulation (EU) 2019/1020, which should apply mutatis mutandis, without prejudice to more specific procedural rights provided for by this Regulation.

에게 조치를 요청하는 것을 포함하여 가능한 위반을 조사할 수 있어야 한다.

평가를 수행할 때, 독립적인 전문성을 활용하기 위해 AI 사무국은 자신을 대신하여 평가를 수행할 독립 전문가를 참여시킬 수 있어야 한다. 의무 준수는 식별된 시스템 리스크의 경우 위험 완화 조치를 포함한 적절한 조치를 취하도록 하는 요청과 함께 시장 출시 제한, 모델의 회수 또는 리콜을 통해 집행될 수 있어야 한다.

보호장치로서, 본 규정에 규정된 절차적 권리를 넘어 필요한 경우, 범용 AI 모델 제공자는 본 규정에서 제공하는 더 구체적인 절차적 권리를 침해하지 않는 범위에서 필요한 변경을 가하여 적용되어야 하는 규정 (EU) 2019/1020의 제18조에 규정된 절차적 권리를 가져야 한다.

Recital 165
(Article 95: Codes of Conduct for Voluntary Application of Specific Requirements)

제안이유 165
(제95조: 특정 요구사항의 자발적 적용을 위한 실천 강령)

The development of AI systems other than high-risk AI systems in accordance with the requirements of this Regulation may lead to a larger uptake of ethical and trustworthy AI in the Union. Providers of AI systems that are not high-risk should be encouraged to create codes of conduct, including related governance mechanisms,

본 규정의 요구사항에 따른 고위험 AI 시스템 이외의 AI 시스템 개발은 유럽연합 내 윤리적이고 신뢰할 수 있는 AI의 더 광범위한 채택으로 이어질 수 있다. 고위험이 아닌 AI 시스템의 제공자들은 관련 거버넌스 메커니즘을 포함하여 행동 규약을 만들도록 장려되어야 한다. 이러한 행동 규약은 시스템의 의도된 목적과 더 낮은 수준의 관련

intended to foster the voluntary application of some or all of the mandatory requirements applicable to high-risk AI systems, adapted in light of the intended purpose of the systems and the lower risk involved and taking into account the available technical solutions and industry best practices such as model and data cards. Providers and, as appropriate, deployers of all AI systems, high-risk or not, and AI models should also be encouraged to apply on a voluntary basis additional requirements related, for example, to the elements of the Union's Ethics Guidelines for Trustworthy AI, environmental sustainability, AI literacy measures, inclusive and diverse design and development of AI systems, including attention to vulnerable persons and accessibility to persons with disability, stakeholders' participation with the involvement, as appropriate, of relevant stakeholders such as business and civil society organisations, academia, research organisations, trade unions and consumer protection organisations in the design and development of AI systems, and diversity of the development teams, including gender balance. To ensure that the voluntary codes of conduct are effective, they should be based on clear objectives and key performance indicators to measure the achievement of those objectives. They should also be developed in an inclusive way, as appropriate, with the involvement of relevant stakeholders such as business and civil society organisations, academia, research organisations, trade unions and consumer protection organisation. The Commission may develop initiatives,

위험을 고려하여 조정되고, 모델 및 데이터 카드와 같은 이용 가능한 기술적 해결책과 산업 모범 사례를 고려하여, 고위험 AI 시스템에 적용되는 의무적 요구사항의 일부 또는 전부를 자발적으로 적용하는 것을 촉진하기 위한 것이다.

고위험 여부와 관계없이 모든 AI 시스템과 AI 모델의 제공자 및 적절한 경우 배치 책임자들은 다음과 같은 추가 요구 사항들을 자발적으로 적용하도록 장려되어야 한다: 신뢰할 수 있는 AI를 위한 유럽연합의 윤리 지침의 요소들, 환경적 지속가능성, AI 리터러시(이해역량) 조치, 취약 계층에 대한 관심과 장애인의 접근성을 포함한 포용적이고 다양한 AI 시스템의 설계 및 개발, 기업 및 시민사회 단체, 학계, 연구 기관, 노동조합 및 소비자 보호 단체와 같은 관련 이해관계자의 적절한 참여를 통한 이해관계자 참여, 그리고 성별 균형을 포함한 개발 팀의 다양성.

자발적 실천 강령이 효과적일 수 있도록 보장하기 위해, 이러한 강령은 명확한 목표와 해당 목표의 달성을 측정하기 위한 핵심 성과 지표를 기반으로 해야 한다. 또한 이러한 강령은 기업 및 시민사회 단체, 학계, 연구 기관, 노동조합 및 소비자 보호 단체와 같은 관련 이해관계자의 적절한 참여를 통해 포용적인 방식으로 개발되어야 한다.

집행위원회는 데이터 접근 인프라, 다양한 유형의 데이터의 의미론적 및 기술적 상호

including of a sectoral nature, to facilitate the lowering of technical barriers hindering cross-border exchange of data for AI development, including on data access infrastructure, semantic and technical interoperability of different types of data.

운용성을 포함하여 AI 개발을 위한 데이터의 국경 간 교환을 방해하는 기술적 장벽을 낮추는 것을 촉진하기 위한 부문별 성격을 포함한 이니셔티브를 개발할 수 있다.

Recital 166
(Article 2: Scope)
(Article 95: Codes of Conduct for Voluntary Application of Specific Requirements)

제안이유 166
(제2조: 범위)
(제95조: 특정 요구사항의 자발적 적용을 위한 실천 강령)

It is important that AI systems related to products that are not high-risk in accordance with this Regulation and thus are not required to comply with the requirements set out for high-risk AI systems are nevertheless safe when placed on the market or put into service. To contribute to this objective, Regulation (EU) 2023/988 of the European Parliament and of the Council[53] would apply as a safety net.

본 규정에 따라 고위험이 아니어서 고위험 AI 시스템에 대해 규정된 요구사항을 준수할 필요가 없는 제품과 관련한 AI 시스템이라 하더라도 시장에 출시되거나 서비스에 투입될 때 안전해야 한다는 것이 중요하다.

이러한 목적에 기여하기 위해, 유럽 의회와 이사회의 규정 (EU) 2023/988이 안전망으로 적용될 것이다.

Recital 167
(Article 78: Confidentiality)

제안이유 167
(제78조: 기밀성)

In order to ensure trustful and constructive cooperation of competent authorities on Union and national level, all parties involved in the application of this Regulation should respect the confidentiality of information and data obtained in carrying out their tasks, in accordance with Union or national law. They should carry out their tasks and activities in such a manner as to protect, in particular, intellectual property rights, confidential business information and trade secrets, the effective implementation of this Regulation, public and national security interests, the integrity of criminal and administrative proceedings,

유럽연합과 국가 차원의 관할 당국 간의 신뢰할 수 있고 건설적인 협력을 보장하기 위해, 본 규정의 적용에 관련된 모든 당사자는 유럽연합 또는 국가 법률에 따라 자신들의 업무 수행 중에 얻은 정보와 데이터의 기밀성을 존중해야 한다.

이들은 특히 지적재산권, 기밀 사업 정보와 영업 비밀, 본 규정의 효과적인 이행, 공공 및 국가 안보 이익, 형사 및 행정 절차의 무결성, 그리고 기밀 정보의 무결성을 보호하는 방식으로 자신들의 업무와 활동을 수행해야 한다.

and the integrity of classified information.	
Recital 168 **(Article 99: Penalties)** **(Article 100: Administrative Fines on Union Institutions, Bodies, Offices and Agencies)**	**제안이유 168** **(제99조: 처벌)** **(제100조: 유럽연합 기관, 기구 및 부서에 대한 행정 과징금)**
Compliance with this Regulation should be enforceable by means of the imposition of penalties and other enforcement measures. Member States should take all necessary measures to ensure that the provisions of this Regulation are implemented, including by laying down effective, proportionate and dissuasive penalties for their infringement, and to respect the ne bis in idem principle. In order to strengthen and harmonise administrative penalties for infringement of this Regulation, the upper limits for setting the administrative fines for certain specific infringements should be laid down. When assessing the amount of the fines, Member States should, in each individual case, take into account all relevant circumstances of the specific situation, with due regard in particular to the nature, gravity and duration of the infringement and of its consequences and to the size of the provider, in particular if the provider is an SME, including a start-up. The European Data Protection Supervisor should have the power to impose fines on Union institutions, agencies and bodies falling within the scope of this Regulation.	본 규정의 준수는 벌칙과 기타 집행 조치의 부과를 통해 집행될 수 있어야 한다. 회원국들은 위반에 대한 효과적이고 비례적이며 억제력 있는 벌칙을 규정하는 것을 포함하여 본 규정의 조항이 이행되도록 보장하고 일사부재리 원칙을 존중하기 위해 모든 필요한 조치를 취해야 한다. 본 규정 위반에 대한 행정적 벌칙을 강화하고 조화시키기 위해, 특정 위반에 대한 행정 과징금 부과의 상한선이 규정되어야 한다. 과징금 액수를 평가할 때, 회원국들은 각각의 개별 사례에서 특히 위반의 성격, 심각성 및 지속 기간과 그 결과, 그리고 스타트업을 포함한 중소기업인 경우 특히 제공자의 규모를 충분히 고려하여 특정 상황의 모든 관련 상황을 고려해야 한다. 유럽 데이터보호감독관은 본 규정의 범위에 속하는 유럽연합 기관, 대행기관 및 단체에 과징금을 부과할 수 있는 권한을 가져야 한다.
Recital 169 **(Article 101: Fines for Providers of General-Purpose AI Models)**	**제안이유 169** **(제101조: 범용 AI 모델 제공자에 대한 과징금)**
Compliance with the obligations on	본 규정에 따라 범용 AI 모델 제공자에게

providers of general-purpose AI models imposed under this Regulation should be enforceable, inter alia, by means of fines. To that end, appropriate levels of fines should also be laid down for infringement of those obligations, including the failure to comply with measures requested by the Commission in accordance with this Regulation, subject to appropriate limitation periods in accordance with the principle of proportionality. All decisions taken by the Commission under this Regulation are subject to review by the Court of Justice of the European Union in accordance with the TFEU, including the unlimited jurisdiction of the Court of Justice with regard to penalties pursuant to Article 261 TFEU.	부과된 의무의 준수는 무엇보다도 과징금을 통해 집행될 수 있어야 한다. 이를 위해, 비례성 원칙에 따른 적절한 제한 기간을 전제로, 본 규정에 따라 집행위원회가 요청한 조치를 준수하지 않는 것을 포함하여 이러한 의무 위반에 대한 적절한 수준의 과징금도 규정되어야 한다. 본 규정에 따른 집행위원회의 모든 결정은 TFEU 제261조에 따른 벌칙과 관련된 유럽연합 사법재판소의 무제한 관할권을 포함하여 TFEU에 따라 유럽연합 사법재판소의 검토 대상이 된다.
Recital 170 **(Article 85: Right to Lodge a Complaint with a Market Surveillance Authority)**	**제안이유 170** **(제85조: 시장 감시 당국에 민원을 제기할 권리)**
Union and national law already provide effective remedies to natural and legal persons whose rights and freedoms are adversely affected by the use of AI systems. Without prejudice to those remedies, any natural or legal person that has grounds to consider that there has been an infringement of this Regulation should be entitled to lodge a complaint to the relevant market surveillance authority.	유럽연합과 국가 법률은 이미 AI 시스템의 사용으로 인해 권리와 자유가 부정적인 영향을 받는 자연인과 법인에게 효과적인 구제 수단을 제공하고 있다. 이러한 구제 수단을 침해하지 않는 범위에서, 본 규정의 위반이 있었다고 판단할 근거가 있는 모든 자연인이나 법인은 관련 시장 감시 당국에 민원을 제기할 권리를 가져야 한다.
Recital 171 **(Article 86: Right to Explanation of Individual Decision-Making)**	**제안이유 171** **(제86조: 개별 의사 결정에 대한 설명을 들을 권리)**
Affected persons should have the right to obtain an explanation where a deployer's decision is based mainly upon the output from certain high-risk AI systems that fall	영향을 받는 사람들은 배치 책임자의 결정이 본 규정의 범위에 속하는 특정 고위험 AI 시스템의 산출물에 주로 기반하고, 그 결정이 자신들의 건강, 안전 또는 기본권에

within the scope of this Regulation and where that decision produces legal effects or similarly significantly affects those persons in a way that they consider to have an adverse impact on their health, safety or fundamental rights. That explanation should be clear and meaningful and should provide a basis on which the affected persons are able to exercise their rights. The right to obtain an explanation should not apply to the use of AI systems for which exceptions or restrictions follow from Union or national law and should apply only to the extent this right is not already provided for under Union law.

부정적인 영향을 미친다고 판단하는 방식으로 법적 효과를 발생시키거나 이와 유사하게 상당한 영향을 미치는 경우 설명을 받을 권리를 가져야 한다.

그러한 설명은 명확하고 의미 있어야 하며, 영향을 받는 사람들이 자신들의 권리를 행사할 수 있는 근거를 제공해야 한다. 설명을 받을 권리는 유럽연합 또는 국가 법률에 따른 예외나 제한이 적용되는 AI 시스템의 사용에는 적용되지 않아야 하며, 이 권리가 유럽연합 법률에 따라 이미 제공되지 않는 범위 내에서만 적용되어야 한다.

Recital 172
(Article 87: Reporting of Infringements and Protection of Reporting Persons)

제안이유 172
(제87조: 위반 신고 및 신고자 보호)

Persons acting as whistleblowers on the infringements of this Regulation should be protected under the Union law. Directive (EU) 2019/1937 of the European Parliament and of the Council[54] should therefore apply to the reporting of infringements of this Regulation and the protection of persons reporting such infringements.

본 규정의 위반에 대해 내부고발자로 활동하는 사람들은 유럽연합 법률에 따라 보호되어야 한다. 따라서 유럽 의회와 이사회의 지침 (EU) 2019/1937은 본 규정의 위반 신고와 그러한 위반을 신고하는 사람들의 보호에 적용되어야 한다.

Recital 173
(Article 97: Exercise of the Delegation)

제안이유 173
(제97조: 권한 위임의 행사)

In order to ensure that the regulatory framework can be adapted where necessary, the power to adopt acts in accordance with Article 290 TFEU should be delegated to the Commission to amend the conditions under which an AI system is not to be considered to be high-risk, the list of high-risk AI systems, the provisions regarding technical documentation, the content of the EU declaration of conformity

규제 프레임워크가 필요한 경우 조정될 수 있도록 보장하기 위해, 다음 사항을 수정하기 위한 TFEU 제290조에 따른 법률을 채택할 수 있는 권한이 집행위원회에 위임되어야 한다:

- AI 시스템이 고위험으로 간주되지 않는 조건
- 고위험 AI 시스템 목록
- 기술 문서에 관한 규정
- 유럽연합 적합성 선언의 내용

the provisions regarding the conformity assessment procedures, the provisions establishing the high-risk AI systems to which the conformity assessment procedure based on assessment of the quality management system and assessment of the technical documentation should apply, the threshold, benchmarks and indicators, including by supplementing those benchmarks and indicators, in the rules for the classification of general-purpose AI models with systemic risk, the criteria for the designation of general-purpose AI models with systemic risk, the technical documentation for providers of general-purpose AI models and the transparency information for providers of general-purpose AI models. It is of particular importance that the Commission carry out appropriate consultations during its preparatory work, including at expert level, and that those consultations be conducted in accordance with the principles laid down in the Interinstitutional Agreement of 13 April 2016 on Better Law-Making[55]. In particular, to ensure equal participation in the preparation of delegated acts, the European Parliament and the Council receive all documents at the same time as Member States' experts, and their experts systematically have access to meetings of Commission expert groups dealing with the preparation of delegated acts.

- 적합성 평가 절차에 관한 규정
- 품질 관리 시스템 평가와 기술 문서 평가에 기반한 적합성 평가 절차가 적용되어야 하는 고위험 AI 시스템을 설정하는 규정
- 시스템 리스크가 있는 범용 AI 모델의 분류 규칙에서 해당 벤치마크와 지표를 보완하는 것을 포함한 임계값, 벤치마크 및 지표
- 시스템 리스크가 있는 범용 AI 모델의 지정 기준
- 범용 AI 모델 제공자를 위한 기술 문서
- 범용 AI 모델 제공자를 위한 투명성 정보

집행위원회가 전문가 수준의 조치를 포함하여 준비 작업 중에 적절한 협의를 수행하고, 이러한 협의가 더 나은 법 제정에 관한 2016년 4월 13일 기관 간 협정에 규정된 원칙에 따라 수행되는 것이 특히 중요하다.

특히, 위임 법률의 준비에 동등한 참여를 보장하기 위해, 유럽 의회와 이사회는 회원국 전문가들과 동시에 모든 문서를 받고, 그들의 전문가들은 위임 법률의 준비를 다루는 집행위원회 전문가 그룹의 회의에 체계적으로 접근할 수 있어야 한다.

Recital 174
(Article 112: Evaluation and Review)

Given the rapid technological developments and the technical expertise required to effectively apply this Regulation, the

제안이유 174
(제112조: 평가 및 검토)

빠른 기술 발전과 본 규정을 효과적으로 적용하는 데 필요한 기술적 전문성을 고려할 때, 집행위원회는 2029년 8월 2일까지, 그

Commission should evaluate and review this Regulation by 2 August 2029 and every four years thereafter and report to the European Parliament and the Council. In addition, taking into account the implications for the scope of this Regulation, the Commission should carry out an assessment of the need to amend the list of high-risk AI systems and the list of prohibited practices once a year. Moreover, by 2 August 2028 and every four years thereafter, the Commission should evaluate and report to the European Parliament and to the Council on the need to amend the list of high-risk areas headings in the annex to this Regulation, the AI systems within the scope of the transparency obligations, the effectiveness of the supervision and governance system and the progress on the development of standardisation deliverables on energy efficient development of general-purpose AI models, including the need for further measures or actions. Finally, by 2 August 2028 and every three years thereafter, the Commission should evaluate the impact and effectiveness of voluntary codes of conduct to foster the application of the requirements provided for high-risk AI systems in the case of AI systems other than high-risk AI systems and possibly other additional requirements for such AI systems.

리고 그 이후 매 4년마다 본 규정을 평가하고 검토하여 유럽 의회와 이사회에 보고해야 한다.

또한, 본 규정의 범위에 대한 영향을 고려하여, 집행위원회는 매년 고위험 AI 시스템 목록과 금지된 관행 목록을 수정할 필요성에 대한 평가를 수행해야 한다.

더욱이, 2028년 8월 2일까지, 그리고 그 이후 매 4년마다 집행위원회는 다음 사항을 평가하고 유럽 의회와 이사회에 보고해야 한다:

- 본 규정의 부속서에 있는 고위험 영역 제목 목록의 수정 필요성
- 투명성 의무의 범위에 속하는 AI 시스템
- 감독 및 거버넌스 시스템의 효과성
- 추가 조치나 행동의 필요성을 포함한 범용 AI 모델의 에너지 효율적 개발에 관한 표준화 산출물의 개발 진행 상황

마지막으로, 2028년 8월 2일까지, 그리고 그 이후 매 3년마다 집행위원회는 고위험 AI 시스템이 아닌 AI 시스템의 경우에 고위험 AI 시스템에 대해 규정된 요구사항과 그러한 AI 시스템에 대한 가능한 다른 추가 요구사항의 적용을 촉진하기 위한 자발적 실천 강령의 영향과 효과성을 평가해야 한다.

Recital 175
(Article 98: Committee Procedure)

In order to ensure uniform conditions for the implementation of this Regulation, implementing powers should be conferred on the Commission. Those powers should

제안이유 175
(제98조: 위원회 절차)

본 규정의 통일된 이행 조건을 보장하기 위해, 이행 권한이 집행위원회에 부여되어야 한다. 이러한 권한은 유럽 의회와 이사회의 규정 (EU) No 182/2011에 따라 행사되어

be exercised in accordance with Regulation (EU) No 182/2011 of the European Parliament and of the Council[56].

야 한다.

Recital 176

제안이유 176

Since the objective of this Regulation, namely to improve the functioning of the internal market and to promote the uptake of human centric and trustworthy AI, while ensuring a high level of protection of health, safety, fundamental rights enshrined in the Charter, including democracy, the rule of law and environmental protection against harmful effects of AI systems in the Union and supporting innovation, cannot be sufficiently achieved by the Member States and can rather, by reason of the scale or effects of the action, be better achieved at Union level, the Union may adopt measures in accordance with the principle of subsidiarity as set out in Article 5 TEU. In accordance with the principle of proportionality as set out in that Article, this Regulation does not go beyond what is necessary in order to achieve that objective.

본 규정의 목적, 즉 내부 시장의 기능을 개선하고 인간 중심적이고 신뢰할 수 있는 AI의 채택을 촉진하는 동시에, 헌장에 명시된 건강, 안전, 기본권(민주주의, 법치주의 포함), 그리고 유럽연합 내 AI 시스템의 유해한 영향으로부터의 환경 보호에 대한 높은 수준의 보호를 보장하고 혁신을 지원하는 것은 회원국들에 의해 충분히 달성될 수 없으며, 오히려 조치의 규모나 효과로 인해 유럽연합 수준에서 더 잘 달성될 수 있으므로, 유럽연합은 TEU 제5조에 규정된 보충성 원칙에 따라 조치를 채택할 수 있다. 해당 조항에 규정된 비례성 원칙에 따라, 본 규정은 그 목적을 달성하는 데 필요한 범위를 넘어서지 않는다.

Recital 177
(Article 111: AI Systems Already Placed on the Market or put into Service and General-Purpose AI Models Already Placed on the Market)

제안이유 177
(제111조: 이미 시장에 출시되었거나 서비스에 투입된 AI 시스템)

In order to ensure legal certainty, ensure an appropriate adaptation period for operators and avoid disruption to the market, including by ensuring continuity of the use of AI systems, it is appropriate that this Regulation applies to the high-risk AI systems that have been placed on the market or put into service before the

법적 확실성을 보장하고, 운영자를 위한 적절한 적응 기간을 보장하며, AI 시스템 사용의 연속성 보장을 포함하여 시장 혼란을 피하기 위해, 본 규정의 일반적인 적용 날짜 이전에 시장에 출시되거나 서비스에 투입된 고위험 AI 시스템에 대해서는, 해당 날짜부터 이러한 시스템이 설계나 의도된 목적에 있어 중대한 변경의 대상이 되는 경

general date of application thereof, only if, from that date, those systems are subject to significant changes in their design or intended purpose. It is appropriate to clarify that, in this respect, the concept of significant change should be understood as equivalent in substance to the notion of substantial modification, which is used with regard only to high-risk AI systems pursuant to this Regulation. On an exceptional basis and in light of public accountability, operators of AI systems which are components of the large-scale IT systems established by the legal acts listed in an annex to this Regulation and operators of high-risk AI systems that are intended to be used by public authorities should, respectively, take the necessary steps to comply with the requirements of this Regulation by end of 2030 and by 2 August 2030.

우에만 본 규정이 적용되는 것이 적절하다.

이와 관련하여, 중대한 변경의 개념은 본 규정에 따라 고위험 AI 시스템에만 사용되는 실질적 수정의 개념과 실질적으로 동등한 것으로 이해되어야 한다는 점을 명확히 하는 것이 적절하다.

예외적으로, 그리고 공적 책임을 고려하여, 본 규정의 부속서에 나열된 법률에 의해 설립된 대규모 IT 시스템의 구성요소인 AI 시스템의 운영자와 공공 기관이 사용하도록 의도된 고위험 AI 시스템의 운영자는 각각 2030년 말과 2030년 8월 2일까지 본 규정의 요구사항을 준수하기 위해 필요한 조치를 취해야 한다.

Recital 178
(Article 113: Entry into Force and Application)

제안이유 178
(제113조: 발효 및 적용)

Providers of high-risk AI systems are encouraged to start to comply, on a voluntary basis, with the relevant obligations of this Regulation already during the transitional period.

고위험 AI 시스템의 제공자들은 전환 기간 동안 이미 자발적으로 본 규정의 관련 의무를 준수하기 시작하도록 장려된다.

Recital 179
(Article 113: Entry into Force and Application)

제안이유 179
(제113조: 발효 및 적용)

This Regulation should apply from 2 August 2026. However, taking into account the unacceptable risk associated with the use of AI in certain ways, the prohibitions as well as the general provisions of this Regulation should already apply from 2

본 규정은 2026년 8월 2일부터 적용되어야 한다. 그러나 특정 방식의 AI 사용과 관련된 수용할 수 없는 위험을 고려할 때, 본 규정의 금지 사항과 일반 조항은 이미 2025년 2월 2일부터 적용되어야 한다.

February 2025. While the full effect of those prohibitions follows with the establishment of the governance and enforcement of this Regulation, anticipating the application of the prohibitions is important to take account of unacceptable risks and to have an effect on other procedures, such as in civil law. Moreover, the infrastructure related to the governance and the conformity assessment system should be operational before 2 August 2026, therefore the provisions on notified bodies and governance structure should apply from 2 August 2025. Given the rapid pace of technological advancements and adoption of general-purpose AI models, obligations for providers of general-purpose AI models should apply from 2 August 2025. Codes of practice should be ready by 2 May 2025 in view of enabling providers to demonstrate compliance on time. The AI Office should ensure that classification rules and procedures are up to date in light of technological developments. In addition, Member States should lay down and notify to the Commission the rules on penalties, including administrative fines, and ensure that they are properly and effectively implemented by the date of application of this Regulation. Therefore the provisions on penalties should apply from 2 August 2025.

이러한 금지의 완전한 효과는 본 규정의 거버넌스와 집행의 수립과 함께 따르지만, 금지의 적용을 앞당기는 것은 수용할 수 없는 위험을 고려하고 민사법과 같은 다른 절차에 영향을 미치기 위해 중요하다.

또한, 거버넌스와 적합성 평가 시스템과 관련된 인프라는 2026년 8월 2일 이전에 운영되어야 하므로, 인증기관과 거버넌스 구조에 관한 조항은 2025년 8월 2일부터 적용되어야 한다. 범용 AI 모델의 빠른 기술 발전과 채택 속도를 고려할 때, 범용 AI 모델 제공자에 대한 의무는 2025년 8월 2일부터 적용되어야 한다.

실천 강령은 제공자들이 제 때에 준수를 입증할 수 있도록 2025년 5월 2일까지 준비되어야 한다. AI 사무국은 기술 발전에 비추어 분류 규칙과 절차가 최신 상태로 유지되도록 보장해야 한다.

또한, 회원국들은 행정 과징금을 포함한 벌칙에 관한 규칙을 제정하고 집행위원회에 통보해야 하며, 본 규정의 적용일까지 이러한 규칙이 적절하고 효과적으로 이행되도록 보장해야 한다. 따라서 벌칙에 관한 조항은 2025년 8월 2일부터 적용되어야 한다.

Recital 180

The European Data Protection Supervisor and the European Data Protection Board were consulted in accordance with Article 42(1) and (2) of Regulation (EU) 2018/1725 and delivered their joint opinion on 18 June 2021.

제안이유 180

유럽 데이터보호감독관과 유럽 데이터보호이사회는 규정 (EU) 2018/1725의 제42조 제1항과 제2항에 따라 협의를 거쳤으며, 2021년 6월 18일에 공동 의견을 제출하였다.

저자 약력

■ 염규현(Kyuhyun Yum)

(현) MBC AI 전략자회사 ㈜도스트일레븐 경영기획본부장(CSO)
(현) 한양대학교 미디어커뮤니케이션학과 겸임교수
(전) MBC 사내벤처 '딩딩대학' 공동대표
(전) MBC 방송기자(경제부, 국제부, 사회부 등)

››› 학력

연세대학교 법학과 일반대학원 국제법 박사 과정(EU인공지능법, AI 국제 규제)
연세대학교 법학과 일반대학원 국제법 석사
연세대학교 경영학과 학사
한국방송통신대학교 불어불문학과 학사
대한국제법학회 정회원
한국언론법학회 정회원

››› 수상

2023년, 과학기술정보통신부 장관 미디어 유공 표창(미디어 AI 분야)
2023년, MBC 방송연예대상(라디오 부문 특별상)
2022년, 뉴테크융합콘텐츠대상 최우수상(과학기술정보통신부 장관상)
2021년, 한국방송대상 보도기자상 ＜개인부문＞

››› 저서 및 논문

- 「생성형 AI 시대의 개인정보보호 규제 연구 – 미디어·저널리즘 분야의 법적 시사점을 중심으로–」 (2025년 4월, 『언론과 법』)
- 「생성형 AI 시대의 '잊혀질 권리': 거대언어모델(LLM)의 법적 도전과 규제방안」 (2024년 9월, 『대한국제법학회논총』)
- 「생성형 이미지를 이용한 멀티모달 장면 검색 시스템」 (2024년 6월, 『방송공학회논문지』)
- 『로봇 시대 살아남기』(2023, 지식의숲)

››› 국책 연구

- AI 기반 실시간 콘텐츠 제작 및 글로벌 유통을 위한 실·가상 융합 방송 자동 영상 생성 기술개발 (문화체육관광부, 한국콘텐츠진흥원(KOCCA)/2024.07.~2026.12/주관 연구책임자)
- 멀티모달 AI 자연어 처리 검색을 활용한 아카이브 재가공 콘텐츠 제작 개선 (과학기술정보통신부, 한국전파진흥협회(RAPA)/2023.04.~2023.12./참여연구자)
- AI 딥러닝을 활용한 영상 아카이브 재가공 콘텐츠 제작 개선 (과학기술정보통신부, 한국전파진흥협회(RAPA)/2022.04.~2022.12./연구책임자)

EU 인공지능법 규정집

2025년 5월 15일 초판 인쇄
2025년 5월 20일 초판 발행

저 자 염 규 현

발행인 배 효 선

발행처 도서출판 法 文 社

주 소 10881 경기도 파주시 회동길 37-29
등 록 1957년 12월 12일/제2-76호(윤)
전 화 (031)955-6500~6 FAX (031)955-6525
E-mail (영업) bms@bobmunsa.co.kr
(편집) edit66@bobmunsa.co.kr
홈페이지 http://www.bobmunsa.co.kr
조 판 법 문 사 전 산 실

정가 35,000원 ISBN 978-89-18-91604-0